beck'sche reihe

bsr

Thomas Nipperdey wird mit seltener Einmütigkeit zu den großen Historikern gezählt. Vor allem seine drei Bände zur deutschen Geschichte von 1800 bis 1918 haben diesen Ruhm begründet. Nicht ganz so bekannt wie das Hauptwerk sind seine glanzvollen historischen Essays, auch weil sie oft an nur Fachleuten zugänglicher Stelle publiziert wurden. Paul Nolte hat eine Auswahl aus diesen Essays zusammengestellt, die noch einmal Nipperdeys meisterhafte Fähigkeit demonstrieren, komplexe historische Konstellationen bestechend klar zu analysieren und zugleich literarisch fesselnd darzustellen. Noltes Nachwort stellt uns diesen Ausnahmehistoriker vor, dessen Essays für jeden historisch interessierten Leser vor allem eines sind – ein Lektüregenuss.

Thomas Nipperdey (1927–1992) gehört zu den namhaftesten deutschen Historikern nach 1945. Für sein Werk erhielt er 1984 den Historikerpreis der Stadt Münster und 1992 posthum den Preis des Historischen Kollegs. Bei C. H. Beck erscheint in diesem Herbst in einer Neuausgabe in drei Bänden sein Werk «Deutsche Geschichte 1800–1918».

Paul Nolte ist Professor für Neuere Geschichte und Zeitgeschichte an der Freien Universität Berlin und Präsident der Evangelischen Akademie zu Berlin. Bei C. H. Beck sind u. a. seine Bücher «Die Ordnung der deutschen Gesellschaft» (2000), «Generation Reform» (^{6}2005) und zuletzt «Was ist Demokratie? Geschichte und Gegenwart» (2012) erschienen.

Thomas Nipperdey

KANN GESCHICHTE OBJEKTIV SEIN?

Historische Essays

Herausgegeben von
Paul Nolte

Verlag C.H.Beck

Originalausgabe

Satz, Druck und Bindung: Druckerei C.H.Beck, Nördlingen
Umschlagentwurf: Kunst oder Reklame, München
Umschlagabbildung: Thomas Nipperdey, © Isolde Ohlbaum
Printed in Germany
ISBN 978 3 406 65377 3

www.beck.de

INHALT

1.
EINE BÜRGERLICHE JUGEND
(1927–1945)

Jeder hat seine Biografie. Die ist, wie alles Menschliche, interessant, aber normalerweise bleibt das im Privaten und ohne Wert der Mitteilungswürdigkeit im größeren Kreis. Ein Poet, der das Subjektiv-Individuelle durch die Sprache zu etwas für andere Bewegendem machen kann und gerade darum das Gebot der Diskretion, andere nicht mit seinen Subjektivitäten zu behelligen, überschreiten darf, ein Poet also bin ich nicht, und auch nicht ein guter Schriftsteller wie Kempowski, der die ganze Sprachwelt meiner Generation so ingeniös wieder zu Gehör bringt. Weil ich Historiker bin, versuche ich, ein paar Stücke und Komplexe meiner Jugendgeschichte in das Licht einer allgemeinen Geschichte, einer Geschichte des deutschen Bürgertums und genauer: des Bildungsbürgertums, in finsteren Zeiten gewiss, zu setzen. Historiker unter Ihnen wissen vielleicht, dass dieses Bildungsbürgertum inzwischen ein Hauptgegenstand sozialgeschichtlicher Forschung geworden ist, und seit Jahren beißen wir uns auf Tagungen in Bad Homburg die Zähne daran aus, es näher zu bestimmen. Ich werde Sie nicht mit unserem soziologisch-strukturanalytischen Jargon und seinen angeblich präziseren Begriffen eindecken, sondern bleibe in der Alltagssprache, aber 200 Jahre Geschichte dieser merkwürdigen Menschengruppe gehen in mein Nachdenken und Erinnern ein.

Bis ich Mitte 40 war, wurde ich bei fast jeder geselligen Gelegenheit mit der Frage konfrontiert: Sind Sie eigentlich … Ich ließ die Frager nicht ausreden, sondern sagte: Nein, ich bin nicht mein Vater. Das hing natürlich vor allem mit der Unvermeidlichkeit von Juristen in unserer Welt zusammen und also damit, dass mein Vater Jurist, ein bekannter Professor und später auch Richter war. Ich habe darunter nicht gelitten und nicht nur deshalb, weil ich etwas ganz anderes machte; aber das trägt meine Herkunftswelt. Ich bin also ein Professorensohn und, so kann man beim Blick auf die kleine Zahl der Professoren damals noch sagen, ein Spross des deutschen Bildungsbürgertums. Bildungsbürger, das sind Leute, die auf Grund eines universitären Bildungspatentes ihren Beruf ausüben und ihr Einkommen beziehen und, das ist das eigentümlich Deutsche, darauf gegründet eine spezifische Lebensform und einen spezifischen Stil des Dazugehörens gebildet haben. Das war eine nach unten offene Schicht – mehr als das Besitzbürgertum: 25 bis 30% der Studenten kamen von unten aus dem kleinen Bürgertum, von den Volksschullehrern, und unmittelbar vor 1914 schon mehr; aber dennoch: nicht Aufsteiger und Neukommer waren typisch, sondern die, die aus dem gleichen Milieu kamen. Insoweit war Herkunft eine wichtige Kategorie.

Die Familienerinnerung, soweit sie für einen Jungen präsent war, reichte eigentlich nicht weiter als normalerweise bis zu den Großeltern und in einem Fall bis zu den Urgroßeltern; aber nun war ja Nazizeit, und zu unseren Schulprojekten und neugierig und gern aufgegriffenen Aufgaben gehörte die Ahnenforschung: Stammbäume und Ahnenpass. Ob das nun der Grund war oder nur der Anlass, ich entwickelte jedenfalls in diesem Zusammenhang, ich glaube, seit ich 12 war, stärkere antibürgerliche Affekte. Denn bei dieser Ahnensuche ergaben sich lange Linien von akademischen Bürgern, Pfarrern, Juristen, Beamten und Gelehrten. Das hing mir, grob gesagt, zum Halse heraus, und auf die neugierigen Fragen von Friseuren und ähnlichen Leuten, was denn mein Vater sei, hatte ich mich schließlich auf ‹Beamter› eingelassen, was ja stimmte, wenn auch nicht eigentlich, manchmal wurde daraus dann sogar ein Eisenbahnbeamter. Ich suchte hingegen nach proletarischen Ahnen, Ahnen richtig ‹aus dem Volk›. Mein Stolz war ein Schäfer, dessen Nachkommen dann über drei Generationen Wagenbauer waren. Das was mich heute professionell daran interessiert, der Übergang vom unehrlichen zum ehrlichen Gewerbe, entzog sich damals natürlich meinem Wissen, und das Ende der Geschichte, für mich heute Beispiel sozialer Aufstiegsmobilität, war damals nur eine schöne Arabeske: wie der Sohn des Wagners General in Hessen-Kassel wurde, eine Hugenottin heiratete, für sieben Kinder sieben Pferde hatte, und es genau eine Apfelsine für alle zu Weihnachten gab (und alle vier Wochen eine Kompanie für die große Wäsche kam), und wie er – späte Wissenszutat – 1850 als Verfechter des Verfassungseides zwangspensioniert wurde, wie sein Sohn Oberlehrer und 1892 dann Professor für Geographie in Straßburg wurde. Der heiratete dann in eine alte Gelehrtenfamilie ein, die vom kursächsischen Reformationskanzler Brück über den Hexenprofessor (Verfolger oder Schützer) Carpzov und aufgeklärte protestantische Äbte von Helmstedt bis zum Burschenschaftsphilosophen Fries reichte, einem Antisemiten und Ahnherren einer sozialdemokratischen Intellektuellenbewegung, in dessen Taufjäckchen wir alle noch getauft sind. Gelehrte Berufe also, und seit dem späten 18. Jahrhundert Bildungsbürger. Und nur einer, ein Großonkel von mir, heiratete in die große und reiche bürgerliche Unternehmerschaft ein, Schott, Jenaer Glas, also ins Besitzbürgertum, aber das war in der Familie exotisch. Auch die sichtbare Tatsache der unverheirateten Großtanten gehört dazu. Das war das Töchterproblem der armen akademischen Beamten im späten 19. Jahrhundert, aber das war mir damals natürlich verborgen. Aber dann gab es noch einen, den Namensvorfahren, aus Schwerin, also aus der Provinz; er firmierte als Maler und galt mir als Malermeister, bis Tilmann Buddensieg mir erzählt hat, dass er die Schlosskirche von Schwerin ausgemalt hat, immerhin der Thieme-Becker belehrte mich dann, dass sein Vater – nur – Unteroffizier war. Für den Jungen war das also ein richtiger Handwerker, und dann war es ganz in Ordnung, dass sein Sohn klassischer Philologe (Tacitus-Editor) und Professor in Jena wurde, mein Urgroßvater. Aber hier gab es eine Lücke: Über die Herkunft von dessen Frau ließ sich nichts ermitteln. Aus gutem Grund, den unsere Eltern uns bis zum Kriegsende verborgen hielten; denn Fanny Steinthal, jene Frau, war Jüdin, mit 18 getauft und enterbt; das wird im weiteren Verlauf meiner heutigen Geschichte noch eine Rolle spielen.

Ich lasse die Unendlichkeit solcher Herkunftsgeschichten liegen und versuche, die spezifisch bildungsbürgerlichen Momente meiner Jugend etwas genauer zu fassen. Meine Eltern, 1895 und 1903 geboren, sind noch im Kaiserreich aufgewachsen, aber stärker waren sie dann von den 20er Jahren geprägt, in Einstellungen, Denk- und Verhaltensweisen gerade von den besseren Jahren der Republik, den Aufstiegs- und Glanzjahren ihres eigenen Lebens. Wir wuchsen natürlich keineswegs liberal-permissiv auf, aber eben auch nicht mehr altmodisch autoritär; es war nicht die ‹Welt von gestern›, wie Stefan Zweig sie beschreibt. Insoweit war die bürgerliche Tradition schon gegenüber der Generation von vor 1900 (also den Großmüttern) modern aufgelockert und ein bisschen gebrochen. Das war bildungsbürgerlich, weil diese Schicht dem Norm- und Stilwandel gegenüber offener, den eigenen Verkrustungen gegenüber kritischer war.

Fundamental von den Realitäten her war zunächst unser Wohnort. Wir wohnen in Köln. Meine Eltern waren protestantische Zuwanderer aus Thüringen und dem Südwesten, meine Mutter war im Elsass geboren und aufgewachsen und 1918 mit ihrer Familie von Reichsbeamten ausgewiesen worden. Nicht lange vor meiner Geburt waren sie erst gekommen, im damals noch etwa zu 85% katholischen und auch in seinem Charakter katholisch geprägten Köln regional und konfessionell Fremde, und natürlich auch sprachlich: Wir sprachen nicht rheinisch wie Adenauer und schon gar nicht ‹kölsch›. Das war also der Teil des beamteten Bildungsbürgertums, der versetzbar oder von sich aus mobil war, gerade außerhalb des deutschen Südens nicht ansässig, nicht verwurzelt, ‹allgemeiner Stand›, wie Hegel es gesagt hat, immer ein wenig fremd am Ort, insoweit in den sozialen Kontakten stark auf seinesgleichen verwiesen. Innerhalb Kölns wohnten wir in dem vornehmen, relativ großbürgerlichen Villenvorort Marienburg, aber dort wiederum in einer von der 1919 gegründeten Universität errichteten Professorenkolonie in keineswegs üppigen Doppelhäusern. Die Scheidung von Besitz und Bildung war, obschon das reiche Marienburger Wirtschaftsbürgertum überproportional protestantisch war und ja auch einmal nach Köln zugezogen, noch sehr ausgeprägt. Nicht vielleicht in den professionellen Beziehungen meines Vaters, aber in den privaten Beziehungen gehörten wir nicht eigentlich dazu, schon die vornehmen und nicht billigen Vergnügen und Sportarten schlossen auch die Jungen und Mädchen eher voneinander ab, auch wenn man sich natürlich kannte und Schule und Hitlerjugend gemeinsam bestand. Das hat sich eigentlich erst nach 1945 in den großen Nöten und den Egalisierungsschüben insoweit geändert, wie man es in einer gegliederten, aber nicht kastenmäßig abgeschotteten Welt erwarten kann.

Mein sozialer Umgang war merkwürdig gemischt. Bis 1937 ging ich auf eine evangelische Volksschule, da waren die hochbürgerlichen Kinder aus Marienburg und die proletarischen und subproletarischen aus zwei anderen Stadtteilen vereint, denn Protestanten waren Oberoder Unterschicht; die Mittelschicht, alt wie neu, war wesentlich katholisch. Im Jungvolk waren dann alle Schichten und Konfessionen zusammen; die Organisation war betont darauf aus, die gutbürgerlichen und die armen Viertel zusammenzufassen. Das war Erziehung zur «Volksgemeinschaft», aber ganz klappte das nicht, denn die Bürgerkinder hatten Uniformen, die anderen oft noch nicht, sie hatten Fahrräder und dann eine eigene Fahrradeinheit, sie wollten Morsen lernen und sie wurden Jungvolk-Führer; freilich, ich brachte es nur zum Oberhordenführer, einer Art Obergefreiten. Dem Übertritt in die wenig ‹feine› Hitlerjugend entkam ich dann, weil ich Cello spielte und die HJ natürlich für solche Menschen ein Orchester hatte. Aber Jungvolk und HJ waren nicht der Ort der Freundschaften. Anders mit dem sozialen Umfeld war es dann noch einmal in der höheren Schule; das war eine alte städtische und eher katholische Bürgerschule, hier fand man individuelle Freunde. Aber dann gab es auch die Clique der Benutzer derselben Straßenbahn, die Linie 2 war es damals wohl: Das waren in meinem Fall nicht vor allem die Marienburger, sondern die noch weiter draußen wohnenden Rodenkirchener, richtige Mittelschicht-Kinder, offener und zugänglicher für mich als die oberen und die unteren. Die Professorenkinder der Straße waren alle viel älter – Juristen wurden jung Professoren. Insofern gab es keine ‹brauchbaren› Kinder in ‹a walking distance›; die Straßenbahn war doch immer außerhalb des Schulbesuchs ein Unternehmen. Aber das war nicht weiter schlimm, denn wir waren fünf, insofern auch autark und uns selbst genug, wie alle Tage Kindergesellschaft, wie ein Einzelbub einmal meinte, und ich noch genau in der Mitte. Auch dieses individuelle Faktum hielt mich in meiner Schicht.

Wie war die materielle, die ökonomische Lage? Da gab es zunächst eine starke Diskrepanz zwischen objektiver Lage und subjektiver Einstellung. Eine solche Familie wie die unsere hatte kein Vermögen, sondern lebte von einem Einkommen, und die Großmütter von ganz schmalen kleinen Pensionen oder Renten. Das Gehalt meines Vaters war nun nicht schlecht, aber auch keineswegs üppig; Köln war sein erster Ruf gewesen. Aber ein juristischer Professor, zumal ein Zivilrechtler, lebt ja nicht alleine vom Gehalt, sondern auch von Nebeneinnahmen, so dass insgesamt die Einkünfte durchaus besser als auskömmlich waren. Aber Aufwand und Moral waren demgegenüber recht spartanisch. Kleidung wurde geflickt, geändert, gewendet, aufgetragen und vererbt; das Essen war bescheiden, und nie ging man in eine Gaststätte; in den Ferien fuhren wir seit 1936 mit Sonderzug und Kinderreichen-Ermäßigung – wir Buben rechneten aus, eigentlich müssten wir noch etwas herauskriegen – in ein altes Bauernhaus in der Ramsau bei Berchtesgaden, 1 Mark pro Bett und Tag, mit einem Brunnen vor dem Haus und Plumpsklo, zum Entsetzen damals schon des Kinderarztes. Ein Auto gab es nicht, trotz einer Garage. Vor allem war die Erziehung an der Norm der Sparsamkeit und Bescheidenheit, der Verachtung der Verschwendung und des Geldprotzens orientiert; wir alle heute wären in dieser Perspektive schlimmste Protze. Wir Kinder bekamen auf der höheren Schule 5 Mark Taschengeld im Monat, davon gingen schon 3,20 Mark für Wochenkarten der Straßenbahn weg und dazu viele kleine Schulausgaben; in die Volksschule lief ich im Sommer oft die halbe Stunde zu Fuß, um 10 Pfennig Busfahrschein für Eis zu sparen. Das war auch im Vergleich zu unseren Klassenkameraden spärlich, und gar zu den reichen Marienbürgern, aber das war kein Grund zur Rebellion, sondern selbstverständlich, ja wir waren, glaube ich, ein bisschen stolz darauf. Es gab natürlich gute reale Gründe für diese Moral, aber ich glaube, es war eher das Erbe der beamteten und dem bürgerlichen Lebensaufwand gegenüber karg besoldeten Bildungsbürger, das Erbe auch einer puritanischen Haltung zu den Gütern der Welt, zu Luxus und Konsum, eine oft als preußisch beschriebene Haltung der Moderatheit, Zurückhaltung, Unauffälligkeit, des ‹Mehr sein als scheinen›. Das waren sozialmoralische Normen, die die Lage, der sie einmal entsprungen waren, lange überdauerten. Es war vor allem meine Mutter, stärker beamtengeprägt als mein Vater, nicht so ins quasi Unternehmerische eines gutachtenden Professors eingewöhnt, puritanischer und nicht so ‹weltlich›, die uns diese Haltung gleichsam unbewusst vermittelte.

Es gab drei große Ausnahmen in diesem puritanischen Lebensstil, die ihn zwar nicht direkt Lügen straften, aber doch eigentlich konterkarierten. Aber das fiel uns als Kindern nicht besonders auf, selbst wenn wir uns mit anderen verglichen. Objektiv aber war das Luxus. Das eine war ein Haus und seit der Geburt der jüngsten Schwester ein großes Haus, mit drei Stockwerken, in dem wir Kinder zwar zu zweit oder zu dritt, die großen Brüder und die drei Kleinen, zusammen schliefen, aber in denen wir doch auch noch ein Kinderzimmer und ein Arbeitszimmer, und ich sogar ein vier Quadratmeter großes Kämmerchen für meine Schularbeiten hatte, und entsprechend war die Raumausstattung für die Erwachsenen. Dazu kam ein großer Garten. Und dann (wie mein Freund Lepsius sagt) die Voraussetzung aller bürgerlichen Kultur des 19. und frühen 20. Jahrhunderts: das Mädchen, das Dienstmädchen, ja genauer in den 30er Jahren, also bis zum Krieg zwei Mädchen, eines für die Küche und eines für die Kinder, lange Zeit wechselnde Schwestern aus einer Familie, patriarchalisch eingebunden, innig geliebt, zumal wenn man mit einer in ihr Dorf durfte. Nur eine kam mit in die Ferien. Da mussten wir im Haushalt arbeiten, Spülen und Abtrocknen vor allem, und sonst manchmal im Garten; erst im Krieg wurde das dann das Üblichere. Keineswegs zog sich meine Mutter in die Rolle der feinen Dame oder in eine gesellschaftliche Existenz zurück, aber ein solcher Haushalt war – vortechnisch – eine große arbeitsteilige Organisation. Und natürlich ein letzter Luxus, der größte gewiss, bei akademisch intelligenten Eltern Ende der 20er Jahre, das waren wir, die fünf Kinder, Wunschkinder; diese Zahl war damals schon nicht mehr so häufig, wie ich genauer weiß, nachdem ich gerade ein Kapitel über den Geburtenrückgang geschrieben habe.

Was gehört nun, auf der Innenseite, zu den bildungsbürgerlichen Beständen? Es gab einen Restbestand von Religion, kulturprotestantischer Religion. Mein Vater war Atheist, ein ordinärer Atheist, wie mein Doktorvater Liebrucks über unseren gemeinsamen Lehrer Nicolai Hartmann sagte, aber er trat vor 1933 aus konventionellen Gründen und nachher aus politischen nicht aus der Kirche aus. Als freilich meine Schwester Dorothee Sölle nach dem Krieg Theologie studierte und gar die rational maskierte und darum besonders ‹üble› liberale Theologie, war mein Vater entsetzt, und nur ihr entstehender Fernsehruhm bot eine emotionale Kompensation. Meine Mutter lebte mit der bürgerlich üblichen, etwas dünnen Kirchenbindung, Heiligabend und Karfreitag, und der Selbstverständlichkeit, dass Kinder in den Kindergottesdienst und zur Konfirmation gingen. Der etwas rabiate, so typisch kulturprotestantische Antikatholizismus meiner Großmutter hatte sich im milden Klima des rheinischen Katholizismus und der Situation der Hitlerzeit aufgelöst.

Im Nachhinein sehe ich natürlich: Die Restbestände von Religion waren sehr viel mehr im Unbewussten und Selbstverständlichen, in der privaten Moral, in den Überzeugungen von Gut und Böse, Schuld und Versagen, Askese, Disziplin, gezügelter Emotion gegenwärtig, – Kultur- und Moralprotestantismus also, und durch die Intellektualität der 20er Jahre vermittelt, ein Stück Pluralismus im Normativen. Immerhin, Religion war auch für 15/16jährige nicht gänzlich abgelebt, sondern noch interessant, freilich wie selbstverständlich von einem Punkt nach der Aufklärung, auf der Basis der Rationalität.

Bildung war nicht nur die Basis von Beruf und Einkommen, sondern spielte eine bedeutende Rolle im Lebenshaushalt, prägte die Lebensführung. Wie sah das aus? Was Bildung war, entzog sich schon damals der Definition, aber deren bedurfte es auch nicht; das Selbstverständliche musste nicht in der Reflexion oder einem Kanon festgemacht werden. Es war keineswegs so, dass es bei uns schrecklich und permanent gebildet, esoterisch oder ästhetisch zuging, dergleichen Durchsetzung des Alltags mit Bildungsstücken konnten wir bei anderen Leuten nicht ausstehen, wir fanden das hochgradig «albern», und ein berühmter Philologe und Nachbar hieß darum bei uns der «Alberfürst».

Wenn ich versuche, die Dinge zu konkretisieren, tritt zunächst die ästhetische Kultur hervor, und zwar in unserem Fall Literatur und Musik. Literatur und Lesen zuerst. Da gab es die Routinisierung kanonisierter Bildung, das abgelagerte Bildungsgut in Gestalt der Klassiker, die bis zum Beginn des 20. Jahrhunderts reichten, natürlich einschließlich des Bürgerklassikers Gustav Freytag. Sie standen bei meiner Mutter, und wir älteren Kinder bekamen sie über Geburtstage und Konfirmation, Paten- und Großmütter allmählich zu eigen: dass solche Geschenke nicht Gegenwartsinteressen befriedigten, war so selbstverständlich wie irgend etwas. Was uns fehlte, erwarben wir über Reclam; einer meiner Brüder und ich übernahmen von daher auch ein Stück Vollständigkeits- oder Vervollständigungswahn. Das las man zwar jenseits der realistischen Erzähler nicht eigentlich, insoweit war es wirklich Renommiergut, aber wenn etwas gebraucht wurde, von der Schule oder den ersten Theatererlebnissen angestoßen, dann war es da und führte zu manchen Verbreiterungseskapaden des Lesens. Ich habe so Schillers Dreißigjährigen Krieg und die Befreiung der Niederlande während einer Krankheit gelesen, ein andermal alle Hebbelschen Dramen hintereinander. Und dann gab es, für mich wenigstens, eine ausgesprochene Pflicht, der Langeweile nicht nachzugeben, und also wurden auch die Freytagschen ‹Ahnen› ganz durchgelesen. Dann gab es natürlich das Neue – Thomas Mann und die Zwanziger Jahre –, was man zuhause fand, und die etwas blässlichen oder gar schrecklich betulichen, aber damals heiß geliebten Erzeugnisse der später so genannten Inneren Emigration, wie Carossa oder Wiechert. Und schließlich unser eigenes Reich, wie es 150 Jahre lang typisch gewesen ist, bürgerlich und pubertär, die Lyrik, die lyrische Prosa: Rilke etwa und viele Neugiereroberungen, Wichtiges und Kunstgewerbliches in jenem Geist, und dazu gehörte die eigene handschriftliche Anthologie und auch, ich muss es voller Befangenheit gestehen, das eigene Gedichteschreiben. Dabei war sicher das pubertäre Identitätsverlangen, das Verlangen nach Führung und Geleit, die Stilisierung unverstandener eigener oder die Vermittlung fremder Gefühle stärker als der Sinn fürs Sprachwerk. Dominierend waren wie seit den Pubertäten der Jahrhundertwende die Stimmung des Elegisch-Spätzeitlichen, Herbstlichen, der unbestimmten Trauer, die Weisen von Liebe und Tod, die Sonntagnachmittagsgefühle, tristesse oblige – wie es jetzt zur Ortsbestimmung der Gegenwart gehört – freilich sehr fern von Wirklichkeitserfahrungen, introvertiert, mit anempfundenen Gefühlen. Auch die expressionistische Revolte, die wir durchaus zur Kenntnis nahmen, blieb noch in diesen Hintergrund integriert.

Dann die Musik. Innerlichkeitsreich fast aller gebildeten Deutschen, merkwürdig aus Routine, Spontaneität und Können gemischt. Mein Vater war unmusikalisch, meine Mutter machte selbst keine Musik, und ihr Verständnis war das eines Laien. Aber natürlich, ein ‹Flügel› gehörte zur bildungsbürgerlichen Wohnungseinrichtung, wie bei der wirklich armen Richterswitwe, meiner Großmutter. Mein Bruder bekam über zehn Jahre hinweg Klavierauszüge geschenkt, man wurde auch ins Konzert geschleppt, und Gründonnerstag und Matthäus-Passion waren fest verbunden, und natürlich lernten wir auch, freilich zu spät, nämlich erst mit zehn Jahren, Klavierspielen. Das waren die routinisierten Weisen, wie Musik «dazugehörte». Der geographische Urgroßvater hatte komponiert (er war mit Conrad Fiedler befreundet), der Richter-Großvater, Pfarrerssohn, hatte auf Musik als Beruf verzichtet. Aber das war natürlich auch Angebot und Provokation, und für mich wurde es wichtig. Beim Klavierspielen, einen ganzen Nachmittag kam die Lehrerin ins Haus, habe ich auch Harmonie- und Kompositionslehre und gar die Anfangsgründe des Kontrapunkts gelernt, später fing ich auch noch mit dem Cello an, und weil ich mit Theodor Schieder, dem großen Historiker, ein wenig Quartett spielte, konnte ich, nach meiner philosophischen Promotion ratlos, ihn fragen, was ich tun sollte, und er verwies mich darauf, doch Historiker zu werden. Insoweit hängen bürgerliche Musikkultur und das, was ich geworden bin, noch immer zusammen. Als ich 14/15 war, wollte ich unbedingt Dirigent oder Komponist werden und übte zur nicht ungetrübten Freude der noch vorhandenen Familie fünf Stunden am Tag (ehe die Flakhelferzeit das alles abbrach). Und da die Musikhochschule neben unserer Schule lag, habe ich in diesen Jahren die Menge der Werke, die man heute mit Radio, Platte und Band sich erwirbt, in Übungs- und Vorspielabenden mir angeeignet, und eine merkwürdig theoretische Kenntnis der Musiker der 20er Jahre. Vielleicht ein bisschen viel Innerlichkeitstraining, Anti-Opernkultur und Anti-Pathos und – was beim Militär dann eine Rolle spielte – leider auch Anti-Jazz, trotz formaler Schulung, aber doch eine ernsthafte Sache, eine Welt neben der Wirklichkeit und gegen sie.

Auf mein jugendliches Interesse für Geschichte, durch historische Romane gespeist, will ich heute nicht eingehen, das führt zu sehr ins Fach und ist nicht typisch.

Wichtig ist das intellektuelle Element, das über die ästhetische Kultur hinausreichte (an die Ränder der Wissenschaft). Das Leben war von Fragen und Reden und Reflektieren geprägt, war mit historischem und literarischem Wissen gekoppelt: war immerzu kommentiertes Leben, der nicht so autoritäre Familienstil – dieses Spätprodukt des Bildungsbürgertums – ließ dafür genügend Raum. Und durch zwei ältere Brüder wurde ich natürlich weiter fortgezogen, als es meinem Alter entsprach. Wichtig für die Ausbildung dieses Stils waren zwei Dinge. Das eine war die Professorengesellschaft und -nachbarschaft einer jungen Universitätsstadt. Meine Eltern lebten in einem heute vergangenen Geflecht von Kollegialbeziehungen, zwischen hochgebildeten rheinischen Juristen, Volks- und Betriebswirten, Mathematikern und endlich Philologen und Historikern, organisiert sogar in einem ‹Kränzchen›. Obwohl wir Kinder unsere Reserven gegen alle diese ‹Kerle› hatten, und manchmal mehr noch gegen ihre Frauen, reichte das doch auch in unser Leben: der genialische Herbert Schöffler etwa oder der Germanist Ernst Bertram, Georgianer, Dichter, Thomas Manns Ex-Freund und glühender Nationalist, ein Bildungsbürger katexochen, der Samstag nachmittags offenes Haus hatte, voller Musik. Das andere, was für den Stil wichtig war, war meine Mutter, und, da ich hier nicht privat reden will, der sozialkulturelle Typ, den sie verkörperte: Sie hatte mit 19 geheiratet und fünf Kinder bekommen, hatte nicht studiert und hatte keinen Beruf und war insoweit den Lebensbedingungen nach eine altmodische Existenz. Aber sie war ein Produkt der 20er Jahre, sie hatte nach dem Krieg noch Abitur gemacht (und wollte eigentlich Medizin studieren), sie hatte an der Kultur und auch an der Frauenbewegung der 20er Jahre intensiv teilgenommen, war ganz und gar in der Bildungswelt zuhause, nicht auf die Hausfrauen- und Mutterrolle beschränkt, Gesprächspartner wilder Diskussionen, und prägend für die Atmosphäre. (Als ein Lehrer gut patriarchalisch die fehlende Unterschrift des Vaters auf dem Zeugnis monierte, soll ich unwillig gesagt haben: das macht bei uns die Mutter.)

Wenn ich im Nachhinein diese ‹Bildung›, meine Geschichte mit ihr bedenke, so lebten wir angesichts der zwei Kulturen, von denen die europäische Welt der letzten 200 Jahre erfüllt ist, ganz klar in der einen Provinz. Naturwissenschaft und Technik waren uns trotz mancher zaghafter Annäherungsversuche fremd. Auch die Welt von Recht und Wirtschaft lag uns Kindern – trotz des Vaterberufs und der juristischen Verwandtschaft – fern. Von uns fünf Kindern haben die vier älteren alle an der philosophischen Fakultät studiert – der Vater und sein Beruf waren zu ‹weltlich›, zu praktisch, zu geldbezogen (so erklärte ich es mir hinterher). Endlich fehlte uns – eine Folge der entlasteten ökonomischen Existenz – auch der Sinn fürs Praktische und Handwerkliche (auf die Aufforderung, mich für die Reparatur einer Installation zu interessieren, soll ich schon als Kind erklärt haben, dafür holt man dann einen Mann – sicher eine gute Vorbereitung für das heutige Alltagsleben). Diese Einseitigkeit der Bildungswelt und ihre Realitätsdistanz, die im Grunde auch durch die Schule gestützt wurde, war gewiss eine ihrer Schattenseiten und produzierte, noch einmal, ein Übermaß an jugendlichem Innerlichkeitstraining. Bei mir und mehreren meiner Geschwister kam noch hinzu, aber das war nicht mehr schichtentypisch, die Distanz zum Sport; gut in Sport und sonst bei mäßigem Verstand, das wurde hochmütig korreliert, vielleicht lag das auch an der wohnbedingten Distanz zum Raufen und Balgen und also zu den Kampfspielen. Die für den Flachländer vornehme Sommerleidenschaft des Bergsteigens war da kein Ersatz.

Zu dieser Jugendkonstellation gehört auch die emphatische pubertäre Freundschaft – die meine hat bis heute gehalten – und gehört die große Zurückhaltung in unserem Verhältnis zum anderen Geschlecht. Nicht mehr Verbote oder Repressionen prägten das, aber doch selbstverständliche Tabuisierungen und die Trennung des Idealisch-Seelischen vom Sinnlichen, und das galt, obwohl wir mit zwei Schwestern und deren Freundinnen natürlich vergleichsweise unbefangen aufgewachsen sind. Meine erste Liebe, mit 16/17, ein unbürgerliches und abenteuerliches Mädchen, habe ich bedichtet, ich habe mit ihr Volkslieder und dergleichen gesungen, am Wiesenrand oder vor einer Scheune, sie spielte wunderbar Laute, wir haben uns an der Hand gehalten und angestrahlt, aber geküsst haben wir uns nicht. Dazu gehörte auch die Diskretion, die Bürgermoral, dass man alleine mit seinen Sachen fertig werde, mit Schmerzen und Freuden, und dass das – anders als heute üblich – die Mitwelt nichts anging. Eduard Spranger hat in seiner ‹Psychologie des Jugendalters› all das beschrieben, das hat uns damals bestätigt, und darum weiß ich heute, wie viel an meinen Erfahrungen über-individuell, allgemein war; freilich, der Historiker sieht heute leicht, dass Spranger nicht, wie er meint, Lebensformen beschreibt, sondern eine schichten- und zeitspezifische Mentalität.

Am Rande spielte die Jugendbewegung auch in unser Jungenleben herein. Meine Eltern waren, anders als viele ihrer Generationsgenossen, davon nicht geprägt, aber es gab eben diese anderen, die halbjüdische Mutter eines Schulkameraden vor allem oder die etwas indianische Frau des Strafrechtlers, die drei Kinder in unserem Alter hatte und aufs Land in ein Bauernhaus zog und Schafe hielt und Obst anbaute. Das brachte uns zum Wandern und zum Land, und wir selber eroberten uns dann die Quasi-Abenteuer der Jugendbewegung und mit ihren Liedern, mit und ohne Schule und Hitlerjugend, die ja ein Stück dieses Erbes auch weitergaben, natürlich auch einen, freilich artifiziellen, Erfahrungsraum. Da kam in ein Leben, das gar nicht bewusst abgeschirmt war und keineswegs ‹overprotected› sein sollte, aber es doch de facto ein Stück weit war, zwischen der Hauptprovinz Schule und der Nebenprovinz Jungvolk etwas Unabgeschirmtes und Abenteuerliches, was uns vielleicht fehlte, herein.

Aber die nachträgliche Sorge vor zu viel wohlgeordneter Wirklichkeitsferne dieser jungen Jahre hatte sich längst von selbst erledigt, und zwar durch den Krieg. Das fing früh an, schon als meine Brüder zum Arbeitsdienst und dann zu den Soldaten kamen, als die ersten Bomben in Köln fielen. Mit 15 Jahren und 3 Monaten kam ich als Luftwaffenhelfer zur Flak, ein empfindsamer Individualist, in die Kaserne und das Barackenleben, den rauen Ton der pausenlosen und von dem Lauten beherrschten Gemeinschaft; freilich, das war auch ein Ausgleich mit praktischer Lebensbewältigung und durchschnittlichem mitmenschlichen Leben.

Von der Politik zu reden habe ich bis zuletzt aufgeschoben, es ist wichtig genug, Nazizeit und gebildetes Bürgertum sind ja einschlägige Reizworte. Meine Eltern freilich passten in diese Tradition nicht hinein – machtgeschützte Innerlichkeit, gebildete Apolitie. Die Familien waren bürgerlich-national, die mütterliche schon süddeutsch-skeptisch gegen das Zuviel an Wilhelminismus und Kriegsbegeisterung; freilich, die Ausweisung aus Straßburg band meine Großmutter ins Deutschnationale und später Volkskonservative.

Meine Mutter aber war davon nicht berührt. Mein Vater hatte radikalnationale Anwandlungen nach dem Krieg schnell hinter sich gelassen. Kennen gelernt hatten sich die Eltern bei einem Onkel der Mutter in Jena, Rechtsprofessor und Demokrat und einige Jahre sogar Reichstagsabgeordneter. Sie waren dann seit Mitte der 20er Jahre durch die Atmosphäre der jungen Universität in Köln geprägt worden, in der es, im Vergleich zu älteren Universitäten, außer Berlin und Heidelberg vielleicht, relativ viele liberale Demokraten – für meine Fachgenossen erwähne ich Johannes Ziekursch oder Bruno Kuske – und durchaus überproportional viele Juden gab. Und meine Eltern hatten viele jüdische Freunde. Ob mein Vater auch in Rostock Republikaner gewesen oder geworden wäre, weiß ich nicht, in Köln war er es. Meine Mutter wählte wohl demokratisch, mein Vater Stresemanns DVP, und für die kandidierte er dann auch zuletzt: «Aus Not und Elend macht Euch frei allein die Deutsche Volkspartei, mit Nipperdey und Dingeldey» (der war damals Parteivorsitzender), wie der demokratische Rechtshistoriker und Nachbar Hans Planitz spottete. Von dem Jenaer Onkel stand im Bücherschrank ein Exemplar von Hitlers ‹Mein Kampf› von 1931 oder 1932, mit der später hochgefährlichen Eintragung: «Was Hänschen nicht lernt, lernt Hans nimmermehr.»

Man hat natürlich 1933 und danach viele Gesinnungswandlungen erlebt, aus prinzipiellen, aus taktischen, aus opportunistischen Gründen, gerade bei den Bürgern, den Wirtschafts- und Bildungsbürgern, und gerade bei denen, die als Beamte an den Staat gebunden waren. Und der Anpassungsdruck auf einen Beamten, und auch einen Professor mit einem nicht gerade esoterischen, sondern doch halbpolitischen Fach war gewiss stark, und so gab es manche Anpassungsrhetorik. Aber da war nun – abgesehen von liberalrechtsstaatlicher Bürgerlichkeit – die jüdische Großmutter. Sie machte ein Mitlaufen eh unmöglich, zwecklos. Zwar wurde die Herkunft der Großmutter verschwiegen, aber das war kein wirklicher Schutz, intern wusste jeder in der Zunft davon.

Für uns Kinder war zweierlei wichtig. Wir erfuhren nichts über die Großmutter und die Gefahren, Politik war kein Redethema. Aber die Distanz zum System war ungreifbar deutlich. Der Anschluss Österreichs war etwas Positives, aber der des Sudentenlandes war in erster Linie Erhaltung des Friedens. Aber da wir zum Jungvolk gehörten, wussten wir auch, wie man nicht auffällt. (Mit allerlei Tricks entzog uns unsere Mutter z. B. allen Ferienlagern der Hitlerjungen, manchmal mit einer Art indirekter Bestechung, das war nicht immer zu unserem Wohlgefallen, da wir von solchen Dingen uns auch Abenteuer oder Spaß erwarteten.) Im Krieg war die Sache dann deutlicher, nicht nur, weil wir die ‹Frankfurter Zeitung› und nicht den ‹Westdeutschen Beobachter› lasen, sondern weil wir eben Beromünster und dann den englischen Sender hörten. Nun folgen ja Kinder keineswegs den Eltern, aber in diesem Fall übertrug sich jedenfalls das, was wir wahrnahmen: schweigsame Distanz. Es blieb mir zwar etwas dunkel, warum ich nicht mehr wie meine Brüder aufs Gymnasium kam, sondern auf die Schule meiner Brüder, obwohl die 1937 ‹Deutsche Oberschule› wurde; der Grund war, dass die beiden humanistischen Gymnasien, die in Köln bestehen blieben, alte preußische Beamtenschulen, stramme NS-Schulen geworden waren, während die unsere eine städtische katholisch-liberale Tradition hielt, aber das wusste ich nicht.

Unsere Lehrer waren gemischt: alte katholische Liberale, wie der Vater meines mediävistischen Kollegen Klingenberg, der, als einer auf die Frage, was denn Freiheit sei, am Montagmorgen die Antwort des gerade gesungenen Fahnenliedes gab: «Freiheit ist das Feuer», schlicht und zu unserem Erstarren sagte: «Das ist Quatsch», und der mit Vergnügen mir eine Geschichte der 48er Revolution vom Sozialdemokraten Blos aus der Bücherei auslieh; daneben diejenigen, die die halbjüdischen Mitschüler schützten; auch überzeugte Deutschnationale, die freilich keine politischen Treuebekenntnisse verlangten: Als ich im Februar 1943 in einem Besinnungsaufsatz, vor meinem Einsatz als Flakhelfer, die Frage über Grund und Sinn des Kriegseinsatzes mit der hilflos-leeren Formel «es wird nicht umsonst sein» übersprang, schrieb ein solcher dazu: Darüber wäre wohl mehr zu sagen, gab mir aber trotzdem eine 1. Dann kamen ein deutschgläubiger Religionslehrer mit abgebrochener Pfarrerkarriere oder ein direkt aus der Jugendbewegung in die Hitlerjugend aufgestiegener Musiklehrer, aber beim Singen und Spielen war das ja nicht so wichtig. Selbst bei den Assessoren gab es solche und solche: Ein Geschichtslehrer, der die merkwürdig komplexe Aufgabe für

15jährige gestellt hatte, den ständigen Verfall des Deutschen Reichs zwischen 1250 und 1648 zu erklären, meinte zu der Antwort, das liege an Inzucht und rassischer Degeneration der Habsburger – so stand es auch im Buch –, das sei, noch einmal, Quatsch.

Manche der katholischen Mitschüler waren auch durch den Kirchenkampf tangiert und ließen das merken. Ich bin während des Krieges ein halbes Jahr in Darmstadt auf einer Schule gewesen und zuletzt dann in Jena: In Köln war die NS-Durchprägung des Alltags deutlich geringer, man sagte z. B. einfach nicht dauernd ‹Heil Hitler›, wie in den beiden anderen protestantischen Städten. Kurz, die Schule war nicht total gleichgeschaltet und so ließ sich das Stück bildungsbürgerlichen Lebens jenseits politischer Totalansprüche auch ohne Konflikt zwischen Schule und Zuhause halten.

In unserer eigentlichen Kinderzeit gab es noch jüdische Spielgefährten, Kinder von Kollegen, einer blieb gar bis 1939, und ähnlich war es auf der Oberschule. Am 9. November 1938, nach der Reichskristallnacht, befahl unser eben ernannter Nazi-Direktor dem Hausmeister, seine SA-Uniform anzuziehen und die jüdischen Schüler nach Hause zu bringen. Als die großbürgerlichen Jungvolkführer uns sagten, dass der Führer von alledem nichts wisse, gaben unsere Eltern ein seltenes Mal eine klare politische Meinung zu erkennen, das sei nämlich die Ansicht jener großbürgerlichen Eltern, etwa des Verlegers Neven DuMont, nicht aber die Wahrheit. 1937/38 freundeten mein Freund Hans Eggers und ich uns mit einem halbjüdischen Mitschüler an, aber das wussten wir vor dem November 1938 nicht: das war eine Reaktion kindlichen Gerechtigkeitsgefühls, underdog-Sympathie. Mein Vater hat den Jungen und seine jüdische Mutter im Herbst 1944 gar, angstschlotternd und etwas überrumpelt, für ein paar Wochen versteckt, nach dem Krieg zerging die Freundschaft ganz unmittelbar, wir hatten uns nichts zu sagen. Sie war ein Produkt der Situation gewesen. Immerhin, die Tatsache der jüdischen und dann vor allem der halbjüdischen Mitschüler hielt eine gewisse Distanz wach.

Natürlich, wir machten beim Jungvolk mit ohne Dauerprotest, nicht wider Willen, lernten und sangen alle die schmissigen Lieder, ohne den Unsinn der meisten Texte zu durchschauen – manche sind mir noch heute gegenwärtig – und hatten bei den Nationalchorälen des Ersten Weltkriegs – R.A. Schröders ‹Heilig Vaterland› oder des Sozialdemokraten K. Bröger «Nichts kann uns rauben ...» – erhabene Gefühle. Natürlich litten wir mit den Staufern und ritten mit Konradin und begeisterten uns für altisländische Helden und Sprüche der Edda, und Meister Ekkehard, das Straßburger Münster, Matthias Grünewald waren Inkarnationen der deutschen Seele, die «Allerdeutschesten»; die Burenbegeisterung und Ohm Krüger waren emotionale Fixpunkte (während freilich in den Bismarckfilmen mit E. Jannings die Antihelden Virchow und Mommsen als die ‹Feineren› und weniger Groben Sympathien auf sich zogen) ... Und die nationale Größe und auch ihre Wunden waren uns selbstverständlich, Demokratiekritik hatte als Plutokratiekritik Resonanz. Also unanfällig für manches waren wir nicht. Der bildungsbürgerlich versetzte Nationalismus der Generation des Ersten Weltkriegs war durchaus eine Macht (und wäre es ohne die Sonderlage der Eltern noch mehr gewesen), und ebenso die ältere Abwertung des Politischen, die Haltung eines Unpolitischen. Und für mich und meine Freunde konnte die Verachtung des Banausischen leicht in Bewunderung des Heroischen umschlagen, jenseits der Frage nach humanem Leben und Gerechtigkeit, nach Gut und Böse.

Die letzten Kriegsjahre, die Jahre bei der Flak waren auf seltsame Weise doppelbödig. Politisch waren wir freier dran, mit dem Mitleidseffekt, 15- und 16jährig schon halb Militär zu sein, und wir nutzten das. Wir legten unsere HJ-Armbinden immer ab und hörten nachts, wenn wir in Bereitschaft waren, manchmal auch mit unseren Unteroffizieren, den englischen Sender. Ich erinnere mich noch genau an den Übergang Italiens ins alliierte Lager, an Badoglio im Sommer 1943; wir kannten das Lied von den Edelweißpiraten (ohne recht zu wissen, was das war), hörten mit den jüngeren Unteroffizieren auch die eigentlich verbotene Jazzmusik, kurz, es gab leicht anarchistische Tendenzen. Ideologiepolitisch steckte in unserer Haltung auch und noch einmal ein Rest bildungsbürgerlicher nationaler Traditionen – das gute Militär und die schlechte Partei. Feldgrau werde sich gegen braun durchsetzen – so suchte der nationale Guru Ernst Bertram die Bedenken eines 16jährigen über die Zukunft zu zerstreuen. Und natürlich lebten wir – pubertierend, idealisch, ästhetisch, naturselig – auch in den Nischen von

Krieg und Politik, unwirklich intensivierte Lebensstücke, gerade z. B. im schönen Sommer 1944, das ist ja von anderen oft beschrieben worden. Ich bin noch im August 1944, in einem Urlaub durch Mecklenburg – leider nicht mehr durch Masuren – gewandert. Erst im Herbst 1944 war dann die Frage nach dem baldigen Ende und dem Überleben allein auf- und vordringlich – für mich vom Februar bis April 1945 noch einmal vor der Folie einer groß- und bildungsbürgerlichen Lebenswelt meiner Tante in Jena aus der Schott-Familie, was uns nun in dieser Katastrophe schrecklich auf die Nerven ging.

Meine Geschichte ist zu Ende, und sie hat keinen Schluss. Meine Frau meint, zu einer Jugendgeschichte gehörten doch auch die Studienjahre, die Nachkriegszeit. Aber in meiner Perspektive der Bürgerlichkeit gehört sie nicht mehr eigentlich dahin – denn die ungeheure Egalisierung, die die Lebenslage nach 1945 schuf, machte uns als Studenten alle gleich (und mich ein bisschen älter, weil ich mit den Kriegsjahrgängen zusammen studierte). Die Frage nach dem Bildungsbürgertum wäre für unsere Stimmungslage und unsere Erfahrungen ganz inadäquat – was uns an Resten davon bei den Professoren begegnete, war von gestern und vorgestern. Das was ich viel später lieben gelernt habe, das bürgerliche 19. Jahrhundert, hasste ich damals, falsche Sekurität wie Anfang unserer Katastrophe, und wer dagegen die Größe dieses Jahrhunderts hielt, wie der Philosoph Heimsoeth, erregte meinen ersten existenzialistischen Zorn. Beides, das positive wie das kritische Verhältnis zur bürgerlichen Tradition, wie es sich in meiner so individuellen wie typischen Jugendgeschichte und ihrer historisch belehrten Reflexion spiegelt, hat mich wohl geprägt und ist in mein wissenschaftliches Bemühen eingegangen, und meine Kritiker, die mich für den Großmogul des Neohistorismus halten, werden mit Lust diese subjektiven Wurzeln des von ihnen bekämpften Objektivitätspostulats zur Kenntnis nehmen. Aber recht hätten sie dennoch nicht.

Ich kenne die Sünden und Gefahren der deutschen Bürger, und der Bildungsbürger zumal. Aber die Perspektive, die sie auf dem Weg in die Katastrophe sieht, teile ich nicht, und das mit Gründen. Sie gehören nicht auf den Schutthaufen der Geschichte.

2.

DIE ANTHROPOLOGISCHE DIMENSION DER GESCHICHTSWISSENSCHAFT

I.

Der Titel der nachfolgenden Überlegungen[1] mag verwunderlich erscheinen. Es mag schwierig sein, Übereinstimmung darüber zu erzielen, wie denn exakt der Gegenstand der Geschichtswissenschaft zu bestimmen sei. Unstrittig aber ist, dass die Geschichtswissenschaft sich mit vergangenen Ereignissen und Prozessen, Institutionen und Zuständen, Werken und Sozialgebilden beschäftigt, in deren Mittelpunkt der Mensch als handelndes und leidendes (von Ereignissen und Handlungen betroffenes) Wesen steht. Gegenstand der Geschichtswissenschaft ist die Vergangenheit des Menschen, sofern sie anderes und mehr ist als eine biologische Vergangenheit. Die Geschichtswissenschaft ist insofern eine Wissenschaft vom Menschen, wobei zunächst die Kategorien der Zeitlichkeit, genauer der Vergangenheit, und die Kategorien des «Mehr-als-Biologischen» sie von anderen Wissenschaften vom Menschen unterscheiden. Ist darum unser Titel nicht eine Trivialität?

Es kommt hier zunächst auf eine Begriffsklärung an. Der Begriff Anthropologie wird gegenwärtig unterschiedlich gebraucht. Innerhalb der empirischen Wissenschaften meint er die biologische Wissenschaft vom Menschen einschließlich der biologischen Verhaltensforschung – das bleibt in unserem Zusammenhang weitgehend außer Betracht. Im Sprachgebrauch der deutschen Geistesgeschichte, der Theologie oder Philosophie wird damit auch die Vorstellung, die Lehre vom «Wesen» des Menschen, die einer Philosophie oder Kirchenlehre oder «Weltanschauung» explizit oder implizit zugrunde liegt, bezeichnet, in diesem Sinne kann man die «Anthropologie» von Hobbes, Rousseau oder Hegel, von Johannes oder Luther oder die Anthropologie des Katholizismus oder des Marxismus analysieren. Auch diese Verwendung des Begriffs soll hier außer Betracht bleiben. Wichtig für unseren Zusammenhang sind zwei andere Versionen von «Anthropologie». Das ist einmal die im angelsächsischen Bereich wohl etablierte cultural anthropology[2]; diese beschäftigt sich primär mit dem Sachbereich, den im deutschen Sprachgebrauch die Fächer Völkerkunde (Ethnologie) und Volkskunde behandeln, und versucht mit Hilfe spezifischer Methoden und Modelle eine «Kultur» nach allen Richtungen und Dimensionen zu erforschen und in ihrem inneren Zusammenhang zu begreifen; dabei geht sie aber mit ihrem Ansatz des Fragens über die einfachen Kulturen hinaus, d. h. sie tendiert dahin, auch komplizierte und differenzierte Kulturen oder Gesellschaften zu ihrem Objekt zu machen – eine Ausweitung der Forschungsgegenstände, für die die Abfolge der Untersuchungen von M. Mead z. B. charakteristisch ist. Zum andern ist zu nennen der im deutschen Sprachraum üblich gewordene moderne Begriff einer philosophischen Anthropologie. Arnold Gehlen etwa, der hier nur als Beispiel steht, hat versucht, eine solche philosophische Anthropologie als eine empirisch gesicherte Theorie des Menschen als handelnden Wesens zu entwerfen und durchzuführen. Die philosophische Anthropologie nun steht in enger Beziehung zur Kulturanthropologie, auch wenn beide von verschiedenen Ausgangspunkten und -interessen ausgehen, sich von unterschiedlichen Methoden leiten lassen und zu verschiedenen Ergebnissen kommen mögen. Von daher bestimmen wir den hier zugrunde gelegten Begriff der Anthropologie.

Anthropologie fragt aufgrund empirischer Analysen nach Grundstrukturen und -kategorien des menschlichen Daseins, nach menschlichen Verhaltens-, Handlungs-, Denk- und Antriebsformen, nach ihrer Prägung durch soziale Institutionen und nach dem wechselseitigen Geflecht und dem Entstehungszusammenhang von Institutionen, Kultur und Person oder kurz: ihr Gegenstand sind die Strukturen menschlichen Handelns und Sichverhaltens. Eine systematische Anthropologie zielt dabei im Gegensatz zu den konkreten und abgegrenzten Untersuchungsobjekten der ethnologischen Kulturanthropologie auf invariable Gefüge und Gesetze ab, die für alle Gesellschaften gelten, das mag z. B. gerade die Plastizität aller menschlichen Strukturen sein; oder sie stellt wie die systematische Kulturanthropologie, die jene Einzeluntersuchungen zusammenfasst, ein Gefüge von Strukturvariationen, eine Typologie von Grundmöglichkeiten und Grundformen des menschlichen Daseins auf.

Aus der Vielzahl anthropologischer Fragen nenne ich, um die abstrakte Definition einstweilen schon ein wenig zu konkretisieren, einige unterschiedliche Beispiele, die für den Historiker interessant sein können. Wenn es richtig ist, dass sich der Mensch unter anderem dadurch vom Tier unterscheidet, dass er zum einen seinen Großvater kennt und zum andern für den Hunger von morgen sorgt (W. Kamlah), so würden sich daraus eine ganze Reihe von Fragen ergeben, die die empirische Forschung und/oder die Theoriebildung leiten: Sind Erinnerung und Planung in diesen Tatbeständen begründet? Lässt sich aus der Erinnerung die Bildung von Tradition erklären, aus Planung die Bildung sozialer Institutionen und der Prozess der Rationalisierung? In welchem Verhältnis stehen Erinnerung und Planung zueinander, und wie beeinflussen sie das Handeln? Gibt es verschiedene Typen des sozialen und des psychischen Systems, die auf einer unterschiedlichen Gewichtung dieser beiden Faktoren aufgebaut sind? und so fort. Oder: Bei dem Versuch der Kulturanthropologie, eine ethnische Gruppe zu beschreiben und durch Vergleich von anderen abzugrenzen, kann der Sozial- oder Nationalcharakter einer solchen Gruppe Gegenstand des Fragens und Element des Begreifens sein, in dem vielfältige Daten zusammengefasst und von dem her neue Daten erfragt werden können; die vorwissenschaftlich naive Vermutung über solchen Gruppencharakter kann methodisch reflektiert zu einem wissenschaftlichen Begriff erhoben werden. Oder, um ein weniger generelles Beispiel zu wählen, die Frage, wie Affekte sozial und kulturell kontrolliert werden, wieweit sie sich durchschnittlich äußern, wieweit und auf welche Art sie gebändigt sind – auch das ist in unserem Sinne eine anthropologische Frage.

Im bisher umschriebenen Sinne lässt Anthropologie die Zeit, den chronologisch fixierten Ort als konstitutives Merkmal ihrer Gegenstände und damit auch das Phänomen der Veränderung wesentlich außer Betracht; allenfalls kommt – bei der Übertragung ethnologischer Modelle auf hochkomplizierte moderne Kulturen oder beim Vergleich von «Urmensch und Spätkultur» (Gehlen) – die Weite einer Weltzeit mit ganz wenigen epochalen Wandlungen vor. Für die Geschichtswissenschaft aber ist gerade die Zeit und die Veränderung in der Zeit das, was ihre Gegenstände konstituiert. Insofern ist Geschichte keine Anthropologie, Anthropologie keine Geschichte. Nun ist es aber ein sicheres Ergebnis anthropologischer wie historischer Forschung, ein sicheres Ergebnis der universalen Historisierung der Welt, die sich mit der Vollendung des Historismus seit dem Ende des 19. Jahrhunderts grundsätzlich durchgesetzt hat, dass auch anthropologische Strukturen geschichtlich wandelbar sind, dass sich die Grenze zwischen metahistorischen Konstanten und historischen Variablen bei der Beschreibung solcher Strukturen im Erkenntnisprozess immer weiter vorschiebt. Der Mensch als Subjekt oder Objekt der Ereignisse und der sich wandelnden Institutionen gilt nicht mehr – wie bis tief ins 19. Jahrhundert hinein – als absolut gleichbleibend. Darum ist es möglich geworden, prinzipiell von einer Historizität des Anthropologischen, von anthropologischen Strukturen und ihrem Wandel in der Geschichte, von einer anthropologischen Dimension der Geschichtswissenschaft zu sprechen. Wir können die oben umschriebenen anthropologischen Fragen für eine geschichtliche, der Zeit unterworfene, je spezifische Welt, Kultur, Gesellschaft oder soziale Gruppe und ihre Wandlungen stellen.

Ich nenne, ohne in eine Interpretation einzutreten, ein paar Beispiele für historisch-anthropologische Fragen, um noch einmal vorläufig zu veranschaulichen, was gemeint ist. D. Riesman hat in seiner Analyse der gegenwärtigen Gesellschaft[3] unter der anthropologischen Frage nach dem, was das Verhalten bestimmt und regelt, drei historische Typen, den traditions-, den innen- und den außengeleiteten Menschen, als drei Sozialcharaktere entwickelt; und in diese vom Standpunkt des Historikers hochabstrakten Modelle ist jeweils eine ganze Fülle von historisch-anthropologischen Einzelbeobachtungen eingegangen. Der Historiker Karl Lamprecht hat kurz nach der Jahrhundertwende den modernen Menschen unter dem Stichwort der Reizsamkeit beschrieben; das ist eine ganz ähnliche – sozialpsychologische – Betrachtungsweise, unter der ganz neue Phänomene für die Wissenschaft sichtbar gemacht wurden. F. J. Turner hat mit seiner berühmten Frontierthese versucht, die

Institutionen und die Entwicklung Amerikas von der Tatsache der offenen Grenze her zu begreifen; dazu gehören nicht nur die Auswirkungen auf die soziale Mobilität, die industrielle Reservearmee etc., sondern auch bestimmte Verhaltensweisen der Leute an der Grenze, ein spezifisches Verhältnis von Individualismus und Kooperation, aus dem sich die amerikanische Entwicklung erklären lässt[4]. Es ist eine sehr spezielle anthropologische Struktur, die hier einer genuin-historischen Interpretation zugrunde liegt und beobachtend gewonnen worden ist. Max Webers Untersuchung über die protestantische Ethik und den Geist des Kapitalismus ist eine anthropologische Untersuchung, sofern sie sich auf den Zusammenhang von Normen des Handelns und Verhaltens mit dem realen Handeln und Verhalten bezieht. Die Frage der Affektäußerung und Affektkontrolle hat schon Lamprecht an mittelalterlichen Beispielen untersucht; N. Elias[5] hat sie aufgrund z. B. von «Anstandsregeln» und «Tischsitten» ausführlich behandelt.

Die Beispiele können, so mag man einwenden, unsere Terminologie in Frage stellen. Handelt es sich hier nicht um soziologische, sozialpsychologische oder psychologische Fragen und Kategorien, mit denen geschichtliche Vergangenheit angegangen wird? Es gibt doch so etwas wie eine historische Soziologie oder soziologisch bestimmte Historie, es gibt Ansätze jedenfalls zu einer historischen Psychologie und Ansätze zur Einbeziehung der Psychoanalyse in die Historie. Warum das anspruchsvoll gesuchte Wort anthropologisch?

Das hier angesprochene terminologische Problem hängt wiederum von Definitionen ab und die Wahl des Begriffs dann davon, wieweit er Schwierigkeiten und Missverständnisse möglichst gering hält. Unter diesem Aspekt scheint mir der Begriff Anthropologie vorteilhafter. Schon die doppelte Alternative – Psychologie oder Soziologie – verweist auf den wesentlichen Punkt: Herkömmlicherweise befasst sich die Soziologie mit der sozialen Welt, der Gesellschaft und ihrer Struktur, die Psychologie mit der Person, dem Ego und dessen Struktur und Entwicklung. Zwar bewegen sich beide Disziplinen aufeinander zu, Talcott Parsons z. B., der von einer Trennung der Gesellschaft und der Person als zweier interagierender Systeme menschlicher Aktion ausging, vertritt jetzt die Position, dass beide Systeme nur als Phasen, Aspekte, Ebenen ein und desselben Aktionssystems begriffen werden können[6], und ähnliches lässt sich von manchen Entwicklungen der Sozialpsychologie sagen. Trotzdem bleiben die Arbeitsteilung, die unterschiedliche Fragerichtung, die unterschiedliche Gegenstandsbestimmung der genannten Wissenschaften bestehen, und sie überlappen sich nur partiell. Es erscheint mir nützlich, für den hier thematisierten konstitutiven Bezug von Person und sozialen und kulturellen Institutionen einen einzigen Terminus zu wählen. Damit vermeiden wir zugleich, uns in die Definitionsprobleme zweier großer Wissenschaften, den Streit um jeweils sehr profilierte unterschiedliche Wissenschaftsbegriffe zu verwickeln und damit die Aneignung bestimmter Fragestellungen in der Geschichtswissenschaft zu erschweren. Die methodischen Anregungen, die von der philosophischen Anthropologie und Kulturanthropologie ausgehen, würden bei einer Subsumierung unter fixierte oder (und) strittige Begriffe von Wissenschaften zu kurz kommen. Schließlich vermeiden wir auch, einstweilen wenigstens, die Kontroversen über soziologische und historische, eher generalisierende und eher individualisierende Methoden, Theoriebildung und narrative Darstellung.

Die Eigenart unserer anthropologischen Fragen, die systematisch zwischen Soziologie und Psychologie angesiedelt sein mögen, kommt vielleicht deutlicher zutage, wenn wir sie zu den Gegenständen und Frageweisen der Geschichtswissenschaft, so wie wir sie kennen, in Beziehung setzen. Hier gilt es zunächst die Unterschiede zu sehen. Historisches und auf Geschichte gerichtetes anthropologisches Fragen decken sich nur partiell. Offenbar gehören Individuum, Ereignisse und Ereignisreihen nicht als solche zu den Gegenständen, die anthropologisch erfragt werden. Und dasselbe gilt für die Geschichte von Ideen, von rechtlichen und staatlichen Institutionen, Werken und Werksystemen wie Kunst und Wissenschaft oder Wirtschaft und Technik. So sehr Individuen und Ereignisse, so sehr die genannten Teilgebiete des geschichtlichen Lebens für die anthropologischen Fragen Bedeutung haben. Diese anthropologischen Fragen sind im Unterschied zu den genannten historischen Fragen generell, und sie sind strukturell. Wenn man das «Gebiet» der Geschichtswissenschaft als das Handeln und Leiden der Menschen in den von ihnen geschaffenen sozialen Gebilden, sofern und soweit dadurch Veränderungen in diesen Gebilden bewirkt werden, beschreibt, so gehört das, was anthropologisch erfragt wird, zu den Voraussetzungen oder zur Struktur jenes Handelns und Leidens. Insofern scheint es zu dem Frage- und Gegenstandsbereich zu gehören, der heute etwas unscharf als Strukturgeschichte oder – noch unschärfer – als Sozialgeschichte bezeichnet wird. Wir haben demgemäß auch von anthropologischen Strukturen gesprochen, die in ihrer Art wie in ihrem Wandel Gegenstand historischen Fragens sind. Aber soziale Strukturen und Prozesse wie Schichtung und Mobilität z. B. sind nicht als solche anthropologische Strukturen. Die anthropologischen Fragen sind personbezogen, sie richten sich auf die Struktur von Handeln und Sichverhalten, und sie beziehen die institutionellen Bedingungen von Handeln und Verhalten immer auf dieses selbst. Insofern Handlungen und Ereignisse eine anthropologische Struktur haben und zeigen, können auch sie selbst wiederum zu Gegenständen des anthropologischen Fragens gehören. Man kann daher sagen, dass die anthropologischen Fragen an die geschichtliche Vergangenheit nicht so sehr einen eigenen Gegenstandsbereich konstituieren, sondern vielmehr einen bestimmten Aspekt, eine bestimmte Dimension der Geschichte betreffen. Darum spreche ich in dieser Abhandlung nicht von einer historischen Anthropologie, sondern von der anthropologischen Dimension der Geschichtswissenschaft.

Die anthropologische Frage ist nicht eine allumgreifende und darum unpräzise und heuristisch wertlose Frage nach dem Menschen, mit dem auch die Geschichtswissenschaft sich beschäftigt. Sie ist vielmehr, so wie sie in anderen Wissenschaften entwickelt worden ist, eine durchaus präzise – und präzisierbare – Frage. Meine These ist, dass die Geschichtswissenschaft die anthropologischen Fragen nur rudimentär entwickelt, nur rudimentär rezipiert hat, und dass eine intensivere und reflektierte Rezeption solcher Fragen die Erkenntnis der Vergangenheit erweitern, differenzieren und zusammenschließen kann. Die Geschichtswissenschaft braucht das anthropologische Fragen.

Es scheint mir nun im Zusammenhang dieser Überlegungen nützlich, zunächst in einer historiografischen Reflexion zu erörtern, welche Ansätze für unsere Fragen in der älteren Historiografie, zumal des 19. Jahrhunderts, gegeben waren, und welche Hindernisse für die Ausarbeitung und Durchführung dieser Fragen bestanden. Eine solche Erörterung hat keine antiquarische Absicht, sie dient weder der Legitimierung durch die Tradition noch dem ideologiekritischen Sichabstoßen von der Tradition, um eine neue Position zu begründen. Es sollen vielmehr bestimmte methodologische und wissenschaftstheoretische Probleme dabei deutlich gemacht werden, von deren kritischer Aneignung die gegenwärtige Geschichtswissenschaft nur gewinnen kann.

II.

Die große Geschichtsschreibung und Geschichtsphilosophie des 19. Jahrhunderts hat sich von Voltaire über Hegel und Burckhardt bis zu Dilthey mit der Entwicklung oder den Wandlungen des Menschen und seines Bewusstseins befasst, sie enthält darum, ebenso wie bestimmte speziellere Forschungen und Darstellungen, wichtige Ansätze zu anthropologischen Fragestellungen und Erörterungen. Trotzdem hat sich die Historie auf die anthropologischen Strukturen nicht eigentlich eingelassen. Das hat eine Reihe von Gründen.

Die Geschichtswissenschaft ist in ihrem Wissenschaftscharakter zunächst im frühen 19. Jahrhundert durch den Historismus geprägt worden. Damals sind die Kategorie der Individualität und die Frage nach Individualität für sie leitend geworden. Diese Kategorie der Individualität hatte, das sollte man sich bei aller theoretischen Kritik klarmachen, ursprünglich eine durchaus legitime polemische Funktion gegen bestimmte Tendenzen der Aufklärung. Sie war gerichtet gegen die vorschnelle Klassifizierung eines Ereignisses, eines Tatbestandes, einer Entwicklung als Fall eines Allgemeinen; sie war gerichtet gegen die Tendenz, geschichtliche Phänomene aus *einer* Ursache oder einer begrenzten Zahl von angebbaren Ursachen bei eindeutigem Verursachungsprozess zu erklären. Und sie war gerichtet gegen das Messen des Fremden am eigenen Standard. Dagegen sollte die Eigenart eines spezifischen geschichtlichen Phänomens, die Eigenart des Fremden, sollte die mögliche Unendlichkeit der Bedingungen und die Interdependenz der Phänomene zur Geltung gebracht werden. Das war die heuristisch-polemische Bedeutung des individualisierenden Verfahrens. Erst als sich die auf dem Prinzip der Individualität beruhenden sogenannten Geisteswissenschaften durchgesetzt hatten, gewann dieses Prinzip unabhängig von seiner ursprünglich polemischen Funktion Eigenwert. Doch auch im individualisierenden Historismus deckte die Kategorie Individualität eine breite Skala von Phänomenen und hatte daher immer nur einen relativen Charakter: Individualitäten «höherer Ordnung», wie Völker, Staaten und Kirchen, Institutionen, Tendenzen, Ideen, waren immer Gegenstand von Forschung und Darstellung, wenn auch der jede Individualität chronologisch fixierende Ort dabei immer zentral blieb.

Die Vorherrschaft der – wie weit immer gefassten – Individualitätskategorie hatte nun für Methode und Darstellungsweise der Geschichtswissenschaft wichtige Folgen, und zwar vor allem die Orientierung an Anschauung und Beschreibung. Wo Geschichtswissenschaft über Ereignisreihen hinausgeht, über die Erzählung also, will sie die Physiognomie (Huizinga) vergangener Wirklichkeit darstellen. Details sind nicht Belege für eine These, Fälle einer generellen Regel, sondern Elemente der historischen Darstellung. Nur anschaulich detailliert und deskriptiv kann das geschichtlich Seiende absolut in die ihm eigene Zeitlichkeit hineingebunden werden, kann das Individuelle in seiner Individualität bewahrt zu Wort kommen. Von daher rührt eine gewisse Abneigung der Historie und der Historiker gegen eine vorwiegend begrifflich-abstrakte Analyse als Darstellungsform, gegen eine «Anatomie» der Wirklichkeit, ja man kann von einer Angst, auf Begriffe zu kommen, sprechen. Begriffe sind geeignet, zergliedernd oder zusammenzwingend Anschauung und Individualität verschwinden zu lassen. Dieses Misstrauen gegen die Abstraktion wurde empirisch immer wieder bestätigt, weil die Forscher und Denker, die versuchten, vergangene Wirklichkeit weniger anschaulich als begrifflich zu erfassen, von Hegel und Comte bis zu Lamprecht, einen gesetzmäßigen Ablauf der Weltgeschichte konstruierten, bei dem für den empirischen Historiker wie Jacob Burckhardt die Einzelheit und Einzigkeit jedes Geschehens im weltgeschichtlichen Prozess zu verdampfen schien. Natürlich haben auch die klassischen Historiker, so die für die anthropologischen Fragen besonders wichtigen Kulturhistoriker, z. B. Riehl oder Burckhardt, ihre Beobachtungen mit sehr komplexen analytischen Begriffen zusammengefasst; Burckhardts Begriffe und Typen z. B. – Krise, Potenz, Staat als Kunstwerk, der Mensch der Renaissance, der griechische Mensch – machen Strukturen sichtbar. Aber diese Strukturen bleiben der Anschauung nahe, ihr Zusammenhang wird nicht durch analytisch-begriffliche Durchdringung eines Begründungs- und Interdependenzverhältnisses hergestellt, sondern ergibt sich aus der Summierung zum Bild, zur Vorstellung. Insofern behält die Anschauung ihren Vorrang.

Diese methodische Einstellung war nun für die anthropologische Dimension der Geschichte von Bedeutung. Denn die anthropologischen Strukturen sind als nicht mehr sichtbare Voraussetzungen sichtbaren Verhaltens, als Strukturen, die relativ konstant sind und sich langsam wandeln, der individualisierenden und auf Anschauung ausgehenden Deskription gerade weitgehend entzogen, sie sind erst einer begrifflichen Analyse zugänglich. Das ist einer der Gründe, warum diese Strukturen gemeinhin nicht oder nur in Ansätzen Gegenstand historischer Erkenntnis wurden.

Sodann lag im allgemeinen der Geschichtswissenschaft im 19. Jahrhundert, in der Zeit auch des antiaufklärerischen Historismus, ein ausdrückliches Modell des Menschen als eines rationalen Wesens zugrunde, eines Wesens nämlich, dessen Handeln und Verhalten zwar von wechselnden Ideen und Zwecken geleitet war, aber auf einer gleichbleibenden Antriebsstruktur von rational verstehbarem Macht-, Sicherheits-, Wohlstands- oder Heilsstreben beruhte und von einem prinzipiell rationalen Verhältnis von Zwecken und Mitteln bestimmt war. Die romantische Phase der germanischen und klassischen Altertumswissenschaften, in der die Hypothese der unbewussten Antriebe und Prägungen der Menschen eine große Rolle spielte, blieb für das Ganze der Geschichtswissenschaft relativ folgenlos; Phänomene, bei denen das rationale Handlungsmodell auf Schwierigkeiten stieß, Massenphänomene zumal in revolutionären Epochen, blieben als Natur- oder Elementarereignisse

Randphänomene, die das grundsätzliche Handlungsmodell des sich selbst kontrollierenden, verantwortlichen, prinzipiell zur Autonomie angelegten Menschen nicht modifizierten. Indem das anthropologische Modell rational und einheitlich blieb, kamen weder die Phänomene des Unbewussten noch auch der Wandel von Handlungs- und Verhaltensstrukturen in den Blick.

Sieht man auf die konkreten Gegenstände, so ist Geschichtswissenschaft im engeren Sinne von bestimmten traditionellen Interessen bestimmt gewesen. Die politische Geschichte der Völker und Staaten im Sinne einer Ereignisgeschichte, die Geschichte der rechtlichen Institutionen und die Geschichte der Kirche haben zunächst einen fast selbstverständlichen Vorrang gehabt, einen Vorrang, der sich aus der Herkunft der Geschichtswissenschaft, dem aktiven Interesse der Historiker im Zeitalter des Liberalismus und des Nationalstaats und dem, was unmittelbar in den Quellen wie in der Gegenwart vor Augen lag, zu ergeben schien. Auch die großen Geschichtsschreiber des 19. Jahrhunderts, die sich vom Schema der bloßen Ereignisreihen lösten und die Geschehnisse in ein Geflecht von Institutionen und Ideen, Prinzipien und Tendenzen, einordneten, blieben von dieser Priorität bestimmt. Für die anthropologischen Fragen besonders bedeutsame Bereiche blieben ausgegrenzt. Aber das für uns eigentlich Wichtige ist, dass auch innerhalb der politischen Geschichte, der Kirchen- und der Rechtsgeschichte die anthropologischen Fragen kaum aufkamen. Die Voraussetzung der politischen Historie z. B. war ein Modell des homo politicus, das als konstant galt, auch wenn Ziele und Inhalte des politischen Handelns sich änderten. Die Fragen nach den sich wandelnden Typen von Menschen, die jeweils Politik machen, nach der anthropologischen Struktur des politischen Handelns selbst, z. B. nach dem Verhältnis von Motiv und Zweck, der Relation von Mitteln und Zielen, nach der Bedeutung der Machtantriebe, z. B. des Ruhmes, nach der wachsenden Rationalität, nach der Art von Planung und Prognose, oder nach dem Prozess der Entscheidung, nach dem politischen «Stil» – solche Fragen kamen im 19. Jahrhundert in geschichtlichen Untersuchungen zwar gelegentlich bei der Erörterung von Einzelfällen vor, aber sie blieben vereinzelt und wurden nicht zu einem systematischen Fragezusammenhang erhoben und blieben so allenfalls Objekte intuitiver Spekulationen von «Geschichtsphilosophen». Und ähnliches gilt für die anthropologischen Fragen innerhalb einer Geschichte der Kirche oder einer Geschichte der rechtlichen Institutionen.

Der Bereich der älteren Geschichtswissenschaft, in dem sich die uns interessierenden Fragen am ehesten finden, ist der Bereich der sogenannten Kulturgeschichte. Die Kulturgeschichte verstand sich seit Voltaire als Oppositionswissenschaft zur politischen Geschichte, zur Kirchen- und zur Rechtsgeschichte. Sie wollte Zustände, allgemeine Dispositionen, «Strukturen» einer jeweiligen Gesellschaft, die den Ereignissen zugrunde liegen, erforschen. Dabei wurde der Begriff der Kultur freilich in einem vagen Sinne – ähnlich wie Gesellschaft – oder auch äquivok verwandt. Es gab einen universalen Kulturbegriff, der das Ganze der menschlichen Welt umfasste, und einen partikularen, der, vereinfachend gesagt, die menschlichen Lebensbereiche außerhalb von Staat und Kirche (gelegentlich war auch die Wirtschaft ausgenommen) betraf, und hier war wieder zwischen einem eher populären, an den Phänomenen des täglichen Lebens, und einem elitären, an Kunst und Wissenschaft orientierten Kulturbegriff zu unterscheiden. Trotzdem, in der Frage nach der – wie immer definierten – Kultur waren anthropologische Fragen und Tendenzen enthalten. Kultur wurde als Ausdruck des Menschen verstanden und zugleich als Objektivation, die Macht über ihn hat und sein gesellschaftliches und individuelles Dasein bestimmt. Von objektivierten Lebensäußerungen, z. B. der Kunst, der Biografik, den Geselligkeitsformen oder dem Hausbau, suchte die Kulturgeschichte auf die Handelns-, Verhaltens- und Denkweisen von sozialen Gruppen, auf Sozialcharaktere zu schließen; indem man z. B. die Sitten und ihre soziale Differenzierung zu erforschen suchte, befasste man sich mit sehr ursprünglichen Institutionen, die die soziale Welt konstituieren und das individuelle Handeln und Verhalten geschichtlicher Menschen bestimmen. Von der Begründung der klassischen und der germanischen Altertumswissenschaften im frühen 19. Jahrhundert über Macaulay, Thierry und Michelet, Gustav Freytag und Jacob Burckhardt, mit seiner Thematisierung von Not und Arbeit, Leidenschaft und Instinkten, bis zu Lamprecht und seiner historischen Psychologie und Huizinga, um zwei sehr gegensätzliche Forscher zu nennen, lassen sich diese Intentionen und Fragestellungen nachweisen. Trotzdem blieb es in Bezug auf die anthropologische Dimension bei Intentionen und Fragmenten. Das hat seine Gründe.

Die klassisch-romantische Grundlegung der Geisteswissenschaft ist von einem umfassenden Kulturbegriff ausgegangen und hat versucht, ihn einheitlich und, wie ich meine, anthropologisch zu interpretieren. Dabei sind für unser Problem zwei Dinge wichtig. Einmal die Annahme eines «Volksgeistes», eines organisierenden Prinzips der sozial-kulturellen Welt, zum anderen die Annahme seines unbewussten Wirkens. Wir können den Volksgeistbegriff entromantisieren und als Sozialcharakter, in diesem Falle als Nationalcharakter, als Inbegriff von vor- oder unbewussten Verhaltens- und Ausdrucksnormen ansehen, der etwa in der Sprache die Auslegung der Welt als Eindrucks- und Handlungsfeld des Menschen prägt. Und wir können hervorheben, dass gegenüber dem stark rational bestimmten Modell des Menschen, das der neuzeitlichen Wissenschaft zugrunde liegt, hier die nicht-rationalen, unbewussten und emotionalen Wirklichkeiten des Menschen zur Sprache gekommen sind. Diese anthropologischen Entdeckungen freilich wurden als solche nicht entfaltet. Der Volksgeist blieb eine hypothetische Konstruktion zur Erklärung der Zusammenhänge verschiedener Gebiete des Lebens, z. B. der Sprache, der Religion, des Rechtes und der Sitten, die als Ausdruck eines substanziell verstandenen Volksgeistes aufgefasst wurden, ohne dass dieser selbst und seine Relation zum Ausgedrückten weiter analysiert und verifiziert werden konnten. Volksgeist bezeichnet so den Ort einer anthropologischen Struktur, eines sozialen Charakters, aber es bleibt ein dunkler Begriff. Auch der bedeutende und folgenreiche Verweis auf das Unbewusste leistete im ganzen zunächst nicht mehr, als einen Grenzbegriff zu etablieren. Das Unbewusste blieb aber noch im mythologisch-romantischen Rahmen, es wurde trotz heuristischer Fruchtbarkeit nicht zu einer wissenschaftlichen Kategorie.

Sodann: Die Kulturgeschichte des 19. Jahrhunderts stand, wie die Geschichtswissenschaft überhaupt, unter der Herrschaft der Modelle von Anschauung und Deskription. Strukturelle Beobachtungen blieben, bei den Romantikern, bei Riehl und Freytag, Macaulay, Thierry, Michelet usw., ganz in der Deskription eingebettet und würden nicht analysiert. Das gilt insbesondere für den Bereich des täglichen Lebens. Kulturgeschichte gab «Bilder aus der deutschen Vergangenheit», wo sie nicht gar zur bloß antiquarischen Kulturgeschichte wurde. Ähnliches gilt für die Volkskunde, jene merkwürdige deutsche Sonderwissenschaft, die man als eine romantische und nationale Version einer sozialwissenschaftlich orientierten, aber auf die vorindustriellen Stände verengten Kulturgeschichte verstehen kann. Ihre leitende Idee war, die Lebensform des unbekannten, sich sprachlich kaum objektivierenden Zeitgenossen im Verhältnis von Person, Mitwelt und Dingwelt zu erfassen, und wir können diese Intention mit Fug als anthropologisch bezeichnen. Aber diese Wissenschaftsrichtung ist, wo sie sich von romantisch irrationalen Interpretationen löste, gerade im späteren 19. Jahrhundert der Sammlung und Deskription der Stoffe des sogenannten täglichen Lebens verfallen, ohne sie analytisch zu interpretieren. Zudem gingen die Ergebnisse solcher Untersuchungen in die allgemeine Geschichte nicht ein.

Auf der anderen Seite verengte sich die Kulturgeschichte zur Geistesgeschichte. Sprache und Recht, Kunst und Wissenschaft, Philosophie und Religion galten als die eigentlichen Bereiche der Kultur, also Werke, Werksysteme und hochstilisierte Institutionen. Sprache, Kunst etc. wurden zu Subjekten einer Geschichte, und Kulturgeschichte blieb dann oft eine bloße Addition solcher Geschichten mit eigenen Subjekten. Die Geistesgeschichte im eigentlichen Sinne freilich etablierte sich als eine synthetische Wissenschaft. Ihr Gegenstand, Kultur als Geist, war die sprachliche oder künstlerische Auslegung, Interpretation und Formung der Wirklichkeit, war ein System der Interpretationen. Von diesem Ansatz wurde auch die soziale Welt als ein solches System aufgefasst: sie ist, indem sie sich in Werken und Institutionen selbst interpretiert; nur darin ist sie fassbar. Die anthropologische Pointe liegt darin, dass sich in Recht und Religion, Kunst und Sprache Stadien der Welt- und Selbstauffassung des Menschen bezeugen, und darin lassen sich die anthropologische Struktur eines Zeitalters, lassen sich Verhaltens- und Handlungsmuster der Menschen greifen. Freilich nicht die Verhaltensweisen, das Handeln, seine Form und sein Stil, die politische oder wirtschaftliche Praxis, der mitmenschliche Umgang und die einfache Lebensbewältigung wurden Gegenstand der geistesgeschichtlichen Forschung, sondern die Auffassung von Selbst und Welt, die Auslegung und Theorie der Verhaltensweisen, die Reflexion solchen Handelns.

Dieses Verfahren ist in doppelter Hinsicht legitim. Einmal ist die Geschichte solcher Auslegung und Reflexion – das muss gegen eine modische Abwertung zur Geltung gebracht werden – legitimer Teilbereich einer Wissenschaft, die Grundzüge einer vergangenen Welt erforschen will. Zum andern – und das ist entscheidend – entspricht ein solches Verfahren grundsätzlich dem, was unsere Erkenntnis von Vergangenheit ermöglicht, d. h. der Quellenlage. Die Überlieferung, aus der wir unsere Erkenntnis der Vergangenheit schöpfen und an der wir sie allein verifizieren können, ist sprachliche Überlieferung, d. h. sie stellt, was sie überliefert, immer schon in einen bestimmten Auslegungshorizont, in dem der Berichtende wie auch der Handelnde stehen. Denn die Bindung der Überlieferung an die Sprache gründet in der Bindung des Handelns an Sprache. Geschichtliches Handeln ist wie alles soziale Handeln intentionales Handeln, das sich in einem jeweiligen gesellschaftlichen und kulturellen Auslegungshorizont, einer vorgängigen Welt- und Selbstinterpretation als Orientierungs- und Wertsystem bewegt. Und alles Verhalten und Handeln ist an die Verarbeitung der Wirklichkeit im Wort und anderen symbolischen Ausdrücken gebunden. Nur durch die Analyse dieses Horizontes und der Selbstauslegung einer Intention ist vergangene menschliche Wirklichkeit uns zugänglich. Soziale oder historische Tatsachen an sich – unabhängig von Intention und Auslegung – gibt es nicht. Staatsräson z. B. ist nicht einfach ein Faktum, das am Verhalten von Politikern beobachtet werden kann, sondern ist immer auch Ergebnis einer mehr oder minder theoretisch geleiteten Reflexion der Handelnden und ohne diese Reflexion weder zugänglich noch zu begreifen. In dieser methodischen Grundvoraussetzung aller Geschichtswissenschaft gründet die Legitimität des geistesgeschichtlichen Ansatzes, er konstituiert darum nicht nur einen Spezialbereich, sondern ist ein integraler Aspekt der allgemeinen Geschichte. Wo die Geistesgeschichte die Reflexion über Handeln und Verhalten zum Gegenstand macht, hat sie darum durchaus eine anthropologische Dimension. Ein klassisches Beispiel dafür scheint mir das Werk des Dilthey-Schülers Bernhard Groethuysen[7]; er hat aufgrund der moralisch-pastoralen Reflexionen die Entstehung der bürgerlichen Weltauffassung in Frankreich beschrieben und damit zugleich zur Geschichte des modernen Bürgers und seiner anthropologischen Struktur beigetragen.

Aber die Geistesgeschichte hat im ganzen doch die anthropologische Dimension verfehlt und verkürzt, indem sie sich als Spezialgebiet etabliert hat, das einen allgemeinen Anspruch zwar erhob, aber ihn gerade nicht ausfüllte. Denn das allem Handeln und Verhalten schon zugrunde liegende *Verständnis* der Welt und des Selbst ist von der expliziten Selbst- und Weltauslegung einer Kultur, ist vom Selbst- und Welt*bewusstsein* zu unterscheiden. Die unauflösbare Bindung des sozialen Phänomens an vorgängige und begleitende Auslegung ist komplizierter und weniger eindeutig, als es vom Grundansatz der Geistesgeschichte her erscheint. Das Phänomen ist nicht die Auslegung, und es geht in ihr nicht auf, es steht in einer Spannung zur Auslegung, diese kann auch das Phänomen verstellen. Selbstverständlichkeiten der Selbst- und Weltauffassung, die nicht explizit zur Sprache kommen, Verhaltens- und Orientierungsweisen, die sich nicht oder nicht angemessen sprachlich objektivieren, und die unbewussten Grundlagen dieser Verhaltensweisen, die patterns of behaviour, die etwas anderes als explizite Normen sind, kommen bei einem geistesgeschichtlich sprachorientierten Ansatz nicht oder kaum in den Blick. Die Geschichte der Staatsräson ist, um beim Beispiel zu bleiben, nicht unabhängig von Reflexion und Auslegung der Handelnden und Mithandelnden, aber diese Art von Reflexion ist nicht identisch mit Theorien und theoretischen Ausführungen über Staatsräson. Technisches Verhalten im 19. Jahrhundert, Wirtschaftsgesinnung im Frühkapitalismus sind von Reflexionen abhängig, aber dieses Verhalten und diese Gesinnung reichen über theoretische Traktate weit hinaus. Die Welt von Haus und Stand legt sich im 18. Jahrhundert kaum noch selbst aus, und wo sie ausgelegt wird, ist die Sprache dieser Welt schon unangemessen, wie die Kritik, die aufgeklärte Pfarrer an der Dorfgesellschaft üben. Wenn wir die in ihr üblichen Handlungsabläufe und Verhaltensweisen, z. B. Handwerksbräuche oder Formen des Lernens beschreiben, so haben wir zwar von ihnen sprachliche Kunde, aber ihr Sinn ist uns nicht sprachlich mitgegeben. Oder der Sinn von Handeln geht über das sprachlich Überlieferte hinaus, etwa wenn wir den politischen Stil als selbstverständliche Voraussetzung aus einer Vielzahl von politischen Handlungen herausheben. Schließlich gehen Voraussetzungen und Wirkungen des Handelns über die bewussten Intentionen der Handelnden überhaupt weit hinaus und müssen auch insoweit zum Gegenstand der Analyse gemacht werden.

Die Verkürzung der anthropologischen Dimension kommt insbesondere darin zum Ausdruck, dass die Subjekte der auf sprachliche Weltauslegung festgelegten Geistesgeschichte diejenigen sozialen Schichten sind, die sich sprachlich objektivieren, Welt explizit auslegen und Verhalten explizit reflektieren, die in hochstilisierten Formen leben oder neue Formen der Weltauslegung schaffen. Sozialgeschichte ist hier Sozialgeschichte der Ober- und Bildungsschicht, deren Reflexion und Selbstverständnis gilt als zeittypisch oder als maßgebend für den Fortgang der Entwicklung.

Die Legitimität der Geistesgeschichte liegt darin, dass eine der strukturellen Bedingungen für geschichtliches Handeln, für Institutionen, für Prozesse die Selbst- und Weltauslegung ist und daher für das Verständnis des Handelns, der Institutionen und der Prozesse von dieser Auslegung auszugehen ist. Sie kann durch keine «funktionale» Betrachtung ersetzt werden. Aber in dieser legitimen Position steckt zugleich die Tendenz, sich auf Welt- und Selbstauslegung zu beschränken, das heißt, Geistesgeschichte zu einer Spezialdisziplin der allgemeinen Historie zu machen. Die anthropologischen Strukturen bleiben dann wie politische und soziale Strukturen durch die Auslegung verstellt. Man kann mit Habermas sagen, dass die menschliche Welt sich aus Arbeit, Herrschaft und Sprache konstituiert[8]. Die Geistesgeschichte beschränkt sich darauf, die Welt von der Sprache her zu verstehen, die zwar alles vermittelt, aber doch nur *ein* Element bei der Konstitution der Welt ist. Die anthropologischen, die personalen Strukturen, die uns hier beschäftigen, sind zwar nur in der und durch die Auslegung, die Sprache zu erfassen, aber andererseits auch nur im Zusammenhang mit Herrschaft und Arbeit, mit den politischen und mit den sozialen und ökonomischen Strukturen einer Zeit zu erkennen.

Neben der Geschichte der populären Kultur und der Geistesgeschichte haben sich im beginnenden 20. Jahrhundert auch bestimmte Versuche der Universalgeschichte als Kulturgeschichte verstanden. Der späte K. Lamprecht, K. Breysig, O. Spengler oder Alfred Weber mögen als Repräsentanten solcher Tendenzen erwähnt sein. Solche Kulturgeschichte betraf das Ganze des menschlich-gesellschaftlichen Lebens und zugleich das Ganze des universalhistorischen Prozesses. Diese Versuche sind für uns deshalb interessant, weil das organisierende Zentrum einer solchen «Kultur» anthropologisch aufgefasst wurde – z. B. als der faustische oder der gotische Mensch; in der Tradition der «Geschichtsphilosophie» als Theorie des sozialen Wandels hielten diese Versuche die anthropologische Dimension offen. Zugleich freilich brachten sie sie in Verruf und verstellten den unbefangenen Blick. Denn diese Synthesen waren im Allgemeinen aufgrund fragwürdiger metaphysischer oder ideologischer Kategorien konstituiert, die wissenschaftlich nicht ausweisbar waren. Die auch für die gegenwärtige methodische Diskussion wichtigste Voraussetzung solcher Versuche war zudem, dass man von der Einheit einer jeweiligen Kultur – zusammengefasst in der Einheit ihres «Stils» – ausgehen könne. Eine solche Annahme, wie sie noch jedem Verlagsprojekt einer universalen Geschichte zugrunde liegt, gehört zwar zu den regulativen Ideen der historischen Erkenntnis, aber sie bleibt problematisch. Denn die einzelnen Kulturbereiche haben in komplexen Gesellschaften eine Eigengesetzlichkeit und eine eigene Prozessgeschwindigkeit, es gibt eine Diskrepanz (cultural lag) zwischen verschiedenen Lebensbereichen und dem Tempo, in dem sie sich verändern: die Technik entwickelt sich schneller und anders als die Familienbeziehungen oder die Moralvorstellungen. Die synthetischen Modelle von sozio-kulturellen Systemen, wie sie die universale Kulturgeschichte entwickelt, unterliegen ständig dem Zweifel des empirischen Historikers, weil für diese Synthese keine nachprüfbare Methode angegeben werden konnte. Solche Synthesen bleiben beliebig. Anthropologische Hypothesen, die einen synthetischen Anspruch stellen, sind darum besonders der Gefahr beliebiger Impressionen und Konstruktionen ausgesetzt.

Schließlich: die drei Formen der Kulturgeschichte, volkskundliche Kulturgeschichte, Geistesgeschichte, Universalgeschichte, interpretieren das Verhältnis von Kultur und Person im Wesentlichen einsinnig nach dem Schema des Ausdrucks. Die Person, eine gesellschaftliche Gruppe, eine Gesellschaft drücken sich in Werken und Institutionen auf bestimmte Weise aus. In der idealistischen Tradition werden das System des Geistes oder die Kultur als Objektivation, als Äußerung eines Inneren verstanden. Und noch K. Lamprecht, der sich vom Idealismus zum Positivismus wandte und Geschichte unter den Kategorien einer historischen Psychologie zu interpretieren suchte, ging von der Konstruktion einer Sozialpsyche aus, die sich nach eigenen Gesetzen entwickelt und allem historischen Geschehen und allen Zuständen zugrunde liegen soll, sich in ihnen ausdrückt. In allen diesen Modellen bleiben die Fragen, wie denn umgekehrt die Kultur die Menschen, die in sie hineinwachsen, prägt, wie es mit der Interdependenz von Kultur und Person, Welt und Person steht – eine Interdependenz, die in jeder Biografie unreflektiert zu Wort kommt –, unbeantwortet. Das hängt methodologisch mit einer alten Tradition der Philosophie zusammen, die gerade in der deutschen Wissenschaft fortdauerte, nämlich dem Vorrang der Kategorie der Substanz vor der Relation, der auch in der idealistischen Umdeutung der Substanz zum Subjekt trotz Hegel erhalten blieb. Das für die anthropologischen Fragen entscheidende wechselseitige Verhältnis von Person, Kultur und Gesellschaft konnte unter diesen Voraussetzungen nicht eigentlich begriffen werden.

Ziehen wir ein Fazit. Die Historie des 19. Jahrhunderts ist über Ansätze zur Erkenntnis anthropologischer Strukturen nicht hinausgekommen. Das hängt zusammen mit dem traditionellen Vorrang von Politik, Recht und Kirche, mit dem Vorrang individualisierender Anschauung und Deskription, mit einem zugrunde liegenden relativ stabilen anthropologischen Modell, das von der Kategorie des rationalen Handelns bestimmt war, mit einem idealistisch bewusstseinsorientierten Kulturbegriff, einer Konzentration auf die Ober- und Bildungsschicht und mit einer substanzialistischen Ausdrucksontologie. Sie hat aber gerade als Kulturgeschichte eine Fülle von anthropologischen Beobachtungen gesammelt, die auch die anthropologischen Strukturen selbst historisiert haben. Sie hat Kultur als Selbst- und Weltauslegung, als Dimension sich wandelnder Handlungs- und Verhaltensweisen, also anthropologischer Strukturen, bewusst gemacht und zu einem integralen Bestandteil der allgemeinen Geschichte erhoben. Von dieser Leistung muss auch jede gegenwärtige Erörterung historisch-anthropologischer Probleme ausgehen.

III.

Die kritische Reflexion von Voraussetzungen und Verfahrensweisen der traditionellen Geschichtswissenschaft sollte die theoretische Möglichkeit sichern, die anthropologischen Probleme unmittelbar in die historische Forschung und Darstellung einzubeziehen. Denn die Voraussetzungen und Verfahren unserer Wissenschaft haben sich inzwischen gerade in dieser Hinsicht wesentlich geändert. Das Individualitätsprinzip hat nicht mehr die absolute Geltung, die ihm in der Blütezeit des Historismus zugeschrieben wurde. Es gibt eine heuristisch gerechtfertigte Interessenrichtung an, und es schränkt – korrektiv – die soziologischen Ansprüche auf Generalisierung und Gesetzeserkenntnis ein. Aber der Vergleich und die Bildung von Verlaufs-, Gestalt- oder Strukturtypen, die Tendenz, generelle Strukturen herauszuarbeiten, sind legitime Arbeitsweisen der Historie; die Grenzen zwischen individualisierender und generalisierender Betrachtungsweise sind fließend geworden.

Die Geschichtswissenschaft ist nicht mehr vom Vorrang von Anschauung und Deskription und nicht mehr vom Vorrang der Erzählung beherrscht, so gewiss man gegen die modische Unterbewertung der narrativen Historie grundsätzliche Einwände erheben muss. Der Stil gegenwärtiger historischer Untersuchungen und Darstellungen ist von Begriff und Analyse beherrscht; die Frage nach den historischen Kausalitäten ist – im Bewusstsein, dass jede Antwort hier nur relativ ist – wieder ganz in die Wissenschaft integriert, und gerade die multidimensionalen Untersuchungen von Kausalitäten haben den analytisch-begrifflichen Stil der Historie wesentlich geprägt. Und das ist insbesondere deshalb möglich, weil die begriffliche Analyse nicht mehr im Dienst einer Suche nach weltgeschichtlichen Gesetzen steht.

Das gegenständliche Interesse der Geschichtswissenschaft hat sich von Ereignissen auf die Strukturen (die longue durée) verlagert, von der politischen und Geistesgeschichte auf die sogenannte Sozialgeschichte, also z. B. auf die Geschichte von Massen, Kollektiven, Unterschichten, durchschnittlichen Zeitgenossen; an der Ideengeschichte interessiert die Sozialgeschichte der Ideen, also nicht das erste Auftreten einer Idee und ihre Fortentwicklung, sondern die Frage, wie und warum sie sich durchsetzt. Und mit diesen Interessen geht häufig zusammen die Intention auf eine integrale, die Einzelgebiete des Lebens zusammenfassende Geschichte.

Schließlich haben sich philosophische und kryptophilosophische Grundlagen der Historie verschoben. Wie immer es mit dem Verhältnis von Historie und Psychoanalyse stehen mag, niemand kann nach Freud und nach bestimmten Erscheinungen in totalitären Systemen mehr ohne weiteres von dem Modell des rational handelnden Menschen ausgehen. Die Entwicklung des Denkens in diesem Jahrhundert hat dazu geführt, dass der Vorrang der Kategorie der Substanz vor dem der Relation nicht mehr besteht, relationale Modelle erweisen sich zur Erklärung von Phänomenen zunehmend geeigneter. Die Kategorien von Geist und Ausdruck, Innen und Außen, verlieren an Bedeutung. Wenn z. B. in der philosophischen Anthropologie A. Gehlen vom handelnden Menschen seinen Ausgang nimmt, wenn er die Institutionen als Grammatik und Syntax, in denen sich Antriebe und Instinkte bewegen, die Kulturen als Systeme von Bildern und Symbolen, in denen sich Handeln bewegt, beschreibt und damit das Handeln in seiner Bedingtheit begreift, so geht dieser Ansatz und diese Analyse über jede Innen-Außen-Spannung hinweg. Und ähnliches gilt für den Ansatz der Kulturanthropologie, für die Kultur nicht ein Werk- und Ausdruckssystem der die Kultur schaffenden Menschen ist, sondern ebenso und in eins damit ein System, das Verhalten prägt, das Personen in ihrer spezifischen Art schafft. Diese hier grobmaschig charakterisierte Lage, zu der auch die Rezeption soziologischer und teilweise auch psychologischer Kategorien gehört, ermöglicht es, der anthropologischen Dimension unserer Wissenschaft größere Beachtung zu schenken.

Freilich hat auch die sozial- und strukturgeschichtliche Richtung die anthropologischen Fragen zunächst kaum aufgegriffen. Eine Erörterung des Verhältnisses dieser Richtung zu unseren Fragen soll unser Problem, jetzt gewissermaßen von der anderen Seite, weiter aufklären.

Der Gegenstand der Sozialgeschichte[9] wird bestimmt als Geschichte der Struktur gesellschaftlicher Gebilde, gesellschaftlicher Gruppen oder Institutionen, des «inneren Baus der menschlichen Verbände» (Brunner), als Geschichte der gesellschaftlichen Prozesse und gesellschaftlichen Lagen oder des «Gesellschaftlichen in seinen politischen oder wirtschaftlichen Bezügen». Typische Gegenstände der Sozialgeschichte sind Agrarverfassung, Geschichte der Arbeiterklasse oder des Bürgertums in Relation zu anderen Klassen, zu Wirtschaft, Politik und Herrschaft, Klassenlage, z. B. Einkommens-, Arbeits-, Wohn- und Rechtsverhältnisse und Mobilität, Klassenorganisation, das Verhältnis von sozialen und ökonomischen Interessen zur Politik, die soziale Zusammensetzung einer Partei, Herkunft und Organisation der Bürokratie, der Prozess der Verstädterung, Strukturphänomene wie «Öffentlichkeit» etc. Typische Begriffe sind Strukturbegriffe wie Feudalismus oder Kapitalismus. Zur Bearbeitung dieser Gegenstände bedarf es objektiver Daten, die soweit möglich quantifizierbar sind, die Statistik ist eine der notwendigen und typischen Hilfswissenschaften.

Die Sozialgeschichte in Deutschland nun geht vorerst noch von einem, wie ich glaube, wesentlich verkürzten Begriff des sozialen Phänomens aus. Indem sie sich gegen eine individualisierende Geschichte, für die das Handeln einzelner Personen zentral war, wandte, indem sie gegenüber und neben der Freiheit des Menschen im geschichtlichen Prozess seine soziale Bedingtheit zur Geltung brachte, hat sie die Zwischenzone, die Struktur der Person, die soziale Struktur und individuelles Handeln vermittelt, aus dem Blick gelassen. Soziale Lage, soziale Gebilde, soziale Prozesse stehen im Blick der Untersuchung, der Mensch, der in diesen Lagen, Gebilden, Prozessen lebt, tritt dagegen zurück[10]. Man geht gleichsam «von außen», von den gesellschaftlichen Umständen auf die Menschen zu, ohne die Welt, in der sie leben, auch von ihrer «Innenseite» her zu erfassen, ohne zu fragen, wie Menschen durch die soziale Welt geprägt werden, wie sich ihr Handeln und ihr Verhalten konstituiert. Die «objektive», statistische Beschreibung der Lage oder des Prozesses rangiert vor dem «subjektiven» Verhalten, das erst als konkrete Reaktion auf solche Lagen – Maschinensturm, Hungerrevolten, Organisation und Ideologiebildung der Arbeiterschaft z. B. – vorkommt. Familie wird unter diesem Aspekt nach objektiven Daten – der Bevölkerungsgeschichte, der Rechtsgeschichte von Ehe und Ehescheidung, der Auflösung der Großfamilie – nicht aber nach ihrer «Innenseite», nach dem Verhalten in familiären menschlichen Bezügen, den Vater-Sohn-Beziehungen etc. untersucht. Die hier beschriebene Orientierung der Sozialgeschichte auf einen Bereich jenseits der personal-anthropologischen Strukturen hängt zusammen damit, dass in der Abwendung von jeder Art von Geistesgeschichte der Auslegungshorizont, die vorgängige Weltinterpretation, die jeweiliges Handeln und Verhalten bestimmt, nicht eigentlich in Betracht gezogen wird.

Man kann die Verkürzung der anthropologischen Dimension in der Sozialgeschichte schließlich auch und gerade da feststellen, wo Verhaltensweisen zum Thema gemacht werden. Die Sozialgeschichte sucht Korrelationen zwischen Lagen und Verhaltensweisen herzustellen, also z. B. Korrelationen zwischen Schweinepreisen und dem Wahlverhalten einer ländlichen Wählerschaft, zwischen Konfession und unternehmerischer Betätigung, Klassenlage und Antisemitismus, Wohnort und Selbstmord, Industrialisierung und generativem Verhalten. Solche präzisen und objektivierbaren Korrelationen sind zur Analyse von Verhaltensweisen unerlässlich. Damit aber solches Verhalten wissenschaftlich begriffen werden kann, muss die Vermittlung zwischen beobachtbaren Umständen und beobachtbarem Verhalten geleistet werden. Es genügt nicht, sich mit allgemeinen mehr oder minder ausdrücklichen Annahmen über menschliches Verhalten und Handeln zu begnügen – dass z. B. ökonomische Not eine politische Radikalisierung bewirke, während sie doch in religiösen Zeiten religiöse Akte, z. B. eine Wallfahrt zur Folge hatte; es genügt nicht, empirisch gesicherte Verhaltensmodelle aus der Gegenwart auf die Vergangenheit zu übertragen, also die Entstehung des Urchristentums aus der enttäuschten Erwartung der Wiederkunft nach Analogie des Verhaltens von Autokäufern zu erklären; es genügt nicht, Modelle wie das des «Kleinbürgers» oder des «Mittelstandes» zu konstruieren, um damit das soziale Reservoir des Antisemitismus zu erklären, ohne solche Konstruktionen verifizieren zu können. Die Aufgabe, solche Korrelationen zu erklären, ist genau die einer anthropologischen Analyse. Ich nenne zwei Beispiele. Ein sozialhistorisches Problem ist der frappierende Wandel, der sich im politischen Verhalten des schleswig-holsteinischen Landvolks zwischen 1918 und 1933, in der Wendung von der Demokratie zum Nationalsozialismus vollzogen hat[11]. Um das zu begreifen, kann man Ideologie und Meinungsbildung, Organisationen und Aktionen dieser Gruppe analysieren. Man kann auch eine Vielzahl von sozialstatistischen und ökonomischen Daten zur Erklärung heranziehen. Aber beides reicht nicht aus. Worauf es ankommt, ist vielmehr beides zu vermitteln, Handelns- und Verhaltensweisen dieser Gruppe zu untersuchen, einen sozialpsychologischen Erklärungsansatz zu verfolgen. Ein glänzender journalistischer Romancier wie Fallada erfasst die menschliche Wirklichkeit, die zwischen ökonomischen Bedingungen und politischen Prozessen lag, besser als die in bestimmten methodischen Restriktionen gebundene soziologische und historische Wissenschaft. – Ich selber habe mich mit der Sozialgeschichte der Volksschullehrer im deutschen Vormärz, der Stellung dieser Gruppe zur Revolution von 1848 beschäftigt[12]. Viele Faktoren sind zu berücksichtigen: Herkunft, Ausbildung, Rechtsstellung, Gehalt, Organisation und politische Betätigung, die pädagogischen Ideen der Zeit, das Verhältnis zur Kirche, das Verhältnis zum Staat. Um die revolutionären Sympathien dieser Gruppe zu erklären, bedarf es zuletzt einer Analyse des sozialen Typs, des sozialen Charakters, die jene Faktoren in Beziehungen zueinander setzt: Welche Folgen die Diskrepanzen zwischen Herkunft aus der Unterschicht, anspruchsvoll idealistischer Bildung und idealistischem Auftrag, dem dürftigen Erfolg jener Bildung, der Dürftigkeit der ökonomischen Lage und der sozialen Stellung in der traditionellen Gesellschaft hatten, wie alle diese Gegebenheiten und Spannungen eine bestimmte Form des Verhaltens prägten, förderten oder provozierten.

Wenn man diese Frage stellt, kommt man zu Hypothesen, die die Quellen neu erschließen, die zwischen Sozialstatistik, Politik und Selbstverständnis eine wirkliche Verbindung stiften.

IV.

Wir haben nach dem Versuch, einleitend einen Vorbegriff von dem zu geben, was wir anthropologische Struktur nennen, die historiografische Tradition und die sozialgeschichtliche Richtung unserer Wissenschaft kritisch analysiert, um durch die Diskussion der Ansätze und der Hindernisse für anthropologische Fragen diese Fragen näher zu konkretisieren und zu profilieren. In diesem letzten Abschnitt soll versucht werden, nun positiv einiges zur inhaltlichen Bestimmung, zu Kategorien und Gesichtspunkten und zu Methoden eines historisch-anthropologischen Fragens zu sagen.

Wir gehen – noch einmal sei es wiederholt – davon aus, dass sich die menschlich-historische Welt in einem Dreiecksverhältnis von Gesellschaft, Kultur und Person konstituiert: gesellschaftliche, kulturelle und personale Strukturen stehen in einem Verhältnis wechselseitiger Interdependenz, ein Tatbestand, den z. B. jeder gute Zeitroman des 19. Jahrhunderts schon der vorwissenschaftlichen Anschauung deutlich macht. Diese Interdependenz über die abstrakten Modelle der Soziologie hinaus historisch aufzuhellen, ist die Aufgabe einer anthropologisch orientierten Geschichtswissenschaft. Wir gehen des Näheren davon aus, dass ein soziales und kulturelles System auf die Person bezogen ist, sie formt und von ihr her zu interpretieren ist. Gerade diese Perspektive ist die spezifisch anthropologische. Ein sozio-kulturelles System ist ein System von Sitten und Gewohnheiten, Modellen und Standards, die das Verhalten mehr oder weniger rigide regeln, die Legitimität von Zwecken und Mitteln, Handeln und Unterlassen, Wünschen und Neigungen definieren, die persönliche Orientierung durch Pflicht und Befriedigung formen und Weisen der Selbstverteidigung, des Ausgleichs von Antrieben und Anforderungen konstituieren, indem die Person diese sozialen Kontrollen im Prozess der Sozialisation und Erziehung internalisiert. Auf die mögliche Unterscheidung der kulturellen Faktoren (Symbole, Religion, Kunst, Wissen, Volkstradition, common culture z. B.) und der sozialen Faktoren (Normen, Rollenerwartungen, Gruppenloyalitäten, soziale Institutionen etc.) gehe ich hier nicht ein. Genug, diese Faktoren formen unbewusst, da nicht wählbar, die Grundlagen des Verhaltens, die patterns of behaviour, und zwar so, dass in diese Formung gerade die affektiven Momente positiver Bindungen und negativer Verwerfungen eingehen. Was hier Person heißt, ist ein Typus von Personalität, und wir können ihn mit der amerikanischen Anthropologie als Basis- oder Modalperson bezeichnen. Aus diesem Ansatz folgt nun, dass ein soziales System in Bezug auf personale Strukturen beschrieben werden kann, dass seine wesentlichen Charakteristika, z. B. Offenheit oder Geschlossenheit, Kohäsion und Wandelbarkeit, Spannungen und Ambivalenzen, gerade so erhellt werden können. Zugleich und umgekehrt folgt, dass personale Strukturen in Bezug auf ein soziales System beschrieben werden können. Und dasselbe gilt für die Beschreibung und Interpretation von Wandlungen, von Prozessen: der Wandel von Verhaltensweisen, von personalen Strukturen und der Wandel eines Systems, einer Kultur korrespondieren einander, anthropologischer Wandel wird durch sozialen Wandel, sozialer Wandel durch anthropologischen beschreibbar und begreifbar. Es besteht die Vermutung, dass diese Verfahren in besonderer Weise geeignet sein können, das Ganze einer historischen Welt und eines historischen Prozesses zu erfassen. Von Seiten der Soziologie haben T. Parsons und seine Schüler bisher am meisten zur Ermittlung von Kategorien einer solchen anthropologischen System- und, das muss gegen ideologische Kritiker heute gesagt werden, Prozessanalyse beigetragen. Die anthropologisch gerichtete Interpretation wird mit anderen Interpretationen konkurrieren, weil die Phänomene einer Vielfalt plausibler Interpretationen offen stehen, und ihr Wert wird sich daran messen, ob sie die Wirklichkeit und ihren Zusammenhang vielseitiger, umfassender und tiefer als andere Interpretationen erfasst und vorhandene Widersprüche zu lösen geeignet ist.

Um aber die erstrebte bessere Erkenntnis einer historischen Welt realistisch in der Forschung und nicht im Überstülpen von neuen Kategorien und Modellen voranzutreiben, müssen wir versuchen, die anthropologische Frage zu spezifizieren, konkretere Phänomene als Forschungsobjekte und konkretere Gesichtspunkte als Forschungsperspektiven zu benennen.

Da sich viele solcher Objekte nicht quellenmäßig und nicht wissenschaftlich isolieren lassen, müssen wir zunächst Objektfelder nennen, die in allgemeinen oder spezielleren historischen Untersuchungen als Elemente der anthropologischen Dimension mitbeachtet werden müssen, ehe wir am Schluss auch speziellere Forschungsansätze erwähnen.

Wenn wir soziale Strukturen, Herrschaft, Gesellschaft, Klassen etc. anthropologisch zu erfassen suchen, so bietet sich zunächst zwischen Sprache und Handlung, zwischen Institution und Person ein Komplex von Erwartungs- und Verhaltensdispositionen, Modellen für Aktion und Reaktion in je spezifischen Situationen an, den man als Attitüden beschreibt. Die den mitmenschlichen Umgang regelnden «Sitten» und ihre Varianzbreite sind die bekanntesten Phänomene, von denen aus Attitüden als ihr personales Korrelat zugänglich werden. Aber man muss Sitte und Konvention auf die ganze Breite der menschlich sozialen Welt, ins Politische und ins Wirtschaftliche z. B. ausdehnen, und die – objektivierten – Sitten auf ihre (oft verborgene) personale Bedeutung hin analysieren, um die Fülle der Attitüden als Elemente der menschlichen Welt in den Blick zu bekommen. Zu der Analyse von Attitüden gehört dann einmal die Analyse von Mentalitaten, jener vagen, wenig reflektierten und gruppentypischen Vorstellungsgeflechte, in denen Anschauungs- und Denknormen wurzeln und den Untergrund der explizierten Norm- und Wertsysteme bilden. Hier liegt die legitime Funktion einer modernen Geistes- und Ideengeschichte für eine anthropologische Sozialgeschichte. Denn die Mentalität ist geprägt von den vorgängigen Interpretationshorizonten, in denen Menschen leben und sich und ihre Welt verstehen. Die Objektivierung solcher Interpretationshorizonte in den Werken der Kultur wird darum auch für das Verständnis der Mentalität und der Attitüden relevant. Wenn wir oben gegen die Geistesgeschichte eingewandt haben, dass sie sich einseitig am Vorrang der Sprache orientiert, so gilt hier nun umgekehrt, dass die Sprache, und d. h. die Interpretation zu den konstitutiven Prinzipien der sozialen Welt gehört.

Auch die Statistik der Selbstmorde z. B. muss auf vorgängige Interpretation, auf subjektiv nicht bewussten Sinn hin verstanden werden, und dieser Sinn ist wiederum nur im Gesamtrahmen einer Kultur zu erfassen. In anthropologischer Perspektive können wir Person und soziale Struktur nur begreifen, wenn wir die Ergebnisse und Fragestellungen der Geistesgeschichte einbeziehen und die traditionelle Geistesgeschichte zu einer Sozialgeschichte der Ideen, einer Geschichte der Massen- und Gruppenkultur erweitern. Dabei schließt eine solche Durchdringung die Arbeitsteilung zwischen beiden Richtungen nicht nur nicht aus, sondern setzt sie geradezu voraus. – Zur Analyse der Mentalität gibt es natürlich schon seit langem wichtige Beiträge, aber sie beschränken sich anders als bei Sitte und Attitüde im allgemeinen auf die Analyse der politischen Mentalität und der Mentalität im Verhältnis der sozialen Schichten, der Stände und Klassen zueinander, z. B. der Einstellung des Bürgertums zum Adel etc.[13] Es kommt aber darauf an, ähnlich wie in einer guten Biografie, *alle* relevanten Züge der Vorstellungswelt einer sozialen Schicht zu analysieren und aufeinander zu beziehen und das Verhältnis der einzelnen Züge zueinander – Zusammenhang, Unabhängigkeit, Widerspruch – zu klären.

Zu der Analyse von Attitüden gehört sodann die Frage nach den sozialen Stilisierungen. Auch hier gilt es, hinter die Auslegungen und Objektivationen des Handelns zurückzufragen und die Selbstverständlichkeiten, die subjektiv nicht mehr bewussten Werte und Normen und die personalen Strukturen herauszuarbeiten, die die Form des Handelns historisch bestimmen. Nicht allein, was die Leute an der Grenze gesagt und gedacht haben, sondern mehr noch, was sie getan haben, und vor allem, wie sie es getan haben, bezeugt eine spezifische Handlungsform und einen spezifischen Handlungssinn. Beim politischen Handeln würden dann an die Stelle der Veränderungen der Vorstellungen und Ziele die Veränderungen seiner Struktur, des Verhältnisses von Zielsetzung und Mittelwahl, Antrieben, Motivation und prognostischer Orientierung, der Modelle und leitenden Autoritäten oder der Rolle der Rationalität und der Affekte in den Mittelpunkt einer Analyse rücken. Die Art der Kooperation, die möglichen Konflikte und ihre Regelungen, die Variationsbreite des legitimierten Verhaltens, die möglichen Abweichungen von der eigenen Schicht und die geltenden Sanktionen oder die Möglichkeiten und Bedingungen von Neuerungen – das alles könnte sich bei einer Analyse der Handlungsstruktur ergeben. Von so ermittelten Handlungsstrukturen und Verhaltensdispositionen her können dann auch Institutionen und soziale Gebilde, die ja keine sozusagen metaphysische Eigenexistenz haben, besser verstanden werden; erst so ist die Geschichte, die doch empirisch zunächst und zumeist Geschichte von Institutionen ist, im eigentlichen Sinne Geschichte des Menschen.

In diesen Zusammenhang gehört dann die Geschichte von Emotionen, also die Geschichte von Furcht und Hoffnung, Freude und Aggression, Weinen und Lachen, Grausamkeit und Rache, Begierde und Großmut, Liebe und Hass, Stabilität und Ambivalenz von Gefühlslagen: das sind keine als historische Gegenstände abgrenzbare Bereiche, aber es sind Elemente der Lebenswirklichkeit, die in eine Systemanalyse eingehen müssen und in speziellere Bereiche des historischen Forschens eingehen können. Erst von der Einbeziehung der Emotionen her lassen sich die historischen Probleme der Modalperson klären. Warum sind die Menschen einer vergangenen Zeit und Welt so anders, und wie sind sie anders? Welches sind historisch die Kräfte, die die Person von innen oder außen integrieren, die Selbstkontrolle stabilisieren, Aktivität und Initiative oder das Gegenteil bedingen, die das Statusbewusstsein sichern oder gefährden, welcher Spielraum von Alternativen in der Ausbildung der Person ist gegeben, wie ist die Balance der Beziehungen des einzelnen zum andern, zur Gesellschaft, zur Umwelt? Von daher lassen sich das emotionale Klima und die emotionalen Dispositionen einer Zeit, Vitalität, Dynamik, Statik oder Stabilität, die Art der Instinktreaktion, das Verhältnis von Spontaneität und Konventionalität ermitteln. Ebenso ist die Geschichte der Wahrnehmung ein historisch-anthropologisches Problem, weil die Wahrnehmung, wie z. B. Lucien Febrve gezeigt hat[14], von Emotionen und Interessen, unbewussten Überzeugungen und bewussten Wertorientierungen, von Stabilität und Instabilität der Person historisch bedingt sein kann.

In diesem Zusammenhang ist auch auf das heute viel diskutierte Verhältnis zwischen Geschichtswissenschaft und Psychoanalyse einzugehen[15]. Zunächst ist klar und durch vorliegende Untersuchungen erwiesen[16], dass psychoanalytische Methoden und Theorien der historischen Biografie neue Dimensionen eröffnen, zur Lösung biografischer Probleme Wesentliches beigetragen haben. Aber die Frage ist, was die Psychoanalyse für unsere sozialgeschichtlich-anthropologischen Probleme leisten kann. Hier ergeben sich Einwände. Gegen die Übertragung psychoanalytischer Methoden auf Kollektivgebilde lässt sich einwenden, dass Probleme der individuellen Entwicklung nicht einfach auf Kollektive übertragen werden können. Zum Beispiel ist die Eriksonsche Kategorie der Identitätskrise von der Definition her an individuellen Lebenszyklus und Familie gebunden, und ihre Übertragung auf Sozialgebilde, wie das modische Reden von nationalen Identitätskrisen, ist außerordentlich problematisch[17]. Die Übertragung genuin psychoanalytischer Methoden auf eine Mehrzahl paralleler Biografien, die zu einem anthropologischen «Profil» einer Generation, einer Gruppe, einer Zeit führen können, ist gemeinhin wegen der Quellenlage nicht durchführbar. Versuche, einen Sozialcharakter aus der Eltern-Kind-Beziehung herzuleiten, also streng an der Methode der Psychoanalyse festzuhalten, scheitern im Bereich der Geschichte zumeist, weil normalerweise das Material fehlt[18]. Im übrigen sind solche Versuche auch deshalb fragwürdig, weil bestimmte Erziehungsweisen eine sehr breite Skala von Ideen und Aktionen zulassen, so dass die Herleitung aus der Eltern-Kind-Beziehung zu allgemein bleibt, um konkrete Probleme klären zu können. Ähnliches gilt für die Methode des bekannten Werkes von Adorno und anderen, The Authoritarian Personality, ein Werk, das im Zuge der gegenwärtigen Mode gern als Vorbild für Historiker – z. B. bei der Untersuchung des Antisemitismus im 19. Jahrhundert – ausgegeben wird[19]. Die Frage, wie denn personale Faktoren und Motive mit politischen und sozialen Aktionen und mit entsprechendem Verhalten vermittelt werden, bleibt bei diesem Ansatz unbeantwortet und unbeantwortbar; mit Recht ist der Erklärungswert dieser Theorie mit dem solcher «Theorien» verglichen worden, die das Klima als historische Ursache angaben[20]. Zudem beruht die Untersuchung auf einer fragwürdigen Voraussetzung: der Identifikation von autoritär und «rechts» – von autoritären

Strukturen im Kommunismus nimmt sie keine Kenntnis. Das ist kein Zufall. Die starke Neigung vieler psychoanalytischer Versuche, die über die individuelle Therapie hinausgehen, zu unsicheren Hypothesen und kühnen Konstruktionen[21], deutlich am schnellen Wechsel von Forschungsansätzen zutage tretend, scheint Vorbehalt und Reserve des Historikers gegenüber diesen Methoden zu legitimieren.

Trotz solcher Einschränkungen aber ist ein Beitrag der Psychoanalyse zur Historie auch jenseits der Biografie möglich.

Die Psychoanalyse selbst hat sich historisiert, sie geht nicht mehr einfach von immer gleichbleibenden Elementen und Prozessen des psychischen Systems aus, sondern setzt diese in Beziehung zu einer je spezifischen sozialkulturellen Umwelt. Die Erkenntnis z. B., dass Freuds Modell des Ödipus-Komplexes wesentlich von den historisch-sozialen Bedingungen seiner Wiener Umwelt und seiner väterlichen Traditionswelt abhängig ist, ist dafür ein Beispiel, das zugleich die Möglichkeit empirisch-historischer Korrektur von Modellen auch in diesem Bereich erweist. Die schon angeführten anthropologischen Probleme innerhalb der Historie verweisen ihrerseits mindestens auf die psychoanalytischen Fragen. Traditionell operiert der Historiker mit einer Logik, nach der Ideen, Meinungen und ökonomische oder soziale Interessen die handelnden und duldenden Menschen leiten; Passionen und Emotionen spielen bei solcher Betrachtung keine wesentliche Rolle. Nun gibt es aber Phänomene, die auf jene rationale Weise nicht erklärt werden können, Widersprüche, überschießende Leidenschaften, Verhaltensweisen, die man dann als pathologisch qualifiziert, und überdies kann, wie gesagt, die Beschreibung historischer Systeme und Prozesse unter anthropologischer Perspektive nicht auf den die Person mit konstituierenden Bereich der Emotionen verzichten. Das Begreifen von Irrationalem und Emotionalem aber wird durch Rezeption der Psychoanalyse wesentlich gefördert. Ein Beispiel: ein amerikanischer Soziologe und ein amerikanischer Historiker, Platt und Weinstein[22], haben mit psychoanalytischen Kategorien versucht, ein bekanntes und fundamentales Problem revolutionärer Bewegungen neu zu erklären, warum sich nämlich im Namen der Freiheit rigide, autoritäre, totalitäre Züge ausbilden. Mit dem Wunsch – so diese

Interpretation – nach Autonomie und Freiheit, gerade weil er sich auf seine Zukunft hin und gegen eine Vergangenheit richtet, geht die Verdrängung der affektiven Bindungen an die Vergangenheit und die Repression persönlicher Ängste einher, diese Verdrängung tendiert zur Rigidität; oder aus dem Kampf gegen eine internalisierte traditionelle Autorität und der unbewussten Bindung an jene Autorität ergibt sich eine Ambivalenz, bei der wiederum der unbewusst autoritäre Zug durchschlägt. Das wird m. E. mit Gewinn an Rousseau und Robespierre und der Französischen Revolution exemplifiziert. Und diese Autoren haben weiterhin versucht, typische Schuldgefühle zu ermitteln und zu klären, wie diese die Lebensbewältigung, die Weltorientierung und das politisch-soziale Handeln beeinflussen und wie dadurch diese Phänomene besser als bisher begriffen werden können. Mit Hilfe psychoanalytischer Kategorien lassen sich, das zeigt sich an dieser Untersuchung, Quellen neu lesen; so bekommt etwa das aus der Strukturgeschichte verbannte Anekdotische einen neuen Stellenwert.

Auch unserer bisherigen Annahme, dass sich die Person durch Internalisierung der Werte und Normen des sozialen und kulturellen Systems konstituiert, liegt ein im weiteren Sinne von der Psychoanalyse beeinflusstes Modell zugrunde. Die obengenannten Bedenken gegen die psychoanalytische Konstruktion einer Modalperson, eines Sozialcharakters müssen als Einschränkungen und Korrektive verstanden werden, nicht aber als Verbote. Der «psycho-historische» Ansatz, dass wir von sichtbaren Änderungen des Verhaltens auf unsichtbare, z. B. emotionale Voraussetzungen dieser Änderungen schließen wollen, führt nicht ins Leere; er hat aber zur Bedingung, dass die Strategien zum Beweis von Hypothesen, die auf solchen Modellen beruhen, mit besonderer Sorgfalt ausgearbeitet werden müssen. Die Entscheidung über die Anwendbarkeit solcher Kategorien und Modelle wird sich danach ergeben, ob sie genügend historisiert und einer Korrektur offen sind, ob die Quellenlage eine Verifizierung zulässt, ob der bloße Analogieschluss vom Individuellen auf das Kollektive vermieden wird, ob die Reichweite solcher Modelle exakt begrenzt ist, letzten Endes, ob komplexe und widersprüchliche Phänomene besser, vielseitiger, differenzierter als mit herkömmlichen Methoden erklärt werden können. Ganz entscheidend ist dabei wiederum, die Interdependenz von Kultur, sozialer Welt und Person als methodischen Ausgangspunkt zu fixieren; wie jeder soziologistische oder geistesgeschichtliche, so muss auch jeder psychologistische Reduktionismus abgewiesen werden. «Psychohistorie» wird weder die Fundamental- noch eine Spezialdisziplin der Historie werden können, wohl aber eine neue Perspektive. Die Voraussetzung all solcher Bemühungen ist ein ausgewogenes Verhältnis von Theorie und Empirie. Während der Historiker für Sonderbereiche seiner Wissenschaft immer die Kenntnis entsprechender systematischer Wissenschaften wie der Rechts- und Staatswissenschaften, der Nationalökonomie oder der Theologie, vorausgesetzt hat, geht er gemeinhin beim Verstehen und Begreifen von Handeln und Verhalten der Menschen von einer unausdrücklichen und unreflektierten, gewissermaßen selbstverständlichen vorwissenschaftlichen Empirie aus. Das aber ist naiv[23]. Verfügbare Modelle, wie Soziologie und Psychologie sie erarbeitet haben, müssen genützt werden, weil sie bestimmte Dinge überhaupt erst sehen und erfassen lassen. Insofern ist die Rezeption psychoanalytischer Methoden für den Historiker, der die anthropologischen Fragen in seine Forschung einbezieht, sinnvoll und notwendig.

Das Ziel der skizzierten Untersuchungen von Verhaltens- und Handlungsformen ist es zunächst, das Ganze von gruppen- und zeittypischen Sozialcharakteren zu ermitteln. Die Beziehungen von «privatem» und «öffentlichem» Verhalten könnten dann durchsichtiger werden. Das, was der gute Zeitroman des 19. Jahrhunderts der Anschauung vermittelt, zeittypische Charaktere, könnte dann jenseits von Intuition und Impression auf dem Boden der Wissenschaft behandelt werden – die Frage z. B., ob Gontscharows Oblomow, wie Zeitgenossen und Nachfahren bis hin zu Lenin angenommen haben, eine charakteristisch russische Lebenshaltung, bedingt durch die Institutionen und sie wiederum bedingend, wiedergibt oder nicht. Von Basisperson und Sozialcharakter her lässt sich dann auch das Ganze einer sozialen und kulturellen Welt mit ihren Institutionen und Interpretationen begreifen – und vielleicht einheitlicher begreifen als bisher. Und konkret lassen sich dann die oben genannten Korrelationen zwischen «objektiven» sozialen

Umständen und «subjektivem» Verhalten erklären. Für die Beachtung dieser Gesichtspunkte werden alle Quellen, die sich auf das alltägliche Leben der Menschen in den verschiedenen Gruppen beziehen, wichtig, private Hinterlassenschaft in ihrer Privatheit, Prozessberichte, Berichte von Landschafts- oder Schichtfremden und eben Zeitliteratur (so viele Schwierigkeiten das Medium des Autors hier schafft), um nur weniges zu nennen. Und zugleich wird vieles in Quellen, was für eine rein politische, ökonomische oder ideengeschichtliche Interpretation nebensächlich scheint, besonders wichtig. Die in dieser Abhandlung erwähnten historischen Werke beweisen m. E., dass es für die anthropologischen Probleme spezifisches Quellenmaterial gibt.

Das Ziel der skizzierten Untersuchungen ist aber nicht nur die Erkenntnis einer – statisch aufgefassten – historischen Welt von den personalen Strukturen her, sondern ebenso die Erkenntnis der Prozesse, des sozialen und kulturellen Wandels. Max Webers Ansatz, die abendländische Geschichte als Geschichte der Rationalisierung, und der korrespondierende Ansatz, die Moderne unter den Kategorien Autonomie und Emanzipation zu beschreiben, lässt sich anthropologisch explizieren: Wie sich die rationale Kontrolle und die Fähigkeit des Kalkulierens von Ergebnissen, das Selbstwählen von Zielen und Mitteln, die Strukturierung der Welt gemäß diesen Maßstäben entwickelt hat, wie die affekterfüllten dinglichen und sozialen Bindungen und Beziehungen des Menschen sich entemotionalisiert haben, wie also die emotional affektive Seite des menschlichen Lebens sich von der rationalen Seite getrennt hat und die Vorherrschaft der Rationalität zugenommen hat und wie diese Tatsache auf das Insgesamt des Lebens zurückgewirkt hat. Ähnliches gilt für den Prozess der Industrialisierung, der erst durch eine anthropologische Perspektive in seinem fundamentalen und universalen Charakter deutlich wird. Hier liegen bereits zwei wichtige historische Untersuchungen vor, die die anthropologische Dimension voll zur Geltung bringen und die insofern für meine Ausführungen exemplarischen Charakter haben. Freilich mit charakteristischem Unterschied. Das ist zunächst N. J. Smelser[24]. Smelser geht von dem Parsonsschen Modell des sozialen Wandels aus und wendet es auf das historische Material an, ja erschließt dieses Material teilweise neu. Dabei kommt er zu bedeutenden neuen Ergebnissen über den Wandel von Mentalität und Attitüden, Normvorstellungen und Legitimationen, Fantasieverhalten, Rollen und Rollenerwartungen, vor allem im Bereich von Arbeit und Familie, aber auch im Bereich der ökonomisch-sozialen und der politischen Gruppenbildung. Der systemtheoretische Ansatz, die Frage nach Störung und Neubildung eines Gleichgewichts, ist dabei für die anthropologische Bedeutung der Untersuchung und ihrer Ergebnisse interessant, aber nicht ausschlaggebend; die Frage, ob Strukturen des sogenannten sozialen Wandels selbst wandelbar sind, braucht deshalb in diesem Zusammenhang nicht erörtert zu werden. Das ist zum andern Rudolf Braun[25], der von einem zunächst ganz empirischen Ausgangspunkt mit den Mitteln der Volkskunde die Geschichte des Volkslebens in einer Landschaft während des Industrialisierungsprozesses beschreibt und analysiert; unter den Fragen nach dem Verhältnis von Mensch, Mitwelt und dinglicher Umwelt werden neue Quellengruppen erschlossen und traditionelle Quellen neu ausgewertet, es entsteht eine Geschichte der Wandlungen des Menschen in konkreten Gruppen und Zeiträumen, und damit wird das anthropologische Programm einer neuen Sozialgeschichte in hohem Maße erfüllt.

Wir haben hier in der Hauptsache Kategorien und Gesichtspunkte genannt, die für die anthropologische Dimension bei der Gesamtinterpretation von Kulturen, Zeitaltern oder Gesellschaften («Systemen») und für die Interpretation von Prozessen wichtig sind, sie verweisen zwar auch auf bestimmte Phänomengruppen, aber sie lassen sich schlecht operationalisieren, insofern die Phänomene schlecht isolierbar sind und daher kaum sinnvoll zum Gegenstand eigener Forschung gemacht werden können. Aber aus unserer Fragerichtung ergeben sich auch ganz spezielle Forschungsthemen, die zwar keineswegs neu entdeckt werden müssen, die aber unter unserer Fragestellung eine sehr viel größere und universal wichtigere Bedeutung bekommen. Solche Themen sind z. B., und ich beschränke mich hier auf Themen aus dem Bereich der «industriellen Welt», der Wandel der Familienstruktur seit dem 18. Jahrhundert: die Ausgliederung der Kernfamilie, die Entsachlichung, Individualisierung, das Schicksal der Autorität und die Widerspiegelung dieser Wandlung im Wohn-, Haushaltungs- und Erziehungsstil und ihre Wirkung auf die Bildung der Charaktere; gerade der außerordentlich hohe Stellenwert der Familie und der Familienbindung für das Bürgertum des 19. Jahrhunderts verdiente eine eingehende Untersuchung. Oder die Veränderung des Sozialcharakters durch die mit der Emanzipation verbundenen Veränderungen der Rolle der Frau. Oder eine Geschichte der Erziehung, die die Wandlungen des Prozesses analysiert, in dem die Gesellschaft ihre Anschauungen und Normen tradiert und in dem der einzelne bruchlos oder sie umbildend in sie hineinwächst, eine Wandlung, die in dem Zeitalter, in dem die allgemeine Schulpflicht entsteht und sich damit die nächsten Autoritäten des Kindes grundlegend verschieben, besonders intensiv gewesen ist – und in diesem Zusammenhang eine Geschichte der Jugend, für die etwa H. H. Muchow und W. Roeßler interessante Ansätze vorgelegt haben[26], oder überhaupt eine Geschichte der Generationen. Oder – eine andere Themengruppe – die Urbanisierung als ein Prozess der Urbanisierung der Verhaltensweisen, z. B. in der Entwicklung von der Landarbeiterschaft zum Industrieproletariat; das Problem der Frauen- und Kinderarbeit etwa könnte dann besser verstanden werden. Oder wieder ein anderer Untersuchungsgegenstand, die Bedeutung der Leistungsmotivation für die unterschiedliche Verteilung und Intensität des Industrialisierungsprozesses in verschiedenen Bevölkerungsgruppen und Völkern, eine Frage, die über religionssoziologische und ideologiegeschichtliche Hypothesen hinaus untersucht werden muss[27]. Oder eine analytische Geschichte des moralischen Verhaltens oder eine Geschichte des Verbrechens und seiner Wandlungen, die für die historisch-anthropologischen Fragestellungen, als Beispiel der Anomie, von besonderer Bedeutung wäre. Alle diese Themen fassen sich dann wiederum zusammen in der Untersuchung der personalen Grundstrukturen innerhalb gesellschaftlicher Einheiten, der Biografie von Gruppen.

Die hier genannten Ansätze gilt es einesteils zu historisieren, andernteils mit Reflexion, Systematik und Energie in der sozial- und strukturgeschichtlichen Forschung zu intensivieren und weiterzutreiben. Gerade die Untersuchungen von Smelser und Braun zeigen, dass die erheblichen methodischen Schwierigkeiten solcher

Arbeit, das Auffinden neuer Quellen und die Neuinterpretation unter diesem Aspekt relevant werdender Quellen, die Unterscheidung von Verhaltensweisen und ihrer sprachlichen Reflexion in Eigen- und Fremdaussagen, die Anwendung theoretischer Modelle und ihre Korrektur an Quellen und Sachverhalten nicht unlösbar sind; das Studium von Phasen des sozialen und kulturellen Wandels und der Vergleich scheinen die wichtigsten Ansatzpunkte historisch-anthropologischer Forschung. Es kommt nicht darauf an, eine neue Spezialdisziplin zu begründen oder gar eine neue historische «Grundlagenwissenschaft», sondern darauf, den Historiker in all seinen traditionellen wie jeweils neuen Arbeitsbereichen auf die erörterten Fragen zu verweisen, um auf diese Weise einer modernen, differenzierteren, vielfältigeren Erkenntnis der Vergangenheit und der Erkenntnis des Ganzen von Zeitaltern und Prozessen näher zu kommen.

3. KANN GESCHICHTE OBJEKTIV SEIN?

In einer seiner ersten Schriften über die romanischen und germanischen Völker zu Beginn des 16. Jahrhundert macht Ranke 1824 die berühmte Bemerkung über das, was seine Absicht als Historiker sei. Er bezieht sich auf die damals noch führenden Aufklärungshistoriker: Sie urteilen über die Vergangenheit, ihre Menschen, Handlungen, Absichten und ihre Charaktere, ja beanspruchen über die «Vergangenheit zu richten und die Mitwelt zum Nutzen künftiger Jahre zu belehren». Mit altmodischer Ironie sagt er, «solch hoher Dinge vermesse» er sich nicht, er wolle «bloß zeigen, wie es eigentlich gewesen ist». Und später heißt es in seinem klassischen Buch über die englische Geschichte: «Ich wünschte, mein Selbst gleichsam auszulöschen und nur die Dinge reden, die mächtigen Kräfte erscheinen zu lassen.» Das, was wir bei einem solchen Verfahren gewinnen, ist objektive Geschichte.

Die Versicherung der Geschichtsschreiber, sie wollten unparteilich die Wahrheit berichten, jenseits von Fälschung und Willkür, ist alt, ist ein klassischer Topos; und dem entspricht die Erwartung des Publikums, der Leser: Sie wollen vom Historiker etwas über die Wirklichkeit erfahren, sie wollen eine objektive Historie. Ranke meint mehr. Denn seine Vorgänger, auch wenn sie unparteilich die Wahrheit sagen wollten, verteilten selbstverständlich Zensuren über gut und böse. Das gerade sollte die objektive Historie Rankes nicht mehr tun. Aber das mag uns im Augenblick nicht weiter interessieren. Heute gehen wir jedenfalls davon aus, dass die historische Disziplin ein Teil der Wissenschaften ist. Historiker sind Wissenschaftler, gehören zur scientific community. Und das bedeutet: Die Aussagen der Historiker sind wissenschaftliche Aussagen; sie sind nicht subjektiv, nicht einfach Meinungen oder Überzeugungen, sondern sie stellen den Anspruch, objektiv zu sein, Wahrheit über die Vergangenheit zu enthalten. Sie sind nachvollziehbar, verifizierbar, vermittelbar, kommunizierbar. Der Anspruch, objektiv zu sein – daran prüfen, daran messen wir jede historische Aussage. Die Wahrheit über die Vergangenheit, das ist nicht eine Erfindung oder Konstruktion der Historiker, sondern die Historiker suchen und finden oder entdecken diese Wahrheit. Das ist auch der Fall, seitdem wir nicht mehr nur wie Ranke wissen wollen, wie es eigentlich gewesen ist, sondern auch, warum es so gewesen ist. Wir können umgekehrt sagen: Wenn die Historiker keine objektiven Aussagen über die Vergangenheit machen können, dann ist die Historie keine wissenschaftliche Disziplin, dann ist es nicht möglich, eine Wahrheit oder gar die Wahrheit über die Vergangenheit zu erreichen. Das aber erwartet der Laie, der Leser gerade vom Historiker. Der Terminus «objektiv» hat dabei zwei Bedeutungen: Objektiv heißt unsere Erkenntnis, weil sie aus dem Gegenstand entspringt, sich auf ihn bezieht und in gewisser Weise ihn widerspiegelt. Und sie heißt objektiv, weil sie intersubjektiv gültig ist, für jeden Teilnehmer an der wissenschaftlichen Diskussion nachvollziehbar und einsichtig ist.

Das erste Argument zu unserem Thema lautet also: Historie soll und kann objektiv sein, objektive Wahrheit über die Vergangenheit geben. Dagegen steht das zweite Argument, das Gegenargument, das heute besonders verbreitet ist: Geschichte kann nicht objektiv sein, sie ist notwendig immer subjektiv. Oder: Sie soll auch gar nicht objektiv sein. Oder gar: Nur wer parteilich ist, ist objektiv. Ich möchte in diesem Vortrag diese beiden Positionen erörtern. Und zwar werde ich zunächst 1. die Argumente der Antiobjektivisten behandeln, dann 2. das Problem der Werturteile in unserer Disziplin und endlich 3. zeigen, dass es in einem eingeschränkten Sinn doch Objektivität gibt. Zum Schluss werde ich kurz auf das Problem von Verantwortung und Engagement der Historiker und ihrer Disziplin eingehen.

1. Zunächst will ich also die Argumente präsentieren, die gegen die Objektivität sprechen. Das grundlegende Argument ist: Historie ist an den Standort des Historikers gebunden, ja, die Wahrheit über die Vergangenheit kann nur gefunden werden, weil und wenn man einen Standpunkt einnimmt. Was bedeutet das, warum ist das so?

a) Dieses Prinzip ist zunächst ein Ergebnis der Geschichte der Geschichtsschreibung. Historiker sind Protestanten, Katholiken,

Nonkonformisten, Agnostiker und Atheisten; sie sind aristokratisch, bourgeois, Mittelklasse oder proletarisch, oder sie gehören zu der Randgruppe, die wir Intellektuelle nennen. Sie sind konservativ, liberal, progressiv, sozialistisch; sie sind weiß, gelb oder schwarz, englisch, deutsch, japanisch; ja jeder einzelne ist eine Individualität, geprägt durch seinen Charakter, durch seine Biografie. Die Historiker sind Kinder ihrer Zeit. Diese Tatsache ist – anders als bei Naturwissenschaftlern – von außerordentlicher Bedeutung für das, was Historiker machen. Historische Sätze sind von der Persönlichkeit des Historikers, dem Ort und der Zeit des historischen Satzes abhängig, sie sind nicht objektiv. Und dabei ist es wenig wichtig, ob der Historiker sich bewusst und dezidiert zu seinem Standort bekennt oder nur unbewusst von diesem Standpunkt geprägt ist (wie Ranke). Aus dieser Situation ergibt sich das wohlbekannte triviale Faktum, dass jede Gegenwart die Geschichte neu schreibt, ihre eigene Geschichte schreibt. Und mehr noch: dass es auch in jeder Gegenwart eine Menge von Historikern mit gegensätzlichen Meinungen, die offenbar von ihrem verschiedenen Standpunkt abhängen, gibt.

b) Das sind Fakten, die wir feststellen können. Warum aber ist das so? Zunächst: Die Darstellung, sei es Erzählung, sei es Analyse, eines Historikers über die Vergangenheit ist nicht eine Widerspiegelung, eine Reproduktion, ein Abbild der Vergangenheit, das wäre, philosophisch gesprochen, ein naiver Realismus. Dafür gibt es eine Reihe von Gründen. Was wir aus der Vergangenheit haben, um überhaupt etwas von ihr wissen zu können – Überreste und Quellen –, ist unvollständig. Es gibt große Bereiche des menschlichen Lebens, die uns nicht in sprachlicher Form zugänglich sind und die nicht in die Zeugnisse, die wir haben, eingegangen sind und über die wir allenfalls Mutmaßungen anstellen können. Darüber hinaus: Die Vergangenheit ist wie jede menschliche Welt eine Totalität aus einer unendlichen Anzahl von Momenten. Eine solche Totalität, eine solche Unendlichkeit ist für unser Wissen nicht erreichbar, nicht erschöpfbar. Wir entdecken neue Quellen, und in bekannten Quellen entdecken wir immer Neues und immer Anderes. Schon wegen dieser Totalität jeder vergangenen Welt gibt es eine Pluralität von Perspektiven gegenüber der Vergangenheit.

Wenn objektiv heißen soll: Reproduktion der Vergangenheit, dann gibt es keine objektive Historie. Historie reproduziert nicht Vergangenheit. Aber, vorweg sei es gesagt, sie konstruiert auch nicht Vergangenheit. Was sie leistet und tut, ist etwas anderes: Sie bezieht sich auf Vergangenheit.

c) Wenn wir uns mit der Vergangenheit beschäftigen, so wählen wir aus. Wir wählen zunächst ein Thema, z. B. den Imperialismus oder die Inflation, oder den Wandel von einer landzentrierten zu einer stadtzentrierten Kultur, oder die Frage, ob Hitlers Außenpolitik von einem systematischen Plan bestimmt war oder nicht. Wir haben ein bestimmtes Interesse an diesem Thema, das oft mit praktischen Rücksichten zusammenhängt. Auch der «reine» Gelehrte ist bei der Wahl seines Themas davon abhängig, was er für normal und was er für auffällig und darum erklärungsbedürftig hält, und das hängt wieder von seiner Situation in seiner Zeit ab. Wenn wir uns mit unserem Thema beschäftigen, wählen wir aus der unendlichen Zahl von Informationen über einen vergangenen Gegenstand aus: Wir wählen aus, was dazugehört und was nicht, was wichtig ist und was nicht. Das gilt schon für die Feststellung der Fakten, die wir aus Quellenstücken, aus Fragmenten rekonstruieren, das gilt erst recht für ihre Verknüpfung und schließlich für die Frage, welches Gewicht, welche Bedeutung wir ihnen zumessen. Diese Selektion ist logisch unvermeidbar und sie hängt vom Standpunkt des Historikers ab, sie ist subjektiv.

Aber die Subjektivität geht noch weiter. Was wir fragen und wonach wir suchen, wie wir die Quellen interpretieren, welche Antworten uns befriedigen, was und wie wir erzählen, analysieren, beschreiben oder erklären, das hängt von den Begriffen, Kategorien und Definitionen ab, die wir verwenden, von einem vorgegebenen Bezugsrahmen. Und beides hängt von unserem Standort in unserer Gegenwart ab. Wir können die Zeit zwischen 1933 und 1945 in Deutschland als Hitlerzeit, als Zeit des Nationalsozialismus, des Faschismus, des Totalitarismus beschreiben und das Jahr 1933 als Auflösung der Republik, als Hitlers Machtergreifung, als Revolution oder als Konterrevolution. Wenn wir über Absichten und Handlungen vergangener Menschen sprechen, so greifen wir dabei auf unsere eigene Lebenserfahrung zurück. Wir haben das Leben und die Welt, das menschliche Wesen und die Gemeinschaft, den sozialen Wandel, die Zukunft und die Institutionen, wir haben, was eine Ursache ist, was eine Funktion, was vernünftig ist, was möglich ist – all das haben wir immer schon interpretiert, und das wenden wir selbstverständlich bei unserer Beschäftigung mit der Vergangenheit durch unsere Begriffe und unseren Bezugsrahmen an. Weiterhin haben wir es in der Geschichte sehr oft mit Ereignissen, Prozessen, sozialen Gebilden zu tun, in denen es um Werte geht. Zum Objekt unserer Disziplin gehören die sogenannten Wertbeziehungen der vergangenen Menschen. Die Interpretation solcher Wertbeziehungen ist offenbar nicht unabhängig von unserem eigenen Wertsystem. Es kommt in dieser Hinsicht wiederum gar nicht so sehr auf das bewusste Verhalten der Historiker an, darauf was sie wollen. Entscheidend ist, dass sie schon vorbewusst durch ihren Standort geprägt sind: Danach richten sich Selektion, Begriffsinstrumentarium, Bezugsrahmen. Die Wahrheit hängt dann davon ab, von wem, wann und wo Aussagen gemacht werden. Die Meinung, man könne auf die sogenannten Fakten als objektive und unbezweifelbare Dinge zurückgreifen, hält nicht stand. Der reine Gegenstand, die reine Wirklichkeit, vor der unser Ich ausgelöscht würde, den gibt es für uns nicht.

d) Man kann dieses Resultat auch noch unter einem anderen Aspekt demonstrieren. Historiker erzählen eine Geschichte. Die Struktur einer Geschichte, die handelnden Personen, das Wichtige und das Unwichtige, die Art der Aufeinanderfolge, die Interdependenz und die kausale Verkettung, das hängt alles vom Ende der Geschichte ab. Der Geschichtenerzähler wählt all das aus, was für das Ende relevant ist; er weiß immer schon, wie das Ende sein wird, und er organisiert das Material unter dieser Perspektive. Die Geschichte gibt nicht ein angebliches Ganzes, das ist eine Illusion, sondern sie erzählt einen Strang der Realität in einer Retrospektive. Mit historischen Geschichten ist es auch so, aber es hat mit ihnen noch eine zusätzliche Bewandtnis. Eine historische Geschichte, sagen wir die Geschichte des Ersten Weltkrieges, hat nicht nur ihr eigenes Ende, 1918/19, sondern sie steht in einer Kontinuität mit unserer Gegenwart, für die der Historiker die Geschichte erzählt. Die Tatsache, dass wir die Geschichte in diesem bestimmten Jahr erzählen, ist wesentlich; das eigentliche Ende der Geschichte, von dem her wir unsere Fragen stellen und die Perspektiven wählen, hängt an diesem Jahr. Wir können von unserem Wissen um die Folgen des Ersten Weltkrieges, um die kommunistische und die nationalsozialistische Revolution, den Zweiten Weltkrieg, die Dekolonisierung, nicht absehen. Auch hier hat die Perspektive des Historikers eine entscheidende Wichtigkeit.

Das Resultat dieser Erörterungen ist: Der Historiker stellt die Vergangenheit in seiner Perspektive dar, ein standortfreier Historiker (ohne Perspektive) ist unmöglich. Der Historiker bezieht sich nicht einfach auf die Vergangenheit, wie der Physiker auf die physikalische Natur, sondern seine Beziehung zur Vergangenheit ist von seiner Gegenwart geprägt: Das Objekt des Historikers ist nicht unabhängig von dieser Beziehung der Gegenwart auf die Vergangenheit. Der Historiker gehört selbst zu der Geschichte, mit der er sich beschäftigt.

e) Neben diesen logischen Argumenten gibt es ein moralisches Argument. Wie immer es mit der Unmöglichkeit der Objektivität stehen mag, so lautet es, Objektivität sei gar nicht erstrebenswert. Droysen hat in diesem Sinn die Objektivität Rankes «eunuchenhaft» genannt. Der Mensch könne in den Konflikten der Gegenwart nicht neutral sein. Das Engagement für die eigene Sache sei eine moralische Pflicht. Weil Geschichtswissenschaft mit der Praxis unseres Lebens verbunden ist, unser Handeln anleiten oder legitimieren soll und weil die Geschichtswissenschaft immer einen Einfluss auf unser Handeln wirklich hat, ist der Historiker verantwortlich; er soll die Vergangenheit aufgrund seines Engagements darstellen, nicht sine ira et studio, sondern cum ira et studio. Die neutral und parteilos dargestellte Vergangenheit ist blutleer, irrelevant, sinnlos für die Gegenwart. Der Historiker ist politischer Erzieher seiner Kommunität; das war in vielen Kulturen des 19. Jahrhunderts seine eigentliche Rolle; seine Verantwortung für die eigene Gruppe war dem Streben nach einem objektiven Bild der Vergangenheit übergeordnet. Und heute gibt es in der westlichen Welt eine Richtung von Historikern, die das gleiche Verfahren in umgekehrter Richtung einschlagen; sie wollen nicht mehr bestimmte Züge der Vergangenheit preisen, um ihre Gegenwart zu rechtfertigen; sie verdammen vielmehr die Vergangenheit, die immer schlecht war, sie führen einen Prozess gegen die Vergangenheit, in dem sie Staatsanwalt und Richter zugleich sind. Die Vergangenheit ist nichts als Schuld und Versagen – und das wird an einem vermeintlich progressiven Ideal gemessen. Die Perspektive ist die der absoluten Kritik – auch das freilich ist nur eine Perspektive.

f) Es gab freilich ein Argument, mit dem man versuchte, Engagement und Objektivität zu versöhnen. Man wollte aus der Geschichte ein Gesetz ableiten, wollte beweisen, dass die eigenen Ziele auch die objektiven Ziele der Weltgeschichte seien: der nationale Staat, die liberale Verfassung, die Demokratie, der Imperialismus oder der Sozialismus. Es gebe einen objektiven Fortschritt in der Geschichte, und der Historiker sei der Partisan dieses Fortschritts oder der Agent der praktischen Vernunft. Die eigene Perspektive und die Objektivität sind dann identisch. Das gilt noch heute für die orthodoxe marxistische Historie. Der Klassenkampf und der Sieg des Kommunismus sind angeblich das Gesetz der Weltgeschichte: Objektiv ist, wer für die Kommunisten Partei nimmt; Parteilichkeit und Objektivität sind identisch. Für die Mehrheit der Historiker im Westen freilich gibt es eine solche Identität von eigenem Standpunkt und objektivem Gang der Weltgeschichte nicht mehr. Wir sind Relativisten. Die Wertsysteme früherer Generationen wie unserer Zeitgenossen sind zeitgebunden. Wir wissen, dass wir zum Beispiel mit nationalen oder demokratischen Perspektiven, wenn es die unseren sind, andere Zeitalter und andere Gesellschaften nicht erklären können. Ja, die ganze Annahme, man könne ein Gesetz und ein Ziel der Weltgeschichte konstruieren, ist, weil man dann ein «Ende» voraussetzen müsste, unhaltbar geworden. Unsere jeweilige Perspektive und das Prinzip der Objektivität können nicht identisch sein.

g) Das Ergebnis unserer bisherigen Überlegungen ist: Historiker sehen die Vergangenheit in einer bestimmten Perspektive, von einem bestimmten Standpunkt her. Das ist faktisch so, und das ist logisch notwendig. Der Versuch, jeweils eine Perspektive als die allein objektive anzugeben, ist gescheitert. Die Vergangenheit ist nicht reproduzierbar. Die Vergangenheit an sich, das, wie es eigentlich gewesen ist, das käme dann nur in einer Vielzahl unterschiedlicher Perspektiven zum Bewusstsein einer jeweiligen Nachwelt. Aus diesen allgemein anerkannten Argumenten ziehen die Historiker aber unterschiedliche Schlüsse. Einige betonen allein die Perspektivität und sagen: Die Perspektive des Historikers konstituiert, ja konstruiert die Vergangenheit, die das Objekt der Historiker ist. Das ist eine Art erkenntnistheoretischer Idealismus; die Vergangenheit liefert nur das Material, die Historiker aber sind es, die es formen. «To select and affirm even the simplest complex of facts is to give them a certain place in a certain pattern of ideas and this alone ist sufficient to give them a special meaning ... it is ... not the undiscriminated fact, but the perceiving mind of the historian that speaks. The special meaning which the facts are made to convey emerges from the substance-form, which the historian employs to recreate imaginatively a series of events not present to perception.» (C. Becker) Diese Ansicht führt zu einem historischen Relativismus, wie zum Beispiel dem amerikanischen sogenannten Präsentismus der dreißiger und vierziger Jahre. Objektive Aussagen über die Vergangenheit gibt es dann nicht. Und der radikale Schluss des totalen Skeptizismus und Subjektivismus lag nahe: «Every man his own historian.» (C. Becker) Freilich, die meisten praktischen Historiker schrecken vor einem solchen logischen Schluss zurück, er würde ihre Profession vernichten.

Andere Historiker ziehen aus der Tatsache, dass alle Historiker an wertgeladene Perspektiven gebunden sind, den Schluss, daraus eine Norm zu machen: Historiker sollen nicht nur unbewusst, sondern eben bewusst für das Gute und Gerechte Partei nehmen – auch wenn darüber Streit besteht, was denn objektiv gut und gerecht sei. Auf der einen Seite die Relativisten, auf der anderen die Moralisten.

2. In einem kurzen zweiten Abschnitt will ich mich zunächst, ehe ich zum Problem der Objektivität im Allgemeinen zurückkehre, mit dem Problem der Werturteile beschäftigen. Zunächst muss man scharf unterscheiden zwischen Urteilen, die sich auf ein Sein beziehen, und solchen, die sich auf ein Sollen beziehen, zwischen deskriptiven und präskriptiven Urteilen also. Werturteile in der Geschichtswissenschaft oder -darstellung implizieren immer Aussagen darüber, dass etwas sein soll(te) oder dass es nicht sein soll(te). Wir haben es zwar in der Geschichte immer damit zu tun, dass das

Leben der Menschen der Vergangenheit an Werten orientiert war, mit Werten zu tun hatte, und dass wir also – mit H. Rickert und Max Weber zu reden – Wertbeziehungen antreffen. Aber Aussagen über Wertbeziehungen sind nicht selbst Werturteile. Ich kann über den hohen Wert, den die Wallfahrten oder die Kreuzzüge für die Menschen im Mittelalter hatten, sprechen, aber damit gebe ich kein Werturteil über Wallfahrten oder Kreuzzüge ab. Ein solches Werturteil über die Vergangenheit würde im übrigen keine einzige zusätzliche Information über die Vergangenheit geben, wir könnten es – ohne Schaden für die Erkenntnis – gegebenenfalls auch weglassen.

Die hier getroffene Unterscheidung zwischen Wertbeziehungen und Werturteilen ist freilich nicht ganz so einfach, wie es zunächst scheint. Wenn wir sagen, das Verhalten von Gladstone bei der Besetzung Ägyptens 1882 war richtig oder falsch, so meinen wir damit meistens nicht, es war in einem absoluten Sinne richtig oder unrichtig, billigens- oder tadelnswert; wir meinen vielmehr: Wenn Gladstone die politischen Ziele verfolgte, die er verfolgte, dann war es richtig oder falsch, d. h. klug oder töricht, Ägypten zu besetzen; richtig, weil diese Mittel zu seinem eigentlichen Ziele führten oder dem wenigstens nicht widersprachen, falsch, weil sie nicht zum Ziele führten oder weil die unbeabsichtigten Folgen seiner Aktion für sein Ziel kontraproduktiv waren. Wir könnten zum Beispiel auch sagen, Demokratien waren besser geeignet, auftretende Konflikte friedlich zu lösen als Nichtdemokratien, oder sie waren in Entwicklungsländern weniger geeignet, Probleme der Modernisierung von Gesellschaft und Wirtschaft zu lösen als Erziehungsdiktaturen. Wir machen in diesen Fällen eine Wenn-dann-Aussage; wir sagen etwas über die Angemessenheit von Mitteln zum Erreichen bestimmter Zwecke, über die Verträglichkeit verschiedener Zwecke miteinander, oder schließlich über die unbeabsichtigten Konsequenzen bestimmter absichtsgeleiteter Handlungen. Aber über die obersten Werte und Zwecksetzungen selbst machen wir dabei keine Aussagen.

Das Problem mit der Objektivität der Wissenschaft jedoch besteht gerade darin, ob wir über oberste politische und soziale Werte, zum Beispiel über die konkrete Verwirklichung von Freiheit,

Gleichheit, Gerechtigkeit, über die richtige Gesellschaft und die richtige Politik wissenschaftliche Aussagen machen können. Ich teile hier die Position von Max Weber und Karl Popper. Die Wissenschaft ist zunächst inkompetent, ethische, ethisch-politische Probleme zu lösen, sie kann nicht über letzte Werte entscheiden, über die Wahrheit von Wertsystemen urteilen oder Werturteile begründen. Die Wissenschaft kann den Streit der politischen Götter, wie Max Weber das genannt hat, den Konflikt um die richtige Politik nicht lösen, sie kann uns die Entscheidung über die gerechteste Regierungsform oder Gesellschaftspolitik nicht abnehmen. Wer von der Wissenschaft wissen will, was wir tun sollen, den muss sie leider enttäuschen. Ihr Anspruch ist bescheidener: Sie sagt, was ist und was war. Politische und moralische Entscheidungen sind Sache der menschlichen Verantwortung. Ein Glaube, eine Weltanschauung, ein politischer Wille sind nicht durch Wissenschaft zu ersetzen oder zu bestätigen, das gerade wäre standpunktlos. Und alle Versuche, aus der Geschichte ein Endziel der Menschheit zu begründen, sind falsch, sie setzen die Werte schon voraus, die sie doch erst aus der Geschichte herauslesen wollen. Und selbst wenn wir heute uns alle über Werturteile einig wären, so wissen wir, dass wir fremde Gesellschaften, frühere Zeiten mit unseren Werten nicht angemessen beurteilen können. Es ist anachronistisch, unsere Werte auf fremde Zeiten anzuwenden, Vergangenheit mit unseren Werten zu messen. Wenn aber die Wissenschaft Werturteile nicht begründen kann, dann sind solche Urteile keine wissenschaftlichen Urteile, sie sind subjektiv, nicht objektiv. Wenn unsere Erkenntnis der Vergangenheit Anspruch auf Objektivität macht, dann kann sie nicht von Werturteilen ausgehen, ja sie muss sich solcher Werturteile enthalten.

Hier sind freilich drei Einschränkungen notwendig. Zunächst: Obwohl wir wissen, dass verschiedene Gesellschaften zu verschiedenen Zeiten verschiedenes für das Gute gehalten habe, gibt es einen ethischen Basiskonsens der Menschheit. Er entspricht nicht nur unseren religiösen oder humanen Überzeugungen, sondern er kann auch wissenschaftlich begründet werden. Es gibt eine Ethik der Wissenschaft, die aus der Logik der Wissenschaft folgt. Jeder Wissenschaftler muss wollen, dass Wissenschaft existiert. Wissenschaft ist nicht möglich ohne die Kommunität der Forscher, wie die analytische Philosophie seit Peirce gezeigt hat. Jeder Wissenschaftler muss darum auch wollen, dass die Kommunität der Forscher existiert. Das heißt aber, dass es ethische Regeln gibt, zum Beispiel über die Diskussion unter den Forschern. Argumente müssen, wenn sie begründet werden, unabhängig davon gewürdigt werden, ob sie von Katholiken, Juden, Marxisten oder Konservativen, von Frauen, Schwarzen oder Weißen, von Bürgern, Proletariern oder Aristokraten geäußert werden. Hier gibt es keine Diskriminierung. Aus der Logik der Wissenschaft folgt also eine Basisethik. Ausnahmeerscheinungen der Weltgeschichte, wie Hitler zum Beispiel, wird man nicht ohne moralisches Urteil behandeln können, ich halte das für wissenschaftlich gerechtfertigt, weil hier gegen den Basiskonsens verstoßen wird. Aber diese Basisethik ist eine Minimalethik. Daraus folgt zum Beispiel nicht, wie eine linke Schule will, der Gelehrte müsse für eine egalitäre und «herrschaftsfreie» Gesellschaft Partei nehmen. Der Streit über die richtige Gesellschaft unter den Bürgern kann nicht von einigen (oder im Grenzfall allen) Gelehrten zugunsten eines radikalen Ideals entschieden werden.

Sodann kann man gegen die unparteiische, werturteilsfreie objektive Wissenschaft einwenden, sie sei in Wirklichkeit apologetisch, sie rechtfertige die Vergangenheit, sie sei affirmativ gegenüber den Siegern, in Wahrheit nehme sie doch Partei. Das Prinzip der Objektivität sei in Wirklichkeit konservativ. An die Stelle der affirmativen Historie solle darum eine kritische Historie treten, die die Vergangenheit an der Elle der besseren Zukunft misst, ich habe davon gesprochen. Zu diesem Argument sage ich: Es gibt eine Gefahr, dass die Darstellung der Vergangenheit, die sich am Ideal der Objektivität orientiert, einen apologetischen Zug bekommt. Die Redewendung, alles verstehen ist alles verzeihen, weist den Historiker auf diese Gefahr hin. Aber jede Apologie der Vergangenheit impliziert wieder Werturteile. Sie folgt logisch gerade nicht aus dem Prinzip der wertfreien Wissenschaft, nicht aus dem Prinzip der Objektivität. Wertfreie historische Wissenschaft kann die Gefahr der Apologie vermeiden, und zwar gerade dann, wenn sie nicht Geschichte der Sieger ist, das heißt aber weder der Sieger von gestern, noch von heute, noch von morgen: Geschichte umgreift, wenn sie objektiv ist, Sieger und Besiegte.

Schließlich: Wenn die Wissenschaft nicht endgültig entscheiden kann, was wir tun sollen, so ist sie deshalb praktisch doch nicht nutzlos. Geschichte klärt die Alternativen zwischen Wertsystemen, klärt das Verhältnis von Mitteln und Zwecken, klärt konkret in der Analyse der großen Probleme zum Beispiel das Verhältnis von Gleichheit und Freiheit, von Gleichheit und Terror, von Nation und Staat. Damit dient sie unserer Orientierung im Leben. Und die Debatte über die vernünftige Ordnung unserer politischen und sozialen Verhältnisse geht natürlich, auch wenn die Wissenschaft sie nicht entscheiden kann, nicht nur nach Glaubensüberzeugungen oder Interessen, sondern hier haben Argumente der Plausibilität, der praktischen Vernünftigkeit, die aus der Kenntnis der Geschichte sich ergeben, eine hohe Bedeutung. Ich komme zum Schluss darauf zurück.

3. Die Historiker und die Mitglieder der scientific community sind bei fast allen aktuell strittigen Fragen für Werturteile inkompetent – solche Werturteile sind nicht objektiv. Das Ideal der Wissenschaft ist Objektivität und das heißt: Wertfreiheit. Die Historiker sind aber, wie wir im ersten Teil dieses Vortrags uns wieder vergegenwärtigt haben, an ihren Standpunkt gebunden. Ist Objektivität deshalb unmöglich? Ich möchte jetzt beweisen, dass es trotz der Perspektivität Objektivität gibt, wenn auch in einem eingeschränkten Sinn.

Zunächst ist es klar, dass Objektivität nicht ein Faktum, sondern eine Norm, ein Ideal ist. Das hat zum Beispiel auch Ranke gewusst und gesagt. Die empirische Tatsache, dass die Historiker nicht objektiv sind, bedeutet nicht, dass die Geltung dieser Norm außer Kraft gesetzt wird. Dass wir als Menschen die Normen einer Religion oder einer Moral nicht erfüllen, besagt, zumindest in Gesellschaften, die nicht total libertinär oder permissiv sind, nichts gegen die Geltung der Normen. Sodann: Die antiobjektivistische Argumentation führt alle Aussagen über Vergangenheit auf den Standort des Historikers zurück, alle Aussagen sind darum relativ (every man his own historian). Für die Reduktion historischer Aussagen auf die soziale Position des Historikers aber wird absolute Geltung beansprucht. Der Relativismus will absolut sein: Das ist ein Zirkelschluss. Doch damit wollen wir uns nicht weiter aufhalten und gleich zu den Hauptargumenten kommen.

a) Das Argument von der Standortgebundenheit (Perspektivität) der Historie beruht darauf, dass man den Prozess untersucht, in dem es zu wissenschaftlichen Aussagen kommt. Man muss nun aber unterscheiden zwischen dem Kontext der Entdeckung und dem Kontext der Geltung oder Begründung (context of discovery – of justification), zwischen der Genese einer historischen Aussage und dieser Aussage selbst. Die Frage, ob eine Aussage über die Vergangenheit wahr ist, ist prinzipiell verschieden von der Frage, wie sie zustande gekommen ist. Man kann zum Beispiel aus ganz unterschiedlichen Motiven zu demselben Urteil kommen: aus dogmatischem Glauben, politischem Willen, kritischer Polemik, reinen gelehrten Absichten, oder aus einem gewissen Maße von Fantasie, und das ist ganz legitim. Historiker mit unterschiedlichen politischen Zielen benutzen dieselben Begriffe; Historiker der gleichen politischen Ansicht kommen zu unterschiedlichen Resultaten. Politisch Konservative können als Historiker progressiv sein, politisch Progressive wissenschaftlich konservativ. Die Motive und Interessen, die Wertkonzepte und die Perspektiven der Historiker sind zwar wichtig für den Prozess, in dem sie zu einem Urteil über die Vergangenheit kommen. Die Aussage über die Vergangenheit selbst aber ist davon ganz unabhängig. Das Engagement eines Historikers, sagen wir von Marx oder von Hobson, kann entscheidend dafür sein, dass er Entdeckungen macht. Aber ob seine Resultate wahr sind, das ist unabhängig von seinem Engagement. Newton wollte mit seiner astronomisch-physikalischen Forschung die Güte Gottes beweisen, der den Kosmos so vernünftig eingerichtet hat. Wenn wir heute sagen, dass Newtons Gesetze wahr sind, so ist dieses Motiv für uns irrelevant; die Wahrheit seiner Gesetze ist unabhängig davon, wie es mit den Motiven und Interessen bei der Entdeckung stand. Um einen Satz von Marx richtig zu finden, muss ich nicht Marxist sein. Die Atomtheorie ist unabhängig davon, ob die Forscher Waffen oder Energiequellen herstellen wollten. Die Soziologie einer Wissenschaft ist etwas ganz anderes als ihre Logik.

b) Wesentliche Elemente im Prozess der scientific community sind Diskussion und Kritik. Wenn wir untereinander diskutieren, dann setzen wir voraus, dass es ein Ideal objektiver Aussagen über die Vergangenheit gibt. Sonst könnten wir gar nicht über unterschiedliche Meinungen argumentieren, sondern müssten wir sie alle als gleich gültige Perspektiven anerkennen. Wenn wir ein historisches Buch kritisieren, dann setzen wir wiederum voraus, dass es idealiter eine objektive Wahrheit gibt, an der wir die Versuche der Historiker prüfen. Nur deshalb können wir zwischen guten und schlechten historischen Büchern unterscheiden. In Diskussion und Kritik bringen wir Einwände vor – weil wir voraussetzen, dass die community der Forscher auf dem Wege zur Wahrheit fortschreiten wird.

Diese Voraussetzung wird durch einen Blick auf die Geschichte der Historiografie bestätigt. Zwar gibt es die Abfolge unterschiedlicher und unversöhnlicher Perspektiven. Aber es gibt doch durch die Abfolge perspektivischer Geschichtsbilder hindurch einen Fortschritt unserer Erkenntnis der Vergangenheit. Neue Perspektiven sind nicht einfach etwas anderes gegenüber den bisherigen, sondern sie stehen mit ihnen im Zusammenhang. Kein Historiker kann von dem absehen, was bisher über sein Thema gesagt worden ist, er muss sich damit auseinander setzen, er nimmt die bisherige Forschung kritisch auf und sucht sie weiterzuführen. Es geht nicht simpel um eine neue Perspektive neben der alten, sondern es geht um bessere, reichere Erkenntnis, um Korrektur, Revision oder Erweiterung unserer bisherigen Erkenntnis. Ein großer Teil neuer Erkenntnis, neuer Interpretation, neuer Perspektiven ergibt sich auch gar nicht aus den neuen Interessen einer neuen Gegenwart, sondern aus den immanenten Entwicklungen der Disziplin, daraus, dass bisherige Antworten die Historiker nicht befriedigen. Historiker fühlen sich durch die bisherigen Erklärungen provoziert und fordern die bisherige herrschende Meinung durch eine neue These heraus. Der Gang der historischen Wissenschaft beweist also wiederum, dass es nicht einfach unterschiedliche Perspektiven gibt, sondern bessere und weniger gute Historie und dass unsere Zeit nicht andere, sondern eine bessere Erkenntnis der Vergangenheit (oder doch einen Beitrag dazu) besitzt. Die bessere Erkenntnis, um die es uns geht und die wir auch bis zu einem gewissen Grade erreichen, ist die objektive Erkenntnis.

Auch angesichts von antagonistischen Perspektiven gibt es einen Fortschritt der Erkenntnis, also der objektiven Erkenntnis. Vor 50 Jahren waren Protestanten und Katholiken ganz gegensätzlicher Meinung über die Reformation, heute – im Zeitalter ökumenischer Verständigung – hat sich dieser Gegensatz stark abgeschwächt, es gibt eine objektivere Beurteilung. Ähnliches gilt für den englischen Imperialismus, nachdem er keine aktuelle Realität mehr ist.

c) Wir messen also historische Aussagen am Maßstab einer idealen Objektivität. Das gilt nun auch für die Perspektiven und den Bezugsrahmen selbst. Wenn wir diskutieren und kritisieren, wenn wir über die Werke unserer Vorgänger wie unserer gegenwärtigen Kollegen argumentieren, dann beurteilen wir auch ihre Perspektiven, ihren Bezugsrahmen. Wenn wir so urteilen, dann setzen wir wiederum voraus, dass es bessere und schlechtere Perspektiven gibt, dass Perspektiven nicht subjektiv und willkürlich sind, sondern der Vergangenheit besser oder schlechter korrespondieren. Die Bedeutung der Religion zu betonen, das ist offenbar für die Interpretation des Mittelalters wichtiger als für die des 20. Jahrhunderts; das ist aber nicht eine Perspektive, die davon abhängt, ob der Historiker Christ oder Marxist oder was sonst immer ist, sondern das liegt am Mittelalter selbst. Wenn ein Historiker eine neue Perspektive wählt, die bisher nicht benutzt wurde oder für unwichtig galt, begründet er diese Perspektive und rechtfertigt sie; und wir anderen diskutieren darüber, ob die Begründung richtig ist, ob diese neue Perspektive die Vergangenheit nicht nur neu, sondern auch besser aufschließt als bisher. Wir bestätigen die Geltung der Perspektive, oder wir widerlegen sie. Eine Perspektive, die sich bestätigt hat – der ökonomische Ansatz von Marx oder die Ansätze Max Webers, der nach den religiösen Bedingungen wirtschaftlichen Verhaltens fragte oder die universalgeschichtliche These von der Rationalisierung aufstellte –, muss von allen späteren Historikern in ihre eigene Perspektive integriert werden: Nur dann können ihre Resultate in der Gemeinschaft der Historiker Geltung beanspruchen. Wir wechseln nicht einfach die Perspektiven oder Paradigmen, wie Thomas Kuhn glaubt für die Naturwissenschaften nachweisen zu können; wenn wir eine neue Perspektive entwickeln, widerlegen wir einen Teil der bisherigen Perspektiven, wir korrigieren bei anderen die Einseitigkeit, und wir summieren die gut bestätigten Perspektiven unserer Vorgänger. Eine moderne Erklärung des Imperialismus ist eine pluralistische Synthese der bisherigen approximativ bestätigten Erklärungen. Die Geschichte einer Gesellschaft in einem bestimmten Zeitalter ist idealiter die Summe wahrer Geschichten über diese Vergangenheit, die bisher nicht falsifiziert sind. Die Perspektivität führt nicht so hoffnungslos zur Nicht-Objektivität und zum Relativismus, wie es zuerst scheinen mochte.

d) Ich will nur nebenbei erwähnen: Das, was ich über den Unterschied des Kontextes der Entdeckung vom Kontext der Geltung gesagt habe, ist genauso gültig für die Wirkung oder die Funktion historischer Aussagen. Natürlich, was Historiker machen, ist ein soziales Faktum in der Gesellschaft, das zum Beispiel über Schulbücher das Verhalten der Menschen beeinflusst, und die Rücksicht darauf ist für die Historiker durchaus legitim. Aber die soziale Wirkung geschriebener Geschichte ist wiederum unabhängig von ihrer Geltung. Eine historische Wahrheit, wie den deutsch-sowjetischen Geheimvertrag von 1939 zu unterschlagen, weil sie eine schädliche Wirkung haben würde, das wird wohl jedermann verdammen. Aber das Argument, eine bestimmte historische Betrachtung werde konservative oder progressive Kräfte stärken und müsse von daher verurteilt werden, ist prinzipiell nichts anderes. Ein solches Argument ist irrelevant. Denn es kommt nur darauf an, ob eine historische Aussage der Vergangenheit entspricht, ob sie also wahr ist.

Wenn wir die wissenschaftliche Diskussion analysieren, finden wir also, dass wir das Ideal der Objektivität notwendig immer voraussetzen und dass wir ihm auch mit der Unterscheidung von besserer und weniger guter Geschichte näher kommen, ohne es freilich je zu erreichen. Was wir erreichen ist nicht objektive Geschichte, aber objektivere Geschichte.

e) Nun zu einem weiteren Hauptargument. Alle historischen Aussagen werden von uns in einem eigenen Verfahren getestet: Wir überprüfen sie an den Quellen, den Überresten und Berichten aus der Vergangenheit, die wir haben. Wir suchen festzustellen, ob sich eine historische Aussage an den Quellen bewährt oder nicht: Danach entscheiden wir über ihre Wahrheit und Objektivität, darüber, inwieweit sie sich auf vergangene Wirklichkeit bezieht und intersubjektive Gültigkeit hat, danach unterscheiden wir zwischen besseren und weniger guten historischen Urteilen. Die Testfragen, denen die historischen Aussagen unterworfen werden, heißen zum Beispiel: Entspricht die historische Darstellung eines Komplexes der Menge der uns bekannten Quellen zu diesem Komplex? Werden die unterschiedlichen und widersprüchlichen Quellenaussagen berücksichtigt und in einen Zusammenhang gebracht? Lässt sich die Selektion und die Perspektive mit Hilfe der Quellen rechtfertigen? Widersprechen die Quellen der Entscheidung des Historikers über das Wichtige und das weniger Wichtige, über die Hierarchie der Ursachen etc.? Noch genauer zielt der Test darauf, ob eine historische Aussage durch die bisher bekannten Quellen falsifiziert werden kann. Ist das nicht der Fall, so hat die Aussage einstweilen einen bestimmten Grad von Objektivität. Aus den Quellen ergibt sich zum Beispiel, dass es für den Imperialismus ökonomische, nationalistische, machtpolitisch-strategische oder soziale Ursachen und Motive gab. An diesem Befund aus den Quellen prüfe ich jede Erklärung des Imperialismus. Wenn gesagt wird, die Ursache des Imperialismus sei das Monopolkapital, muss ich an den Quellen prüfen, ob es in imperialistischen Ländern Monopolkapital gab und welchen Einfluss es hatte. Im Ergebnis schließt die Überprüfung an den Quellen jede monokausale, z. B. ökonomistische oder strategische Erklärung des Imperialismus aus. Eine historische Aussage ist besser als eine andere, wenn sie von mehr Quellen, von unterschiedlichen Quellen bestätigt wird, wenn sie die Widersprüche zwischen den Quellen auflösen kann, wenn sie es ermöglicht, neue Quellen zu finden. Der Bezug auf die Quellen sichert die Historie doch vor dem subjektiven Relativismus: Er macht die Unterscheidung von größerer und geringerer Objektivität möglich.

f) Ein weiteres Hauptargument. Es gehört zum Verfahren der Historiker, dass sie sich kunstvoll und kritisch von ihren eigenen Voraussetzungen und Perspektiven distanzieren, eine Tatsache, die die Theorie der Perspektivisten nicht beachtet. Was heißt das? Wenn wir uns mit älteren Zeiten der Geschichte beschäftigen, dann kommen wir mit unserer Lebenserfahrung, unseren Selbstverständlichkeiten, unseren Ansichten über Ursachen, Zwecke und Mittel, über rationales Handeln etc. nicht weiter. Die antiken oder mittelalterlichen oder prä-modernen Menschen verhielten sich ganz anders, als wir das von unserer Lebenserfahrung anzunehmen geneigt sind. Die Wirklichkeit eines Konzeptes wie Ehre oder Ruhm oder Familie war prinzipiell unterschiedlich von dem, was wir mit solchen Begriffen verbinden. Die Geschichte der Erforschung älterer Zeiten zeigt uns nun sehr deutlich, dass die Historiker sich in immer steigendem Maße von der Befangenheit in ihrer eigenen Zeit gelöst haben, also mindestens ein Stück ihrer Standortgebundenheit aufgegeben haben. Und dasselbe gilt, wenn wir uns mit einer uns fremden Welt, sagen wir der indischen oder chinesischen, beschäftigen. Die Wissenschaft gerade hat die naive Zuwendung zu vergangenen und fremden Gesellschaften zerstört, die Meinung, dass dort alles nach ähnlichen Prinzipien ablaufe wie bei uns. Wir können uns von unserem Standort lösen oder jedenfalls diesen Standort relativieren. Das geschieht schließlich auch, wenn wir uns mit unserer eigenen Geschichte beschäftigen. Wir stehen dann zunächst in einer vorwissenschaftlichen lebensweltlichen Beziehung zu unserer Vergangenheit, in einer gemeinsamen Erinnerung, in einer gemeinsamen Tradition. Sie verbindet die Zeitgenossen mit den Historikern. Im Zeitalter von Liberalismus und Nationalismus diente die wissenschaftliche Historie der Bewahrung oder Vitalisierung solcher Tradition. Die Whig-Interpretation der englischen Geschichte ist dafür ein klassisches Beispiel. Aber die wissenschaftliche Historie löst im Laufe der Zeit diese lebende Tradition mit all ihren wertbeladenen Implikationen auf. Wissenschaftliche Geschichte verhält sich kritisch gegenüber der Tradition, sie zerstört oft genug liebgewordene Legenden, die uns von den Großvätern überliefert sind. Die gelehrte Historie distanziert sich mit ihren kritisch-rationalen Verfahren, ihrer Skepsis gegenüber überlieferten Selbstverständlichkeiten von der Tradition; in einem kunstvollen Verfahren zeigen wir, wie fremd die Welt auch vor 100 Jahren war, damit wir das Anderssein, die zeitliche Distanz wirklich zur Kenntnis nehmen. Die Historiker entmächtigen die Gewalt der Tradition, sie singen nicht mehr das Heldenepos der Vergangenheit. Sie betonen die Veränderungen der Welt. Und damit transformieren sie das vorrationale Verhältnis der Gesellschaft zur Tradition in ein rational distanziertes Verhältnis. Man mag das bedauern oder begrüßen: In jedem Fall zeigt es, wie die Historiker sich von der vorgegebenen Perspektive lösen.

g) Ein letztes Argument. Die Historiker erzählen, ich habe es gesagt, eine Geschichte; das Ende der Geschichte, das ihre Struktur gestaltet, ist von dem eigenen Standpunkt, der eigenen Perspektive, der eigenen Gegenwart bedingt. Die Geschichte, die wir erzählen, ist darum Vorgeschichte unserer Gegenwart, sie steht in einer spezifischen Kontinuität zu unserer Gegenwart. Soweit scheint dieser Tatbestand den Perspektivismus zu begründen. Aber wenn wir Geschichte schreiben oder über Geschichtsschreibung urteilen, begnügen wir uns damit ganz und gar nicht. Unsere Gegenwart ist nicht das Resultat einer, nur einer Vorgeschichte; sie steht vielmehr in einer Fülle von Vorgeschichten, einem Netzwerk von Kontinuitäten. Und umgekehrt: Die Geschichte einer Vergangenheit hat nicht nur ein Ende, sondern viele Enden, ja die Geschichte einer Vergangenheit ist noch mehr als all solche Vorgeschichten. Im Fall der deutschen Geschichte zum Beispiel kann ich Bismarck und sein Reich als ein Stück Vorgeschichte des Nationalsozialismus ansehen, aber auch als Vorgeschichte des modernen Wohlfahrtsstaates oder des Staates, in dem der Frieden der miteinander lebenden Konfessionen hergestellt ist, und zuletzt ist sie auch mehr und anderes als eine Sammlung aller solcher Vorgeschichten. Wir Historiker müssen die Vielfalt solcher Kontinuitäten berücksichtigen, und wir müssen berücksichtigen, dass eine Vergangenheit mehr ist, als ein Stück Vorgeschichte. Geschichte ist, noch einmal sei es betont, mehr als Geschichte der Sieger von damals, aber sie ist auch mehr und anderes als die Geschichte der Sieger von heute oder die Geschichte der möglichen Sieger von morgen. Ranke hat gemeint, jede Epoche sei unmittelbar zu Gott, sei nicht mediatisiert durch unsere Perspektive von unserer Gegenwart her. Wir können in diesem religiösen Ton nicht mehr reden. Aber wir können den Satz entmythologisieren. Die Geschichte ist mehr als Vorgeschichte für unsere Gegenwart, jede Vergangenheit war auch sie selbst, sie hatte eine offene Zukunft, die wir, die Historiker, ihr zurückgeben müssen. Der noble Traum der Historiker bleibt es, eine Vergangenheit aus ihren eigenen Möglichkeiten zu begreifen und nicht aus unseren Möglichkeiten oder unseren Perspektiven. Indem wir einerseits ein

Netzwerk von Vorgeschichten und Kontinuitäten berücksichtigen, andererseits berücksichtigen, dass jede Vergangenheit mehr ist als ein Stück Vorgeschichte, lösen wir uns wiederum von unseren Perspektiven, unserem Standort, wir relativieren ihn, wir bewegen uns zu auf das Ziel größerer Objektivität.

Als Ergebnis halten wir fest: Die Historiker sind an ihren Standort gebunden, an ihre Perspektive. Aber die Historiker sind Mitglieder der Kommunität der Forscher, das ist eine Bedingung für die Forschung, in dieser Kommunität wird diskutiert und kritisiert, sie setzt das Ideal der Objektivität notwendig voraus. Die Historiker verfügen über ein Testverfahren, die Überprüfung an den Quellen, sie sichert ein gewisses Maß an Objektivität. Sie überprüfen auch ihre Perspektiven, sie unterscheiden zwischen fruchtbaren und besseren Perspektiven. Sie können sich von ihren eigenen Perspektiven distanzieren. Es gibt das Faktum von mehr oder weniger Objektivität; insofern gibt es in einem eingeschränkten Sinne eine Objektivität, Geschichte kann in diesem Sinne objektiv, nämlich objektiver und weniger objektiv sein. Der Historiker bezieht sich auf die vergangene Wirklichkeit, er entwirft nicht Bilder, er konstruiert nicht seinen Gegenstand, sondern er sucht dieser Wirklichkeit näher zu kommen.

Man hat lange Zeiten nur und immer wieder die Standortgebundenheit der Historiker betont – um dem naiven Realismus zu begegnen. Heute scheint in der Theoriedebatte inzwischen der Perspektivismus fast alleinherrschend. Man ist dabei in Gefahr, aus einem Faktum eine Norm zu machen; und damit verhindert man, was möglich ist: den Fortschritt zu mehr Objektivität. Ich glaube, dass man das Prinzip der Objektivität, die regulative Idee der Objektivität als die Norm unseres Verhaltens als Historiker heute wieder besonders akzentuieren muss. Nur so kann man gegenüber der gleichsam natürlichen Gebundenheit der Historiker an ihre eigenen Voraussetzungen eine Bewegung des Intellektes in Gang setzen, die zur größeren Objektivität führt. Wissenschaftsmoralisch ist die Behauptung, alle historische Erkenntnis sei primär standortgebunden, folgenschwer: Sie hat zum Resultat, dass die historische Forschung auch in Wirklichkeit primär standortgebunden wird; es ist eine sich selbst erfüllende Prophezeiung. Sie ist geeignet, die parteiliche Stellungnahme zu rechtfertigen und den möglichen Grad von Objektivität zu untergraben. Geschichte kann aber in dem eingeschränkten Sinne, den ich zu beschreiben suche, objektiv sein, sich auf die wirkliche Vergangenheit beziehen und intersubjektiv Geltung haben.

4. Zum Schluss noch eine letzte Frage. Vernichtet dieses Postulat der Objektivität nicht das Engagement der Historiker, ist die Wertfreiheit nicht die blutleere und irrelevante Doktrin eines der Gesellschaft nicht mehr verantwortlichen langweiligen Gelehrten? Was soll Geschichte überhaupt für einen Sinn haben? Wie soll sie als kollektive Erinnerung noch zu unserer Identität beitragen und zur Lösung unserer politischen und sozialen Probleme, wenn wir ihr auferlegen, nach absoluter unparteilicher Objektivität zu streben? Ist Objektivität dann überhaupt noch für die Gesellschaft ein Wert? Ich beantworte diese Frage positiv. Die Geschichte soll zweifellos auch der Gesellschaft dienen. Aber wenn sie das, jenseits der Objektivität tut, also Partei nimmt für die Interessen der Gesellschaft, der Gegenwart, der jeweiligen Gruppen und der herrschenden Wertsysteme oder auch für revolutionäre Wertsysteme, dann wiederholt sie eigentlich nur die vorhandenen Vorurteile. Sie sagt, was die Gesellschaft sowieso schon weiß, oder mindestens fühlt. Und sie fixiert und zementiert die jeweilige Gegenwart oder ihre Zukunftserwartungen. Sie vergewaltigt nicht nur die Vergangenheit, sondern auch die Zukunft. Was die Gesellschaft aber von der Geschichte erwarten kann, ist etwas anderes, ist nicht der pragmatische Nutzen der Parteinahme, der Aussage über das Richtige. Wenn die Geschichte frei ist davon, gesellschaftlichen Zwecken direkt dienen zu müssen, kann sie ihre eigentliche Aufgabe, die Verfolgung der unverzerrten Wahrheit über die Vergangenheit erfüllen. Gerade aber damit dient sie der Gesellschaft. Sie belehrt sie nämlich wirklich über die Gründe, warum die Gegenwart so geworden ist, wie sie ist, und darüber, was in gegebenen Situationen den Menschen und der Gesellschaft möglich ist, was die voraussichtlichen Folgen unserer Handlung sein werden, welche Werte miteinander verträglich sind, wie das Verhältnis der Zwecke zu den Mitteln ist, was eine Nation ist, was es mit der Identität und der Identitätskrise, der Stabilität und der Stabilitätskrise unserer Gesellschaft auf sich

hat und zuletzt mit der Endlichkeit des Menschen. Die parteiliche Geschichte ist eine Waffe, die bald stumpf wird. Die objektive, nach Objektivität strebende Geschichte gibt unserem Willen und unserem Sein einen Halt in der Erfahrung der Vergangenheit, in der nicht erdichteten oder konstruierten, sondern in der wirklichen Erfahrung der Vergangenheit, und sie hält die Zukunft – gegen alle Ansprüche von Ideologen und Technokraten – offen. Das ist die Verantwortlichkeit der Historiker für die Gesellschaft.

4.
PROBLEME DER MODERNISIERUNG IN DEUTSCHLAND

Modernisierung ist ein Begriff, der in den letzten 20 Jahren, ausgehend von der Soziologie in den USA, zu einem Modebegriff geworden ist. Einerseits sollte der Begriff die Prozesse beschreiben, die sich bei der Übernahme der industriellen, der westlichen Zivilisation in Ländern der dritten Welt abspielen. Andererseits wurde er zu einem Schlüsselbegriff der Universalgeschichte: Er soll den einmaligen Prozess des ungeheuer schnellen ökonomischen, sozialen, kulturellen, politischen Wandels beschreiben, der sich in den letzten 200 Jahren, seit der Doppelrevolution des späten 18. Jahrhunderts, der industriellen und der demokratischen Revolution, zuerst in der europäisch-atlantischen Sphäre und dann in der ganzen Welt abgespielt hat. Modernisierung tritt an die Stelle älterer universalgeschichtlicher Begriffe, die den gleichen Vorgang zu beschreiben suchten: Aufstieg und Auflösung des Kapitalismus, industrielle Revolution, Rationalisierung, Säkularisierung, Demokratisierung, Europäisierung oder Verwestlichung. Denn offenbar ist dieser komplexe und interdependente Vorgang nicht mit Begriffen aus der Ökonomie, der Technik, der Religion, der Geistesgeschichte, der Kultur oder der Politik allein zu erfassen. Darum eben wählt man den farbloseren, aber allgemeineren und umfassenderen Begriff Modernisierung, und man kann damit bisher vernachlässigte Wandlungsprozesse – vor allem den Wandel des Staates und den Wandel der Rolle des Einzelnen im politischen, sozialen, kulturellen System – besser beschreiben. In der gelehrten Diskussion werden jeweils eine ganze Reihe von Merkmalen für Modernisierung genannt. Mit einer etwas zufälligen und keineswegs vollständigen Aufzählung solcher Merkmale möchte ich lediglich daran erinnern oder vor Augen rufen, was jeder Vergleich einer modernen mit einer traditionellen Gesellschaft evident macht: Demographische Revolution, Sinken der Mortalität, später dann der Geburten; Industrialisierung, Mechanisierung, Kommerzialisierung, Arbeitsteilung; Rückgang des Agrarsektors, Urbanisierung, Mobilisierung; dauerndes Wachstum, Innovationen, Ansteigen des Masseneinkommens und der Produktivität; Alphabetisierung, Verwissenschaftlichung, Säkularisierung; der Staat wird aus einer personalen Herrschaftsorganisation zu einer institutionellen Organisation, mit einem Gesetzessystem und einer Bürokratie, er steht mit allgemeiner Wehr-, Steuer- und Schulpflicht in unmittelbarem Verhältnis zu seinen «Untertanen», er dehnt seine Tätigkeit immer mehr aus (Wohlfahrtsstaat); gegen die partikularistischen Einheiten setzt sich die größere Einheit, zumeist der zentralisierende Staat, der Nationalstaat durch; Rekrutierung von Eliten und Funktionären nicht nach Prinzipien der Erblichkeit, nach Privilegien und Zuschreibung, sondern nach dem Prinzip der Leistung; Zunahme politischer Egalität; Einbeziehung von Massen in die Politik, die Konsens und Legitimität produziert, sei es auf demokratische, sei es auf totalitäre Weise; der Übergang von «Gemeinschaft» zu «Gesellschaft», von partikularen, vorgegebenen, unmittelbaren, personalen Gruppen und Bindungen zu universalen, selbstgewählten, impersonalen und abstrakten, sachlichen, organisatorischen Beziehungen, von der Nichtspezialisierung zur Spezialisierung, vom stabilen zum mobilen System, vom Homogenen zum Heterogenen, vom Einfachen zum Komplexen; das Leben des Einzelnen hört auf traditionsgeleitet zu sein, es wird innen- oder außengeleitet; an die Stelle weniger vorgegebener Rollen treten viele selbstgewählte und sich widersprechende Rollen; die Pluralität (Pluralisierung) der Lebenswelten, die individualistische Lebensgestaltung; der Wandel der Werte: Individualismus, Leistung, Arbeit, Erfolg, Konsum, Fortschritt und Machen-Können; der Glaube an Dynamik und Wandel mehr als an Statik und Stabilität; die Entstehung von Intellektualismus, Relativismus, Entfremdung.

Hat man eine solche Aufzählung gehört, so liegen die Einwände gegen das Konzept Modernisierung auf der Hand, und solche Kritik ist inzwischen auch Mode. Ich hebe drei Punkte hervor. Diesem Konglomerat von Eigenschaften fehlt ein wirklich nachgewiesener, innerer Zusammenhang, eine Ordnung, eine Hierarchie der Faktoren oder eine rationale Klärung der angenommenen Interdependenz. Ein solches Konglomerat ist in der Forschung, d. h. für präzise Fragen, schlecht anzuwenden, es ist schlecht «operationalisierbar»; wo der Sprung zwischen Tradition und Moderne zu finden ist, wird nicht gesagt. Sodann: Eine solche Beschreibung endet in einer Fülle von Dichotomien (prämodern – modern), während die historische Wirklichkeit aus Übergängen und Mischungen besteht; die Welt der Tradition ist nicht einfach statisch, die Welt der Moderne nicht einfach dynamisch, und in der Geschichte der letzten 200 Jahre ist beides in keiner Gesellschaft getrennt und einfach entgegengesetzt. Überall gibt es ein unbalanciertes Gleichgewicht. Schließlich: das Konzept ist in Gefahr, eine bestimmte Norm, ein Ideal von Modernität anzusetzen, z. B. die US-Gesellschaft von 1960. Ist eine Theorie sinnvoll, bei der Deutschland, Japan, ja auch Frankreich im 19. Jahrhundert, die Sowjetunion und China im 20. Jahrhundert, «Ausnahmen», abweichende Fälle sind?

Trotz dieser Einwände kann man die Konzepte Modernisierung und Modernität sinnvoll benutzen. Es handelt sich um Idealtypen, die uns die Wirklichkeit präziser begreifen und erklären lassen. Der Unterschied moderner und traditionaler Gesellschaften bleibt evident. Die Gefahren, von denen die Einwände sprechen, lassen sich bei methodisch kritischem Gebrauch des idealtypischen Modells vermeiden. Und wir brauchen ein universalgeschichtliches Konzept, wenn wir die Geschichten der einzelnen Gesellschaften in den letzten 200 Jahren vergleichend und zusammenfassend zu dem verbinden wollen, was sie gewesen sind, zu *einer* Geschichte.

Ich versuche, jetzt mit Hilfe des Modernisierungskonzepts einige Hauptprobleme der deutschen Geschichte zu erörtern. Und zwar behandle ich:

1. die Voraussetzungen der Modernisierung,
2. den Prozess der Modernisierung und
3. die Krise der Modernisierung und den Nationalsozialismus.

1. Wir vergegenwärtigen uns zunächst *die europäischen Voraussetzungen der Modernisierung*, an denen auch Deutschland teilhatte. Max Weber hat die europäische Geschichte als Entzauberung, als Rationalisierung beschrieben, und mit dem amerikanischen Japanologen B. Schwartz kann man die eigentliche Modernisierung als

systematische, zweckgerichtete und konsequente («purposeful and sustained») Rationalisierung bezeichnen. Voraussetzung dieser Rationalisierung ist die jüdisch-christliche Religion. Der Monotheismus entgöttert die Welt und öffnet sie dem technischen und wissenschaftlichen Zugriff des Menschen; der Universalismus schränkt die partikularen Bindungen des Menschen – familiäre, lokale, ethnische – ein; der Individualismus gibt dem Einzelnen außerhalb seiner Gruppe einen unersetzlichen Wert; die christliche Erlösungslehre motiviert ihn zu Leistung und rationaler Lebensführung. Voraussetzung dieser Rationalität ist die griechische Vernunft und die Tatsache, dass die christliche Kirche diese Vernunft (zumal in der Philosophie des Aristoteles) rezipiert hat. Für die antiwestlichen Slawophilen in Russland im 19. Jahrhundert war darum die Scholastik der Anfang der Moderne, der Entwicklung zum Unheil. Voraussetzung in das römische Recht: Mit seiner universalistischen Rationalität hat es den Partikularismus von Familie und lokalem Clan eingeschränkt und die Entstehung der Stadt als rechtliche Wirklichkeit ermöglicht. Schließlich – das ist nicht mehr Weber – ist Voraussetzung der Modernität der Pluralismus des europäischen Systems seit dem Mittelalter. Das europäische System war bestimmt vom Gegensatz unabhängiger Kräfte, die doch eine Einheit darstellten: Königtum, Adel, Kirche und die rivalisierenden Staaten – und aus diesem mehrpoligen System und Gleichgewicht entstanden andere autonome Gebilde wie Städte und Universitäten. Dieser Pluralismus war ein erhebliches Modernisierungspotenzial.

Die Reformation hat dieses Potenzial wesentlich verstärkt. Die Entgötterung der Welt wird erst wirklich zu Ende geführt, die neue Lehre von der Erlösung betont aufs schärfste die Individualität und motiviert zu Arbeit und Beruf. Im Protestantismus – in Protest und Kritik gegen Tradition und Autorität – steckt ein dynamisches Element der Ungewissheit und der Unruhe. Nicht die indikativische Formel: «So ist es!», ist für den Protestanten spezifisch (das wird vielmehr katholisch), sondern die Frageformel: «Ist es so?» Und das ist im Prinzip ein Potenzial der Veränderung. Schließlich: die Reformation verstärkt den Pluralismus – die Koexistenz widerstreitender, antagonistischer Faktoren – in Ständen, in Staaten, in Europa. Gerade darum hat sich der frühmoderne Staat als selbstständiger, souveräner Staat mit den Anfängen rationaler Politik und bürokratischer Verwaltung ausbilden können. Das Gegeneinander von Konfessionskampf, absolutistischem Staat, ständisch-bürgerlichem Gemeinwesen und die Rivalität der europäischen Staaten, die Nicht-Einheit der herrschenden Gewalten ermöglichen die Entstehung der Aufklärung, eine säkulare Wissenschaft und eine säkulare allgemeine Lebensansicht; das war der Boden, aus dem die demokratische wie die industrielle Revolution herauswuchsen. Pierre Bayle war der Führer der Frühaufklärung, weil er katholisch werden musste und wieder protestantisch wurde und als Franzose im benachbarten Holland leben und schreiben konnte. James Watt riskierte mit seinen Erfindungen die Zerstörung seiner sozialen Existenz durch seine Zunft; es war die autonome Universität, die ihn rettete.

In Deutschland gab es weitere die Modernisierung begünstigende Faktoren. Deutschland war ein Land, ja zuerst das Land der Reformation, des protestantischen Prinzips. Nicht nur der Calvinismus war modern, wie Weber und Troeltsch meinten, sondern auch das Luthertum, wennschon in anderer Weise. Weil es keine besonderen kirchlichen Lebensformen und Verdienste gibt, bekommen die weltliche Arbeit, die Pflichterfüllung im Beruf einen ganz hohen, religiös sanktionierten Wert. Weil das geistliche Reich vom weltlichen scharf getrennt wird, die Vermischung von Religion und weltlichen Institutionen aufgelöst wird, wird die säkulare Welt aus der Vormundschaft der Religion entlassen und der Obrigkeit, aber auch der Vernunft überlassen, ein Anfang von Säkularisierung und Rationalität. Luthers Kirche war keine Priester- und keine Laienkirche, sondern eine Kirche wissenschaftlich ausgebildeter Theologen. Darum sind in Deutschland die Universität, die Wissenschaft, das Buch zentrale Institutionen der Lebensorientierung geworden, und das hat für die Modernisierung erhebliche Folgen gehabt. Aus diesen Gründen hat sich die protestantische Theologie und Kultur in Deutschland seit dem 18. Jahrhundert mit den intellektuellen Bewegungen der Moderne, zunächst mit der Aufklärung, verbunden, ja sie selbst aus sich erzeugt. Das Element von Traditions- und Autoritätskritik richtet sich nicht nur gegen Papst und katholische Tradition, sondern wird universal. Und alle diese

Faktoren wirken sich auf Mentalität und Motivation des Durchschnittsmenschen aus.

Deutschland wurde, das ist ein weiterer Faktor, zu einem besonderen Fall dessen, was ich oben als Pluralismus des europäischen Systems beschrieben habe. Das Mit- und Gegeneinander der Konfessionen, der Staaten, der Verfassungstypen – Absolutismus und Feudalismus – war hier besonders stark. Das hat einen gewissen Wettbewerb der Territorien um Effektivität und Funktionsfähigkeit und einen gewissen Veränderungsdruck hervorgerufen. Das hat zugleich eine gewisse Reduzierung des institutionellen Drucks auf den Einzelnen bewirkt: Der deutsche Partikularismus erlaubte es dem Einzelnen bis zu einem gewissen Grad, Staat, Kirche oder Universität zu wählen. Vergleicht man das mit zentralistischen und homogenen Staaten, so gab es eine relative Mobilität und damit eine relative Bereitschaft zum Wandel.

Schließlich, Deutschland wurde im 18. Jahrhundert zum klassischen Land der Bürokratie, eines akademisch gebildeten, stark bürgerlichen, gut geschulten, auf Rationalität und Sachlösungen eingestellten Beamtentums, das sich als «allgemeiner Stand», als Anwalt allgemeiner Interessen gegen die partikularen Sonderinteressen, auch der Feudalität und der Dynastie, fühlte und verselbstständigte. Es wurde zum Motor der späteren Modernisierung. Zugleich wurde Deutschland zum Land des aufgeklärten (bürokratischen) Absolutismus, der absolutistischen Reform; Toleranz, relative Rechtsgleichheit, Abbau von despotischen und feudalistischen Missständen, Entwicklung von Wirtschaft, Wohlfahrt und Schule. Das war eine Folge der religiösintellektuellen wie der politisch-ökonomischen Lage. Die deutschen Staaten waren weniger korrupt und funktionsunfähig als z. B. Frankreich; sie waren trotz ihres fundamental konservativen Charakters Agenten einer partiellen Reform, einer relativen Modernisierung.

Es gibt nun im Gegensatz zu den bisher genannten Dingen *Faktoren, die die Modernisierung hemmten.* Es ist ja bekannt: Deutschland war um 1800 ein zurückgebliebenes Land, und das ist es bis zum letzten Drittel des 19. Jahrhunderts geblieben, politisch bis 1918. Um 1800 waren Wirtschaft und Technologie noch agrarisch bestimmt, das städtische Bürgertum spielte keine maßgebliche

Rolle, die Mentalität der Massen war traditionell. Deutschland hatte um 1500 zu den ökonomisch fortgeschrittenen Gesellschaften Europas gehört und eine starke bürgerliche Stadtkultur besessen. Aber die Entdeckungen haben das ökonomische Zentrum der Welt nach Westeuropa verschoben, hier sammelte sich der neue Reichtum, Deutschland lag am Rande. Der Weltkrieg des 17. Jahrhunderts, der 30jährige Krieg, hat für Bevölkerung und Wirtschaft in Deutschland lang nachwirkende negative Folgen gehabt. Deutschland wurde keine Nation, es blieb partikularistisch, es war nach außen schutzlos und im Innern von den Konflikten und Gegensätzen der Staaten geschwächt; eine nationale Wirtschaft konnte nicht entstehen. Insgesamt stagnierte die Wirtschaft. Städte und Bürgertum verloren ihre bedeutende Position, teils wegen dieser ökonomischen Lage, teils weil sich der Absolutismus durchsetzte, teils weil die Städte selbst korporativ und partikularistisch erstarrten. Nicht das wirtschaftende Bürgertum, sondern allenfalls das akademisch gebildete Bürgertum kam als Modernisierungsfaktor in Betracht, aber es war mit der Bürokratie verbunden. Demgegenüber waren die feudalen Kräfte stark, die Staaten beruhten trotz eines bürokratisch-reformerischen, partiell antifeudalen Kurses letzten Endes sozial doch noch auf der Gefolgschaft der stärksten sozialen Gruppe, des Feudaladels. Und der hatte erheblichen Einfluss. Der Adel war zudem – im Unterschied zu Japan etwa – Landadel mit militärischen und obrigkeitlichen Funktionen geblieben und gerade insofern eine vormoderne Macht. Und die soziale Mobilität war rechtlich wie faktisch gering, die kastenartige Zerklüftung der deutschen Gesellschaft stark.

Kurz, in Deutschland war die intellektuelle Modernisierung fortgeschritten und der bürokratische Staat war relativ modern. Zurückgeblieben war Deutschland in der Ökonomie und der Technologie, als eine nationale Einheit und in der Entwicklung städtischer Mittelklassen. Es gab in Deutschland deshalb keine revolutionäre Situation wie in Frankreich, keine industrielle Revolution und kein bipolares Feudalsystem wie in England, das durch den Gegensatz von Regierung und Opposition eine evolutionäre Modernisierung zuließ. Der Träger der Modernisierung, die gebildete Bürokratie, war sowohl dem autoritären Staat wie den rationalen Ideen des entstehenden modernen Bürgertums verpflichtet: Sie war in einer ambivalenten Position.

2. Wie ist nun der *Modernisierungsprozess* im 19. Jahrhundert verlaufen? Deutschland war im Hinblick auf die industrielle Revolution und ihre sozialen Folgen, im Hinblick auf die demokratische Revolution, im Hinblick auf die Nationsbildung ein Spätkommer, eine Nachfolgegesellschaft. Es war zugleich ein Frühkommer, eine Pioniergesellschaft in Hinsicht auf die intellektuelle Entwicklung und die Entwicklung des bürokratischen Staates. Das hatte seine Vorteile und seine Nachteile. Diese Mischung jedenfalls hat den Verlauf des Modernisierungsprozesses und seine Probleme geprägt.

Die deutsche Gesellschaft also ist eine Nachfolgegesellschaft; der Anstoß zur Modernisierung kam nicht aus der Gesellschaft selbst, sondern von außen. Das war die Französische Revolution – Preußen und andere deutsche Staaten haben darauf mit einer durchgreifenden Reform der Feudalgesellschaft und des Obrigkeitsstaates geantwortet, mit einer «Revolution von oben», wie Hardenberg das genannt hat. Das war sodann die Eroberung Deutschlands durch Napoleon: Sie hat ein gut Teil der partikularistischen Welt der kleinen Territorien, der Immunitäten und Autonomien, der feudalen Privilegien hinweggefegt, sie hat eine rationale Souveränität der Staaten und eine rechtliche Homogenisierung der Gesellschaft durchgesetzt; sie hat wegen der ungeheuren finanziellen Ausbeutung durch Frankreich den Anstoß zu Reformen gegeben, die die Steuerleistung und die Produktivität entscheidend erhöhen sollten; das Ziel schließlich, sich von Napoleon zu befreien, hat auf ähnliche Weise die Modernisierung von Staat und Gesellschaft vorangetrieben. Anstoß zur Modernisierung war dann die ökonomisch-industrielle Hegemonie Englands; man wollte sich von dieser Vorherrschaft befreien und England gleichkommen. Schließlich hat die Tatsache, dass die westeuropäischen Staaten Nationalstaaten waren, Deutschland dazu provoziert, auch Nationalstaat zu werden. Und da es als Nationalstaat ein Spätkommer war, ist es dann auch den Pionierstaaten auf dem Wege von Kolonialismus, Imperialismus und Weltmachtpolitik nachgefolgt, hat mit ihnen auf besonders vehemente Weise konkurrieren wollen. Kurz, wesentliche Anstöße zur Modernisierung kamen von außen. Das heißt nicht, dass die Modernisierung importiert wurde (wie in Russland), sie knüpfte vielmehr an die beschriebenen endogenen Faktoren an.

Der erste große Modernisierungsschub, das sind die bekannten Reformen zu Beginn des 19. Jahrhunderts, vor allem in Preußen, aber auch in anderen Teilen Deutschlands. Es handelt sich dabei 1. um eine Reform der Gesellschaft: die Bauernbefreiung, die Auflösung des feudal-korporativen Agrarsystems, also die Einführung der Freizügigkeit, die Freiheit zum Heiraten, der freien Berufswahl, der freien wirtschaftlichen Tätigkeit, die Abschaffung aller dem entgegengesetzten erblichen Bindungen, kurz, die Schaffung einer modernen Gesellschaft auf der Grundlage von Rechtsgleichheit, Mobilität und Leistungsprinzip. Die demographische Revolution, Urbanisierung, Industrialisierung, Kapitalismus – das sind die Folgen dieser zunächst agrarischen Revolution gewesen. Es handelt sich 2. um eine Reform des Bildungswesens, die Durchsetzung der allgemeinen Schulpflicht, die Ausrichtung der Schule auf das Prinzip des sozialen Wandels, die Anfänge technischer Erziehung; die Reform der Universitäten im Interesse der Wissenschaft und der wissenschaftlichen Innovationen. Es handelt sich 3. um die Modernisierung des Staates: Er wird rational-bürokratische, entpersonalisierte Organisation, und er setzt sich gegen alle partikularen Zwischenwelten über allgemeine Wehr-, Steuer- und Schulpflicht in ein unmittelbares Verhältnis zu seinen Untertanen. Und es handelt sich schließlich 4. darum, die Untertanen in gewissem Grade von staatlicher Bevormundung zu emanzipieren und ihnen begrenzte Partizipationsrechte einzuräumen. Damit sollten die Bürger zu höherer Produktivität motiviert und zu einer einheitlichen Bürgerschaft integriert werden.

Diese erste Modernisierung war eine Modernisierung durch Regierung und Bürokratie, gerichtet gegen die traditionelle Gesellschaft. Die preußische Regierung z. B. wollte zuerst die Gesellschaftsreform und dann eine Verfassung, weil die Mitbestimmung der damals vorhandenen feudalen und zünftlerischen Kräfte sonst die Reform verhindert hätte. Es war eine etatistische Erziehungsdiktatur, weder revolutionär wie in Frankreich noch autonom wie in England. Die bürokratisch-etatistische Modernisierung hatte einerseits durchaus liberale Ziele, der Staat wollte keineswegs (wie in unserem Jahrhundert) alles oder das meiste selbst machen, sondern die Aktivität des Einzelnen und die autonome Entwicklung der Gesellschaft freisetzen und entbinden. Andererseits aber beruhte sie natürlich auf dem Prinzip der Autorität, und zwar nicht auf einer revolutionären, sondern auf einer traditionellen Autorität und Legitimität. Obwohl die Modernisierung sich – manchmal revolutionär – gegen die feudale Tradition wandte, behielt sie deshalb in ihrer Form einen konservativen Charakter. Die traditionelle Verbindung zwischen der staatlichen Autorität und der starken Aristokratie hat die Modernisierung dann zuletzt auch inhaltlich konservativ beeinflusst. Die vormodernen Werte und die vormodernen Eliten – Großgrundbesitz und Militär – sollten möglichst wenig verletzt werden, die vormoderne Verteilung der Macht sollte oder konnte nicht grundlegend oder schnell geändert werden. Die Modernisierung – das, was der Staat in Gang setzte, und die Art, wie er auf die autonome Modernisierung der Gesellschaft reagierte – war darum *gebremst.* Sie war partiell: Sie sollte die ökonomische Produktivität und die staatliche Effektivität entscheidend erhöhen, aber die vormoderne, politisch-soziale Herrschaftsordnung sollte sie – nach der eigentlichen Reformära – nicht radikal verändern: Die politischen Konsequenzen der Modernisierung sollten minimiert werden. Man kann auch sagen: Die erste Phase der Modernisierung trat so früh ein, dass es, anders als in Westeuropa, noch keine starken bürgerlich-industriellen Kräfte gab, und davon hatte das konservative Element Vorteile. Die Elemente der frühen und der späten Modernisierung sind miteinander verflochten. Freilich, mit diesem Anfang war nicht entschieden, wie die Modernisierung weiter verlief. Der Staat musste weiter modernisieren – musste, z. B. um bessere Soldaten zu haben, bessere Schulen einrichten – und das musste seine vormodernen Strukturen auflockern. Und die autonomen Modernisierungsprozesse der Gesellschaft waren, einmal in Gang gebracht, vom Staat überhaupt nicht zu steuern.

Die ökonomische Modernisierung, die Industrialisierung also, ist in Deutschland trotz dieses frühen Modernisierungsschubs erst relativ spät, zwischen 1840 und 1870, zum Durchbruch gekommen. Die Folgen der napoleonischen Kriege, die Kapitalarmut, das Fehlen einer nationalen Wirtschaftseinheit und der Vorsprung der übermächtigen englischen Industrie – das waren die Gründe, warum Deutschland hier so spät kam. Der Staat spielte auch in dieser Entwicklung eine bedeutende Rolle; er hat 1834 mit dem Zollverein die einheitliche Volkswirtschaft in Deutschland überhaupt geschaffen und hat mit Freihandels- und Zollpolitik die Wirtschaft unter politischen Gesichtspunkten weiterentwickelt, er hat wissenschaftliche Innovationen und technische Erziehung gefördert, selbst investiert und vor allem seit 1848 durch liberale Gesetzgebung die Industrialisierung vorangetrieben. Der Staat ist aus ihrer Geschichte nicht wegzudenken. Aber zugleich hat sich das kapitalistisch-industrielle System aus eigenem Antrieb und mit eigenen Methoden, etwa einem neuen Banksystem, entfaltet. Die Rückständigkeit, das Spätkommen hatten dann bekanntlich Vorteile: Man konnte neue Technologien schon übernehmen; und da sie in Deutschland auf eine schon durchgebildete wissenschaftliche Infrastruktur stießen, potenzierte sich der Modernisierungseffekt. Der Konkurrenzdruck mobilisierte, hatte man erst einmal angefangen, enorme Energien. Die ökonomische Modernisierung steigerte sich darum dynamisch. Am Ende des 19. Jahrhunderts hatte Deutschland mit England gleichgezogen und es auf den modernsten Gebieten – Elektro- und Chemieindustrie – überholt. Der Kapitalismus ging in Deutschland schon um 1920 in die nachliberale, ganz moderne Form des «organisierten Kapitalismus» über – Verbände, Kartelle, Management, Staatsintervention und Ansätze zur Planung wurden seine wesentlichen Elemente.

Diese späte, erfolgreiche Industrialisierung und die damit verbundene Umgestaltung der deutschen Wirtschaft und Gesellschaft ist außerordentlich schnell vor sich gegangen. Das schnelle Tempo hat eine Reihe von fundamentalen Konsequenzen gehabt. Die Ungleichmäßigkeiten zwischen den verschiedenen Sektoren der Wirtschaft, einschließlich des Agrarsektors, waren größer als bei langsameren Wachstumsprozessen, und das führte natürlich zu Spannungen. Sodann: der Dualismus zwischen modernen Strukturen der Wirtschaft, der Stadt, der Bürokratie einerseits und den traditionellen Strukturen – ein Dualismus, der zu allen Gesellschaften der Modernisierungsphase gehört – war in Deutschland spezifisch verschärft. Die objektive Welt änderte sich sehr viel schneller als die subjektiven Einstellungen, Verhaltensmuster und Wertvorstellungen. Der Einzelne verlor den traditionellen Status in der alten Gesellschaft, ohne in der neuen Gesellschaft schon eine sichere Position zu gewinnen. Schließlich: die Schnelligkeit der Industrialisierung hat die Entwicklung der bürgerlichen Klassen beeinträchtigt; sie hatten nicht viel Zeit. Sie wurden schnell von dem Machtanspruch eines selbstbewussten Proletariats eingeholt und zugleich von der Differenzierung und Desintegration der Mittelklassen (Bauern, Handwerker, Angestellte, kleine Unternehmer und freie Berufe). Das Tempo der Industrialisierung hat eine Reihe von sozialen Krisen zusammengedrängt; davon wird gleich zu handeln sein.

Ich werfe einen kurzen Blick auf *die Stellung des Christentums zur Modernisierung in Deutschland* und auf *die Entwicklung des Wissenschaftsglaubens;* das ist für die Frage nach Werten und Verhaltensweisen wichtig. Es gab drei Gruppen. Es gab das Christentum als antimodernistische Ideologie – im größten Teil des Katholizismus und im konservativen Protestantismus. Es gab den liberalen Protestantismus, den Versuch, Modernität und Tradition zu verbinden, gebremste Modernisierung, ein Versuch freilich, bei dem sich die religiöse Bindung langsam abschwächte. Schließlich gab es die Erben der radikalen Aufklärung, der intellektuellen Teilmodernisierung, die nicht mehr Christen, ja Gegner des Christentums waren, vor allem die Arbeiter und ihre intellektuellen Führer. Darum konnten die deutschen Arbeiter anders als im klassischen Land des Kapitalismus, dem christlichen England, revolutionäre Marxisten werden. Die Bedeutung der Religion in Deutschland war weder so gering wie in Frankreich noch so groß wie in England; das erhöhte aber die Labilität im Verhältnis von Tradition und Modernität und machte die Deutschen für politische Ideologien, diese Ersatzreligionen des 19. Jahrhunderts, besonders anfällig. Dazu kamen Konsequenzen der intellektuellen Entwicklung in Deutschland, der rationalistischen Szientifizierung: das Aufkommen pseudowissenschaftlicher Welterklärungen, wie des Vulgärmaterialismus, des Populärdarwinismus oder der Rassenlehren einerseits, die moderne Kritik an dem Glauben an Wissenschaft, Rationalität und Fortschritt, wie sie Nietzsche repräsentierte, andererseits.

Deutschland besaß am Ende des 19. Jahrhunderts eine moderne Wirtschaft, eine moderne Kultur, einen modernen Staat, auch eine moderne Sozialpolitik und eine relativ moderne Gesellschaft. Aber *das politische System* (und partiell das soziale System) *war vormodern:* Es gab keine parlamentarische Demokratie, die Partizipation der Bürger war relativ schwach entwickelt; die alten, vormodernen Eliten, erblich privilegiert, agrarisch, militärisch, hatten politisch noch eine dominierende Position; der Staat war weniger bürgerlich als monarchisch, aristokratisch, militärisch. Warum war das so? Von der Stärke des Staates und der alten Eliten in den Frühphasen der Modernisierung habe ich gesprochen. Andere Ursachen kommen hinzu, sie hängen mit der paradoxen Mischung von intellektueller Verfrühung und realer Verspätung der Modernisierung in Deutschland zusammen. Deutschland war ein nachrevolutionäres Land, ein Land, in dem das Thema der Modernisierung aktuell wurde *nach* der Französischen Revolution, und das hieß: mit der Erfahrung der Schrecken einer Revolution, des ‹terreur›, der Diktatur als Folge der Revolution. Darum war Revolution nicht attraktiv, und diese Stimmung wurde natürlich von den konservativen Kräften ausgenutzt. Ähnliches gilt für die industrielle Revolution. Die Gefahr der sozialistischen Revolution wurde im Deutschland der späten Industrialisierung unmittelbar und früh aktuell, weil man sie am englischen und französischen Beispiel unmittelbar antizipierte und weil sie aus politischen, ökonomischen und geistesgeschichtlichen Gründen schnell in Erscheinung trat. Ehe das Bürgertum sich gegenüber den traditionellen Strukturen durchgesetzt hatte, wurde es von der Drohung der sozialen Revolution eingeholt. Das veränderte die Machtlage grundlegend. Die bürgerlich-liberale Phase war zu kurz, um die bürgerliche Gesellschaft zu konsolidieren, Aristokratie und Bürokratie zu verbürgerlichen. Die Kürze der Modernisierungsphase führte Liberalismus und Sozialismus so kurz hintereinander in die Politik, dass ihr Gegensatz nur den konservativen Mächten zugute kam. Sodann: in Deutschland ist der Übergang zur Massendemokratie sehr früh erfolgt. Das war das Werk Bismarcks. Es hat das allgemeine Wahlrecht früh, 1867, eingeführt, weil er mit diesem modernen Mittel die Partizipationswünsche der Liberalen eindämmen wollte, ehe sie eine parlamentarische Regierung durchgesetzt hätten. Und das gelang: die moderne plebiszitäre Mobilisierung von Massen schwächte die liberale Modernisierung. Sie kam unmittelbar den Katholiken und Sozialisten, mittelbar aber dem bestehenden traditionellen Herrschaftssystem zugute. Die Konservativen entfesselten früh eine späte Phase der Modernisierung und blockierten damit die parlamentarische Modernisierung zugunsten des traditionellen Herrschaftssystems: Mit modernisierenden Mitteln konnten die traditionellen Kräfte gerade die Kontinuität der Modernisierung aufhalten. Eine ähnliche Wirkung hatte die Tatsache, dass die supermoderne Organisation pluralistisch-antagonistischer Wirtschaftsinteressen in Deutschland sehr früh erfolgte.

In diesen Zusammenhang gehört schließlich das bekannteste Faktum der deutschen Geschichte des 19. Jahrhunderts: Deutschland ist spät, 1871 erst, als Nationalstaat geeinigt worden. Das war ein großer Schritt der Modernisierung (und alle Zeitgenossen, Marx, Disraeli, der Papst oder die preußischen Konservativen haben das so beurteilt). Diese Einigung war das Werk eines Staates (das konnte im internationalen System kaum anders sein), und sie war das Werk Bismarcks, das war ein historischer ‹Zufall›. Sie war jedenfalls eine Revolution von oben. Damit war das Prestige der traditionellen Herrschaftseliten noch einmal und massenwirksam stabilisiert. Ähnlich war es mit der staatlichen Sozialreform: Der Staat bewältigte das modernste Problem der Gesellschaft. Die Arbeitsteilung, die den Bürgern die Wirtschaft und den alten Eliten die Politik zuwies, schien auch für die Bewältigung moderner Aufgaben legitimiert. Und weil Deutschland ein Spätkommer im Kreise der Großmächte war und darum Machtpolitik betreiben musste, brauchte und wollte man einen starken Staat, das aber war gerade der bestehende Staat. Die späte Modernisierung im Hinblick auf die nationale Einigung und den Eintritt in den Kreis der Großmächte hinderte die Modernisierung des politischen Systems. Schließlich, die späte nationale Einigung von oben hat dazu geführt, dass die deutsche Gesellschaft inhomogen blieb, Relikte von Partikularismus, unterschiedlichen, segmentierten sozial-kulturellen Milieus behielt: Regionalismen und Konfessionalismen. Diese vormoderne Inhomogenität wurde überlagert von der modernen Differenzierung von Klassen und Interessen. Beide Sachverhalte kamen den alten Autoritäten zugute.

Kurz, in Deutschland überlagerte sich eine Reihe von Prozessen, war eine Reihe von Problemen fast gleichzeitig gestellt, die anderswo eher nacheinander abliefen, nacheinander gestellt waren: Industrialisierung, Sozialismus, Massendemokratie, ökonomisch-sozialer Pluralismus, Bildung des Nationalstaates und der Nation, und dann die politisch-partizipatorische Modernisierung, die Ablösung oder Zurückdrängung der alten Eliten. Oder mit Begriffen der Modernisierungstheorie gesagt: Identitäts-, Legitimitäts-, Partizipations-, Distributions- und Integrationskrisen waren gleichzeitig zu lösen. Diese Zusammendrängung von Modernisierungsproblemen gerade ist es, die die politische Modernisierung gehindert und aufgehalten hat.

Historiker und Soziologen haben in dieser Diskrepanz oft den Schlüssel zur deutschen Geschichte des 19. und 20. Jahrhunderts, zur Geschichte des Nationalsozialismus gesehen: Die ausgebliebene Demokratisierung erkläre die Instabilität der Weimarer Republik, erkläre den Sieg Hitlers. Ich halte eine solche Perspektive für irreführend. Das politisch-soziale System in Deutschland vor 1914 war keineswegs so immobil, wie es oft geschildert wird. Die Gesellschaft hat sich zwischen 1870 und 1918 verbürgerlicht und modernisiert; das politische System war nicht hoffnungslos blockiert (und das Charakteristikum des Systems war nicht, durch moderne Manipulation der Massen und zuletzt durch einen imperialistischen Krieg die Herrschaft der alten Eliten zu behaupten, wie manche immer noch meinen). Das System entwickelte sich langsam und oft stillschweigend doch in Richtung auf eine Parlamentarisierung; die Verzögerung der politischen Modernisierung hat die Weimarer Demokratie belastet, zu einer Katastrophe musste sie nicht führen. Die autoritäre Tradition hat die Machtergreifung der Nazis erleichtert, das Entstehen der revolutionären faschistischen Massenbewegung erklärt sie gerade nicht. Die Mischung und die Übergänge, ja die Diskrepanz zwischen modernen und vormodernen Elementen finden wir in allen sich modernisierenden Gesellschaften, wenn auch natürlich in unterschiedlicher Weise und in unterschiedlichem Grade. Die verzögerte politische Modernisierung und ihre sozialen

Folge, die Verfestigung bestimmter vormoderner sozialer Strukturen, ist eine wichtige Ursache der Spannungen und der Labilität der deutschen Gesellschaft gewesen, sie war eine Belastung nach 1918, sie ist eine Ursache für die Katastrophe von Hitlers Machtergreifung gewesen. Aber determinierend oder gar allein determinierend war sie nicht.

3. Wichtiger als die verzögerte politische Modernisierung erscheint mir das, was ich die *Modernisierungskrise* nennen will. Im Zuge der Modernisierung, so hat Parsons gemeint, finden wir überall eine Diskrepanz zwischen den modernen ökonomisch-technischen, den bürokratischen und den sozialen Strukturen und den noch traditionellen Wertvorstellungen und Verhaltensmustern. Die Folgen waren Statusunsicherheit und Aggressivität, Steigerung von Emotionen und Affekten.

Dazu kommt das Unbehagen an der Moderne überhaupt, neben der Modernisierungskrise steht die Modernitätskrise. Wir kennen das Problem der Entfremdung, die Schwierigkeit, mit der Vielfalt und dem Wechsel der Rollen fertig zu werden, unser Verhalten ohne dauernde Reflexion verlässlich zu regeln, Stabilität und Identität im Wandel zu behaupten, persönliche Beziehungen und Zugehörigkeiten in einer spezialisierten und abstrakten Welt zu erfahren, Glück und Sinn, kurz: sich in der Welt zu Hause zu fühlen. Diese Krise war in Deutschland besonders stark. Einmal, weil die Modernisierung so schnell und mit mancherlei Ungleichgewichtigkeiten vor sich gegangen war; das hatte traditionelle Sicherheiten aufgelöst, ohne sie durch andere zu ersetzen. Sodann weil eine Reihe von politischen und sozialen Institutionen wie Schule, Militär oder Familie noch die alten vormodernen Werte prämierten – sie standen den Anforderungen der modernen Lebenswelt, der in Deutschland so gewaltigen Mächte der Wissenschaft, der Bürokratie, der Industrie, des Kapitalismus etwas unverbunden gegenüber. In dieser krisenhaften psychischen Situation gab es zwei klare politische und metapolitische universale Antworten: Für die Welt der Tradition standen die Konservativen, für die Modernität in Form der Revolution die marxistischen Sozialisten mit ihrem politischen Glauben, der die schwierige Welt und das schwierige Leben umfassend deutete. Der breiten Mitte des politischen Spektrums, den Liberalen im weitesten Sinn, den Trägern einer evolutionären Modernisierung, fehlte ein solcher politischer Glaube, der die Unsicherheit und Ambivalenz zwischen Modernität und Tradition hätte überbrücken können. Es gab in Deutschland nicht den republikanisch-demokratischen Glauben wie in Frankreich in der Tradition von 1789, und es gab nicht den britischen Glauben an Reform und Evolution im Rahmen einer intakten christlichhumanitären Tradition – es gab nicht mehr die alte Religion und nicht eine neue politische Religion. Der einzige politische Glaube, den es gab, das war der Nationalismus, aber er hatte in Deutschland nicht die ruhige Selbstgewissheit einer langen Tradition und sicherer Erfolge, die ihn zur Vermittlung von Tradition und Modernität befähigt hätte.

Die Modernisierungs- und Modernitätskrise hat es wie gesagt in allen modernen Gesellschaften gegeben, aber sie war in Deutschland eine spezifische und war spezifisch verschärft. Hier ist nun der Ort, vom Nationalsozialismus, vom Faschismus zu sprechen. Ich glaube, dass wir dieses Phänomen mit den Kategorien Modernisierung und Modernisierungskrise universalgeschichtlich besonders gut erklären können, besser jedenfalls, als mit dem oft benutzten Modell des Kapitalismus. Denn die faschistischen Parteien sind unabhängig vom Kapitalismus als Massenbewegung entstanden, sie sind durch präkapitalistische Eliten viel mehr als durch Kapitalisten protegiert und an die Macht gebracht worden: Die faschistischen Regime verfolgen nicht die Interessen des Kapitals, sondern ihre eigenen, sie unterwarfen sich die Kapitalisten, und die antikapitalistischen Elemente des Faschismus – Krieg, Gewalt, Antisemitismus, Primat von Politik und Staat, organische Gemeinschaft – kann man nicht als Maske des Kapitalismus wegerklären; die wichtigsten kapitalistischen Gesellschaften schließlich sind bekanntlich nicht faschistisch geworden. Wie aber lässt sich der Faschismus im Lichte des Begriffs Modernisierung interpretieren? Hier sind drei Punkte wichtig:

Der Faschismus ist eine Antimodernisierungsbewegung. Die Modernisierung habe, so meinte man, Gemeinschaft und Sicherheit, Einheit und Autorität und Kultur zerstört; die Träger der Modernisierung, Sozialisten, Demokraten, Kapitalisten und Aufklärer, waren die Gegner. Gemeinschaft gegen Gesellschaft, Instinkt gegen Verstand, organische Einheit gegen Kontrast, Harmonie gegen Antagonismus, Nation gegen Individualismus wie gegen kosmopolitischen Internationalismus, Land gegen Großstadt, Schutz der kleinen Selbstständigen gegen Großkapital und Proletarisierung, das waren die Parolen. Die Nazis waren gegen moderne Kunst, moderne Literatur, moderne Erziehung, moderne Wissenschaften wie Psychologie und Soziologie, waren gegen die Emanzipation der Frau. Sie waren gegen die Juden, auch weil sie ihnen als Inkarnation der Modernität galten.

Dieser Antimodernismus aber ist gegenüber der konservativen Kritik an der Moderne radikal. Es geht um eine totale Umkehr; nicht darum, Traditionen zu bewahren, sondern darum, hinter die Traditionen auf etwas Vorhistorisches, Archaisches zurückzugreifen: Krieg und Gewalt, Ausrottung und Lebensraum, Rückverwandlung der Menschen in Krieger und Bauern, Überordnung der biologischen Rasse über die historische Nation, Kampf gegen die stärkste europäische Tradition, die christlichen Kirchen, weil auch sie trotz allem Kräfte der Modernisierung waren, individualistisch, universalistisch, pluralistisch. Der Antimodernismus der Nazis war nicht traditionell, er war radikal, utopisch, revolutionär.

Der Faschismus war zugleich paradoxerweise in seinem Stil, der Wahl seiner Mittel und seinen Wirkungen hypermodern, eine Modernisierungsbewegung. Vitalität, Jugendlichkeit, Aktionismus, das gehörte zum Stil, – Technik, Produktivität, Organisation, höchste Effizienz zu den Mitteln. Und die Wirkungen waren modernisierend. Die Welt in Deutschland wurde nach 1933 großstädtischer und industrieller und nicht heimatlicher; es gab weniger Selbstständige; mehr Frauen arbeiteten. Institutionen und Mächte deutscher Tradition wurden bekämpft, geschwächt, aufgelöst: der Föderalismus, die Justiz, die Experten, die Universitäten, die Kirchen. Die alten Eliten wurden zurückgedrängt; ihre Hoffnung, sich durch die Koalition mit Hitler zu erhalten, erwies sich als Illusion; de facto haben sie 1933 abgedankt, das war wirklich ein revolutionärer, ein revolutionär modernisierender Vorgang. Und der Faschismus hat die deutsche Gesellschaft nivelliert und egalisiert, obwohl die Faschisten nicht die Gleichheit der Menschen, der Bürger propagierten oder die Klassengesellschaft auflösten. Die soziale Mobilität wurde größer; Alltagspraxis, Volkswagen, Volksradio, Massentourismus, neue Positionen in Partei und Wehrmacht für Aufsteiger, die allgemeine Staatsjugend und andere Massenzwangsorganisationen – das hat ein neues Bewusstsein von gleichen Chancen erzeugt, das auch die hierarchische Struktur der Gesellschaft real verändert hat. Es gab eine «braune Revolution», gegen das bourgeoise wie das präkapitalistische Establishment, ein Stück Jakobinertum, das nicht als Maskerade weginterpretiert werden kann. Der Grund für die Modernität der Mittel und die modernisierende Wirkung ist leicht zu sehen. Das radikal antimoderne Ziel verlangte die modernsten Mittel und den radikalsten, modernsten, von traditionellen Hemmungen befreiten Gebrauch der Mittel. Der antimodernen Revolution der Ziele entsprach die modernistische Revolution der Mittel. Wenn man im 20. Jahrhundert das 20. Jahrhundert rückgängig machen wollte, musste man die Mittel des 20. Jahrhunderts anwenden. Sie widersprachen den antimodernen Zielen, aber sie gewannen Priorität. Und der totalitäre Wille zur Mobilisierung aller Kräfte und zur zentralistischen Gleichschaltung musste Traditionen zerstören, weil die radikal antimodernistische Zielsetzung der Nazis antitraditionalistisch war: Der archaische Elitebegriff der Nazis richtete sich gegen die traditionellen, die wirklichen Eliten und förderte gerade deshalb die moderne Egalität.

Diese drei Faktoren – Antimodernismus, seine antitraditionalistische Radikalisierung und die paradoxe Modernität – tragen nun wesentlich dazu bei, den Erfolg des Faschismus zu erklären. *Der Nationalsozialismus war eine Antwort auf die fundamentale Ambivalenz gegenüber der Modernität.* Er versprach einerseits Sicherheit vor Wandel, Konflikt, Entfremdung, und andererseits Produktivität, Effektivität und ein Stück Egalität als soziale Anerkennung. Weder die Konservativen noch die Sozialisten, noch die Liberalen mit ihrer pragmatisch-prosaischen piecemeal-Reform konnten solche paradoxen Erwartungen erfüllen. Oder: die Nazis allein boten außer den Sozialisten einen politischen Glauben, der mit Nationalismus und Sozialismus die Normen und Erwartungen von Tradition und Modernität überbrücken und vermitteln, Sinn und Legitimität stiften konnte. Wir wissen, wie künstlich und wie illusionär diese Verbindung war. Und die Ambivalenz und Instabilität der Modernisierungskrise in Deutschland allein erklärt die Resonanz der Nazis nicht. *Dazu gehört die Krise von Weimar, die nationale Krise einer postimperialen Gesellschaft*, einer Gesellschaft scheinbar ohne Zweck und von wildem Verlangen nach Revision erfüllt, *die ökonomische Krise:* Inflation, Reparationen, die Krise seit 1929, die Arbeitslosigkeit, das Versagen des Systems bei der Sicherung eines akzeptablen Lebensstandards; gehörte *die politische Krise* einer schwachen, einer nicht eingebürgerten Demokratie angesichts solcher Belastungen, und dazu gehörte *die epochale Situation:* Die Auswirkung des Weltkrieges, die Drohung der kommunistischen Revolution, die Schwierigkeiten der liberalen Demokratie. Ich erkläre nicht den Nationalsozialismus simpel aus der latenten, der potenziellen deutschen Modernisierungskrise. Erst als eine allgemeine Krise der Weimarer Republik dieses Potenzial aktualisierte, da konnten die Nazis mit ihrem antimodern-modernistischen Appell Resonanz finden. Jetzt konnten sie sie ausbeuten, ausbeuten, weil die Demokratie noch nicht zur politischen Kultur geworden war und der Nationalismus kein stabilisierender und integrierender Faktor geworden war. Die Modernisierungsperspektive bietet zur Erklärung des Nationalismus den großen Vorteil, die besonderen deutschen Vorbedingungen, die vergleichbaren Bedingungen in anderen faschistisch gewordenen Gesellschaften wie Italien und die universalgeschichtlichen Prozesse zusammenzufassen. Es ist paradoxerweise gerade der Erfolg wie der Misserfolg der Modernisierung in Deutschland oder genauer: der Zusammenhang von Erfolg und Misserfolg, der Aufstieg und Sieg des Faschismus in Deutschland (und ähnlich in Italien) ermöglicht hat.

Krieg, totale Niederlage und Wiederaufbau haben die von den Nazis eingeleitete Modernisierung der deutschen Gesellschaft zu Ende geführt, das ist die Haupttendenz und das Hauptergebnis der deutschen Nachkriegsgeschichte (und nicht eine angebliche Restauration). Der neue Kapitalismus hat die Modernisierungskrise des Faschismus überwunden. Der Vorteil des Spätkommers nach einer Katastrophe ist hier deutlich: Die deutsche Gesellschaft ist heute stabiler und homogener als in Frankreich und England oder als in Italien. Das Unbehagen an der Modernität freilich hat neue

Formen, z. B. die der intellektuellen Revolte, angenommen, obwohl die moderne Gesellschaft die ökonomischen Bedürfnisse befriedigt und ein hohes Maß von Egalität hergestellt hat. Die Frage nach einem Zweck, einem Ziel der Gesellschaft jenseits des Überlebens und der Aufrechterhaltung einer gerechten Verteilungsordnung, die Frage nach einer Gesellschaft, die mehr Freiheit und mehr Gleichheit, aber auch mehr Staat und mehr Bürokratie, und sicher nicht mehr Glück gebracht hat, die über das Wachstum an die Grenzen des Wachstums geführt hat – das sind neue Formen des Modernitätsproblems. Aber das ist das Problem nicht mehr des Historikers, sondern das Problem der Zukunft.

5.

NATIONALIDEE UND NATIONALDENKMAL IN DEUTSCHLAND IM 19. JAHRHUNDERT

I.

Die Beschäftigung mit den Symbolen, in denen ein politischer, religiöser, kultureller historischer Bewusstseinszustand anschaulich geworden ist, oder mit den Objektivationen solchen Bewusstseins in der Kunst[1] ist für den Historiker älterer Zeiten seit langem selbstverständlich geworden; für den Historiker, der sich mit der Neuzeit, spätestens mit der Zeit seit der Französischen Revolution befasst, ist sie es bisher nicht gewesen; weil es nicht an schriftlichen Quellen mangelte, gab es keinen Zwang, der zur Erschließung solcher neuen Quellengruppen führte; weil es im 19. Jh. keinen alle Lebensbereiche bestimmenden «Stil» gibt, mag der Aussagewert von künstlerischen Symbolen zweifelhaft erschienen sein. Im folgenden wird der Versuch gemacht, durch eine Analyse der Nationaldenkmäler Aufschlüsse über die Struktur von Nationalbewegung und Nationalidee zu gewinnen[2]; dabei werden freilich nicht nur die Denkmäler selbst, sondern die Fülle der Äußerungen der «Denkmalsbewegungen», zumal die Denkmalsfeste mit berücksichtigt. Diese Analyse einer neuen Quellengruppe erscheint deshalb auch im 19. Jh. erfolgversprechend, weil in den hier untersuchten Denkmälern und Denkmalsbewegungen zum einen Äußerungen der Nationalbewegung vorliegen, an denen jeweils eine Vielzahl unterschiedlicher Gruppen – Stifter, Geldgeber, Planer, Künstler, Juroren, Kritiker, Propagandisten, die «Öffentlichkeit» und das «Volk» bei den Denkmalsfesten – beteiligt ist, die den Gedanken des Denkmals hervorbringen, mitformen oder ihm Resonanz verleihen. Die vergleichende Geschichte der Denkmäler und ihrer verschiedenen Formen kann darum ein Beitrag zur Sozialgeschichte der nationalen Idee werden. Zum andern: weil die Denkmäler objektiv gewordene Äußerungen von Ideen sind, Werke, die aus der Menge konkurrierender Vorschläge und einer Vielzahl von Entscheidungen hervorgehen, und Produkte, die ihrem Wesen nach einen besonderen Anspruch und eine besondere Art von Öffentlichkeit und von Dauer besitzen. In der «Objektivität» der Denkmäler kommen zumal Momente zum Vorschein, die in den literarischen Explikationen des nationalen Bewusstseins nicht oder nur verstellt zu finden sind[3].

Zwei Einschränkungen sind sogleich zu machen. Zum einen: politische Denkmäler werden im Wesentlichen von etablierten Kräften, vom Staat oder von «staatstragenden» Gruppen gebaut. Die Opposition baut, solange sie nichts als Opposition ist, keine Denkmäler. Zwar kann die Opposition in einer Geschichte des Denkmals berücksichtig werden, indem Entwürfe und Ideen, Kritik der etablierten Denkmäler und «Ersatz»-Bauten zur Geltung kommen, trotzdem aber ist von vornherein klar, dass die nationale Idee der Opposition bei der Behandlung unseres Themas nicht oder nicht angemessen repräsentiert wird. Zum andern: man muss sich hüten – und insofern scheint die bisherige Zurückhaltung der Forschung nicht ganz unberechtigt –, das Kunstfaktum Denkmal und seinen Stil vorschnell mit den herrschenden Tendenzen des Nationalbewusstseins zu parallelisieren. Denn es gibt einen autonomen Bereich und eine autonome Entwicklung in der Kunst. Für die Künstler z. B. ist die Aufgabe, eine angemessene Gestalt des Nationalbewusstseins zu bauen, meist sekundär, primär geht es für sie darum, eine große und zweckfreie Bauaufgabe zu haben; so hat Weinbrenner Denkmäler für Friedrich den Großen, für die französische Republik, für Napoleon und für die Völkerschlacht bei Leipzig, die Befreiung Deutschlands, entworfen, und noch Bruno Schmitz hat um 1900 nicht nur die großen Kaiser-Wilhelm-Denkmäler und das Völkerschlachts-Denkmal gebaut, sondern auch ein monumentales Kriegerdenkmal in Indianapolis, und für das italienische Nationaldenkmal, das Viktor-Emanuel-Denkmal in Rom, hat er einen preisgekrönten Entwurf eingereicht. Bis etwa um 1900 sind die Wettbewerbe und die Kritik von Denkmalsentwürfen und -bauten überwiegend ästhetisch und nicht politisch und national orientiert. Schließlich gibt es auch zwischen der künstlerischen Form und dem nationalen Gehalt eines Denkmals Diskrepanzen; aus der ästhetischen Struktur und gar aus dem ästhetischen Wert oder Unwert eines Denkmals kann nicht unmittelbar und ohne weiteres auf Struktur und Wert oder Unwert des Nationalbewusstseins geschlossen werden. Die Theatralik der Germania berechtigt nicht, generell auf ein theatralisches Nationalbewusstsein der 70er Jahre zu schließen, ebenso wenig darf man aus der künstlerischen Überwindung des Wilhelminismus in den späten Bismarck-Denkmälern schon auf eine Überwindung des Wilhelminismus überhaupt schließen; und die Ansätze zu sachlicher, materialgerechter Modernität in diesen Denkmälern konvergieren nicht einfach mit den Ansätzen zu einem völkischen Nationalismus, der in ihnen seinen Ausdruck fand. Schon die für das 19. Jh. so ungemein charakteristische Tatsache des Stilpluralismus muss davor warnen, künstlerischen Ausdruck und politisches, nationales Bewusstsein unvermittelt einheitlich zu verstehen. Trotzdem, und gerade indem man die autonome Entwicklung der Kunst beachtet, ist es aber möglich, zwischen den im Kunstwerk objektivierten Form- und Weltideen und den nationalen Ideen Entsprechungen aufzuweisen. Nur deshalb kann eine Analyse der Nationaldenkmäler für die Geschichte der Nationalidee fruchtbar sein. Darum kann und muss in dieser Abhandlung nicht nur von Denkmalsideen und Denkmalsfesten, sondern auch und gerade von den Kunstwerken selbst die Rede sein.

Der hier verwandte Begriff, der Begriff des Nationaldenkmals, scheint zunächst wenig eindeutig, im späten 19. Jh. kann jedes große patriotische Denkmal oder jedes von der Nation durch Sammlungen oder aus Steuermitteln finanzierte Denkmal oder auch nur das Niederwalddenkmal als Nationaldenkmal bezeichnet werden. Die Nation kann Stifter oder Adressat des Denkmals sein, das Denkmal kann ihr gewidmet sein, sie kann im Denkmal dargestellt sein, die Person oder die Personen, das Ereignis oder die Idee, denen das Denkmal geweiht ist, können eine repräsentative Bedeutung für die Nation haben. Man könnte in Ermangelung einer sachbezogenen Definition nominalistisch sagen, Nationaldenkmal ist, was als Nationaldenkmal gilt. Diese Geltung freilich hängt nun doch von Sachbedingungen ab, in erster Linie von dem letzterwähnten Faktor, davon, wieweit die Nation als Ganzes in einem Denkmal, in dem eine Vergangenheit, sei es Ereignis oder Person, Mythos oder Geschichte, vergegenwärtigt (Hermann 1875, Leipziger Völkerschlacht 1913), in dem eine Gegenwart verewigt (Reichsgründung: Niederwald 1883, Bismarck seit etwa. 1895), in dem eine Idee sichtbar gemacht wird (Walhalla oder die in Deutschland nicht gebauten Freiheitsdenkmäler), sich selbst repräsentiert findet, wieweit ihr im Bekenntnis zu dem Dargestellten ihre Identität mit sich selbst anschaulich werden kann und wieweit darum dem Denkmal eine integrierende Funktion zukommt. Das Nationaldenkmal ist ein Versuch, der nationalen Identität in einem anschaulichen, bleibenden Symbol gewiss zu werden; das ist die Idee des Nationaldenkmals, die den Zeitgenossen des 19. Jh.s vorschwebte und die in allem unterschiedlichen Begriffsgebrauch noch gegenwärtig ist, sie muss die Grundlage jeder Untersuchung sein. Nun stellt aber die nationale Identität in Suchen und Finden, in Verlust, Bedrohung und Vergewisserung ein ständiges Problem dar; darum ist das Nationaldenkmal, zumal in Deutschland, eher Idee, Versuch, Anspruch und Problem als anerkannte Wirklichkeit, und die Geschichte des Nationaldenkmals muss darum zugleich Geschichte seiner Problematik sein, wenn sie für die Geschichte des Nationalbewusstseins aufschlussreich sein will. Auch darum muss der Begriff des Nationaldenkmals weit gefasst werden, muss das nationale, das politische und das politisierte Denkmal berücksichtigt, müssen auch die nicht realisierten Entwürfe in die Betrachtung mit einbezogen werden. Dafür spricht schließlich ein methodischer Gesichtspunkt: nur wenn das Material, das der Untersuchung zugrunde gelegt wird, einigermaßen breit gestreut ist, ist es repräsentativ, nur dann lässt sich über die individuelle Beliebigkeit des einzelnen Denkmals, des einzelnen nationale Denkwürdigkeit beanspruchenden Symbols hinauskommen, lässt sich die Funktion eines Denkmals und einer Denkmalsidee für das Nationalbewusstsein erkennen.

Ich gehe im folgenden nicht chronologisch vor, sondern versuche, Typen, Idealtypen des Nationaldenkmals herauszuarbeiten; und zwar orientiert sich diese Typologie daran, welche Nation es denn ist, die im Denkmal gemeint ist, daran, welches Moment sie eigentlich konstituiert. Gegen die Zuordnung eines bestimmten Denkmals zu einem Typus und gegen die Konstruktion eines solchen Typus überhaupt lassen sich im einzelnen gewiss manche Einwände erheben; trotzdem scheint mir das Arbeiten mit solchen Typen in unserem Falle aufschlussreich, weil es nicht in erster Linie um die Erkenntnis der Entwicklung, sondern zunächst um die Erkenntnis der unterschiedlichen und gegensätzlichen Gestalten des deutschen Nationalbewusstseins, um seine «Struktur» geht.

II.

Der erste Typus, den wir zu behandeln haben, ist das Denkmal der durch den Bezug zum Monarchen konstituierten und geeinten Nation, das nationalmonarchische oder national-dynastische Denkmal. Die Nation, die in solchem Denkmal repräsentiert wird, ist selbstverständlich die Staatsnation, d.h. bis 1871 die partikularstaatliche Nation.

In der Renaissance und im Barock ist der Typus des Fürsten- und Ruhmesdenkmals ausgebildet worden. Ein solches Denkmal repräsentiert zunächst nichts als sich selbst, den Ruhm und die Macht des Dargestellten, dessen Andenken es verewigen soll; zwischen dessen Sein als individueller Person und seinem Sein als Fürst kann nicht unterschieden werden. Im späten 18. Jh. dann setzt im Zuge der Aufklärung ein Vorgang ein, den man als «Moralisierung» und «Patriotisierung» der Denkmalsidee charakterisieren kann[4]; das Denkmal soll ein Verdienst ehren, und es soll zur bürgerlichen Tugend erziehen, insbesondere soll es den Patriotismus wecken und bestärken. Ein Denkmal ist «Belohnung für Verdienste, deren Andenken durch dasselbe auf die Nachwelt gebracht wird und die Gemüther zu gleicher Erlangung der Unsterblichkeit anfeuert»[5]. Von den öffentlichen Denkmälern der Griechen heißt es: «Welche starken und dauernden Eindrücke zu edlen Erinnerungen und Nacheiferungen mussten sie nicht einprägen. Es konnte nicht fehlen, der Bürger musste da für das Vaterland und für die Tugend empfinden lernen ...»[6] Im Zuge dieser Tendenz wird einmal der Kreis derer, die eines Denkmals würdig sind, ja es beanspruchen können, weit über den Kreis der Fürsten und Feldherren ausgedehnt. Zum andern wird der Fürst nicht mehr als Fürst, sondern aufgrund seiner

Verdienste als Individuum geehrt. Und mit dem Vordringen des Geniekults wird es die «Größe» des Individuums, die man verherrlicht. Damit tritt die merkwürdige Paradoxie ein, dass das Denkmal für das verdienstvolle große Individuum zugleich zu einem Symbol der in seinem Genius sich offenbarenden überindividuellen Kräfte wird und dass schließlich das Denkmal des Fürsten auch zu einem Denkmal des in ihm repräsentierten überindividuellen Zusammenhanges, zu einem Denkmal des Staates, des Vaterlandes, der Nation werden kann.

In diese Entwicklung gehören die seit 1786 diskutierten Pläne, ein Denkmal für Friedrich den Großen zu errichten, und in dieser Diskussion ist zuerst die Idee eines – partikularstaatlichen – Nationaldenkmals entstanden. Nach Friedrichs Tod hat die Akademie der Wissenschaften zunächst als allein würdige Ehrung ein neu entdecktes Sternbild nach dem König «Friedrichs Ehre» genannt, ihn, den Heros, so zu den Sternen erhoben, ihm ein Sternendenkmal gesetzt. Gleichzeitig entstanden aber auch reale Denkmalspläne, 1791 und 1797 wurden auf Befehl Friedrich Wilhelms II. Konkurrenzen für ein Friedrichs-Denkmal ausgeschrieben; von 1786 bis nach 1800 beschäftigte diese Angelegenheit die Künstler und das preußische, zumal das Berliner Publikum.

Aus der Vielzahl der Entwürfe und der umfangreichen publizistischen Diskussion hebe ich nur die Momente heraus, die über das Fürstendenkmal oder das Denkmal des großen Genius hinaus zum Nationaldenkmal führen[7]. Zunächst stellte sich die Frage nach einer «nationalen» Funktion des Denkmals in dem sogenannten «Kostümstreit». Es war nicht mehr selbstverständlich, sondern eine Frage geworden, in welchem «Kostüm» Friedrich darzustellen sei, ein Vorgang, auf dessen außerordentliche kunst- und geistesgeschichtliche Bedeutung ich hier nur gerade hinweisen kann. Die Alternative war, ob das antike oder das zeitgenössische Kostüm angemessen sei, und darüber wurde mit zunächst allein ästhetischen Argumenten gestritten. Immerhin, ein Vertreter der «Realisten», der Geheime Finanzrat Vogel, gab schon eine ideologisch-politische, ja nationale Begründung mit einem fast revolutionären Unterton: Friedrich habe im Gegensatz zu den Römern, die ein Volk von Herren und Sklaven gewesen seien, Völker und Könige gelehrt, «dass die Könige um des Volkes willen da seien»[8], und damit rechtfertigt er das nicht-antike, eben das zeitgenössische Kostüm. Schließlich gab es eine dritte Partei, die Anhänger der seit Klopstock aufgekommenen Hermanns-Mode, die Friedrich in altgermanischem, «teutschem» Kostüm darstellen wollten; eine der Begründungen war, ein solches Kostüm sei passender und «dem Nationalgeist weit schmeichelhafter» als das altrömische[9]; das germanische Kostüm hatte also eine nationale Funktion.

Andere Momente, mit denen eine Reihe von Entwürfen über das herkömmliche Fürstendenkmal in Richtung auf ein Nationaldenkmal hinausgehen, sind die Repräsentation der Nation im Denkmal durch Zeitgenossen, Embleme oder allegorische Figuren und die Inschriften, in denen das Vaterland als Stifter des Denkmals genannt wird[10].

Vor allem aber haben ein gewisser, sonst unbekannter A. F. Krauss und der junge Architekt Friedrich Gilly diese Plane in die Dimension eines Nationaldenkmals erhoben. Krauss veröffentlichte 1796[11] das freilich rein verbale Projekt eines großen Architekturdenkmals für Friedrich, und er nennt es ein «Heiligtum des Vaterlandes», ein «Heiligtum der Nation», das der «Verherrlichung des Vaterlandes» diene. Der Denkmalsbezirk, zu dem man aus der Stadt heraus über eine Denkmalsstraße gelangt, die die neuere Geschichte Preußens versinnbildlicht, ist patriotischer Kultbezirk, in dem das Heer jährlich zu feierlicher Huldigung versammelt wird und die Alten den Jungen von den Taten Friedrichs erzählen. Friedrich steht «mit segnender Gebärde» als der «Genius seiner Völker» – hier noch der charakteristische Plural der Zeit, bevor der Nationalgedanke ganz durchgedrungen war – auf einem «ehernen Altar», einem Bilde des Altars, den «jeder hochdenkende Borusse ... im Herzen ihm weiht und später noch weihen wird».

Wichtiger als diese Fantasie in Worten sind die genialen Projekte Gillys von 1797. Gilly, der Friedrich «mit heiligem Enthusiasmus» verehrte und zugleich tief von der französischen Revolutionsarchitektur, ihren Bauformen wie ihren patriotischen Zielsetzungen beeinflusst war, wollte ein Werk, «das zu einem Nationalheiligtum dienen sollte», ein «Beförderungsmittel großer moralischer und patriotischer Zwecke ... wie es die großen öffentlichen ... Denkmäler der Alten waren». Das Denkmal soll am Rande der Stadt liegen, um die «Sphäre eines solchen Heiligtums» den «profanen und skandalösen Auftritten» der Stadt zu entziehen. Im Mittelpunkt einer weiten Platzanlage ist über einem dunklen Unterbau mit Gruft und Sarkophag des Königs ein großer, hell gehaltener dorischer Tempel vorgesehen, darin die thronende Gestalt des Königs, des «Heros der Menschheit», der doch zugleich «für immer der Schutzgeist seines Volkes» ist, als Herkules oder Jupiter, «entkleidet von allen Zufälligkeiten des Lebens, der Nation und des Zeitalters»[12]. Für Gilly verband sich, wie hier deutlich wird, das Nationale noch voll mit dem Antik-Humanen, das Nationale und das Menschheitlich-Weltbürgerliche lagen noch verschwistert nebeneinander, eine Haltung freilich, die, das zeigt der Kostümstreit, nicht mehr allgemein verbindlich war. Die Formidee des Denkmals entspricht dem revolutionären Klassizismus, dem Ideal der Erhabenheit und Größe, der Neigung zum Monumentalen, ja Ungeheuren und zu den einfachsten und klaren Formen, zu einem männlich heldischen und herben Stil, und in dieser Deutung erscheint die dorische Form als die Friedrichs allein würdige. Aber noch in anderer Beziehung ist der Tempel ein symbolischer Bau, er repräsentiert eine Unendlichkeit des Universums, er will «Empfindungen des Universums» wecken; auf einem seiner Entwürfe bemerkt Gilly: «Ein einziges, der Menschheit ehrenvolles Monument ... Pantheon das Weltall», oder er spricht davon, mit dem hellen Material des Tempels, die «erhabene Wirkung seines Schimmers gegen den Himmel desto auffallender (zu) machen». Auch der Aufbau des Baues von der Totengruft zum Tempel mit der Apotheose des Helden versinnlicht diesen Zug, die begrenzte Form verweist ins Unbegrenzte[13].

Für das Problem des Nationaldenkmals sind an diesen Entwürfen zwei Momente besonders hervorzuheben. Einmal: das nationale Denkmal hat einen sakralen Charakter, es ist Tempel und Heiligtum, herausgehoben aus dem Getriebe der Stadt, der Weg zu dieser Stätte ist als Wallfahrtsweg konzipiert, und kultisch-religiöse Feiern sollen dort begangen werden. Das Denkmal mutet darum dem Besucher eine andächtige, glaubensähnliche Stimmung zu, der Tempel, heißt es bei Gilly, «erfülle mit ehrfurchtsvollem Schauder schon aus der Ferne den sich nahenden Wanderer»[14]. Wir haben hier einen Ansatz zur Erhebung des Profanen ins Sakrale, zur Sakralisierung der Nation, und damit eine korrespondierende Erscheinung zu der Säkularisierung christlicher Gehalte in dem vom Pietismus beeinflussten Patriotismus der Jahrhundertwende[15].

Zum andern: diese Entwürfe zeigen eine ästhetische Struktur, die für das Nationaldenkmal überhaupt konstitutiv wird. Das Denkmal ist mehr als es selbst; was dargestellt wird, steht nicht für sich selbst, sondern vertritt, repräsentiert etwas, und zwar so, dass Repräsentierendes und Repräsentiertes nicht identisch sind. Das Denkmal verweist in seiner begrenzten Gestalt auf ein Unbegrenztes – ja Unendliches, in seiner Sichtbarkeit auf ein Unsichtbares, in seiner Bedingtheit auf ein Unbedingtes, in seiner Individualität auf ein Allgemeines, auf eine Idee, es hat formal eine sich selbst transzendierende Struktur, es hat Verweisungscharakter. Indem es nun eine unendliche Idee repräsentiert, stellt es zugleich einen Geltungsanspruch an den Betrachter: das Denkmal mutet dem Betrachter ein subjektives Empfinden und Erleben an, die Idee des Denkmals vollendet sich erst in der Einstellung des Betrachters. Der Betrachter muss jene Verweisung nach- und mitvollziehen, dazu muss er durch das Kunstwerk «gestimmt» werden[16]. Verweisung und Anspruch also konstituieren wechselseitig das Denkmal, das macht seine Spannung und seine Problematik aus, darin gründet auch die Möglichkeit, dass es sakrale Funktion gewinnen kann. Dieser allgemeinen Struktur des modernen Denkmals entspricht nun im besonderen die Struktur eines Nationaldenkmals. Auch die Nation ist eine Idee, ein Unsichtbares, das im Sichtbaren dargestellt werden soll, auch die Idee der Nation ist etwas über jede reale Gestalt Hinausliegendes, auf das diese Gestalt nur verweisen kann. Auch die Idee der Nation stellt einen Anspruch an den einzelnen, sie fordert subjektive Realisierung, ihre Identität stellt sich erst in einem ständigen dynamischen Prozess der Identifizierung her und dar; es ist für den Nationalismus seit dem 19. Jh. charakteristisch, dass sich die Nationalidee im subjektiven Bewusstsein ständig intensivieren und ihrer selbst vergewissern muss; auch die Idee der Nation also ist durch Verweisung und Anspruch konstituiert. So koinzidieren Strukturmerkmale des Denkmals und der Nationalidee, und von daher bestimmt sich die Struktur des Nationaldenkmals. Schließlich: das Denkmal kann das, worauf es verweist, nicht mehr in einer Welt objektiv geltender und selbstverständlicher Symbole anschaulich machen, daher muss der Künstler einerseits nach Symbolen in der Historie, der Allegorie oder dem Mythos suchen, und über die Aussagekraft eines Symbols kann gestritten werden – wie um das Kostüm Friedrichs –, andererseits muss der Künstler die Symbole der subjektiven Interpretation der unterschiedlich gebildeten Betrachter anheim geben oder allenfalls versuchen, diese subjektive Deutung zu lenken – das aber bleibt immer problematisch. In dieser ästhetischen Problematik gründet die künstlerische Schwierigkeit bei der Gestaltung von Nationaldenkmälern im 19. Jh. überhaupt.

Doch zurück zu den konkreten Sachverhalten. Die Pläne eines Denkmals für Friedrich den Großen sind noch längere Zeit erörtert worden, Friedrich Wilhelm III. hat zunächst diese «Nationalangelegenheit» weitertreiben wollen[17], aber nach dem Tode von Heinitz (1802) schlief die Sache ein. In den 20er Jahren griffen Rauch und Schinkel die Idee erneut auf. 1829 regten – auf Initiative des Freiherrn von Rochow – die kurmärkischen Stände an, das Denkmal durch eine nationale Sammlung in ganz Preußen zustande zu bringen, der König behielt aber nach langen Beratungen, wiederum im dynastischen Sinne, die Angelegenheit «seiner höchsteigenen Fürsorge» vor[18]. Immerhin kam die Sache wieder in Gang, und die nächsten zehn Jahre waren von einer fortlaufenden Diskussion um immer neue Entwürfe von Schinkel und Rauch bestimmt; Rauch spricht, soweit ich sehe, 1830 als erster von dem «Nationaldenkmal»[19], der Großherzog von Mecklenburg 1835 von dem «nationalen Monument, seinem Volke zur Vergegenwärtigung seines großen Daseins vor Augen gestellt»[20]. 1839 endlich erhielt Rauch den Auftrag für das 1851 vollendete Denkmal.

An die Stelle der von Gilly und Schinkel geplanten architektonischen Monumentalisierung, die den Genius in die Unendlichkeit des Kosmos hineinstellt, tritt jetzt die Historisierung der Gestalt. Das Denkmal ist ein Reiterstandbild auf hohem Sockel, an dem in Freiplastik, Relief und Inschriften die Fülle der großen Zeitgenossen Friedrichs vergegenwärtigt wird. Der Held des Denkmals wird in seine Zeit hineingestellt, und in den Gestalten der geschichtlichen Welt kann die Nation sich repräsentiert finden. Im Denkmal wird so der Geist der Geschichte lebendig. An die Stelle des kultisch-sakralen Anspruchs der Nationaltempel tritt der schlichtere und freilich weniger mächtige Anspruch an die historische Bildung. «Die ganze reiche Komposition gleicht einer Aufforderung zum Studium der Geschichte, ist eine sprechende Gedenkschrift der Großtaten preußischer Männer, an welcher man nicht gedanken- und teilnahmslos vorübergehen kann», schreibt ein Zeitgenosse[21]. Eine Schmalseite, mit 20 von 105 Personen, immerhin ist den Zivilisten eingeräumt, und sogar ein Gegner Friedrichs wie Winckelmann erscheint jetzt, wenn auch nur in einer Inschrift, am Denkmal.

Aber 1851 war das Denkmal nicht mehr ein wirkliches Nationaldenkmal, in dem sich König und Volk in der Einheit der preußischen Nation hätten finden können. Die Grundsteinlegung, am 1. Juni 1840, war noch ein «Nationalfest» gewesen, das erste der monarchisch geprägten Denkmalsfeste des Vormärz, die eine Integration von Volk und Monarchen demonstrativ darstellen wollten; in den bürgerlichen Reden wurde der Geist des friderizianischen Preußens als der Geist der preußischen Reform und der friedlichen Entwicklung unter Friedrich Wilhelm III. angerufen[22]. Aber die Einweihung des «nationalen Ehrendenkmals» von 1851 fand ein «verstimmtes Geschlecht»[23]. Friedrich Wilhelm sprach zwar davon, das Denkmal solle «für alle ein Zeichen der Versöhnung» sein, aber er fuhr fort, «und für viele ein Zeichen der Umkehr»; die Versöhnung war nur durch Umkehr der Abgefallenen möglich. Das Fest wurde zu einem Siegesfest der konservativen Nation; Friedrich Wilhelm begann mit einer Rede an die Armee, in der ebenso wie in der Rede des Ministerpräsidenten von Manteuffel die gegenrevolutionären Töne ganz offenkundig dominierten. Soweit das Denkmalsfest noch Volksfest war, war es kein politisches Fest mehr, sondern ein Fest des Alten Fritz und seines neuen Denkmals[24]. In der nachrevolutionären Situation, in der die bürgerliche Gesellschaft zu der gegenwärtigen preußischen Monarchie in einem fundamentalen Gegensatz stand, konnte dies monarchisch gestiftete und stark militärisch geprägte Königsdenkmal nicht mehr zum Symbol der national-preußischen Integration werden. Fest und Denkmal wurden eine konservative Sache, aber auch die Konservativen konnten sich bei ihrem prekären Verhältnis zu Friedrich auf die Dauer nicht in seinem Denkmal repräsentiert finden.

Zwischen 1815 und 1870 gibt es in Preußen noch zwei, nun freilich ganz andersartige Versuche zu einem monarchischen Nationaldenkmal; zunächst 1821 das Denkmal auf dem Tempelhofer Berg in Berlin, dem späteren Kreuzberg. Die Idee eines Denkmals für die Gefallenen des vergangenen Krieges ging von Rauch und der Berliner Bürgerschaft aus, 1817 hat sie der König aufgenommen, das Denkmal wurde jetzt zu einem, wie es amtlich hieß, «Volksdenkmal», einem «Denkmal für Preußen», «der Nation als Anerkenntnis ihrer Aufopferung und Anstrengungen bestimmt», mit der von Boeckh entworfenen Inschrift «Der König dem Volke, das auf seinen Ruf hochherzig Gut und Blut dem Vaterland darbrachte, den Gefallenen zum Gedächtnis, den Lebenden zur Anerkennung, den künftigen Geschlechtern zur Nacheiferung»[25]. Mit dieser Widmung bleibt das Denkmal trotz und gerade in der Wendung an das Volk ganz im Zeichen des monarchischen Prinzips, es ist die Aufnahme und Umwandlung der nationaldemokratischen Idee des Befreiungs- und Volksdenkmals[26] durch die partikularstaatliche Monarchie – und die Feiern der Grundsteinlegung und Einweihung entsprechen dieser Intention. Auch das Bildprogramm, Allegorien der Hauptschlachten und das Eiserne Kreuz als Bekrönung, fügt sich in diese Idee ein, zwar fehlt die Gestalt des Monarchen, aber auch die Nation selbst wird nicht symbolisch dargestellt. Nur durch die Form, eine gotische Spitzsäule, wollte Schinkel, der damals mit seiner Generation die Gotik für den spezifisch deutschen Baustil hielt[27], auf das Nationale Bezug nehmen. Aber der Versuch, mit diesem Denkmal die Verbundenheit von König und Volk zu dokumentieren und es zum Range eines Nationaldenkmals zu erheben, musste in der Zeit der Restauration scheitern. Die preußische Nation konnte in dem Denkmal, dem steinernen Dank des Königs an das Volk, nur einen mehr als dürftigen Ersatz für die ausgebliebene Verfassung sehen und sich damit nicht begnügen.

Noch weniger wurde das preußische Denkmal, das zuerst offiziell «Nationaldenkmal» hieß, als Nationaldenkmal anerkannt, das war die 1854 aus offiziös gesammelten Beiträgen im ganzen Lande errichtete später sogenannte Invalidensäule, dem, so die Aufschrift, «Nationalkriegerdenkmal zum Gedächtnis der in den Jahren 1848/49 treu ihrer Pflicht für König und Volk, Gesetz und Ordnung gefallenen Brüder und Waffengenossen», dem konservativen Versuch, den Begriff der Nation zu übernehmen, dem, so könnte man sagen, Nationaldenkmal der Reaktion[28].

Von anderen monarchisch partikularstaatlichen Nationaldenkmälern sei hier nur das 1834 an der Stelle der Burg Wittelsbach errichtete Denkmal mit der Inschrift «Dem tausendjährigen Regentenstamm das treue Bayern» erwähnt[29].

Die große Zeit des nationalmonarchischen Denkmals ist die Zeit nach 1870, die Zeit einer wahren Inflation von patriotischen Denkmälern. Das partikularstaatliche Nationalgefühl war doch zumal beim denkmalbauenden Bürgertum immer mehr hinter dem deutschen Nationalgefühl zurückgetreten. Erst mit der Gründung des Reiches war eine Harmonie von monarchischem und deutschem Nationalgefühl wieder bruchlos möglich geworden, erst mit dem Verfassungskompromiss schien der Bruch zwischen Gesellschaft und Staat geheilt, erst jetzt konnte das monarchische Denkmal wirkliches Nationaldenkmal sein.

In gewisser Weise ist schon die zunächst für 1864 geplante, dann durch die Entwicklung zweimal überholte, 1873 vollendete Siegessäule ein Nationaldenkmal. Im Innern ist im Mosaik die Entstehung des Reiches dargestellt: das Zusammenstehen der Fürsten gegen die äußere Bedrohung und eine Borussia, die aus den Händen eines bayerischen Herolds die Kaiserkrone empfängt, hier auch schon das Motiv des vom Schlaf erwachenden Barbarossa. Aber die Aufschrift lautet «das dankbare Vaterland dem siegreichen Heer», und die krönende Hauptfigur, die Viktoria, bleibt die Borussia, das Denkmal bleibt so nicht nur ein wesentlich monarchisch-militärisch geprägtes, sondern auch spezifisch preußisches Denkmal[30]. Auch Wilhelm II. hat dann mit der Berliner Siegesallee, den Standbildern der brandenburgisch-preußischen Fürsten, von den Büsten je zweier Zeitgenossen flankiert, dieser Transposition einer fürstlichen Ahnengalerie in den «steingewordenen Geschichtsunterricht»[31] nicht ein deutsches, sondern ein borussisches und betont dynastisches Denkmal geschaffen und so die preußische Vergangenheit auch des deutschen Nationalstaates besonders betonen wollen; damit geriet er freilich in Gegensatz schon zu der großen Mehrheit der urteilenden Zeitgenossen[32].

Das eigentlich monarchische Nationaldenkmal ist die Fülle der Denkmäler Wilhelms I.; der mystische Nimbus, mit dem Wilhelm II. die Dynastie zu umgeben suchte, Zeugnis «der Bemühungen einer vom Zweifel an ihrem Gottesgnadentumsanspruch bereits in den Grundfesten unterhöhlten Monarchie»[33], fand in diesem offiziös gelenkten patriotischen Kult für «Wilhelm den Großen» einen beredten Ausdruck. Diese Denkmäler sind immer weniger individuelle Denkmäler des dargestellten Monarchen, sie sind vielmehr Denkmäler des fürstlichen Berufs, Denkmäler der Monarchie als Regierungsform, und dann auch Denkmäler der Nation. Sie reichen vom «Nationaldenkmal» in Berlin über die Denkmäler der elf preußischen Provinzen, am Deutschen Eck oder an der Porta Westfalica etwa, bis zu den landschaftlichen (Hohensyburg) und städtischen Denkmälern. 300 bis 400 solcher Denkmäler sind gebaut worden; innerhalb Preußens ist ihre Zahl in den katholischen Gebieten der Westprovinzen geringer als anderswo und in den 1866 erworbenen Gebieten, vor allem in Hannover, am geringsten; die Denkmäler reichen aber auch über Preußen hinaus, kaum nach Bayern, wohl aber in größere Städte Mittel- und Südwestdeutschlands[34].

Zwei dieser Denkmäler sind besonders zu erwähnen: zunächst das offizielle «Nationaldenkmal» für Kaiser Wilhelm I. in Berlin (1897) von R. Begas, das auf einen Beschluss des Reichstags zurückging und vom Reich mit 4 Millionen Mark finanziert wurde; die Inschrift nennt darum «das deutsche Volk» als Stifter. Praktisch hat Wilhelm II. dem Reichstag die Planung aus der Hand genommen und sie ganz als seine eigene Angelegenheit betrieben. Das Denkmal hat die Form eines Reiterstandbildes mit einer triumphalen Festplatzarchitektur im Hintergrund, alle bisherigen Denkmäler «in Maßen und Massen gigantisch» überbietend[35]. Es versucht im unendlichen Detail des Sockels und der Säulenhalle nicht mehr historisch wie das Friedrich-Denkmal ein Bild der Zeit zu geben, sondern mit Allegorien die deutschen Staaten und Stämme, die bürgerlichen Tätigkeiten, Krieg und Frieden darzustellen, ja eine Geschichte der Embleme vom Turnierhelm bis zur Kaiserkrone und zur Reichsverfassung zu geben und darin die Nation und eben die bürgerliche Nation zu repräsentieren. Aber das allegorische Detail tritt ganz zurück hinter der Reiterfigur. Das Denkmal ist auf die Apotheose des von einem Genius geführten Monarchen orientiert; wohin er geführt wird, in welche Unsterblichkeit er reitet, bleibt in einer Zeit, in der es eine gemeinsame religiös-symbolische Vorstellungswelt nicht mehr gibt, ganz unklar; die Transzendenz ist eine ästhetisch-theatralische Quasi-Transzendenz. Auch sie steigert noch die Gestalt des Monarchen, und der repräsentiert eigentlich wiederum nur die Monarchie. Letzten Endes dient alles der Darstellung der Macht der Monarchie, auch der architektonische «Machtraum»[36] im Hintergrund und die am Sockel diagonal hervorspringenden mächtigen Löwen haben diese Funktion. Und wenn in diesem Denkmal etwas die Nation integrieren konnte, so war es weniger die Darstellung des Monarchen, als das Gefühl einer durch es vermittelten Teilhabe an der Macht. Das Denkmal entspreche, bemerkt ein zeitgenössischer Beurteiler, nicht eigentlich der Person des Kaisers, aber es sei ein Nationaldenkmal «des neuen deutschen Kaisertums und seiner Weltstellung», es gleiche «einem nationalen Hymnus» in «eine[r] volle[n] Instrumentierung mit Orgelklang und Posaunenschall»[37]; es ist das Nationaldenkmal des monarchischen Nationalstaates, der ein Machtstaat geworden ist. Es ist freilich darauf hinzuweisen, dass das ursprüngliche Programm und eine Reihe von Entwürfen eine andere Idee zu realisieren suchten: das Kaiserdenkmal sollte das Reich «als Triumph einer langen Kulturarbeit» darstellen, und neben dem Kaiser sollten die großen Männer der Reichsgründung stehen, sie sollten mit den Tätern und Denkern des «immerwährenden Einheitsstrebens»[38] die Nation repräsentieren. Von dieser Idee her ist dann das Denkmal von Begas schon bald zum Gegenstand heftiger Kritik geworden[39]; ein architektonisches Denkmal, so meinte man, würde dem Gedanken der Nation besser entsprechen; darin kündigte sich die Abkehr von der dynastisch-monarchischen Idee der Nation und vom theatralischen Machtstil des Wilhelminismus an.

Solchen Ideen entspricht eher das Kyffhäuser-Denkmal, das Kaiserdenkmal der deutschen Kriegervereine, 1892–97 von Bruno Schmitz, dem Architekten der Kaiserdenkmäler an der Porta Westfalica und am Deutschen Eck, gebaut. Charakteristisch ist hier zunächst die Wahl des Ortes auf einem stadtfernen Berg, an einer durch Sage und Geschichte geheiligten Stätte mit einer staufischen Burg im Hintergrund. In der Grundsteinurkunde heißt es: «Auf dem Kyffhäuser, in welchem nach der Sage Kaiser Friedrich der Rotbart der Erneuerung des Reiches harrte, soll Kaiser Wilhelm der Weißbart erstehen, der die Sage erfüllt hat.»[40] Die Anknüpfung an Geschichte und Mythos wird in Inhalt und Form des Denkmals aufgenommen. Im Untergeschoss der riesigen Architektur, im Berg und in ihn hineingebunden sitzt Barbarossa im Augenblick des Erwachens, und oben in der freien Höhe reitet Wilhelm, der Erfüller, gleichsam aus dem Berg heraus, vor einer «trotzigen»[41] Turmarchitektur, mit Adler und Krone an der Spitze. Das Einzelereignis und die Einzelperson treten hinter historisch-mythischen Vorstellungen von alter deutscher Kaiserherrlichkeit zurück, das Reich wird in die Tiefe der Zeit hineingestellt und zugleich als Erfüllung der nationalen Geschichte gefeiert. Der aus dem Berg und der riesigen Turmanlage heraustretende Kaiser nun reitet, ganz anders als bei einem bloß plastischen Denkmal auf städtischem Platz, in den freien Raum hinein und damit gegen eine Unendlichkeit an, gegen ein Ungreifbares, Absolutes oder Transzendentes. Darin wird m. E. sichtbar, wie wenig das Nationalbewusstsein in sich ruht, wie stark es auf ein unbestimmtes Gegenüber und wie stark es auf ein Absolutes bezogen ist und wie es selbst Absolutheit beansprucht; wir werden auf dieses Problem noch an anderen Beispielen eingehen müssen. Die Form ist romanisch stilisiert, das sollte, nachdem die Wissenschaft die Identifizierung von Gotik und Deutschtum unmöglich gemacht hatte, ein Ausdruck des typisch Deutschen sein. Und die Form ist monumental, wenn sie auch ins mystisch Dumpfe und massig Auftrumpfende gerät. Monumentalität und Massenentfaltung sind gewollt. Sie sollen die Unbezwinglichkeit des Kaiserreiches, die Macht und Größe der in Urzeiten gegründeten Nation ausdrücken, und sie sollen die sich hier zu patriotischen Festen sammelnden Massen in eine geschlossene Gemeinschaft einbeziehen und verwandeln[42].

Das Denkmal ist noch ein durchaus monarchisches Denkmal, in allen Äußerungen der Denkmalsfeste ist der monarchische Ton – «treu zu Kaiser und Reich, Fürst und Vaterland», zu den «Einrichtungen des monarchischen Staates, dessen Segnungen die neue Größe des Reiches zu verdanken ist», «gegen jeden uns im Innern drohenden Sturm» (!) – durchaus dominierend[43]. Aber es ist nicht nur monarchisches Denkmal, es ist zugleich eine Stätte «deutschnationaler Erinnerung und Erhebung»[44], ein «Wahrzeichen der unerschütterlich festen Grundlage des in Sturm und Kampf geeinten Vaterlandes»[45]; und zumal die architektonische Form, ihr überdimensionaler Geltungsanspruch und ihr Sich-ins-Unbegrenzte-Hineinstellen, geht über das monarchisch-dynastische Symbol hinaus. Es ist die Nation selbst, die monarchisch verfasste, aber vor allem die mächtige und geschlossene Nation, die sich hier in Erfüllung einer mythischen Geschichte selbst feiert. Die Zeitgenossen[46] sahen in jenem Denkmal nicht die wilhelminische Attitüde, die gewollte Mythisierung, das Pochen auf die Macht, sondern sie sahen in der monumentalen einheitlichen Architektur einen künstlerischen Fortschritt, eine Überwindung der epigonalen Plastik und des barock dekorativen Pathos von Begas, und einen politischen Fortschritt, denn hier schien jenseits der dynastischen Loyalität ein zeitgemäßer Ausdruck der überindividuellen nationalen Solidarität und Größe gefunden zu sein. Das Kyffhäuser-Denkmal steht darum am Übergang vom Typus des monarchischen Denkmals zu dem Typus, den ich das Denkmal der nationalen Sammlung nenne.

III.

Der zweite Typus des Nationaldenkmals ist die Denkmalskirche. Dieser Typus ist zwar niemals gebaut worden, aber fast das ganze 19. Jh. hindurch hat es entsprechende Entwürfe gegeben, und sie sind für die Struktur des deutschen Nationalbewusstseins, das Verhältnis von Christentum und Nationalismus und das Problem der Sakralisierung der Nation von großer Bedeutung. Die Idee dieses Typus entsteht im Zusammenhang mit den Denkmalsplänen nach den Freiheitskriegen. K. Sieveking, der spätere Hamburger Senator und Begründer des Rauhen Hauses, meint in einer Schrift «Der deutsche Dom auf dem Schlachtfeld zu Leipzig», 1814, ein «vaterländisches Heiligtum» sei nur «aus dem Zwecke christlicher Gottesverehrung möglich», er projektiert einen «Dom aller Deutschen», für beide Konfessionen also, im gotischen Stil, an dem außen die Geschehnisse des Befreiungskrieges und die beteiligten Fürsten und Feldherren, in einer Vorhalle Ereignisse der Sage und Geschichte, und die «großen Verstorbenen unseres Vaterlandes» dargestellt werden sollen[47]. W. M. L. de Wette schlug vor («Die neue Kirche oder Verstand und Glaube im Bunde», 1815), in jeder Stadt eine Kirche für alle Konfessionen im gotischen Stil zu errichten, «zum Denkmal der wieder auferstandenen Religion und des geretteten Vaterlandes».

Vor allem hat Schinkel im Auftrag Friedrich Wilhelms III. 1814/15 Pläne für einen Dom als Denkmal für die Freiheitskriege, als «Dankdenkmal für Preußen» (Rauch), als das «religiöse Monument dieser Zeit» (Schinkel) entworfen[48]. Der Dom liegt außerhalb der Stadt «fern vom alltäglichen Gewühl», der Gang zum Heiligtum soll eine Art von Wallfahrt sein, auf der das Volk zu den hier stattfindenden religiösen Hauptfesten «gestimmt» wird, die «Wirkung des auf diese Weise seltener und in gehöriger Gemütsstimmung gesehenen Gegenstandes (wird dadurch) immer frisch erhalten»[49]. An diesem Dom sollte aber nicht nur die unmittelbare Vergangenheit, die Helden und Toten der vergangenen Kriege, verewigt werden, sondern auch die «ganze frühere vaterländische Geschichte in ihren Hauptzügen» sollte daran «in Kunstwerken und dem Volk anschaulich» leben und der Dom so ein «unmittelbar bildendes und im Volk historischen Sinn begründendes Monument» werden[50]. Außen am Dom sind die Statuen der preußischen Fürsten, der Helden und Staatsmänner angebracht, über dem Eingang «Weihe und Verewigung des Eisernen Kreuzes», im Inneren stehen an den Pfeilern neben den Aposteln «ausgezeichnete Religiose, Gelehrte und Künstler», «was mehr aufs Innere gewirkt», ja es ist davon die Rede, dass auch die Asche der großen Männer der Nation hier beigesetzt werden solle.

An diesem Denkmal sind drei Dinge hervorzuheben. Zunächst: die Nation, die sich im Denkmal finden soll, ist die in der Geschichte gegründete, in den Taten und Werken ihrer großen Männer und in der Verbindung von Geist und Macht wirkliche Nation. Die Bindung an die Geschichte soll das Monument zu einem Monument der preußischen Nation machen. Die traditionelle Einbeziehung der Geschichte in das patriotische Bewusstsein ist hier durch die romantisch beeinflusste Rückbindung der Gegenwart an die Tiefe der geschichtlichen Zeit erweitert und verinnerlicht. Sodann: die nationale Geschichte ist auf eigentümliche Weise mit der Kirche verbunden. Die geschichtliche Welt ist nicht mehr wie im Mittelalter – Schinkel verweist auf das Straßburger Münster, an dem nach Meinung der Zeit Kaiser und Könige des Mittelalters dargestellt waren – in die christliche Heilsordnung einbezogen, sie steht vielmehr autonom neben der kirchlichen Welt und ist selbst unmittelbar zu Gott: sie hat selbst und von sich aus schon einen nicht-profanen, einen sakralen Charakter; auch die Nation hat in dieser Weise Teil an einer religiösen, wenn auch nicht mehr kirchlichen Transzendenz. Das Ergebnis der deutschen Säkularisationsgeschichte, die religiöse Färbung aller Weltbereiche, die Weltfrömmigkeit, kommt hier sinnfällig zum Ausdruck. Endlich: der Dom ist im gotischen Stil entworfen. Die Gotik[51] schien Schinkel in besonderer Weise geeignet, «eine Ahnung des Ewigen» zu erzeugen, auf das «nicht Darstellbare» hinzudeuten, die Bauform hat so eine Verweisungsfunktion in die Transzendenz, in diese Verweisung wird im gotisch stilisierten Nationaldenkmal auch die Nation hineingestellt. Zugleich galt den Zeitgenossen die Gotik als der eigentlich «vaterländische Stil» und schon darum als Ausdrucks»mittel» einer nationalen Idee[52].

Die Idee der Denkmalskirche ist in Berlin wieder aufgetaucht, als Friedrich Wilhelm IV. nach seiner Thronbesteigung den Berliner Dom neu bauen wollte, und zwar als «nationale Hauptkirche», als das «bedeutsamste nationale Denkmal Preußens», und zugleich als Gruftkirche für die Dynastie, eine Idee, die seinen hochkirchlichen Bestrebungen ebenso wie seinen Vorstellungen vom christlichen Staat entsprach[53]. In den 40er Jahren haben deshalb eine Reihe von Architekten im Dom eine Gedächtnishalle der Großen der Nation projektiert. Und A. Hallmann hat diese Idee auch theoretisch neu begründet, vor allem, indem er sie von der Walhalla abzusetzen suchte: Angesichts der großen Toten müsse der Mensch erfüllt werden «von dem durch die Kirche versinnlichten Gedanken an Gott und seine Nähe», nur dann würde nicht nur ein «gebildetes Publikum», sondern «der größte Teil der Menschen» angesprochen, «erwärmt» und gerührt werden. Sein Vorbild war Westminster; und die Sehnsucht nach einem preußischen oder deutschen Westminster, nach der Sicherheit einer solchen religiös-nationalen Tradition, ist ein durch das ganze Jahrhundert gehendes Motiv, von der Idee Theodor v. Schöns, die Marienburg zu einem deutschen Westminster auszubauen[54], an bis zu Hermann Grimms Projekt eines deutschen Olympia[55]. 1872 schlägt A. Teichlin vor, als eigentliches Siegesdenkmal einen «deutschen Dom der Invaliden», eine Kirche – zwischen Invalidenwohnungen, einem Arsenal von Kriegstrophäen und einem Friedhof mit einem Gefallenendenkmal – zu errichten, in der in Zukunft auch die Großen der Nation begraben werden sollten[56]. 1888, nach dem Tode Wilhelms I., tritt der Gedanke ein letztes Mal auf, man erwog, einen «evangelischen deutschen Dom in Berlin als deutsches Nationaldenkmal für Kaiser Wilhelm zu errichten», und zwar wiederum als ein deutsches Westminster, als eine Denkmals- und Festkirche der Nation[57].

An diesen Plänen und ihrem Misslingen ist dreierlei bezeichnend. Einmal: die Verbindung des deutschen Nationalbewusstseins mit einem christlichen Bewusstsein, charakteristisch für den nichtrevolutionären Ursprung dieses Nationalbewusstseins, und die Fortdauer dieser Synthese bis zum Ende des Jahrhunderts. Zum andern: der Wunsch, die zwischen- und innerkonfessionellen Spaltungen der deutschen und preußischen Nation durch einen christlich-nationalen Inhalt zu überbauen, ein Wunsch, der allerdings fast nur von protestantischen Kräften getragen war. Endlich: die Ideologisierung der Idee, die Tatsache, dass man die Schwierigkeit, eine konfessionelle Kirche für eine mehrkonfessionelle Nation als Nationaldenkmal zu bauen, wesentlich ignorierte und dass man nicht zur Kenntnis nahm, dass zu den eigentlichen Triebkräften der nationalen Bewegung nicht mehr ein umschreibbarer und in Anschauung zu erhebender christlicher Glaube gehörte. Im Grunde hat die Kathedrale als Nationaldenkmal nur in dem kurzen Augenblick nach 1815 eine Chance gehabt und einem wirklichen Bewusstsein entsprochen, in den folgenden Jahrzehnten sind die zwischen- und innerkonfessionellen Klüfte viel zu stark aufgebrochen, als dass hier noch ein Integrationssymbol hätte entstehen können. Die Verbindung von Kirche und Nation wurde zur bloßen Sehnsucht, wenn nicht zum obrigkeitlichen Topos, der zwar noch verbreitete Stimmungen ansprach, aber keine bewegende Kraft mehr hatte.

Auch am Schicksal des Kölner Dombaues lässt sich die Sehnsucht nach einer Kirche als – gesamtdeutschem – Nationaldenkmal und das Scheitern dieser Sehnsucht ablesen. Görres[58] hat 1814, als er Arndts Vorschlag eines Denkmals für die Leipziger Schlacht erörterte, auf das unvollendete Vermächtnis der Vergangenheit, den Kölner Dom, verwiesen und den Ausbau dieses nationalen Werkes zum «Dankopfer für die Befreiung von französischer Knechtschaft» propagiert, er hat den unvollendeten Dom zu einem Symbol «von Teutschland in seiner Sprach- und Gedankenverwirrung» und den vollendeten zu einem Symbol «des neuen Reiches, das wir bauen wollen» erhoben. Als seit 1840 die Vollendung des Doms wirklich in Angriff genommen wurde, galten Dom und Dombau als nationale Symbole, der Dom sei «ein deutsches Nationaldenkmal»[59], ein Werk, «das in seinem Grundriss schon den Typus eines deutschen Nationaldenkmals trug»[60], die Vollendung sollte ein «Denkmal deutscher Eintracht», der vollendete Bau ein Denkmal des nationalen Wollens sein[61]. Der alte Görres sprach vom Dom als «Allerdeutschenhaus»[62], und alle diese Stimmen klingen dann im Dombaufest vom 4. September 1842, diesem großen Volks-, Staats- und Kirchenfest, dem Fest auch der Integration von König und Volk, zusammen. Für Friedrich Wilhelm IV. war der Dombau ein Denkmal seiner Nationalidee und seiner Idee eines christlichen Staates, das Werk künde «von einem durch die Einigkeit seiner Fürsten und Völker großen und mächtigen … Deutschland …», so hieß es in seiner Rede[63]. Und diese Haltung dauerte bis 1848 fort, als die sechste Säkularfeier der ersten Grundsteinlegung den Reichsverweser, den Präsidenten der Paulskirche und eine ganze Reihe von Abgeordneten, Friedrich Wilhelm IV. und den Erzbischof Geissel vereinte. Freilich blieb dieser «Dombaupatriotismus»[64] vage und politisch nicht klar artikuliert; während die Monarchen nicht über ein staatenbündisches Konzept der Einheit hinausgingen, suchten die Liberalen ihre eigenen Ziele dem neuen Symbol der nationalen Einheit zu unterlegen; Radikale schließlich ebenso wie Konfessionell-Konservative lehnten Dom und Dombau als Nationaldenkmal, als Integrationssymbol der Nation überhaupt ab. Nach 1850 im Zeichen der Reaktion, der Einigungskriege und des Kulturkampfes haben Dom und Dombau keine wirkliche nationale Funktion mehr gewonnen[65].

IV.

Als weiteren Typus behandele ich das Denkmal der Bildungs- und Kulturnation, man könnte vom historisch kulturellen Nationaldenkmal sprechen. Die Nation soll sich ihres Wesens und ihrer Identität bewusst werden vor den durch Geist oder Tat großen Deutschen. Diese Großen der Nation repräsentieren und symbolisieren die Nation. Die Versammlung dieser Männer ist das wahre, nämlich ideale Denkmal der Nation, in dem sie sich mit ihrer Vergangenheit und ihrer Dauer identifiziert.

Wirklich geworden ist diese Idee zunächst in der Walhalla, dem einzigen tatsächlich gebauten gesamtdeutschen Nationaldenkmal der ersten Jahrhunderthälfte[66]. Die Idee ist, wie die Idee des Kreuzbergdenkmals und des Schinkelschen Doms, des Völkerschlachtdenkmals und des Hermanns-Denkmals, eine Antwort auf die Herausforderung des Nationalbewusstseins durch die Ereignisse der napoleonischen Zeit. Unter dem Eindruck des «fremden Siegesgepränges» und der «Beschimpfungen … des gemeinsamen Vaterlandes»[67] hat der bayerische Kronprinz Ludwig 1807 die Idee gefasst, einen «Ehrentempel für die großen Männer der Nation»[68], eine «Ruhmeshalle für deutsche Geisteshelden», einen «Ehrentempel des Vaterlandes für die rühmlich ausgezeichneten Teutschen» zu errichten[69]. Nach langen Beratungen und Auseinandersetzungen ist 1821 die endgültige Entscheidung für ein Projekt Leo von Klenzes gefallen, am 18. 10. 1830 wurde der Grundstein gelegt, am 18. 10. 1842 der Bau eingeweiht, beide Male große Feste mit zahlreicher Beteiligung der offiziösen Gesellschaft wie des umwohnenden Volkes.

Das Denkmal ist eine Idee und eine Stiftung des Königs, er hat den Bau aus seinem Privatvermögen finanziert; der König also ist es, der die großen Deutschen im Denkmal ehrt. Das Denkmal liegt fern der Stadt auf einem Berg, für die Wahl des Ortes waren nicht historische Gründe, etwa die Nähe Regensburgs als Sitz des Reichstags, ausschlaggebend, sondern allein die schöne Lage auf dem Berge, «von Eichen umkränzt, dem Sinnbild deutschen Sinnes»[70]. Hier kommt der romantische Antiurbanismus zum Ausdruck, der für die Geschichte des Nationaldenkmals im mittelpunktlosen Deutschland so außerordentlich charakteristisch ist: das eigentliche Heiligtum der Nation liegt fern von allem «Getriebe» in der Natur, liegt auf dem Berg. Auf die nationale Funktion des Denkmals weist zunächst der germanische Name hin, der auf Johannes von Müller, auf die Jahre 1807–1809, zurückgeht. Aber das Denkmal hat die Form eines antiken Tempels, diese Idee hatte sich gegenüber anderen Projekten zuletzt durchgesetzt. Dieser Bau steht fremd und befremdend in seiner Landschaft und in seiner Zeit, er hat nichts Selbstverständliches, ordnet sich nicht in den Horizont des Vertrauten ein. Das ist Ausdruck zunächst der klassizistischen Baugesinnung Klenzes und auch Ludwigs, aber diese Baugesinnung hat eine sehr viel allgemeinere Bedeutung. Mit der griechischen Form wird an die ideale Ausprägung der Humanität erinnert: die Nation steht in einer unlösbaren Beziehung zum klassischen Ideal des Griechentums, die Synthese von Nationalität und universaler Humanität, für die die Griechen stehen, ist hier noch ungebrochen wirklich. Freilich haben gerade daran viele Kritiker schon Anstoß genommen, die für ein deutsches Nationaldenkmal auch einen spezifisch deutschen Stil forderten, ja im griechischen Stil dieses Denkmals geradezu eine Herausforderung des eigenen Nationalismus oder eine Minderbewertung der eigenen Nation sahen[71].

Der Bau ist ein Tempel. Und mag er auch seine ursprüngliche Funktion verloren haben, so verweist er doch auf sie: er hat noch immer einen quasi-kultischen, einen quasi-sakralen Charakter. Freilich, die von Klenze in Aussicht genommenen gemeinschaftlichen Feste, die säkularisierten Reste eines Kultus, sind nie zustande gekommen. Wenn von Kult gesprochen werden kann, so ist es der Kult der nationalen Heroen, der nationalen Größe. Faktisch jedoch wird der Tempel als Erinnerungsstätte der großen Deutschen in seinem Inneren zum Museum. Zwischen den sechs Viktorien von Rauch stehen in etwas verwirrender Gruppierung die einförmig stilisierten Büsten der großen Deutschen, 95 zunächst, darüber die Inschriftentafeln der Großen, deren Bildnisse nicht bekannt sind, dazwischen die karyatidenartigen Walküren von Schwanthaler. Auf dem großen umlaufenden Fries unter der Decke ist die Urgeschichte, das Leben der Germanen bis zur Christianisierung dargestellt, in den Senkgiebeln die germanische Mythologie, und außen wird dieses Thema in dem einen der Giebelfelder aufgenommen, in dem die Hermanns-Schlacht dargestellt ist: hier wird die in Personen greifbare Geschichte ins Germanisch-Archaische erweitert. Die im Tempel versammelten Großen nun sind nicht zu einer Einheit zusammengeschlossen, sie sind Individualitäten, und sie sind adressiert an den Einzelnen, mit der Anmutung, sich historisch-politisch zu bilden. Der Besucher gerät in die Rolle des reflektierenden Besuchers eines historischen Museums[72]. Der Bau ist so nicht nur in seiner äußeren Gestalt als Tempel, sondern auch in seinem inneren Aufbau als Museum an die Bildungsschicht der Nation, nicht eigentlich an das Volk adressiert. Die Identität der Nation ist in der musealen Summierung ihrer Großen, in der Beziehung auf ihre Geschichte und ihren Mythos, und in der Beziehung auf die antike Humanität präsent: sie ist eben damit vornehmlich der Bildung zugänglich, auch von daher ist das Denkmal Denkmal der Kulturnation.

In der Auswahl der Großen, die Ludwig unter dem Einfluss Johannes von Müllers vorgenommen und in einer eigenen Schrift kommentiert hat, ist kaum ein durchgehendes Prinzip zu entdecken: es waltet hier ein eigentümlicher Historismus, der nicht an lebendige Traditionen anknüpft, sondern auf eine Sammlung gleichsam objektiver Größe überhaupt aus ist. Der Begriff des Deutschen ist weit gefasst, deutsche Geburt oder Tätigkeit im deutschen Sprachraum ist ausschlaggebend, die Schweiz, die Niederlande und das Baltikum gehören auch über das 16. Jh. hinaus zu diesem Sprachraum, so kommen Wilhelm von Oranien und Katharina II. von Russland, der russische Feldmarschall Barclay de Tolly, ein Balte schottischer Abkunft, und Moritz von Sachsen, «im Handeln und Denken» «ein Franzos», in die Walhalla, auch die Helden der germanischen Frühzeit gelten als Deutsche. Der einzige politisch gravierende Verstoß gegen die angestrebte Objektivität ist der Ausschluss der Reformatoren, insbesondere der Ausschluss Luthers, dessen Büste schon 1831 angefertigt worden war, – eine monarchische Subjektivität zur Zeit des Kniebeugungsstreites, die damals viel kritisiert worden ist und die Ludwig später revidiert hat. Hier waren Spannungen in der Nation auch durch museale Summierung der Großen noch nicht ausgeglichen.

Der Sinn des Denkmals war Erbauung des Besuchers. Ruhm und Ehre der Gesamtnation sind in ihren Großen präsent, und ihre Vergegenwärtigung soll den Betrachter mit Stolz auf die Herrlichkeit und Größe seiner Nation erfüllen, soll ihm die Einheit und Solidarität der Nation darstellen und das Gefühl der Identität mit seiner Nation tiefer bewusst machen. Ludwig formuliert diese Intention so: «Rühmlich ausgezeichneten Teutschen steht als [!] Denkmal und darum Walhalla, auf dass teutscher der Teutsche aus ihr trete, besser als er gekommen», und bei der Einweihung: «Möchte Walhalla förderlich sein der Erstarkung und Vermehrung deutschen Sinns. Möchten alle Deutschen, welchen Stammes sie auch seien, immer fühlen, wie sehr sie ein gemeinsames Vaterland haben ... auf das sie stolz sein können, und jeder trage bei, soviel er vermag, zu dessen Verherrlichung.»[73] Bei den Denkmalsfesten wird auf die Walhalla als ein Erinnerungs- und Mahnzeichen zu deutscher Eintracht und Einheit abgestellt. Aber diese Einheit ist über den Bereich der Kultur hinaus nichts anderes als die staatenbündische Einheit des Deutschen Bundes. Die einzig politische Darstellung am Tempel, der zweite Giebelfries, zeigt eben auf ausdrücklichen Wunsch des Königs die Begründung des Deutschen Bundes 1815. Auch die vorgesehenen Neuaufnahmen sollten eine Angelegenheit des Deutschen Bundes sein[74]. Die Nation, die in diesem Denkmal repräsentiert war, sollte also auf Kultur und Gesinnung beschränkt bleiben, politisch erfüllte und erschöpfte sie sich in der Eintracht und Harmonie der Fürsten und Stämme. Das «Teutscherwerden» der «Teutschen» blieb politisch am Status quo orientiert. Das Nationaldenkmal der Kulturnation ist eben auch das Denkmal eines mittelstaatlichen Monarchen.

Die Idee eines nationalkulturellen Denkmals nach Art der Walhalla aber blieb auch abgesehen von diesem Bau lebendig. Ludwig hat unmittelbar nach der Vollendung der Walhalla mit dem Bau einer «bayerischen Walhalla» begonnen, der «Ruhmeshalle» auf der Sendlinger Höhe, «ein für Bayern merkwürdiger Boden, der mit dem treuen Blut der Landleute getränkt ist, die sich für ihre Fürsten totschlagen ließen»[75]. Politisch enthält das Denkmal freilich eine viel konkretere Aussage als die Walhalla: es ist betont monarchisches Denkmal, «Errichtet von Ludwig I. von Bayern als Anerkennung bayerischen Verdienstes und Ruhmes», und es ist im Sinne der bayerisch-zentralistischen Nationalidee des 19. Jh.s eine gesamtbayerische Aneignung der regional fränkischen, schwäbischen und reichsstädtischen Vergangenheit der neubayerischen Gebiete, der Versuch einer partikularstaatlichen Integration im Denkmal; und auch die Bavaria, vor der Ruhmeshalle und ihr zugehörig, muss in diesem Sinne verstanden werden.

A. Hallmann hat[76] 1842 in eigenartiger Abwandlung der Walhalla-Idee eine «National-Geschichtshalle» als Mittelpunkt der Baukomplexe der preußischen Ministerien entworfen, einen «Tempel der Bürokratie», wie er spätere Kritik vorweg ironisierend sagt. – 1871 wird statt der Siegesdenkmäler eine neue Walhalla gefordert[77], gegen die Siegesallee wird eine «Walhalla aller derer, die in der Geschichte und im Herzen des deutschen Volkes leben», von Barbarossa über Hans Sachs und Carl Maria von Weber bis zu Werner Siemens vorgeschlagen[78]. Schließlich hat Hermann Grimm 1896 noch einmal eine ähnliche Idee geäußert[79]. Er wollte den Tempel von Olympia bei Berlin als deutsches Pantheon aufbauen, sein Inneres sollte den Dichtern und Denkern geweiht sein, denn: «In der geistigen Arbeit sind wir uns unserer Zusammengehörigkeit am reinsten bewusst. Wie die Griechen einst.... England hat seine Westminster-Abtei, Frankreich sein Pantheon ...» Aber diese Idee war nur noch ein Nachklang der Bildungsreligion der Klassik und ihrer Synthese von Griechentum und Nation, war ein später Versuch, den Einklang von Geist, Kultur und Nation sinnfällig zu machen. Im Reich von 1871, im realistischen nationalen Machtstaat, hatten solche Vorstellungen keine Aussichten auf Verwirklichung mehr.

Noch eine wichtige andere Ausformung dieses Denkmalstypus ist aber zu berühren: es sind die, vornehmlich von Bürgern errichteten Individualdenkmäler für einzelne große Männer des deutschen Geisteslebens, die mit dem Durchdringen des Persönlichkeitskultes seit den 30er Jahren immer zahlreicher wurden. Wenn solche Denkmäler durch Sammlungen der ganzen Nation zustande kamen, hießen sie auch Nationaldenkmäler[80], vor allem aber haben einige dieser Denkmäler bis in die 50er Jahre hin die Funktion von Nationaldenkmälern beansprucht und gehabt. Der in der Welt des Geistes Große galt als Repräsentant der einheitlichen deutschen und bürgerlichen Nation, die sich in einer Feier ihrer Identität gewiss werden konnte; und wenn sich die Nation dabei auch vornehmlich von der Einheit ihrer Kultur her verstand, so wurden daran doch zugleich politische Hoffnungen und Wünsche geknüpft.

Am Anfang dieser Denkmalsgruppe sind die Pläne vom Beginn des Jahrhunderts zu nennen, ein Luther-Denkmal zu errichten. Hier tritt, soweit ich sehe, zuerst der Begriff des «Nazionaldenkmals» auf[81], hier wird zuerst der Gedanke des öffentlichen Verdienstdenkmals mit dem Nationalgedanken verbunden. Die Befürworter des Denkmals glauben noch an eine nationale Repräsentanz Luthers und an die Funktion eines Luther-Denkmals, «Ausdruck des Gesamtwillens ... der Nation» zu sein, und sie richten ihre Aufforderung, zum Denkmal beizutragen, ausdrücklich an ganz Deutschland und an alle Konfessionen. Nach 1815 ließ die zunehmende Rekonfessionalisierung ein solches Nationaldenkmal nicht mehr zu, das Wittenberger Luther-Denkmal von Schadow 1821 wurde ein protestantisch-preußisches und zudem monarchisch gestiftetes Denkmal.

Schadows Blücher-Denkmal in Rostock (1819) ist das erste öffentliche individuelle Denkmal, das – nicht für einen Monarchen und nicht von einem Monarchen errichtet – zeitweise und mindestens für Nord- und Mitteldeutschland eine wirklich nationale Funktion gehabt hat und von einer allgemeinen Anteilnahme getragen war, Goethe z. B. hat sich intensiv an Überlegungen und Planungen beteiligt; für unsern Zusammenhang ist daran vor allem wichtig, dass auch für diese erste Realisierung des individuellen Standbildes einer nationalen Figur das Erlebnis der Freiheitskriege motivierend und prägend gewesen ist. Seit Ende der 30er Jahre sind dann eine Reihe von Denkmälern nun für große nicht-politische und nicht-militärische Persönlichkeiten errichtet worden, die wirklich nationale Repräsentanz besaßen, so vor allem das Gutenberg-Denkmal in Mainz 1837 und das Schiller-Denkmal in Stuttgart 1839. Beim Gutenberg-Denkmal und dem Fest seiner Einweihung klingen vielfältig verschiedene Motive ineinander: das Denkmal gilt einem Bürger, einem Volksmann, der die geistige Freiheit und die liberale Kultur mitbegründet hat und den man in den Jahren der Zensur besonders gern feiern mochte, gilt einem Mann, der für die Menschheit und die Zivilisation eine entscheidende Leistung vollbracht hat, und darum sind auch alle europäischen Völker in die Denkmalssammlung und das Denkmalsfest einbezogen, und gilt doch einem Deutschen und «dem deutschen Geist», der «diese Kunst ersonnen» hat, wie es in der Inschrift heißt, die nun wiederum lateinisch abgefasst ist. Das Einweihungsfest ist ein großes ständeübergreifendes Volksfest, ein Fest der populären Aufklärung, ein über- und antipartikularistisches Fest der nationalen Einheit mit Delegationen aus zahlreichen deutschen Städten, zumeist natürlich von Druckern und Verlegern, ein Fest «des Bewusstseins, dass wir eine gemeinschaftliche Heimat, eine gemeinschaftliche Sprache, gleiche Gesetze, gleiche Hoffnungen und gleiches Ziel haben»[82], ein Fest der «brüderlichen deutschen Gemeinschaft der Gedanken und Gefühle»[83]. Etwas stärker politisch akzentuiert war das nationale Fest zur Einweihung des Schiller-Denkmals in Stuttgart, auch dies durch Sammlungen in ganz Deutschland zustande gekommen und darum «im wahren Sinne des Wortes» ein «Nationaldenkmal»[84]. Welcker etwa wünschte, die Dichtung möge zur Wahrheit werden, «in einem stets herrlicheren Leben unserer großen deutschen Nation, in deutscher Männerfreiheit und brüderlicher Einheit, in unseres Volkes Blüte und Macht, Würde und Ehre»; und ein Professor Baur meinte «wie sonst Jerusalem und Olympia als Nationalvereinigungspunkte weithin in die Lande und Gemüter glänzen ... so glänzen und wirken heutzutage die Musik- und Monumentalfeste weit hinaus in die deutschen Länder und Gemüter, durch das Morgentor des Schönen dringet und ist bereits gedrungen der Strahl der deutschnationalen Selbsterkenntnis»[85]. Bei den späteren Denkmalfesten und Denkmälern klingen die politisch nationalen Töne allerdings nur noch schwach an[86]. Und bei den Nationaldenkmälern der 50er Jahre, z. B. dem Herder- (1850), dem Schiller-Goethe- und dem Wieland-Denkmal in Weimar (1857), dem Lessing-Denkmal in Braunschweig (1853), ist der Ausdruck des Nationalen ganz auf Kultur und Innerlichkeit beschränkt, diese Denkmäler waren nicht mehr Symbole, die die Nation integrieren oder politisch aktivieren konnten. Inzwischen hatte auch die Inflation der Individualdenkmäler Platz gegriffen, 1800 gab es 18, 1883 etwa 800 öffentliche Standbilder in Deutschland[87]; damit wurde der symbolische Wert eines jeden solchen Denkmals für eine überlokale Gemeinschaft illusorisch: auch aus diesem Grunde konnte es nicht mehr Nationaldenkmal sein.

Die Tatsache, dass der hier erörterte Typus des Nationaldenkmals fast nur in der ersten Jahrhunderthälfte reale Bedeutung hatte, hängt damit zusammen, dass in dieser Zeit eben die nationale Bewegung noch stark aus dem Bereich der wirklichen Politik in den Bereich der Kultur abgedrängt war und dass dieser Bereich der Kultur als Ersatzraum der versagten politischen Aktivität fungierte. In der zweiten Jahrhunderthälfte ist dann trotz der gescheiterten Revolution die unmittelbare politische Selbstrepräsentation der Nation allein herrschend geworden: das hat die Form der Nationaldenkmäler bestimmt.

V.

Den vierten Typus nenne ich das Nationaldenkmal der demokratisch konstituierten Nation, das nationaldemokratische Denkmal. Auch es hat wie die nationale Kathedrale und wie die Walhalla seinen Ursprung in den Freiheitskriegen. Ernst Moritz Arndt hat 1814 im Zusammenhang mit seinen Plänen, den Tag der Leipziger Schlacht als nationales Fest zu feiern, vorgeschlagen, auf dem Schlachtfeld ein «Denkmal» zu errichten, ein Denkmal für die Tat, «wodurch die Welt von dem abscheulichsten aller Tyrannen und dem tückischsten aller Tyrannenvölker» befreit worden ist. Das Denkmal ist nicht dem Gedenken an die Fürsten und Feldherren, sondern dem Gedenken an die Gefallenen und an das Volk geweiht: das Volk ist Täter der denkwürdigen Tat, Stifter des Denkmals und Adressat seiner Kult- und Erziehungsidee, in diesem Sinn ist es, obwohl Arndt das Wort nicht gebraucht, gemeindeutsches Nationaldenkmal. Die Gestalt des Denkmals ist bei Arndt romantisch-ahndungsvoll projektiert: ein großer Erd- und Steinhügel mit einem Kreuz und einer vergoldeten Kugel darauf, darum herum mit Wall und Graben umgeben «geheiligtes Land», das künftig als Kirchhof großer Deutscher dienen soll. Das Ganze ist «ein echt germanisches und echt christliches» Denkmal, «wohin unsere Urenkel noch wallfahrten gehen würden»[88]. Charakteristisch ist hier zunächst wieder die Ausgestaltung des Denkmalsbezirks zu einem sakralen Feierbezirk im Sinn einer engen Verbindung von Nationalgefühl und Christlichkeit, sodann die entschiedene auch formale Wendung zum Frühgeschichtlich-Germanischen und, das hängt damit zusammen, der demokratische Akzent: das Denkmal ist Denkmal des Volkes, das jenseits der bestehenden Staaten durch Tat und Bewusstsein der Freiheitskriege politisch konstituiert ist. Schließlich ist das Denkmal – anders als Schinkels Dom oder ein von Klenze entworfenes Denkmal des Weltfriedens, Projekte, die dem gleichen Anlass entsprangen – durch die Wahl des Ortes und die Deutung seines Sinnes ausdrücklich und unmittelbar auf einen Feind bezogen: die Struktur des frühen deutschen Nationalismus, der sich erst an einem Feinde und gegen ihn konstituiert, ist hier unmittelbar präsent. Diese und andere Anregungen haben eine Reihe von Plänen hervorgerufen, so die erwähnten Pläne der Denkmalskirchen, so Friedrich Weinbrenners «Idee zu einem teutschen Nationaldenkmal des entscheidenden Sieges bei Leipzig»[89]. Weinbrenner zuerst knüpfte, das ist charakteristisch und bedeutungsvoll, an die alte Reichssymbolik und den Mythos vom wiedererstehenden Reich an, indem er im Unterbau seines Denkmalstempels eine sitzende Germania darstellt, die «schüchtern den Trauerschleier» hebt und den Reichsapfel «halb erschrocken wieder als selbständiges Wesen hervorblicken» lässt; auch bei ihm ist die Verbindung von Kirche und Nationaldenkmal und die Idee kultischer Feste sehr deutlich; trotz mancher im literarischen Entwurf wie im Bauprogramm enthaltenen Konzessionen an die monarchische Idee ist der Bau ein Denkmal des Volkes, «der teutschen Nation» jenseits der staatlichen Begrenzung, und darum eben schon ein nationaldemokratisches Denkmal. Aber diese Ideen blieben Träume der Künstler und Patrioten; seit der beginnenden Restauration war an ein Denkmal für die Erhebung des Volkes, ein nichtmonarchisches und nichtföderalistisches politisches Nationaldenkmal nicht mehr zu denken.

Die Kelheimer Befreiungshalle (1863) ist das einzige Denkmal mit nationalem Anspruch, das für 1813 im 19. Jh. gebaut worden ist. Aber dieses Denkmal ist nicht mehr ein Denkmal des Volkes: es ist eine Idee Ludwigs I. von Bayern, monarchisch gestiftet und vom König finanziert, «den deutschen Befreiungskämpfern Ludwig I. König von Bayern» sagt die Widmung auf der Inschrift; es steht an keinem historisch sinnvollen Ort mehr und ist nicht einmal zentral gelegen. Vor allem aber: die politische Idee des Denkmals ist die der staatenbündischen Einigkeit Deutschlands. «Vergessen wir nie, was dem Befreiungskampf vorhergegangen ... und was den Sieg uns verschafft! ... Sinken wir nie zurück in der Zerrissenheit Verderben! Das vereinigte Deutschland – es werde nicht überwunden!», so war das Programm Ludwigs bei der Grundsteinlegung am 19. 10. 1842, am Tage nach der Einweihung der Walhalla[90]. Und bei der Einweihung am 18. 10. 1863 sagte Ludwig in diesem Sinne: «Möchten die Teutschen nie vergessen, was den Befreiungskampf notwendig machte und wodurch sie gesiegt», und diese Worte sind im Inneren in den Boden eingelassen[91]. Gemeint ist selbstverständlich, und in anderen Festreden ist das noch deutlicher apostrophiert, eine Einheit und Eintracht, wie sie im Deutschen Bunde wirklich geworden war. Das kommt auch in der Bauform zum Ausdruck. Zunächst ist bei diesem Bau, einem 18eckigen überkuppelten Zentralbau, noch die sakrale, kirchenähnliche Stimmung so vieler Nationaldenkmäler und Nationaldenkmalsentwürfe ganz offenkundig. Wichtiger aber ist die architektonisch-plastische Repräsentierung der Nation durch ihre Stämme. Im Inneren stehen im Kranze 34 Viktorien, die sich in zeitgemäßer Poetisierung der Eintracht wechselweise die Hände reichen und 17 Schilde mit den Namen der Schlachten der Befreiungskriege halten. An der Außenfront wiederholt sich das Bundesmotiv: hier stehen 18 germanische Jungfrauen, die auf Schilden die Namen der, etwas mühsam auf die 18 gebrachten, deutschen Volksstämme tragen. Die Befreiungshalle ist so nach politischer Intention wie Bauidee zu einem Denkmal des deutschen Föderalismus geworden. Aber 1863 war sie schon nur mehr ein merkwürdiges Zeugnis der patriotischen Gesinnung Ludwigs und seiner Generation, nationale Resonanz konnte dies Denkmal, das die Ideen von 1813 zur staatenbündischen Eintracht pazifiziert hatte, für die liberalnationale Bewegung der 60er Jahre nicht mehr gewinnen.

Gerade 1863 wurde der nationaldemokratische Gedanke eines Denkmals für 1813 noch einmal aktualisiert. 540 Delegierte aus 214 deutschen Städten, «die Vertreter des deutschen Bürgertums», feierten in Leipzig die 50. Wiederkehr der Schlacht, und am 19. 10. wurde der Grundstein zu dem so lange geplanten «großartigen Nationaldenkmal» gelegt. Hier dominiert die gegen dynastische Reaktion und gegen den Deutschen Bund gerichtete liberal-konstitutionelle Nationalidee. «Möge bald ein neues Reich deutscher Nation erstehen, möge endlich der in Einheit und Freiheit sich konstituierenden Nation auch der deutsche Fürst offenen Sinns und tapferen Herzens nicht fehlen, der sich nicht scheut vor dem vollen Tropfen demokratischen Öls, mit welchem er gesalbt sein muss», und es ist das deutsche Volk, das als Träger der Vergangenheit und der Zukunft gefeiert wird. Aber dazu tritt nun ein neuer Akzent, der eine Veränderung des Nationalbewusstseins anzeigt, das ist der Gedanke der Macht. Wir «feiern heute», so heißt es in der Rede des Leipziger Oberbürgermeisters, «die Selbstherrlichkeit deutscher Nation ... welche uns wieder einführen soll in die Reihe der Völker, die da mit zu entscheiden haben über die Geschicke der Welt», Wunsch und Hoffnung gilt, «dem endlichen Siege des deutschen Volkes im Ringen nach nationaler Macht und Größe, Einheit und Freiheit», das sei das Vermächtnis der Generation von 1813, das sei die Mahnung des künftigen Denkmals für die Lebenden und die Kommenden[92]. Aber die Ereignisse der 60er Jahre begruben diese Pläne, und als sie in den 90er Jahren wieder hervortraten, hatten sie eine ganz andere politische Funktion gewonnen.

Die nationaldemokratische und liberalnationale Bewegung hat sich selbst bis 1871 kaum ein Denkmal gesetzt und als Opposition auch nicht setzen können. In Süddeutschland gibt es einige wenige partikularstaatliche Verfassungsdenkmäler aus der Zeit des Vormärz, die Konstitutionssäule in Gaibach mit der Inschrift: «Der Verfassung Bayerns, ihrem Geber Maximilian Joseph, ihrem Erhalter Ludwig zum Denkmal 1828», und die Denkmäler, die den Landesherrn als Gründer der Verfassung gewidmet sind: so der Karlsruher Obelisk von 1832, «dem Gründer der Verfassung», dem Großherzog Karl gewidmet; das Darmstädter Ludwigs-Monument, vom «hessischen Volk» 1844 errichtet, der Großherzog hält die Verfassung in seiner rechten Hand, die Einweihung wurde als großes nationales Integrationsfest gefeiert; oder das schöne Max-Joseph-Monument von Rauch, eine Stiftung der Münchener Bürger von 1828, bei dem die Verleihung der Verfassung immerhin im Sockelrelief dargestellt ist; in diesen Fällen spielt die Verfassung als Integrationssymbol für die Einzelstaaten eine nicht unbeträchtliche Rolle. Die Revolution von 1848 konnte nach ihrem Scheitern nicht zum Anlass eines feiernden Denkmals oder auch nur eines Mahnmals, eines anschaulichen Symbols liberaldemokratischer Bemühungen um eine neue Form der nationalen Identität werden. Erst am Ende der Reaktionsperiode gibt es noch einmal Ansätze zu nationaldemokratischen Denkmalsbewegungen: seit 1857 propagierten die Liberalen gegen zähen Widerstand der Konservativen und der Regierung ein von allen Deutschen zu errichtendes Stein-Denkmal, 1865 war das Denkmal dann vollendet und mit der merkwürdigen partikular-staatlich-monarchischen und nationaldemokratischen Doppelformel «Dem Minister Freiherrn vom Stein König Wilhelm von Preußen und das deutsche Volk» in der Inschrift versehen, aber erst 1875 wurde es auf abgelegenem Platz mit geänderter Inschrift: «das dankbare Vaterland», aufgestellt und konnte in dem neuen Nationalbewusstsein des Kaiserreiches eine nationale Funktion nicht mehr erfüllen[93]. Ähnlich ging es mit dem zwischen 1861 und 1872 von den deutschen Turnvereinen aus aller Welt, «wo immer deutsche Männer wohnen», errichteten Jahn-Denkmal, bei dessen Enthüllung es noch heißt, man habe die deutsche Einheit «den Reaktionären aller Schattierungen im Inneren» und dann allerdings auch den «Anmaßungen der Fremden» abgerungen[94].

Erst als die nationalliberale Bewegung historisch geworden war, als sie nicht mehr beanspruchen konnte, die Nation als Ganzes zu repräsentieren, hat auch sie in der herrschenden Denkmalsinflation ihre Denkmäler bekommen, so freilich, dass die liberal-demokratischen Elemente ganz den nationalen untergeordnet wurden: es sind Denkmäler der Anpassung des Liberalismus an das Bismarcksche Reich. So wurde aus einem Frankfurter Denkmal für 1848, das Sonnemann angeregt hatte, das Denkmal «für die Vorkämpfer deutscher Einheit in den Jahren der Vorbereitung» (1903), ein historisch-allegorisches Bilderbuchdenkmal, das dem kleindeutsch offiziösen Geschichtsbild entsprechend die Bismarcksche Reichseinigung – in Frankfurt freilich ohne die Etappe von 1866! – als Erfüllung der liberalnationalen Bestrebungen ansah[95]. So ist auch das Burschenschaftsdenkmal auf der Göpelskuppe bei Eisenach (1902) zu einem Denkmal für das «geeinte Vaterland» und für alle die, die die Reichseinigung vollbrachten oder ihr den Weg bereiteten, geworden. Die Anpassung der Burschenschaften an den neuen – machtstaatlichen – Nationalismus wird in der Zurückdrängung der liberalen Anfänge deutlich: in den Festreden wird das Wort «Freiheit» zur «Geistesfreiheit» verharmlost[96]. Neben Wilhelm, Bismarck, Roon und Moltke steht von den Gestalten der burschenschaftlichen Geschichte nur Karl August als Figur im Zentralraum des Baues, der eigentlichen Großen ihrer Geschichte wird nur noch auf Tafeln hoch im Raum, kaum lesbar, gedacht; in der Höhe der äußeren Turmfront erinnert die Reihe der Köpfe, Hermann, Karl der Große, Luther, Dürer, Goethe, Beethoven, seltsam unverbunden, noch an die Walhalla-Idee. Die Bauform, ein gedrungener, turmartiger Rundtempel mit 9 enggestellten mächtigen Säulen mit dorisierenden Kapitellen, die durch ein Architrav zusammengehalten werden, mit der Inschrift: «Freiheit Einheit Vaterland», das Ganze von einer Kaiserkrone gekrönt, drückt einen gesammelten Ernst, eine stark «nordisch» orientierte, herbe Monumentalität aus; der germanische Akzent und der merkwürdig tragische Einschlag kommt in dem Deckengemälde, einer Darstellung der Götterdämmerung, besonders zum Ausdruck. Damit gewinnt eine neue Form des Nationalbewusstseins Gestalt, weniger auftrumpfende Siegesgebärde als verhaltene Kraft, «tiefer», an idealen Werten orientierter Ernst, ein Gefühl für die Bedrohtheit der Nation und für die Notwendigkeit der Verinnerlichung und Konzentration, eine Haltung, die wir in den Bismarck-Säulen des gleichen Architekten, Wilhelm Kreis, und den Denkmälern der nationalen Konzentration wiederfinden werden. Der Bau ist seiner Form nach über den wilhelminischen Stil, der etwa die Festreden noch beherrscht, schon hinaus.

Das eigentliche nationaldemokratische Denkmal hatte, seitdem der bürgerliche Liberalismus zwischen dem preußisch-monarchischen Machtstaat und der Sozialdemokratie sich in seiner Mehrheit an die vornehmlich konservativ bestimmte Ordnung angepasst hatte, keine Chance mehr. Wohl aber haben sich im ersten Jahrzehnt des Reiches die nationaldemokratischen Tendenzen mit anderen nationalen Tendenzen verflochten. Die beiden großen Nationaldenkmäler der 70er und 80er Jahre, das Niederwalddenkmal und das Hermanns-Denkmal, muss man politisch als sinnfälligen Ausdruck des Kompromisses zwischen nationaldemokratischen und nationalmonarchischen Tendenzen und Kräften verstehen.

Die Anregung zu einem Nationaldenkmal am Rhein zum Gedenken der Ereignisse von 1870/71 entstand im Frühjahr 1871 in der nationalliberalen Öffentlichkeit, die Kölnische Zeitung griff den Gedanken auf, hier ist schon von einer «Germania» die Rede. Ein Wiesbadener Kurdirektor schlug den Niederwald als Standort vor, nachdem zunächst auch Drachenfels und Loreley als Standorte diskutiert worden waren, ein Zeichen für die merkwürdige Verbindung von Nationalgedanken und Rheinromantik[97]. Dieser Vorschlag fand, weil er in die überregionale Presse kam und weil sich der damalige preußische Regierungspräsident Botho zu Eulenburg einschaltete und die Zustimmung Bismarcks gewann, allgemeine Anerkennung. Ein regionales und ein Berliner Denkmalskomitee, vornehmlich aus nationalliberalen und freikonservativen Honoratioren, Bennigsen und Hohenlohe-Schillingsfürst waren die Vorsitzenden, nahm die Sache des Denkmals «für die Wiederaufrichtung des Deutschen Reiches» (!) in die Hand[98]. Die Gelder sind zum großen Teil durch Sammlungen, zumal von Gesang-, Turn- und Kriegervereinen, von Schülern und Studenten aufgebracht, der Rest durch Spenden der Fürsten und Zuschüsse des Reiches. 1877 wurde nach langen Diskussionen über Standort und Entwürfe der Grundstein gelegt, am 28.9.1883 ist das Denkmal von Wilhelm I. in Anwesenheit fast aller deutschen Fürsten unter Anteilnahme einer großen Volksmenge eingeweiht worden. Der Versuch der Anarchisten, Fürsten und Denkmal in die Luft zu sprengen, scheiterte, immerhin ein Menetekel für das Fest nationaler Selbstvergewisserung in der Epoche eines sich verschärfenden Klassenkampfes.

Eine historisch-politische Erörterung muss von der fatalen künstlerischen Unzulänglichkeit des Denkmals, der Theatralik der Figur, dem Missglücken der Fernwirkung – eine Folge der Platzwahl und des Entschlusses zum plastischen, nicht-architektonischen Denkmal – absehen: die Stillosigkeit der Zeit steht mit dem Problem des nationalen Kultes in keinem aufweisbaren Zusammenhang. Das Denkmal ist wiederum Bergdenkmal, es sind gerade die Laien gewesen, die diesen Ort gegen die Künstler durchgesetzt haben, das entsprach der populären Vorstellung von einem Nationaldenkmal. Die Nation, die sich im Denkmal findet, ist zunächst die Nation des Krieges von 1870/71, die Nation der Wacht am Rhein, daher der Ort, daher das Relief am Sockel: der Rheinvater überreicht der Mosel das Wächterhorn, die Verse des Liedes sind rundherum angeschrieben, der Kehrreim besonders herausgehoben; daher das Mittelrelief, die deutschen Heere, symbolisch repräsentiert in den Portraits der regierenden Fürsten, bedeutender Generale und einiger begeisterter Soldaten, weiter zur Seite Reliefs mit Auszug und Heimkehr der Krieger; daher das Anbringen der Schlachtennamen, daher der Blick der schwertgerüsteten Germania nach Westen. Aber das kriegerische Element ist doch keineswegs dominierend. Die Wacht am Rhein ist eher defensiv als aggressiv verstanden, als Resultat des Sieges erscheint nicht die Macht, sondern der Friede; in der Darstellung der ausziehenden und der heimkehrenden Krieger überwiegt fast die Trauer, es sind keine Krieger im Kampf und Angriff dargestellt, wie z. B. auf dem Siegesdenkmal in Freiburg im Breisgau; das Schwert der Germania ist, anders als beim Hermann auf dem Teutoburger Wald, nicht geschwungen, sondern zur Ruhe gestellt, «den von ihr erkämpften Frieden andeutend»[99]; ihr Blick ist keineswegs drohend nach Westen gerichtet, sondern unklar versonnen in die Ferne schweifend. In einer zeitgenössischen Festschrift wird ausdrücklich das Fehlen von Triumphgebärden und Chauvinismus betont und die mögliche These vom Erbfeind abgewiesen: das Reich soll als Friedensreich dargestellt werden[100].

Schwierig ist es aber, das Verhältnis der nationalmonarchischen und der nationaldemokratischen Momente in der Auffassung der Nation, die im Denkmal Gestalt gewonnen hat, zu klären. Das Denkmal ist, wie die Inschrift sagt, errichtet «zum Andenken an die einmütige und siegreiche Erhebung des deutschen Volkes und die Wiederaufrichtung des Deutschen Reiches 1870/71». Zwar sind im Denkmal auch die deutschen Stämme und Staaten – in den Fürsten des Hauptreliefs und in den Wappen eines dritten Sockelfeldes – vertreten, aber die bündisch geeinte Nation, die Nation des Bundes der deutschen Fürsten, ist nicht die Nation des Denkmals, das ist vielmehr das deutsche Volk als Ganzes, wie es in der Germania – mit Märchen- und Symbolgestalten auf dem Mantel – symbolisiert ist. Die Germania nun steht vor dem Thron in ihrem Rücken und hält eine Krone vor sich hin, mit unentschlossen abgewinkeltem Arm, ihr Blick ruht nicht auf der Krone, sondern ist, wie gesagt, unklar in die Ferne gerichtet. Sie ist die Krönende, aber es bleibt unklar, wen sie krönt: ob sich selbst, so hatte es Schilling in einem ersten Entwurf vorgesehen, dafür spricht auch der Thron im Hintergrund, aber dagegen scheinen jetzt der Lorbeer- oder Eichenkranz in ihrem Haar, der Blick und die Armhaltung zu sprechen[101]; oder einen anderen, den Kaiser, der doch im Denkmal nicht einmal in ihrem Blick gegenwärtig ist. Eine solche Krönung des Kaisers durch Germania, selbst wenn man sie zur Gemeinschaft der Fürsten umdeuten würde, ist wie die Selbstkrönung der Germania eine merkwürdige Umdeutung der Kaiserproklamation nach dem Sieg der deutschen Heere. Auch die Meinung der Zeitgenossen gibt keinen Aufschluss über die politische Intention, sie geht vielfältig auseinander. Die politische Aussage zielt jedenfalls auf den Kompromiss nationalmonarchischer und nationaldemokratischer Prinzipien, aber sie ist künstlerisch gänzlich misslungen. Bei den Denkmalsfesten kommt das Kompromiss nur ganz vage zum Ausdruck, die «einmütige Erhebung des deutschen Volkes», die Einigung der deutschen Stämme, die Treue zu Kaiser und Reich, die Harmonie von Fürsten und Volk – das geht, ohne politisch näher artikuliert zu werden, ineinander über. Obwohl es zu den geplanten patriotischen Festen im Bereich des Denkmals nicht gekommen ist und das Denkmal zum Ausflugspunkt wurde, behielt es eine gewisse nationale Repräsentanz: im Mayerschen Lexikon heißt es 1909 unter Nationaldenkmal lapidar: «siehe Niederwald», und eine Briefmarke mit der Germania hat bis 1922 Gültigkeit gehabt.

Schließlich gehört in diesen Zusammenhang das Hermanns-Denkmal im Teutoburger Wald, ein Werk seines monomanen Erbauers Ernst v. Bandel; in der Planungs- und Baugeschichte von 1819 bis 1875 spiegeln sich vielfältige Faktoren des deutschen Nationalbewusstseins des Jahrhunderts. Auch die Idee des Hermanns-Denkmals ist ein Resultat der nationalen Erregung der Freiheitskriege[102]; Arndt hat damals ein solches Denkmal propagiert, Schinkel hat einen Entwurf angefertigt[103]. Und Bandel, der sich seit 1819 mit Plänen für dieses Denkmal befasste, ist, 1799 als Sohn eines altpreußischen Beamten in Ansbach geboren, Zeit seines Lebens von traumatischen Kindheitserfahrungen mit der französischen Besatzung und – beeinflusst durch seine Freundschaft mit dem Jahn-Schüler H. F. Maßmann – dem «teutonischen» Nationalgefühl der ersten Jahre nach 1815 bestimmt gewesen. 1838 beginnt er mit dem Bau und wendet sich gleichzeitig mit Spendenaufrufen an das deutsche Volk, es wird eine Reihe von Denkmalsvereinen, von München bis Königsberg, gegründet, die Idee des Denkmals wurde populär, wurde zu einer «Nationalsache»[104]. Bandel, der seine eigene Arbeit «dem deutschen Volk» zum Geschenk anbot, hat von Anfang an betont, das Denkmal solle «für das gesamte deutsche Volk und von demselben» errichtet werden, sei «durch allgemeine Teilnahme … gesamtdeutsches Eigentum», hier schon kommt die nationaldemokratische Komponente dieses Denkmalbaues zum Ausdruck[105].

Das im Denkmal Gestalt werdende Nationalgefühl ist nationale Erinnerung, die sich an der germanischen Frühgeschichte orientiert, am archaischen Ursprung, in dem das Wesen des Deutschen rein und unverfälscht zum Ausdruck kommt, und das Denkmal versucht, den historischen Helden dieser Frühzeit in die Dimension des nationalen Mythos zu erheben und ihm damit eine konkrete politische Funktion zu geben. Näher entfaltet sich diese Funktion zunächst in doppelter Weise. Das Denkmal ist Denkmal für den «Befreier Deutschlands» und damit für die Befreiung, und ist ein «Mahnzeichen der Einigkeit aller deutschen Stämme»[106]. Denn die Befreiung ist zugleich die Einigung, ist die Gründung der Nation: Hermann ist der «Retter und Gründer»[107] und darum «Träger und Repräsentant der deutschen Nationalität»[108]. Er hat den Herrschaftsanspruch des «Romanismus» gebrochen und damit die nationalkulturelle Eigenständigkeit der Deutschen gesichert, ja für das ganze Menschengeschlecht das Prinzip der nationalen Unabhängigkeit begründet, dies internationale Prinzip der Nationalität ist so etwas wie die Weltsendung Hermanns: Auch die «übrigen Völker» «wurden frei durch den Teutoburger Sieg»[109].

Hermann als Begründer der deutschen Nationalität nun ist Symbol und Vorbild, das angerufen wird, um das gegenwärtige Bewusstsein und Gefühl der Nationalität zu intensivieren: er soll das Volk «erheben und zu steter Nacheiferung ... stärken»[110]. Insbesondere soll das Denkmal, sowohl die Erinnerung an den dargestellten Helden wie der gemeinsame Bau, die «Treueinigkeit unserer Volksstämme» beschwören, es ist ein «Mahnzeichen zur Einigkeit aller deutschen Stämme»[111]. Auf einer Tafel im Grundstein heißt es: «Hermann dem Befreier Deutschlands gründen dies Denkmal Deutschlands Fürsten und Volksstämme in Eintracht verbunden. Er bleibe und dauere, der Sinn der Eintracht, welcher dies Denkmal schuf, und getilgt sei der Fluch der Zwietracht, den der Zorn des Überwundenen an der Wiege unseres Volkes aussprach»[112]. In der Dunkelheit der Frühgeschichte konnte man die späteren Stammesgegensätze symbolisch überwinden, hier war die Einheit sozusagen archaisch präfiguriert. Auch Gedanken des Liberalismus strömen in die Denkmalsbewegung ein, ihre Träger sind die «Freunde der Freiheit»[113], und diese Freiheit ist auch nach innen gewandt; freilich dominiert zumeist das gemäßigt konstitutionelle Ideal der Harmonie zwischen Herrscher und Volk. Schließlich spielt der Gedanke der Macht, der Stärke und Größe der Nation in der Denkmalsbewegung eine besondere Rolle, vor allem bei Bandel selbst. Dargestellt wird Armins «Schwerterhebung», aber in einem Augenblick nach dem errungenen Siege. Trotzdem bleibt das

Schwert aufgereckt, weil es die Garantie der nationalen Existenz ist, weil Feind und Gefahr nicht und niemals vorüber sind. Bandel spricht von der «unseren Feinden Schrecken und Verderben bringenden Wiederaufpflanzung unseres alten deutschen Schwertes, das immer am deutschen Himmel im herrlichen Glanze der Freiheit leuchtete und sich als Haltepunkt unseres Seins bewährte, wenn es von echt deutscher Faust erhoben unsere Stämme in Treueinigkeit um sich scharte». «So stehe in jugendlicher Frische, im Siegesbewusstsein Armin, das freie Schwert in kräftiger Faust erhoben zu gewaltigem Schlage bereit, das Sinnbild unserer ewig jungen Kraft... ein Wegweiser zur Stätte unseres Ruhmes und zur Erkenntnis unserer Macht und Herrlichkeit.»[114]

Der politische Sinn, der im Denkmal gegeben wurde, zeigt sich auch in den Bau- und Formideen. Die Wahl des Ortes ist nicht nur historisch bedingt, bei Bandel kann man deutlich eine antiurbane Stimmung, eine Mythisierung des Waldes als der eigentlich deutschen Seelenlandschaft und die romantische Neigung zum Bergheiligtum bemerken. Der Unterbau sollte, in einem romanischgotischen Mischstil ausgeführt, spezifisch deutsch sein, nur ein «deutscher» Stil schien dem Nationaldenkmal angemessen, das Fehlen eines nationalen Baustils galt Bandel gerade als Zeichen von Überfremdung und Identitätsgefährdung[115]. Die Figur war zunächst (1835/36) weniger kolossal, weicher und verbindlicher entworfen, der Arm mit dem Schwert war angewinkelt oder gekrümmt; Schinkel und Rauch haben in einem Gegenentwurf gar einen Hermann mit gesenktem Schwert vorgeschlagen; aber dann bildete sich die endgültige Gestalt, die straff hochgereckte Figur mit dem gerade in die Höhe gestreckten Schwert, das drohend in die Ferne weist, heraus, die herausfordernde, auf Kampf, Sieg und Kraft abgestellte Haltung des Helden. Damit hat Bandel das, was er für den Sinn des Denkmals hielt, besonders prägnant zum Ausdruck bringen wollen, durch das Senken des Schwertes würde «der Sinn des ganzen Denkmals aufgehoben» (1861)[116]. Das Ganze bekommt so einen aggressiven und herausfordernden Zug, der unsichtbare Feind ist in das Denkmal mit einbezogen, der Beschauer wird in diese Frontstellung mit hineingenommen: im Kampf gegen den Feind konstituiert sich die hier gemeinte Nation als ein Machtgebilde, in ihrer

Macht hat sie ihre Identität. Auch in der Orientierung des Nationalbewusstseins an der germanischen Frühgeschichte, am Teutonischen, schwingt dieses Moment mit: Hermann und die Germanen repräsentieren nicht nur und vielleicht nicht einmal in erster Linie die Freiheit, sondern auch das vorzivilisatorische Gewaltige, eben Kraft und Macht.

In den 40er Jahren, endgültig 1846, kam der Bau zum Erliegen[117]. Erst Anfang der 60er Jahre kam das Unternehmen, von der neubelebten Nationalbewegung getragen, wieder in Gang und wurde, zuletzt mit Hilfe von Zuschüssen des Kaisers und des Reiches, bis 1875 vollendet, am 16. 8. ist es in Anwesenheit des Kaisers und vieler Fürsten mit einem großen patriotischen Volksfest, dem zumal Sänger-, Turner-, Kriegervereine und Studentenkorporationen das Gepräge gaben, eingeweiht worden. Die Teilnahme von einigen hundert Amerikadeutschen, zudem von Holländern und Österreichern wird besonders hervorgehoben, der Begriff der Volksnation war hier mindestens ebenso lebendig wie der der Staatsnation; Bandel hat in einem Brief über den Sinn des Denkmals bemerkt: «Seid alle deutschen Völker, nicht bloß die Kaiserreichsler einig ...»[118], obschon er durchaus zu den Befürwortern der Bismarckschen Reichseinigung gehörte. Das nationaldemokratische Motiv klingt noch in der Bezeichnung «Fest der Übergabe des Denkmals an das deutsche Volk» an. Daneben stehen die zunächst nicht selbstverständliche Einladung des Kaisers und der Fürsten, die Betonung der Einigkeit von Fürsten und Volk in den Festreden und die Ehrung des Kaisers am Denkmal als nationalmonarchische Momente. Beide Tendenzen gehen, zumal sie nicht besonders akzentuiert werden, harmonisch zusammen. Die andern politischen Motive gewannen in der neuen Lage eine veränderte Funktion. Mit der ersten Befreiung wurde die gegenwärtige Abwehr des französischen Angriffs, der Sieg über «welschen Übermut», über «romanische Anmaßung» gefeiert[119]. Aus dem Mahnzeichen, dem Symbol einer Hoffnung, wurde ein «Ehrenzeichen, ein Ruhmesmal der vollbrachten Einigung»[120], ja der «wiedererstandenen (!) Herrlichkeit des Deutschen Reiches»[121]. Wo die Parole der Einigkeit noch als Forderung laut wird, ist es die «Einigung nach innen», gerichtet gegen «inneren Hader» und für festes Zusammenstehen[122]. Gelegentlich kamen jetzt Kulturkampftöne auf, statt des ursprünglich vorgesehenen «Lobet den Herren» wurde «unser Protestantenlied» geblasen, ein Artikel der Gartenlaube über das Fest schließt, das Denkmal sei eine Mahnung, das «Panier der nationalen Freiheit … hochzuhalten auch mit den Waffen des freien Geistes. Wider Rom»[123]; der nationale und der konfessionelle Kampf gegen Rom klingen hier ineinander. Vor allem aber tritt das Moment der Macht besonders hervor, der Sieg im Kampf, die stete Kampfbereitschaft gegenüber einem im Denkmal unsichtbar präsenten Feind, die im Schwert symbolisierte Rüstung, das sind die Elemente, die die Bedeutung des Denkmals jetzt bestimmen. «Deutsches Volk hält sein Schwert frei und ruhmumstrahlt, wie Armin vor bald 1900 Jahren hoch in starker Faust zum Schrecken seiner Feinde und zum Friedensvertrauen seiner Freunde»[124]; das Denkmal, das er als Mahnzeichen gebaut habe, werde nun «ein Zeichen unserer Macht»[125]. Der Machtstaatsgedanke gewinnt so die Oberhand über ursprünglich liberale Vorstellungen, das Wort Freiheit kommt beim Denkmalsfest kaum noch vor; für den teutonisch gesonnenen Bandel freilich war dieser Machtgesichtspunkt, den er mit einem demokratisch mystischen, ungegliederten Volksbegriff verband, immer schon dominierend gewesen, hier reicht die Kontinuität von den Jahren der «Befreiungskriege» bis eben in die 70er Jahre hin.

Diese neuen politischen Momente sind auch im Bau selbst sinnfällig gemacht. Am Unterbau ein Relief mit dem Bilde Wilhelms I. mit der Unterschrift: «Der lang getrennte Stämme vereint mit starker Hand – der welsche Macht und Tücke siegreich überwand – der längst verlorne Söhne [die Elsasslothringer] heimführt ins Deutsche Reich – Armin dem Retter ist er gleich». Und darunter: «Am 17. Juli 1870 erklärte Frankreichs Kaiser Louis Napoleon Krieg, da erstunden alle Volksstämme Deutschlands und züchtigten vom August 1870 bis Januar 1871 immer siegreich französischen Übermut unter Führung König Wilhelms von Preußen, den das deutsche Volk am 18. Januar zu seinem Kaiser erhob». Die Deutung der Reichseinigung enthält noch ein starkes Moment nationaldemokratischer Vorstellungen, in ihrer Verbindung aber sind beide Texte ein Ausdruck der Synthese von demokratischer und monarchischer Nationalidee, von demokratischem und monarchischem Nationalgefühl. Eine weitere Tafel gedenkt der Befreiungskriege, insofern wird die Frontstellung gegen den Feind von Hermann bis in die Gegenwart hindurch verfolgt. Das riesige Schwert endlich erhielt die Inschrift: «Deutschlands Einigkeit meine Stärke, meine Stärke Deutschlands Macht».

Das Denkmal ist ursprünglich einer nationaldemokratischen Intention mit stark nationalistischen, aber auch liberalen Einschlägen entsprungen und wird dann zu einem Denkmal der Reichseinigung und des monarchisch-liberalen Kompromisses; mit seiner Akzentuierung des machtstaatlichen Nationsbegriffs und der Feindbeziehung und seiner Funktionalisierung der Einheit zur Vorbedingung der Macht aber weist es über die Denkmäler der Zeit hinaus auf den letzten Typus des Nationaldenkmals, den wir nun noch zu behandeln haben.

VI.

Dieser letzte große Typus des Nationaldenkmals aus der Vorweltkriegszeit ist das Denkmal, in dem sich die Nation als geschlossene Volksgemeinschaft und als Macht versteht und das wir als Denkmal der nationalen Sammlung, der nationalen Konzentration bezeichnen können, ein Typus, der mit seinem Volksbegriff zwar auf nationaldemokratischer Grundlage beruht, aber dem Verfassungsmodell der Demokratie ganz fremd gegenübersteht und darum als eigener Typus bezeichnet werden muss.

Hierher gehört einmal das Völkerschlachtsdenkmal, das 1913 im Jubiläumsjahr endlich zustande gekommen ist. Angeregt und durchgesetzt hat den Bau ein 1894 in Leipzig gegründeter «Deutscher Patriotenbund zur Errichtung eines Völkerschlachtsdenkmals bei Leipzig», der es nominell schon 1895 auf 45 000 Mitglieder gebracht hat; die Führung war von Honoratioren aus der national gesinnten Bürgerschaft Leipzigs getragen, der Bund war vielfältig mit den älteren Organisationen des deutschen Patriotismus, den Sänger-, Schützen-, Turnvereinen, verflochten. Das Denkmal sollte ein «Denkmal des deutschen Volkes für das deutsche Volk» sein; die enormen Kosten, 6 Millionen, sind z. T. durch Sammlungen, zu fast zwei Dritteln durch Lotterien aufgebracht worden.

Das Denkmal war nicht mehr selbstverständlich: ein Denkmal für ein historisches Ereignis, das für niemanden mehr unmittelbare Wirklichkeit war, errichtet in einer Zeit, deren Gegenwart mit 1870/71 und nicht mit 1813 begann, für den Sieg einer Völkerkoalition, deren Internationalität dem zeitgenössischen Nationalismus nicht mehr recht entsprach, für einen Sieg, der gerade in Leipzig an alte Gegensätze zwischen deutschen Staaten und Stämmen erinnern musste oder der gelegentlich schon die Anhänger einer Völkerverständigung provozierte, für den Sieg in einem Volkskrieg, der manchem in der damaligen Klassenkampfsituation unheimlich war – und es musste infolgedessen ständig gerechtfertig werden[126]. Dass es zustande kam, ist nicht nur der eifrigen Werbung und dem beträchtlichen Lokalpatriotismus zuzuschreiben, sondern entspricht auch bestimmten politischen Tendenzen. Die politischen Ideen, die in dieser Denkmalsbewegung und ihrem Erfolg wirksam waren, ergeben sich zunächst aus der verquollenen Weiheschrift. Das Denkmal steht für die Erhebung von 1813. Im Gedanken an sie wird die nationale Befreiung gefeiert, das Denkmal ist «Deutschlands Freiheitsdom», und zugleich damit der Beginn der nationalen Einigung Deutschlands: «Das Bismarcksche Reich knüpfte nicht an das alte Reich, sondern an die Errungenschaften der Befreiungskriege an» (S. 32). Diese Gründung der Nation wird nun nationaldemokratisch begriffen: Leipzig ist der «Geburtstag des deutschen Volkes», der Sedan, «dem Geburtstag des Deutschen Reiches», voranging (S. 14, 34); 1813 steht für den Beginn der «politischen Mündigkeit des deutschen Volkes» (S. 78); dieses Volk hat die Einheit wesentlich mitgeschaffen, der «machtvolle Reichsbau» ist «auf dem Grunde der Freiheit ... erwachsen» (S. 6 f.). Und in ähnlichem Sinne formuliert der Architekt, B. Schmitz, «der Held des Denkmals ist das ganze deutsche Volk, welches sich erhob», darum ist das Denkmal ein «Volksmal»[127]. Aber dieser nationaldemokratische Gedanke der Konstitution des Volkes als Nation wird nun wesentlich abgeschwächt. Einmal wird er ganz nach innen, auf Ethos und Gesinnung, gewandt: was gefeiert wird, ist der «deutsche Gedanke», der «deutsche Idealismus», d. h. die Hingabe an die Nation

(S. 6, 14,19), und dieser Idealismus, «die Fülle der inneren Güter des Geistes und des Gemütes», «schlichteste (!) Einfachheit und Anspruchslosigkeit» (S. 30), macht das wahrhaft Deutsche aus. Zum andern wird Nation im Sinne einer harmonisch solidarischen «Volksgemeinschaft» (S. 19) verstanden, die das monarchische Prinzip wesentlich mit umschließt. Idealismus und Volksgemeinschaft sind die Faktoren, die das deutsche Volk als Nation konstituieren, sie erfüllen sich dann in der Kampfbereitschaft und der Machststellung nach außen. Hinter diesen Vorstellungen von dem, was die nationale Identität ausmacht, steht nun deutlich ein kritisches Unbehagen an der Zeit, steht die Angst, dass das gegenwärtige deutsche Volk dem Anspruch der Nationalidee, wie man ihn in das Ursprungsjahr 1813 zurückprojiziert hatte, nicht mehr gerecht wird. Materialismus und Verflachung, Kosmopolitismus und Sozialismus, Partei-, Konfessions-, Interessen- und vor allem Klassengegensätze bedrohen Idealismus und Volksgemeinschaft und damit die Nation, dagegen werden das «reine Deutschtum» (S. 36), die «Erhebung zu den reinen Höhen des deutschen Idealismus» (S. 35) angerufen und die nationale «Sammlung» und Volksgemeinschaft propagiert (S. 37 ff.); Idealismus und Sammlung sind bürgerlich antisozialistisch gemeint, das Denkmal, das alle die angerufenen Werte symbolisieren soll, ist auch und gerade gegen die «vaterlandslosen Mächte» (S. 17) gebaut.

Das ist nun nicht nur Oberlehrerideologie, sondern wird auch im Bau Gestalt. Der Hauptraum des architektonischen Denkmals, eine riesige Kuppelhalle, wird als «Ruhmeshalle deutscher [Volks]art» bezeichnet (S. 40, 95, 30). Hier stehen vier kolossale Figurengruppen, die spezifisch deutsche Tugenden, Tapferkeit, Opferfreudigkeit, Glaubensstärke und «deutsche Volkskraft»[128], d. h. Geburtenfreudigkeit, verkörpern sollen. Es ist charakteristisch, dass diese «deutsche Art» gerade nichts Spezifisches darstellt, sondern allein die Haltung der Hingabe an die Nation symbolisiert. Die Nation, die in diesen Figuren sich mit sich selbst identifizieren soll, soll so – fast tautologisch – im Dienste an der Nation ihr wahres Wesen finden. Zwischen diesen Kolossalgestalten sind Bilder des «Jammers und der Trauer» angebracht, die von der «Macht und Zucht des Leides» (S. 30), der Grundbedingung von Idealismus und nationalem Aufschwung, predigen sollen. In einer Krypta, einem Ehrenmal für die Gefallenen, halten riesige Kriegerfiguren auf Schwerter gestützt vor «Masken des Schicksals» Totenwacht. Auf der Zinne der Kuppel stehen noch einmal zwölf riesige Kriegergestalten, die «Hüter der Freiheit und Einheit». An der Außenfront zeigt das Hauptrelief den Erzengel Michael, der mit den Kriegsfurien über ein Leichenfeld fährt. Alle Figuren sind – ein Zeichen der Abkehr vom epigonalen Realismus der Konventionen der Plastik – stark architektonisch stilisiert, sind von einem strengen und schweren Ernst, ja von Trauer geprägt; es gibt keine Triumphgebärde, keine Heldenpose, aber auch keine ruhige Gelassenheit, das Opfer- und Leidenspathos der Weiheschrift ist auch im Bau gegenwärtig. Die Figuren sind ins Mythisch-Kultische und ins Heroische stilisiert: sie sind Träger und Symbol eines von Unendlichkeit und Tragik umwitterten Schicksals. Das Nationalgefühl, das in den Figuren sich repräsentiert finden soll, bekommt so einen deutlich tragischen Einschlag, eine Art Götterdämmerungspathos, und man wird darin zu Recht eine kritische Überwindung des bloßen Macht- und Prestigekults des Wilhelminismus sehen können.

Die Bauform, eine ins Breite gezogene Pyramide, will durch ihre Kolossalität und massive Geschlossenheit und Wucht wirken, die «Breitenentfaltung» der Massen soll die Wirkung des Baues bis «zu mächtigster Gewalt» steigern, das «Titanenwerk» ist «breit und trotzig wie deutsche Heldenart», ist eine Darstellung des «furor teutonicus»[129]. Die Größe und Gewalt der Nation soll in der Bauform anschaulich werden. Damit bleibt das Denkmal architektonisch dem Wilhelminismus, dem Gestus des Imponierenwollens verhaftet; das Denkmal der deutschen Erhebung ist eben auch Denkmal der deutschen Macht. Aber die Bauform ist mehr als Darstellung von Macht und Geschlossenheit, auch sie ist vom schweren und lastenden Ernst der Plastik erfüllt, auch sie bezieht sich auf ein Unendliches, dem sie in festem Trotz entgegentritt. Die Monumentalität der Form dient der Mythisierung der Nation, dem Versuch, das Nationale tiefer im Elementaren, im Jenseits der ratio, im Irrationalen und Absoluten zu verankern, dem Nationalen die Dimension des übermächtig Schicksalhaften und des Kultischen zu geben[130]. Dahinter, so scheint mir, steht wiederum die geheime Angst um die Nation, um ihre Einheit und ihre Substanz, steht ein Ungenügen daran, dass die nationale Wirklichkeit nicht dem unendlichen Anspruch der nationalen Idee entspricht; die angestrengte und überdimensionierte Selbstdarstellung scheint mir ein Versuch, jene Angst und jenes Ungenügen zu überwinden.

Die das Denkmal leitende Idee der nationalen Sammlung zeigt sich endlich darin, wie mit der Bauform das Verhältnis von Individuum und Nation neu bestimmt wird. Das architektonische Denkmal ohne individuelles Standbild will die Beschauer als nationale Gemeinschaft zusammenbinden. Der einzelne soll «die Kleinheit des Ich» erkennen und sich, ohne Distanz und Reflexion, erfüllt von «mystischem Schauer» und «Erhabenheitsgefühl»[131] in die Nation einfügen. In diesem Sinne gehörte es wesentlich zur Idee des Denkmals, dass ihm ein Stadion für ein «deutsches Olympia» angegliedert werden sollte[132].

Die Nation, die sich im Denkmal mit sich selbst identifizieren soll, ist nicht mehr Kultur- und Glaubensgemeinschaft, sondern Kampf-, Schicksals- und Opfergemeinschaft; sie ist nicht mehr in einem konkreten Sinne politisch, nämlich monarchisch und demokratisch verfasste Gemeinschaft, sondern sie ist im Mythos der Innerlichkeit und der – antisozialistisch gerichteten – Solidarität zusammengefasste Nation. Der demokratische Begriff der Nation, der am Anfang der Idee eines Leipziger Denkmals gestanden hatte, ist zum integralen Begriff der Nation geworden, das Denkmal zum Denkmal der nationalen Konzentration, das zwar 1913 durchaus noch den herrschenden politischen Zuständen entsprach, aber davon auch ablösbar war.

Denkmäler der nationalen Sammlung sind zum andern eine Reihe von Bismarck-Denkmälern. Die Bismarck-Denkmäler überhaupt übertreffen an Zahl und Verbreitung durchaus die Zahl der Kaiser-Wilhelm-Denkmäler, insbesondere in Bayern – eines der ersten Turmdenkmäler ist das Bismarck-Denkmal am Starnberger See von 1896/98 – und auch in katholischen Gebieten, ja sie reichen noch über die Reichsgrenze hinaus, etwa ins Sudetenland; und sie sind, anders als die Kaiser-Wilhelm-Denkmäler, weniger Ergebnis einer offiziösen Patriotismuspflege als spontaner Bewegungen[133]. Durch diese Verbreitung waren sie gewissermaßen allgegenwärtig, sie waren offenbar wirklich populär und haben jedenfalls eher als jedes andere sogenannte Nationaldenkmal im Bewusstsein großer Volksteile die Funktion eines eigentlichen Nationaldenkmals ausgefüllt. Auch unter diesen Denkmälern gab es zunächst und vor allem den überlieferten Typ des repräsentativen Statuendenkmals auf einem Sockel, dazu gehört auch noch das vom Reich finanzierte, vom deutschen Volk gestiftete sogenannte Bismarck-Nationaldenkmal von Begas vor dem Reichstag von 1901.

Zum neuen Typus des Denkmals der nationalen Sammlung gehören aber erst die architektonischen Bismarck-Denkmäler, und zwar zunächst die Bismarck-Säulen oder -Türme. Sie gehen auf eine Anregung von Vertretern der deutschen Studentenschaft zurück. In einem Aufruf vom 3. 12. 1898 an das deutsche Volk heißt es: «Wie vor Zeiten die alten Sachsen und Normannen über den Leibern ihrer gefallenen Recken schmucklose Felsensäulen auftürmten, deren Spitzen Feuerfanale trugen, so wollen wir unserm Bismarck zu Ehren auf allen Höhen unserer Heimat, von wo der Blick über die herrlichen deutschen Lande schweift, gewaltige granitene Feuerträger errichten. Überall soll, ein Sinnbild der Einheit, das gleiche Zeichen entstehen, von ragender Größe, aber einfach und prunklos, in schlichter Form auf massivem Unterbau, nur mit dem Wappen oder Wahlspruch des Eisernen Kanzlers geschmückt. Kein Name soll der gewaltige Stein tragen, aber jedes Kind wird ihn deuten können.» «Überall, wo Deutsche wohnen, werdet Ihr dasselbe Wahrzeichen sehen ...» «unsern Nationalhelden nicht im Prunk, sondern einfach und würdig, aber dauernd und gewaltig zu feiern, wie niemals ein Deutscher vor ihm gefeiert worden ist.» «Von der Spitze der Säulen sollen» (am 1. April und «nach altgermanischem Brauch» am 21. Juni) «aus ehernen Feuerbehältern Flammen weithin durch die Nacht leuchten, von Berg zu Berg sollen die Feuer mächtiger Scheiterhaufen grüßen, deutschen Dank sollen sie künden, das Höchste, Reinste, Edelste, was in uns wohnt, sollen sie offenbaren, heiße innige Vaterlandsliebe, deutsche Treue bis zum Tode»[134]. Die Nation, die mit diesem Aufruf angesprochen ist, ist, das ist auffallend, nicht mehr die Staatsnation, sondern die grenzübergreifende Volksnation; und ihre Tradition ist nun ganz stark germanisch akzentuiert. Auch die Form des stadtfernen Bergdenkmals, die als typisch deutsch galt, wird wieder aufgenommen. Die Anregung führte zu einem Wettbewerb, aus dem Wilhelm Kreis als dreifacher Sieger hervorging. Die Bauidee seiner Säulen ist ein steinernes, altarartiges Flammenbecken auf einem gedrungenen quadratischen und blockartigen Unterbau, der – in dem ersten der prämiierten Entwürfe – an den Kanten von vier enggestellten Säulen bestimmt ist, deren Kapitelle mit dem krönenden Mauerviereck verwachsen sind. Der Sinn dieser architektonischen Form war es einmal, spezifisch nationale, deutsch-germanisch stilisierte Denkmäler zu bauen, zum zweiten, das Individuum Bismarck zum Symbol, zur mythischen Figur der nationalen Einheit zu erhöhen und darum von seiner konkreten Individualität als Figur gerade abzusehen; die Nation sollte in einer gedrungenen, schlichten und ernsten Form, in der Form der Sammlung und Konzentration angesprochen und repräsentiert werden. Schließlich sollte die einfache architektonische Form selbst Gemeinschaft stiftend wirken: die Denkmäler aktualisieren ihren Sinn erst durch gemeinsame Handlungen, Feuer und Feste; der individuelle Betrachter wird durch den in eine Gemeinschaft hineingebundenen Festteilnehmer ersetzt, dem überindividuellen Gegenstand sollte der nicht mehr individuelle Adressat entsprechen[135].

Im übrigen aber hat es auch noch viele andere Formen von Bismarck-Säulen und -Türmen gegeben, deren nationalpolitische und -pädagogische Bauidee in dieselbe Richtung wies, wenn sie auch im allgemeinen architektonisch weniger geglückt waren als die Kreisschen Säulen. Die Tatsache, dass diese Säulen vielfach zu Aussichtspunkten wurden, konnte ihrem patriotischen Sinn zunächst keinen Abbruch tun.

Dann gehört in den Zusammenhang der Denkmäler der nationalen Sammlung das große Hamburger Bismarck-Denkmal von Schaudt und Lederer (1901–1906), das weit über seinen regionalen Ausstrahlungsbereich hinaus schon bald die «Stellung eines Nationaldenkmals errungen hat»[136]. Das Denkmal stellt Bismarck als Roland dar und knüpft damit an die deutsche mittelalterliche Tradition der Rolands-Säulen an. Freilich, es ist im Unterschied von den Vorbildern nicht eigentlich Stadtdenkmal, es liegt isoliert halblandschaftlich auf einer Anhöhe über dem Hafen, am Aus- und Eingang

Deutschlands zur Welt, weithin sichtbar. Sein Raum ist nicht ein Platz, sondern wie bei den Bergdenkmälern eigentlich der Himmel. Und es hat, abgehoben vom Stadtkern, einen autonomen Maßstab, es konkurriert, obwohl mit insgesamt 23 m nicht extrem hoch, durch seine in die Ferne wirkende Silhouette mit den Kirchtürmen der Stadt. Die menschliche Figur ist ins Riesenhafte, auf 15 m, gesteigert und zu einer monumentalen architektonischen Form stilisiert: Bismarck ist mit gepanzerter Rüstung umkleidet, die Hände liegen vor der Brust auf dem Griff des zur Ruhe gestellten Schwertes, von der Schulter fällt ein Mantel in schweren Falten herab und endet in zwei am Sockel sitzenden Adlern; die Figur ruht so in ihrer Größe und Mächtigkeit ganz in sich. Alle menschlich individuellen und zeitlich historischen Züge sind in eine übermenschlich zeitlose Objektivität, ja in eine archaische Starrheit aufgehoben. Die durchgehaltene vertikale Symmetrie und die als Material verwandten Granitquader verstärken die blockartige, geschlossene Wirkung. Die Statue ist zum Turm geworden.

Diese Form galt vielen Zeitgenossen als ausgesprochen deutsch. «Schlichtheit und Geschlossenheit», «Wucht und Größe» zeichneten das Werk aus, «es ist das die entschlossene Abkehr von der eingerissenen Veräußerlichung der Kunst, ihrer Abhängigkeit von der Nachahmung des Fremdländischen in Vergangenheit und Gegenwart, das Ringen nach Schlichtheit, Innerlichkeit und Kraft, kurz nach einer, manchmal zwar noch etwas ungeschlachten, aber doch ausgesprochen deutschen Eigenart in Wurf und Werk»[137]. Endlich schien einmal in einem Denkmal der nationale Gehalt auch in einer spezifisch nationalen Form ausgedrückt zu sein.

Der politische Sinn der Denkmalsform war es, die Person Bismarcks ins Heldenhafte und Ideale zu steigern, ja ihn zum mythischen Symbol zu erheben[138]. Bismarck war nicht nur, sondern er ist – gegenwärtig und immer – der Hüter des Reiches und wird es bleiben. Seine Kraft und Unerschütterlichkeit wird zum Symbol der Kraft und Unerschütterlichkeit des Reiches, der Einheit und Geschlossenheit des deutschen Volkes[139]. Die Form des Denkmals macht ein distanziertes und reflektiertes Verhalten des Betrachters, wie es allen Porträts und allen Allegorien gegenüber unvermeidlich ist, unmöglich: der Betrachter wird in den Bann des monumentalen

Denkmals einbezogen und damit in die Unerschütterlichkeit des Reiches, in die Geschlossenheit des Volkes. Dabei steht Bismarck da ohne triumphierende Geste, ohne drohende oder «provozierende Züge»[140], wie sie vom Hermanns-Denkmal bis zu den Kaiser-Wilhelm-Denkmälern vielfach üblich waren, in gesammelter Ruhe, ohne Bezug auf einen konkreten Feind. Freilich, so scheint mir, er steht in seiner übermenschlichen Starre und seinem schweren Ernst, in seinem isolierten Aufragen in den Himmel doch in einem Gegenüber, und zwar in einem Gegenüber zur Unendlichkeit, hinein in eine Unendlichkeit, unmittelbar zu einem Absoluten, und von daher stammt die Haltung des eigentümlich festen Trotzes, der die Figur auszeichnet. Diese Haltung überträgt sich auf den Betrachter, und sie meint die Nation: auch die Nation hat einen solchen Stand im Absoluten, auch sie ist von Ernst und Gefahr umwittert. Der heroisch-tragische, schicksalsbestimmte Nationalismus korrespondiert der Forderung der nationalen Konzentration. Beides ist im Denkmal Gestalt geworden.

Auch in den Planungen für ein Bismarck-Nationaldenkmal, das 1915 bei Bingerbrück errichtet werden sollte, kamen ähnliche Tendenzen zum Ausdruck. Zwar hat eine maßgebliche Gruppe des künstlerisch interessierten Publikums sich entschieden gegen alle heroisch-monumentalen Entwürfe, gegen allen substanzlosen Größenwahn und allen pseudoteutonischen Stil, gegen alle Götzenbilder gewandt, und die Jury hat einen fast klassizistischen, zurückhaltenden, eher idyllisch-lyrischen Entwurf mit der Gestalt eines jünglinghaften Siegfried in einem an frühgeschichtliche Bauformen erinnernden Steingehege prämiiert. Aber nach erbitterten Konflikten und einer schier unendlichen öffentlichen Diskussion wurde ein revidiertes Projekt von Kreis und Lederer zur Ausführung bestimmt, dessen Bau- und Formidee der der Bismarck-Säulen und des Hamburger Bismarck-Denkmals grundsätzlich entspricht, wenn es auch auf die zunächst geplanten riesigen Dimensionen verzichtete und im ganzen differenzierter und klassizistischer geworden ist. Aber, und das ist für unseren Zusammenhang wichtiger, jenseits solchen Streites um den Stil tendierten alle Richtungen doch dahin, Bismarck zur nicht mehr individuellen, mythisch-symbolischen Gestalt zu erhöhen, in die die Nation ihre Hoffnungen und Erwartungen und ihr Vertrauen legen konnte, tendierten alle Entwürfe dahin, das Denkmal zum (Fest-)Ort der nationalen Gemeinschaft zu machen. Auch die Gegner des monumentalen Stils blieben Anhänger der nationalen Sammlung.

Das Gemeinsame dieser Bismarck-Denkmäler und Entwürfe ist also die Erhebung Bismarcks zu einem schützenden und gemeinschaftsstiftenden Ursymbol der Nation jenseits aller Rationalität und Individualität des Politikers Bismarck. Das Selbstverständnis der Nation, die sich in diesen Denkmälern zu finden sucht, bekommt einen irrationalen mythischen Zug. Politisch liegt das neue Nationalbewusstsein jenseits der Unterscheidung nationalmonarchischer und nationaldemokratischer Tendenzen. Die Nation ist die geschlossene Gemeinschaft des Volkes, geeint in der parteien- und klassenübergreifenden und darum antisozialistischen nationalen Sammlung, orientiert an einem Gründer und Führer. Sinn und Ziel der nationalen Einheit ist die Behauptung, nicht die Erweiterung der Macht und die Behauptung des idealen Wesens der Nation. Die Macht aber und das Wesen der Nation, ihr Ernst und ihre «Tiefe», scheinen gefährdet. Hinter den Bismarck-Denkmälern steht nicht nur ein künstlerischer, sondern auch ein politischer Protest gegen den Wilhelminismus, gegen Pathos und Prestige, Veräußerlichung und Renommiersucht. Dahinter noch aber steht eine Unsicherheit, eine geheime Angst vor der Auflösung der Volksgemeinschaft und dem Machtverlust in einer glücklosen Weltpolitik. Der dem Begriff der Nation in Deutschland inhärente dynamische Bezug, dass Nation nicht ist, sondern ständig erst wird, und dass das deutsche Nationalgefühl darum ständig intensiviert werden müsse: das kommt auch und gerade in der Bewegung für die Bismarck-Denkmäler zum Ausdruck.

VII.

Wenn wir zusammenfassend auf die behandelten Typen des Nationaldenkmals und die Fülle der ihnen zugeordneten einzelnen Denkmäler und Entwürfe zurückblicken, so ergeben sich einmal eine Reihe positiver und negativer Gemeinsamkeiten: es ergeben sich Merkmale, die das deutsche Nationaldenkmal als ein einheitliches Phänomen begreifen lassen. Die Idee des Nationaldenkmals ist in der Zeit und unter dem Eindruck der Französischen Revolution und der Freiheitskriege entstanden, und zwar in einer Mehrzahl von Ausprägungen, und die Idee wie die Ausprägungen der Entstehungszeit haben die Geschichte des Nationaldenkmals in Deutschland ein Jahrhundert lang fast durchweg bestimmt oder doch mitbestimmt. Die Anschauung war dem Jahrhundert noch eine lebendige Wirklichkeit und Kraft, ja die Kunst gewann gerade innerhalb der Wertordnung des gebildeten Bürgertums einen besonders hohen Stellenwert; nach Kirche, Rathaus und Schloss wurde nun in dem vom Bürgertum geprägten Jahrhundert das Denkmal neben Museum und Theater zum repräsentativen öffentlichen Bau. In diesen Zusammenhang gehört die Idee des Nationaldenkmals. Es sollte Symbol der nationalen Identität sein: und von ihm her sollte ein immer erneuter Anstoß zum Gewinnen und Befestigen der Identität ausgehen, es hatte einen spezifischen nationalpädagogischen Sinn, einen dynamischen Anspruch, wie er der Struktur des neueren Nationalismus entsprach. Und da im Zeitalter des Nationalismus die Nation in die Reihe der höchsten Werte einrückte, ja zum innerweltlich höchsten Wert werden konnte, war mit der Idee des Nationaldenkmals vielfach mehr oder minder explizit die Idee eines nationalen Kultes verbunden, und auch die Bauform der Denkmäler enthielt kultische Züge, Reminiszenzen und Ansprüche. Die Verbindung der Idee des Nationaldenkmals mit religiösen Elementen – Nationalkirche und Nationaltempel – oder die am Jahrhundertanfang wie am Jahrhundertende bestimmende Tendenz, die im Denkmal dargestellten Personen oder Ereignisse mythisch zu erhöhen, und damit die Nation selbst, oder die zahlreichen Berufungen auf die germanische Urgeschichte gehören in diese Richtung; nur in der Zeit des historistisch geprägten Individualdenkmals und des nichtarchitektonischen allegorischen Denkmals, von Rauchs Friedrichs-Denkmal bis zum Niederwalddenkmal, treten diese kultisch mythischen Züge zurück oder werden in den Historismus aufgehoben; das Hermanns-Denkmal allerdings hält trotz seiner Form durch die Wahl seines Helden die mythische Dimension offen. Schließlich gehört in diesen Zusammenhang die fast durchgängige Vorliebe für das stadtferne Denkmal, das Bergheiligtum, in ihr zeigt sich, wie Nation und Geschichte jenseits der Zivilisation in einem übergeschichtlichen Grund festgemacht werden, indem sie in einen «tieferen» Bezug zu der religiös verklärten Natur, die zum Abbild der Unendlichkeit und zur eigentlichen Region der Seele, ja der deutschen Seele wird, gestellt werden. – Aber, das ist nun die negative Gemeinsamkeit, das Nationaldenkmal ist in Deutschland fast das ganze Jahrhundert hindurch mehr Idee und Anspruch als anerkannte Wirklichkeit. Im mittelpunktlosen Land hat es keinen eigentlichen Ort, die Denkmäler bleiben diffus über das Land verstreut, jeder Ortswahl haftet etwas Künstliches an, erst mit der Allgegenwart der Bismarck-Denkmäler scheint dieses Problem gelöst. Der nationale Stil als Ausdruck der im Denkmal präsenten nationalen Idee blieb in einem Jahrhundert, das mit dem Klassizismus begann und ihn dann durch eine immer noch ansteigende Stilunsicherheit und einen dementsprechenden Stilpluralismus ersetzte, eine Illusion, so sehr sich Künstler und Kritiker darum bemühten. Das «Nationale» ist darum niemals unbestritten zur künstlerischen Form geworden. Vor allem aber blieb der Inhalt des Nationaldenkmals problematisch. Die Vielzahl der in Deutschland lebendigen staatlichen, kulturellen, historischen und politischen Traditionen und der Streit um diese Traditionen haben bewirkt, dass wiederum bis fast zum Ende des Jahrhunderts kein Ereignis und keine Person, keine Allegorie und keine Sammlung der großen Deutschen eindeutig den Rang eines nationalen Symbols errungen hat. Die Einheit der Ereignisse, in denen die nationale Bewegung gründete, der Freiheitskriege, zerrann in der partikularstaatlichen Wirklichkeit und der Mehrzahl der Auslegungen; selbst die Reichsgründung, die für alle zum nationalen Ereignis geworden war, blieb in ihrer Deutung umstritten, die liberalmonarchischen, die dynastischen, die machtstaatlichen und die integral-nationalen Momente standen nebeneinander und gewannen – trotz mancher Kompromisse – in verschiedenen Denkmalsgruppen Gestalt: Niederwalddenkmal, Kaiser-Wilhelm-Denkmäler und Bismarck-Türme beziehen sich eben ganz verschieden auf die Reichsgründung. In den Denkmälern, die Nationaldenkmäler zu sein beanspruchten, treten so die gegensätzlichen Ausprägungen des deutschen Nationalbewusstseins zutage: das national-monarchische, das nationaldemokratische, das nationalchristliche und das nationalkulturelle Bewusstsein; das Unterschiedliche ist gleichzeitig. Gerade darum aber konnte kaum eines den Anspruch, Symbol der nationalen Integration zu sein, real erfüllen. Und als in den Bismarck-Denkmälern die gegensätzlichen nationalen Traditionen zu verschmelzen schienen, war die nationale Einheit durch Sozialistengesetz und Klassenkampf erneut zerspalten: diese Denkmäler richteten sich gerade gegen einen Teil der Nation, auch ihr Anspruch auf nationale Repräsentanz blieb fragwürdig.

Neben diesen Gemeinsamkeiten in Idee, Wirklichkeit und Problematik der Nationaldenkmäler lassen sich Linien der historischen Entwicklung und Veränderung feststellen. Es ändert sich die Gestalt des Denkmals. Auf die symbolischen Architekturen des Klassizismus und der Romantik folgen die historistisch individuelle Porträtplastik und die plastische Allegorie, und sie werden schließlich wieder – getrieben vom Willen zur Überwindung des epigonalen Realismus und vom Zug zum Pathetischen oder Heroisch-Monumentalen – von einer symbolischen Architektur oder einer architektonischen Stilisierung des Porträts abgelöst. Es ändert sich der Adressat des Denkmals: an die Stelle des Individuums tritt die Masse oder die Gemeinschaft, an die Stelle der Gebildeten das politisierte Volk, zunächst das Volk der liberal-bürgerlichen Gesellschaft, dann das Volk der nationalen und antisozialistischen Sammlung. Darin zeigen sich das Ausgreifen der nationalen Bewegung auf das ganze Volk wie die Verschiebungen, die im Verhältnis von Individuum und Gemeinschaft im Liberalismus und im Nationalismus vorgegangen sind. Vor allem schließlich verschieben sich die Inhalte. Trotz der lange bestehenden Gleichzeitigkeit der unterschiedlichen Nationalideen und -traditionen, trotz der Pluralität der symbolwürdigen Ereignisse, Ideen und Gestalten gibt es eine Entwicklung: was in den nicht nur projektierten, sondern faktisch gebauten Denkmälern dominiert, das ändert sich im Laufe des Jahrhunderts deutlich. Bis zur Reichsgründung ist, wenn man von den partikularstaatlichen Denkmälern absieht, im wesentlichen nur das nationalkulturelle Denkmal wirklich gebaut worden, Kultur und Geschichte bestimmen vorrangig das Wesen der Nation; die Ideen der nationalen Kirche und des nationaldemokratischen Denkmals blieben Ideen oder kamen über Ansätze nicht hinaus, das staatenbündisch-föderalistische Denkmal, die Kelheimer Befreiungshalle, bildet eine Ausnahme. Mit der Reichsgründung wird die Politik – genauer die Verfassungsfrage – für das Nationaldenkmal prägend, die monarchische und die demokratische Integration werden für das Wesen der Nation konstitutiv und damit zum Symbol der Repräsentation: die Monarchie ist nun erst mit der gesamtnationalen Bewegung verbunden, und diese ursprünglich liberal-demokratische Bewegung ist aus der Opposition herausgetreten, ist staatlich-institutionell legitimiert. Die monarchisch-demokratischen Kompromissdenkmäler der 70er und 80er Jahre, die zuerst die gegensätzlichen Nationalideen zu versöhnen suchten, und die etwas künstlich inaugurierten nationalmonarchischen Denkmäler des Wilhelminismus bezeugen die Bedeutung, die die verfassungsmäßige Ordnung für die Identität der Nation gewonnen hat. Gleichzeitig spielt das Machtmoment eine größere Rolle und drängt die Feier demokratischer Freiheit oder monarchischer Ordnung zurück, die Nation versteht sich mehr als Machtgebilde und findet Einheit und Wesen in ihrer Macht. Am Ende dieser Entwicklung steht schließlich, ältere Traditionen verschmelzend und umbildend, das Denkmal der nationalen Sammlung, in dem der pathetische Machtgestus des Wilhelminismus schon wieder zurückgenommen wird. Freilich bleibt die Macht wesentliches Element der Identitätsfindung, dazu aber tritt die Idee der blockartigen Geschlossenheit der Nation und die Neuorientierung an einem – allerdings vagen – Komplex innerer Werte. Die heroische Stimmung der Denkmäler dieses Typus aber zeugt von einem Gefühl der inneren und äußeren Bedrohtheit der Nation, das den Erfahrungen der glücklosen Welt- und Klassenpolitik korrespondierte, auch in der ruhigen Unerschütterlichkeit der Bismarck-Denkmäler ist das Nationalgefühl noch nicht in eine ruhige Gleichgewichtslage gekommen. Auch und gerade an diesem Typus der «geglückten» Nationaldenkmäler wird darum die Problematik von Nationalidee und Nationalbewusstsein in Deutschland deutlich.

6.

GRUNDPROBLEME DER DEUTSCHEN PARTEIGESCHICHTE IM 19. JAHRHUNDERT

Bei dem Versuch[1], das Spezifische der Parteientwicklung in Deutschland im 19. Jahrhundert greifbar zu machen, verzichte ich darauf, chronologisch zu beschreiben, wie aus schwachen Ansätzen am Anfang des Jahrhunderts bis 1914 ein differenziertes Parteisystem sich ausgebildet hat; das ist eine allgemeine Entwicklung der von liberaldemokratischen Ideen beeinflussten und vom Prozess der Industrialisierung und der sie begleitenden Klassenbildung betroffenen Länder. Ich verzichte auch darauf, das spätestens seit den 40er Jahren in Deutschland kontinuierlich bestehende Fünfparteiensystem – konservative, katholische, liberale, linksliberal-demokratische und sozialistische Parteirichtung – im einzelnen zu besprechen, wesentliche Gründe, die zu dieser besonderen Differenzierung geführt haben, werden sich aus den folgenden Erörterungen ergeben. Ich frage vielmehr nach den eigentümlichen Strukturen des Parteiwesens und der Parteien in Deutschland und nach den Voraussetzungen und den Bedingungen für diese Strukturen. Und zwar behandele ich die folgenden Faktoren und ihre Bedeutung für das deutsche Parteiwesen:

1. Idee und Theorie;
2. die Konfessionsspannungen;
3. die nationale Frage;
4. und 5. die staatliche Ordnung, nämlich
   4. die bürokratische Reform und
   5. die obrigkeitsstaatliche Verfassung;
6. die gesellschaftlichen Grundlagen.

Die Isolierung dieser Bedingungskomplexe ist selbstverständlich künstlich, in der durch diese Faktoren konstituierten Wirklichkeit der Parteien sind sie unlöslich miteinander verflochten, darum ist auch die Reihenfolge der behandelten Komplexe in gar keiner

Weise – weder auf- noch absteigend – eine Rangfolge; darauf kann aber im folgenden nur gelegentlich hingewiesen werden.

Zwei Vorbemerkungen scheinen mir noch wesentlich: a) Bei der Frage nach solchen durchgängigen Strukturmerkmalen kann man die Frage nach dem Schicksal der Demokratie in Deutschland, der späten und – in der Weimarer Zeit – nicht gelungenen Demokratisierung nicht ausklammern; ich glaube nicht, dass es sich dabei um eine vordergründige und unhistorisch wertende Gegenwartsperspektive handelt: denn es ist gerade der Erklärung bedürftig, warum der Versuch des größten Teils der Parteien, eine fundamentale Umbildung der politischen Herrschaftsstruktur in Deutschland durchzusetzen, gescheitert ist, warum die Parteien am Ende des 19. Jahrhunderts zwar konsolidiert sind, aber weder im Staat noch in der politischen Gesellschaft eine entscheidende Position hatten, warum das politische System vor 1914 Funktionsmängel aufwies und welche historischen Voraussetzungen sich für das Scheitern der Weimarer Republik aus der Geschichte der deutschen Parteien ergeben. Man muss sich aber hüten, der Geschichte der Parteien und der Demokratie in Deutschland von dem Ereignis 1933 her einen falschen Schein von Notwendigkeit zu geben und ihre Offenheit in allen entscheidenden Situationen zu leugnen. Eine gerechte und das heißt auch zeitgerechte Beurteilung wird sich freilich erst dann ergeben, wenn man diese Strukturanalyse im europäischen Vergleich durchführt. b) Ich setze hier einen relativ weitgefassten Parteibegriff voraus und verstehe daher unter Partei nicht erst und nicht nur mehr oder minder straff organisierte politische Zusammenschlüsse, die sich auf Wahlen und Wirksamkeit in Parlamenten orientieren, wie es sie in großem Maß in Deutschland erst 1848 und dann seit den 60er Jahren gegeben hat. Von einer Partei will ich auch beim Fehlen einer Organisation dann sprechen, wenn wir es mit einer politisch, d. h. auf die staatliche und öffentliche Willensbildung gerichteten Gruppe zu tun haben, die durch ein eigenes und abgrenzendes Selbstverständnis, ein Selbst- und Wirbewusstsein charakterisiert ist; im allgemeinen haben sich im frühen 19. Jahrhundert solche Gruppen um Zeitschriften (z. B. die Historisch-Politischen Blätter), um bestimmte Literaturwerke (z. B. Haller oder Rotteck-Welcker), aus Anlass von Festen (z. B. Hambacher Fest) oder in gesellschaftlichen Zirkeln gebildet. Die Grenzen bleiben bei dieser offenen Gruppenbildung natürlich fließend, aber programmatische politische Tendenz und Gruppenbewusstsein erlauben es m. E., schon im frühen 19. Jahrhundert von Parteien zu sprechen.

1. Ich beginne mit einem anscheinend konventionellen Thema und behandele die Bedeutung von politischen Ideen und Ideologien für die deutschen Parteien; dabei wird der Begriff Ideologie nicht in dem von Marx und der Ideologiekritik benutzten engeren Sinne – als Ausdruck oder Überbau wirtschaftlicher, sozialer oder politischer (Macht)Interessen – verwandt, sondern in dem von Napoleon aufgebrachten und heute üblichen weiteren Sinne eines theoretischen, philosophisch oder historisch fundierten Gesamtentwurfs, eines Komplexes von Ideen.

Zunächst das Phänomen: Die deutschen Parteien im 19. Jahrhundert sind, das haben schon kritische Zeitgenossen bemerkt und seither wiederholen es die Historiker, verglichen mit den Parteien anderer Länder in besonderem Maße an Prinzip und Doktrin, Theorie und Idee gebunden, oder, auf weniger reflektierter Ebene, an Gesinnung und «Weltanschauung». Auf das Verhältnis von Idee und Interesse wird selten und spät erst reflektiert, die Forderungen des Tages spielen, solange jedenfalls die Parteien keine konsolidierte Macht waren, keine dominierende Rolle: für das Selbstverständnis der Parteien sind die Ideen maßgebend. Das Politische hat ein spezifisch deutsches Pathos weltanschaulich-philosophischer Tiefe; noch die Debatten über die Frage des Schutzzolls in den späten 70er und den 80er Jahren z. B. werden ganz explizit im Namen von Weltanschauungen und ethischen, kulturellen oder gar metaphysischen Werten geführt und damit auf eine grundsätzliche Ebene des Kampfes um letzte Überzeugungen gehoben. Im frühen 19. Jahrhundert haben sich die Parteien in Deutschland bekanntlich im Anschluss an philosophische Denker formiert, und in staatsphilosophischen Theorien haben sie sich immer wieder ihrer selbst vergewissert. Das gilt nicht nur für Liberale und Sozialisten, also zunächst relativ machtlose Gruppen des Bildungsbürgertums und der Intelligenz. Auch die konservative Partei, also eine traditionell mächtige und antiideologische Gruppe, ist nicht einfach aus ständisch-feudalen oder gar gouvernementalen Traditionen entstanden, sondern im Zusammenhang mit der Lehre Hallers und der Romantiker; erst Stahl hat sie durch philosophische Begründung zur vollentwickelten Partei umgeformt, auch sie hat aus der urkonservativen Gegnerschaft gegen alle Doktrinäre eine Doktrin entwickelt. Und bei der Begründung des politischen Katholizismus durch J. Görres (1838) spielt wiederum die theoretische Etablierung des Zusammenhangs von Konfession und Partei eine entscheidende Rolle.

Besonders deutlich wird diese Orientierung an Theorie und Idee, zumal in der Frühzeit der Parteien, in ihrem zwiespältigen Verhältnis zur Praxis, zur politischen Aktion. Luthers Glaube, dass das Wort allein, «ohne Hand», sich durchsetzen werde, und seine Trennung der zwei Reiche wiederholen sich in anderen Gestalten. Für Hegel und viele ältere Liberale z. B. war eine Revolution in Deutschland überflüssig, weil die Reformation als die Revolution von innen die Wahrheit bereits im Bewusstsein der Menschen innerlich begründet habe: sie werde sich in Staat und Gesellschaft, in den Institutionen, auf die Dauer von selbst durchsetzen, das zeichne die deutschen Verhältnisse sowohl vor den «abstrakten» Verhältnissen der romanischen, wie den pragmatischen der angelsächsischen Länder aus. Und von dieser Auffassung ist das Verhältnis des deutschen Bürgertums zur Revolution tief bestimmt worden; man glaubte, dass die Theorie sich, wenn sie nur zur Überzeugung immer größerer Kreise werde, von selbst durchsetzen würde. Ähnlich haben später Teile des von Kautsky bestimmten marxistischen Zentrums innerhalb der Sozialdemokratie an die revolutionäre Kraft der richtigen Theorien und der bloßen Bewusstseinsbildung des Proletariats geglaubt, das waren die entscheidenden Faktoren für den Weg zur Macht. Jean Jaurès hat das 1904 gegenüber den deutschen Sozialdemokraten angesprochen: «Hinter der Starrheit Eurer theoretischen Formulierungen, die Euch Genosse Kautsky bis ans Ende seiner Tage liefern wird, verbergt Ihr, dass Ihr unfähig seid zu handeln.» Aber auch ohne solches Vertrauen in die Theorie blieb das Verhältnis zur Praxis eigentümlich gebrochen. Dass «Verwirklichung» nicht nur eine – wie überall in der Welt – politische und aktuelle Selbstverständlichkeit, sondern seit den Junghegelianern ein Grundproblem des parteipolitischen Denkens jedenfalls aller linken Parteigruppen in Deutschland gewesen ist, über das Theoretiker theoretische Abhandlungen schrieben, kennzeichnet diesen Sachverhalt.

Wo Politik nicht nur bedacht, sondern in Parlament und Öffentlichkeit praktisch getrieben werden musste, dominierten gemäß dieser Ausgangslage lange Zeit Grundsätze und Prinzipien. Die Abgeordneten demonstrierten vielfach ihre Überzeugung, demgegenüber erschien das Ausnutzen realer Machtchancen, erschienen Teilerfolge weniger wichtig, ja suspekt, ein Phänomen, das die rechtsliberalen Kritiker seit der Mitte des Jahrhunderts – aber auch auf linksliberaler Seite noch Naumann und Barth – besonders und nicht ganz ohne Grund betont haben. Es gab infolgedessen wenig Kompromissbereitschaft unter den deutschen Parteien, der Kompromiss hatte noch für Eugen Richter durchaus etwas Kompromittierendes. Das Verhältnis der Parteien zur Wirklichkeit war, das ist entscheidend, auf diese Weise unsicher und gestört. Die Grundsätze standen der Wirklichkeit hart gegenüber und (oder) waren ihr übergeordnet, ja waren über sie hinaus. Auch im späteren 19. Jahrhundert spielt die ideelle Orientierung der Parteien noch eine wichtige Rolle: die Formulierung und Umformulierung programmatischer Erklärungen, das Einfügen neuer Ziele in eine bestehende Theorie, die sie erst rechtfertigt, das beschäftigt Parteianhänger, Parteijournalisten, Parteitage noch bis ins 20. Jahrhundert hin. Noch um 1900 gehört es zum üblichen Wahlkampfstil, einen Kandidaten nach seinem politischen, ja nach seinem wirtschaftspolitischen «Glaubensbekenntnis» zu fragen. Für die Linksparteien mit ihren «Orthodoxien» und Häresien ist dieses Phänomen ja besonders evident. Eugen Richter, Prototyp und «talentiertes Unglück» des deutschen Linksliberalismus, führte den politischen Kampf, so bemerkte ein kritischer Beobachter[2], wie eine wissenschaftliche Diskussion ohne jede Rücksicht auf die politischen Folgen; und welche Bedeutung die Lehre von Marx, die das Proletariat als den allgemeinen Stand deutete und damit das Klasseninteresse zur Idee umformte, für die Arbeiterbewegung hatte, welche Rolle die diese Lehre verwaltenden und die Wirklichkeit von ihr her interpretierenden Theoretiker spielten, welche Funktion ihre theoretischen Formeln für Entwicklung und Zusammenhalt der sozialdemokratischen Partei hatten – das ist ja allbekannt. Fundamental für dieses Phänomen war natürlich das Gegenüber von Regierung und Parteien. Solange dieses Gegenüber andauerte, blieb auch die praktische Politik prinzipiengeleitet, und für alle Parteien stellte das Abweichen von den noch immer in Programmen und Erklärungen konkret formulierten Prinzipien ein Problem dar. Freilich scheint es, als ob wie überall, so auch in Deutschland, bei den Rechtsparteien solche Bindung an Prinzip und Doktrin zurückgetreten sei, gerade die liberale Mitte hat sich ja von Haym über Rochau und Baumgarten bis zu Miquel im Kampf gegen die Prinzipienpolitik neu formiert. Aber ich glaube zeigen zu können, wie stark auch diese Wendung ideenbestimmt war und wie stark auch diese nach rechts rückenden Gruppen ideologieverhaftet blieben, obschon die ausformulierten Grundsatzprogramme zurücktraten. Ehe wir diese allgemeine ideelle Orientierung etwas stärker differenzieren, fragen wir nach den Ursachen dieses Phänomens.

Warum hatten die Ideologien eine so besondere Bedeutung für die deutschen Parteien? Zunächst kann man allgemein darauf hinweisen, dass im Prozess der Ausbildung der bürgerlichen Gesellschaft die Tendenz auftritt, Angriffs- und Verteidigungsideologien zu bilden; diese Tendenz wurde in Deutschland deshalb spezifisch verstärkt, weil parteibildend zunächst nicht starke soziale Gruppen mit praktischen Zielen waren, sondern Intelligenz und gebildetes Bürgertum, also Gruppen, die anfangs keine starke Position in der Gesellschaft hatten; weil die Parteien in dem konkreten Handlungsraum der Partikularstaaten unbefriedigt und überhaupt innerhalb der politischen Systeme im Deutschland des frühen 19. Jahrhunderts relativ machtlos blieben; schließlich – und das hängt natürlich mit den erwähnten Gründen zusammen –, weil die Parteibildung in Deutschland wesentlich durch die Französische Revolution ausgelöst worden ist: das bedeutet durch eine überwiegend theoretische Erfahrung und eine Erfahrung mit Theorien. Von diesen Gründen wird im Einzelnen noch zu reden sein.

M. E. reichen aber diese Verweise auf allgemeine Bedingungen der Parteibildung in einer erst entstehenden bürgerlichen Gesellschaft und auf besondere politische und soziale Bedingungen des 19. Jahrhunderts, zumal auf die maßgebliche Rolle der Intelligenz und der Bildungsschicht nicht hin, die Bedeutung der Ideologie für die deutschen Parteien zu begreifen.

Man sollte vielmehr, das kann ich hier in Fortführung von Ansätzen etwa E. Troeltschs, Helmuth Plessners und E. Rosenstocks nur gerade andeuten, noch auf ältere Strukturen der deutschen Geschichte zurückgreifen, und zwar auf die Begründung einer spezifisch deutschen intellektuellen Tradition und Mentalität durch die Reformation und besonders durch Luther. Indem ich diesen Komplex zur Erklärung eines spezifischen Charakters der deutschen Parteien heranziehe, bewege ich mich freilich im Bereich von Hypothesen, die nicht endgültig zu beweisen oder zu widerlegen sind. Ein heuristischer Wert kommt ihnen aber jedenfalls zu.

Der Ort der Wahrheit, der Wahrheit über das Leben, die Welt, die Gesellschaft, ist seit Luther das durch die Schrift betroffene Gewissen des einzelnen. Das ist natürlich gemeinprotestantisch. Spezifisch aber für Deutschland ist es, dass diese Betroffenheit allein durch das Wissen der theologischen Wissenschaft ausgeformt und gehalten ist. Nicht die Institution Kirche oder die Gemeinde, sondern die Theologie expliziert und interpretiert die Wahrheit. Deshalb ist die Universität durch die Reformation die zentrale Institution geworden, die – anders als in Westeuropa – die deutsche Kultur, die intellektuelle Orientierung und das Bewusstsein der Deutschen geprägt hat. In den deutschen Partikularstaaten hat sich dann das bekannte Wechselverhältnis von Obrigkeit und Theologie entwickelt und über alle Brüche der Praxis hinweg Lehre und Politik miteinander verbunden. Und weil es für die einzelnen in dem pluralistischen Mit- und Gegeneinander der deutschen Universitäten eine – durchaus eingeschränkte, aber doch immer wieder aktuelle – Freiheit gab, die Universität zu wählen und zu wechseln und gegebenenfalls auch das Land zu wechseln, war die theologische Doktrin einer Universität nicht einfach ein Zwang, sondern etwas, was man frei gewählt und internalisiert hatte. Darum haben Schrift und Buch, Wissenschaft und Lehre in Deutschland eine so starke religiöse Fundierung, darum spielen sie für die Interpretation von Leben und Welt eine so bedeutende Rolle. Das hat sich auf die Säkularisationsgeschichte des deutschen Geistes ausgewirkt. Der deutsche, wesentlich lutherische Protestantismus hatte die religiösen Energien der Laien zwar ständig bewegt, aber nicht wie in den reformiert geprägten Ländern in der Kirche organisiert, diese Energien blieben in der Amts- und Theologenkirche funktionslos, sie wurden in eine innerweltliche Geistigkeit abgedrängt. Das ist der Grund, warum die deutsche Kultur und Mentalität im späten 18. und im frühen 19. Jahrhundert einen quasi-religiösen, quasi-theologischen Zug gewann. Zu einer entschiedenen Trennung des säkularen Denkens von der Theologie kam es gerade nicht. Das wurde überdies, ein bisher kaum berücksichtigter Gesichtspunkt, durch die Selbstentfaltung der lutherischen Universitätstheologie seit dem 18. Jahrhundert begünstigt: sie hat die Umformungsprozesse des modernen Denkens wie kaum anderswo in sich selbst ausgetragen oder aus sich entlassen, sie ist für die Entbindung und Entfaltung der Modernität und z. B. auch des liberalen Parteiwesens von entscheidender Bedeutung gewesen. Theologisch-philosophische Spekulation blieb auch für die nicht-theologische Bildung und ihre Träger prägend, wie zahlreiche Biografien konservativer und liberaler Politiker, der Pfarrerssöhne und der ehemaligen Theologiestudenten, erweisen können. Diese Tradition hat m. E. die Tendenz, politische Ideen philosophisch zu legitimieren, begünstigt, von daher lässt sich zu einem guten Teil erklären, warum Theorie und Doktrin im deutschen Parteiwesen eine so große Bedeutung gehabt haben.

Haben wir einige historische Bedingungen für das in Rede stehende Phänomen angegeben, so vergegenwärtigen wir uns nun einige typische Abwandlungen dieser ideellen Orientierung, die innerhalb der einzelnen Parteien oft sich überkreuzend festgestellt werden können. Am augenfälligsten und vielleicht ursprünglichsten ist die ideelle Orientierung natürlich beim echten und einfachen Doktrinarismus. Mit der rigorosen Konsequenz der Theorie, die sich von Traditionen abstößt, wählte sich eine Partei einen Standpunkt, der der Wirklichkeit und den eigenen Zielen durchaus angemessen sein mochte. Aber im Laufe der Parteientwicklung verstand man eine solche Theorie nicht mehr als Antwort auf eine konkrete und wandelbare Lage, sondern als zeitüberlegene oder zeitlose, als klassische Theorie. Von einem solchen zeitüberlegenen Standpunkt wurden dann selbst Orientierung sichernde und Verhalten legitimierende Traditionen gebildet, alle spätere Wirklichkeit wurde unter den Anspruch jener fixierten Theorie der Anfänge gerückt und demgemäß wahrgenommen und gedeutet. Alle Parteiorthodoxien gehören hierher, zumal der von der Aufklärung, von Kant und der klassischen liberalen Wirtschaftstheorie bestimmte Linksliberalismus, wesentliche Teile des älteren Radikalismus oder das marxistische Zentrum in der Sozialdemokratie, aber auch Teile des altpreußischen Konservatismus. Das Problem solcher Theorien oder der sie verwaltenden alternden Parteiorthodoxien wurde dann aktuell, wenn die Theorie nicht mehr neue Wirklichkeiten – das soziale Problem der Großindustrie für die Linksliberalen, Fortbestehen oder Neubildung des Mittelstandes für die Marxisten – erklärend bewältigen konnte.

Neben dieser Form der philosophischen Begründung des Politischen, die auf eine zeitabgehobene Idealität ausging, gab es, ursprünglich oft damit verflochten, auch Formen des politischen Denkens, die ausdrücklich innerhalb der Zeit ihren Standort wählten. Seitdem Hegel die Philosophie geschichtlich verstanden hat, ihr die Aufgabe gestellt hat, die Zeit in Gedanken zu fassen, richtet sich ein Strang des philosophisch orientierten politischen Denkens auf die aus der Gegenwart in die Zukunft laufenden Tendenzen; an die Stelle des zeitlosen oder utopischen Ideals tritt die geschichtliche Prognose[3]. Solches Denken nimmt daher einen eigentümlich frühreifen und modernen, ja antizipierenden, Wirklichkeit überspringenden, Gegenwart überholenden Zug an und entwickelt dann eine spezifische Zukunftsgewissheit. Die weltgeschichtlichen Konsequenzen der Französischen Revolution werden bedacht, ehe sie wirklich werden, der liberale Volksbegriff ist der Realität der ständischen Gesellschaft weit voraus, und ähnlich steht es mit dem marxistischen Begriff des Proletariats oder auch der konservativen Witterung für das soziale Problem. Die Realität, von der man sprach, war oft eine intellektuell antizipierte Realität, und auch hier stellte sich das Problem, dass eine solche Interpretation die aktuelle Wirklichkeit gerade verfehlen konnte. Sehr wichtig für dieses Phänomen ist, dass die politischen Theorien der sich bildenden Parteien in der ersten Jahrhunderthälfte vielfach von den westeuropäischen, französischen Diskussionen beeinflusst sind und von daher mit der antizipierten Realität in Berührung stehen[4].

Scheinbar im Gegensatz zu solchen idealistischen oder antizipatorischen Ideologien und ihrem Wirklichkeitsverständnis steht eine Orientierung, die sich ausdrücklich auf die Gegenwart und die gegenwärtige Wirklichkeit bezieht, freilich wieder so, dass sie in den einzelnen Parteien zunächst ein Element neben den anderen ist. Es gab Gruppen, die an einer sicheren, ins Ideal hypostasierten philosophischen Tradition wie einer selbstgewissen Antizipation der Zukunft zweifelten und sich mehr oder minder konsequent an der in der Gegenwart jeweils dominierenden Gestalt des Denkens orientierten. Die Parteien, die sich auf Philosophie gründeten, waren an das Schicksal der Philosophie, und das bedeutete an das Schicksal der Auflösung der Metaphysik gebunden. Die Erben der Philosophie als der führenden Gestalt der Weltauslegung: Geschichte als Geschichtsphilosophie, Universalgeschichte, National- und Machtgeschichte, Ökonomie und Soziologie, der Realismus des Glaubens an die Wissenschaften oder die Wirtschaft, und schließlich Kulturkritik, Vitalismus und anthropologische Biologie haben die Theorie der Parteien nicht nur – wie überall in der Welt – überformt, sondern sind, wenn auch in unterschiedlichem Maße durch Reflexion fixiert, in sie hineingenommen worden. Schon die Wendung zur Geschichte, durch die in den 50er Jahren die politischen Ideale zu geschichtsimmanenten Tendenzen umgedeutet werden (charakteristisch etwa die Meinung Twestens, die liberale Verfassung werde das notwendige Resultat des beobachtbaren ökonomisch-sozialen Aufstiegs des Bürgertums sein), gehört hierher. Die erstaunliche Intensität, mit der der politische «Idealismus» und sein Prinzipienglaube in politischen Realismus und dessen Macht- und Situationsglauben umschlugen, dieses für die deutsche Parteigeschichte des 19. Jahrhunderts zentrale Geschehen, das wir exemplarisch an der Geschichte der nationalliberalen Partei zwischen 1867 und 1884, aber fast ebenso deutlich bei den Konservativen zwischen 1867 und 1893 beobachten können, hängt mit der Tendenz zur ständigen Neubegründung der Politik auf nachphilosophischen, zeitgerechten realistischen Weltansichten zusammen. Die geschichtliche Erfahrung von 1848/49 z. B. schlug sich bei den Liberalen *nicht* in einer Änderung von Zielen und Mitteln der Politik nieder, sondern in einer grundsätzlichen Neufassung des

Wesens von Politik. Die Wendung zur Wirklichkeit, zur pragmatischen Realpolitik, zur Kompromiss- und Kooperationsbereitschaft, die Einsicht in die Situationsgebundenheit des Handelns waren durchaus legitim, sie konnten das durch den Doktrinarismus gestörte Wirklichkeitsverhältnis der deutschen Parteien korrigieren. Aber bei den Rechtsliberalen wurde diese Wendung zwischen 1850 und 1890 durch theoretische Reflexion radikalisiert und zu einem neuen Prinzip hypostasiert. Noch die Opposition gegen die Prinzipienpolitik blieb dieser in ihrer Grundsätzlichkeit verpflichtet, war selbst eine prinzipielle Position, aus der Realität und Realpolitik ideell fixiert wurden. Darum konnte diese Realpolitik in die Anerkennung der bestehenden Zustände, konnte die Kompromissbereitschaft in den puren Opportunismus und die Preisgabe an die Wirklichkeit umschlagen. Der Ausgleich und die Vermittlung zwischen programmatischen Zielen und realen Möglichkeiten, die eigentliche Intention der Realpolitik, führte dann zum faktischen Verzicht auf die eigenen Ziele und die Umgestaltung der politischen Ordnung, zum Kompromiss als opportunistische Anpassung an die gegebene Machtlage. Grundsatzgeleitetes Wollen und situationsgerechtes Handeln, Strukturprinzipien jeder Partei, sind in Deutschland damals auf charakteristische Weise auseinandergetreten. Wir können von einer Polarisierung sprechen. Darin sehe ich ein Grundphänomen der deutschen Parteigeschichte im 19. Jahrhundert.

Die Abkehr von theoretisch ausformulierten Programmen und Grundsätzen und die stärkere Berücksichtigung von Situationen und Machtchancen bedeutete nun aber auch bei den Parteien der Rechten und der Mitte inhaltlich keineswegs eine «Entideologisierung» der Politik. Vielmehr entstand etwas, was ich als «Kryptoideologie» bezeichnen möchte. Diese Parteien blieben ihrer idealistischen Tradition weiterhin halbherzig verpflichtet, zwar traten theoretische Programme und Doktrinen zurück, aber man bildete aus Stücken der eigenen Tradition, aus Maximen des nun voll anerkannten Staates und aus der Rechtfertigung der Anpassung an diesen Staat ein neues ideologisches Konglomerat, eine nicht weiter explizierte «Weltanschauung». Indem diese Kryptoideologien sich vor allem mit sozialen, nationalen oder konfessionellen Gruppensentiments intensiv verflochten, bestimmten sie Mentalität und Verhaltensweise der Anhänger einer Partei. Das ist an sich natürlich ein Phänomen, das in allen modernen Parteien anzutreffen ist. Aber in Deutschland erwuchs es aus der Tradition der weltanschaulichen «Tiefe» politischer Aussagen, die politische Mentalität bekam daher leicht einen Zug zur Starrheit, im politischen Kampf konnte das Weltanschauungselement außerordentlich emotional intensivierende Wirkungen entfalten. Z. B. hat die bürgerliche Kryptoideologie des Klassenkampfes, der nicht als reales Phänomen anerkannt, sondern vom Leitbild der konfliktlosen Harmonie der Gesellschaft aus als Resultat sozialistischer Agitation verstanden wurde, die Heftigkeit des realen Klassenkampfes erheblich gesteigert und die Möglichkeiten einer klassenübergreifenden zeitweisen politischen Kooperation erheblich gemindert.

Eine wichtige Folge der ideellen Orientierung ist noch zu streifen. Die Parteien traten lange Zeit mit einer Art unbewussten Absolutheitsanspruchs auf, so sehr er durch Rechtsgesinnung und Liberalität, durch die Atmosphäre der Toleranz eingeschränkt sein mochte. Die Liberalen etwa – das gilt freilich für das ganze kontinentale Europa – beanspruchten im Grunde, die eigentliche, die einzige Partei zu sein, sie repräsentierten das aufgeklärte und nicht durch die Obrigkeit oder den Adel, durch den Klerus oder durch Demagogen korrumpierte und missleitete Volk oder wenigstens das Bürgertum als den «allgemeinen Stand»; die anderen Parteien, zumal Zentrum und Sozialisten, galten noch lange als unechte, als illegitime Parteien. Und die Konservativen erhoben für sich den entsprechenden Anspruch. Die Einsicht in die legitime Pluralität der Parteien hat nur sehr langsam Boden gewonnen und konnte immer wieder durch untergründig fortwirkende ideologisch begründete Absolutheitsansprüche durchbrochen werden. Solche Absolutheitsansprüche partikularer Gruppen, so abgeschwächt sie immer sein mochten, provozierten nun eine gegen die Parteien gerichtete Reaktion: eine positive Wendung zum bürokratisch monarchischen Staat. In der Tradition des deutschen, zumal Hegelschen Staatsdenkens wurde der Pluralismus der Parteien als Partikularismus verstanden, und dagegen wurde die integrierende Funktion des obrigkeitlichen Staates zur Geltung gebracht und legitimiert.

Oder man bemerkte, wie etwa Bismarck, dass gerade die deutschen Parteien im Unterschied zu den vielberufenen englischen Parteien partikular auseinander fielen, und folgerte, dass sie nicht in der Lage seien, die Nation zu integrieren, und deshalb keine dominierende Rolle im Staat spielen könnten. Nach etwa 1880 haben die rechtsstehenden Parteien diese Auffassung zu einem guten Teil selbst übernommen. Insofern begünstigte der ideenbestimmte Pluralismus der deutschen Parteien mittelbar ihre Selbstbeschränkung, begünstigte das wachsende Prestige des – konstitutionellen – Obrigkeitsstaates.

2. Ein weiteres spezifisches Problem des deutschen Parteiwesens – das mit dem Problem der ideellen Orientierung eng zusammenhängt – ist die politische Auswirkung eines Grundtatbestandes der deutschen Geschichte: des Gegensatzes der Konfessionen. Zunächst gilt für die Inkubationszeit des deutschen Parteiwesens: es fehlte in Deutschland im großen und ganzen eine nennenswerte, aggressiv-antikatholische Parteibewegung, und, das ist die wichtigste Konsequenz, damit fehlte auch dem deutschen Liberalismus im Unterschied zum Liberalismus der romanischen Länder ein Moment allgemeiner, massenwirksamer Aggressivität. Das hängt mit der Entwicklung des deutschen Katholizismus im 18. Jahrhundert zusammen. Die Konkurrenz mit den Protestanten, die Vielzahl der Herrschaftsgebiete im Reich, die Tatsache eigener geistlicher Territorien mit relativ ausgebildeter ständischer Gewaltenteilung und einer relativ lockeren Regierungspraxis und die katholische Aufklärung hatten dazu geführt, dass der Katholizismus jedenfalls im Vergleich zu Frankreich relativ wenig Gegnerschaft provozierte, der Katholizismus galt – wie der Protestantismus – nicht als besonders konservativer Faktor, ein Tatbestand, der sich erst im Zuge der katholischen Restauration geändert hat.

Die wichtigste Folge des Konfessionsgegensatzes im 19. Jahrhundert ist natürlich die Bildung einer katholischen Partei in Deutschland seit den 30er Jahren, zumal seit 1837/38, seit Görres' «Athanasius» und der Gründung der Historisch-Politischen Blätter, die dann unter dem allgemeinen Wahlrecht seit 1871/74 zwei Drittel bis drei Viertel aller katholischen Wähler repräsentierte[5]. Die allgemeine Spannung zwischen Katholizismus einerseits, modernem Staat und Liberalismus andererseits hat sich zu einem Parteigegensatz verfestigt. Die Gründe für die Entstehung und den Aufstieg dieser Partei sind relativ bekannt: das Vorgehen der Staaten, zumal der protestantischen, gegen die Kirche vom Konflikt des preußischen Staates mit der katholischen Kirche (Kölner Ereignis 1837) bis zum Kulturkampf und die Angriffe des Liberalismus gegen den Katholizismus, die historisch und politisch zu verstehenden großdeutsch-föderalistischen Sympathien der Katholiken in Deutschland und ihr Minderheitenbewusstsein zumal im Bismarckschen Reich; ausschlaggebend ist letzten Endes die Tatsache, dass den bewussten Katholiken nicht Auch-Katholiken gegenüberstanden – das hätte zu der Polarisierung konservativ und liberal geführt –, sondern dass ihnen Protestanten gegenüberstanden, die ihre politischen Positionen, mochten sie nun konservativ oder liberal sein, auch protestantisch zu legitimieren suchten. In einer Minderheits- und Defensivposition erwies sich die Konfessionsloyalität als stärker denn die rein politischen, ideologischen oder klassenmäßigen Loyalitäten, es kam zu einer sehr weitgehenden politischen Integration des katholischen Volksteils.

In diesen Zusammenhang gehört als Bedingung wie als entscheidende Folge der katholischen Parteibildung, dass in Deutschland – anders als etwa in Belgien – ein liberal-demokratischer Katholizismus, zumal nach 1848, keine eigenständige Rolle gespielt hat. Die Minderheitensituation gegenüber dem Staat und dem protestantischen Liberalismus, der schwache Anteil der Katholiken am industriell-kapitalistischen Bürgertum (etwa im Rheinland), dann die absolute Beherrschung der katholischen Massen – Bauern und alter Mittelstand – durch die integralen Kirchenkreise, die romantisch konservative Vororientierung der katholischen Intellektuellen seit den 30er Jahren, das sind m. E. die Gründe dafür, dass die liberale Komponente im politischen Katholizismus in Deutschland nur indirekt wirksam geworden ist. Die Loyalität gegenüber der anscheinend bedrohten antiliberalen Kirche und der antiliberalen Mehrheit des katholischen Volksteils war auf die Dauer und zunächst stärker als die vorhandenen liberalen Tendenzen in dem katholischen Bürgertum etwa Westdeutschlands. Das Verhältnis der katholischen Partei zur Demokratisierung von Staat und Gesellschaft blieb darum problematisch. Einerseits gab es im Zentrum eine entschiedene Opposition gegen den bürokratischen Charakter des Obrigkeitsstaates, das Zentrum hat mit Vehemenz den Rechtsstaat und das allgemeine Wahlrecht im Reich verteidigt, es gab starke populistische Strömungen in der Partei und nicht zuletzt die starken christlichen Gewerkschaften. Aber andererseits haben die ideologischen Traditionen des deutschen Katholizismus und vor allem die Sozialstruktur der für den politischen Machtanteil entscheidenden agrarisch-mittelständischen Wählergruppen dazu geführt, dass das Zentrum eine sozial und politisch eher konservative Position einnahm und bis 1914 durchhielt. Die Anpassung an das Bismarcksche und Wilhelminische System über alle latente Opposition hinweg war die Konsequenz dieser Grundeinstellung, dieses System sicherte – durch seine Rechtsstaatlichkeit – auf die Dauer die Existenz der katholischen Minderheit und schien gerade als nichtparlamentarisches System die bedeutende indirekte politische Machtstellung der nach allen Seiten koalitionsfähigen und nur kryptoideologisch festgelegten Zentrumspartei und die sozialökonomischen Interessen ihrer nichtindustriellen Wählermehrheit zu garantieren. Die Partei, ursprünglich im Gegensatz zu dem preußisch-deutschen Reich, ist in dieses Reich integriert, zu einer seiner tragenden Gruppen geworden, ohne doch die Position der Mitte und eine Möglichkeit zu systemändernden Reformen und Koalitionen aufzugeben.

Die konfessionelle Gruppierung hat sich aber nicht nur in der Bildung einer katholischen Partei ausgewirkt. Denn das deutsche 19. Jahrhundert ist seit Schleiermacher kein bi-, sondern ein trikonfessionelles Zeitalter; und diese Tatsache ist nicht nur eine kirchen- und geistesgeschichtliche, sondern eine politische Tatsache ersten Ranges. Die eminente Bedeutung des sogenannten Neuprotestantismus für den Liberalismus der ersten Jahrhunderthälfte, mindestens in Norddeutschland, ist zwar noch nicht genauer erforscht, aber sie kann schwerlich überschätzt werden; der kirchliche Liberalismus hat die Stärken wie Schwächen des politischen Liberalismus in Deutschland mitbedingt. Die innerprotestantischen Gegensätze zwischen «Positiven» und Liberalen, Orthodoxen und idealistischen Kulturprotestanten haben den konservativ-liberalen

Gegensatz entscheidend mitgeprägt und weltanschaulich aufgeladen, wenn es auch eine unmittelbar eindeutige Zuordnung nicht immer gibt. Auch der ältere Radikalismus der 40er Jahre ist eng mit religiösen Bewegungen gegen die kirchliche Orthodoxie und die institutionelle Kirche verflochten gewesen (so etwa R. Blum). In und seit dem Kulturkampf haben dann die nichtkatholischen Parteien der Rechten massiv an konfessionelle Emotionen und Loyalitäten der Wähler appelliert, und dieser Appell behielt seine Bedeutung, obwohl sich die kirchlichen Bindungen des Bürgertums am Ende des 19. Jahrhunderts stark lockerten. Bei den Nationalliberalen hat gerade das zum Antikatholizismus zugespitzte konfessionelle Element die gesamte politische Position wesentlich beeinflusst: die Umorientierung vom Vorwalten liberaler Freiheitsforderungen zum Arrangement mit dem noch überwiegend obrigkeitlichen Staat, dem Bundesgenossen im Kulturkampf, wurde dadurch erheblich begünstigt.

3. Die deutschen Parteien sind im 19. Jahrhundert immer sowohl partikularstaatliche wie nationale Formationen gewesen, das hat ihre Struktur wie ihre Stellung zueinander wesentlich bestimmt. Wir erörtern zunächst kurz die Auswirkungen von Regionalismus und Partikularismus. Einerseits hat, zumal am Ende des 18. Jahrhunderts, als in Deutschland politische Strömungen entstanden, Kleinheit und Mediokrität der partikularen Verhältnisse eine gewisse revolutionäre Aggressivität der liberal-demokratischen Bewegung erregt und diese Bewegung so begünstigt. Andererseits, und stärker, aber hat der Partikularismus diese Aggressivität gerade abgeschwächt. Weil dem politischen Denken ein größerer realer Handlungs- und Vorstellungsraum fehlte, war es auf das Jenseits der konkreten Staaten, das Reich der Theorie verwiesen. Zum Teil schwächten die kleinstaatlichen Verhältnisse auch den obrigkeitlichen Machtdruck, die sich entwickelnde gegenseitige Konkurrenz der deutschen Kultur- und Verwaltungsstaaten gewährte dem einzelnen begrenzte Freiheitschancen, zumal des Orts- und Länderwechsels, wie er von Schiller über die Göttinger Sieben und die antipreußischen Intellektuellen in Bayern bis zu den Welfen in Österreich zum Schicksal politisch aktiver Deutscher im 19. Jahrhundert gehört. Dadurch wurde der aggressive Druck der Parteien

gegen die bestehenden Verhältnisse in gewisser Weise gemindert. Dazu kam die deutsche Mittelpunktslosigkeit, die Tatsache, dass die politisch-sozialen Verhältnisse überall anders waren und damit die Beschwerden und Forderungen wie die politischen Möglichkeiten einer Partei innerhalb eines Staates; auch in ihrem Bewusstsein und ihren Theorien sind die Parteien vom Patriotismus des jeweiligen Landes, wie er sich nach 1815 gebildet hat, und von der besonderen Lage in ihrem Lande nicht unberührt geblieben, bekannt ist etwa der «Verfassungspatriotismus» der badischen Liberalen oder die Abhängigkeit der Theorie des konstitutionellen Dualismus von der süddeutschen Verfassungswirklichkeit. All das machte trotz aller nationalen und ideologischen Homogenität den Zusammenschluss auf einer Linie der Theorie und der Aktion so schwer und minderte die einheitliche und geschlossene Stoßrichtung und Stoßkraft einer nationalen Partei. Insofern belastete der mit dem Staatenpluralismus gegebene Regionalismus die Funktionsfähigkeit der Parteien bei der Durchsetzung ihrer national- und verfassungspolitischen Ziele, so positiv man auch sonst seinen Wert immer einschätzen mag. Auch nach 1871 ist das regionalistische oder partikularstaatliche Element in den deutschen Parteien wichtig geblieben, selbst wenn man vom Sonderproblem Bayerns absieht. Bei den Nationalliberalen und im Zentrum etwa bestanden erhebliche Unterschiede zwischen den Vertretern der süd- oder südwestdeutschen und der preußischen Regionen, aber auch innerhalb Preußens gab es solche Unterschiede etwa zwischen den Nationalliberalen aus den preußischen Gebieten von vor 1866, die vom Verfassungskonflikt geprägt waren, und denen aus den 1866 gewonnenen Gebieten – oder seit den 60er Jahren in allen Parteien zwischen den westlichen und östlichen Landesteilen; und auch innerhalb der Sozialdemokratie spielt ja der Gegensatz süddeutscher Reformisten und norddeutscher Radikaler eine wichtige Rolle. Jede Wahlanalyse stößt auf das Faktum, dass regionale politische Traditionen die ökonomischen und sozialen Motive der Wähler überlagern. Im ganzen kann man sagen, dass die Probleme des Reichsaufbaues, das Verhältnis zwischen dem Reich und den Ländern und der Dualismus zwischen dem Reich und Preußen sich auch in den Parteien wiederholten (und das wurde ein wichtiger Grund dafür, dass die Parteien zur Koordination ihrer verschiedenen Machtzentren schon Anfang der 70er Jahre Organisationen schaffen mussten). Der Regionalismus also blieb ein bedeutendes, die Parteien in sich differenzierendes Moment, so sehr natürlich zwischen 1871 und 1914 das Gewicht der nationalen Integrationsfaktoren im Ganzen wie in den einzelnen Parteien zugenommen hat.

Augenfälliger und geschichtsmächtiger als die regionalen Faktoren sind die nationalen Tendenzen als parteiformierende und parteidifferenzierende Prinzipien, und G. Ritter sieht darin so etwas wie ein Primat der Außenpolitik im Parteiwesen. Das Ziel der progressiven Parteien war es bis 1871, gleichzeitig eine freiheitliche Verfassung durchzusetzen und einen Staat zu gründen. Die liberale Idee war national, die nationale liberal. Die Konflikte über das Verhältnis der beiden Ziele (Freiheit und Einheit) zueinander und über die Frage des Staatsumfanges und die Wege der Staatsgründung sind bekanntlich 1848 und 1866/67 parteibildend geworden, und zwar nicht nur innerhalb des Liberalismus, sondern auch im konservativen und etwas modifiziert im katholischen Lager, ja der Gegensatz der beiden sozialistischen Parteien vor 1875 hängt eng mit der nationalen Frage zusammen. Die nationalen Probleme formierten also die Parteien neu oder überformten ältere verfassungs- oder konfessionspolitische Gegensätze, und diese national-politischen Gegensätze dauerten auch nach 1871 fort, weil über die Struktur des neuen Staates, über Zentralismus oder Föderalismus, über das aufgeschobene Problem der Verfassung noch immer zu entscheiden war.

Es sind aber noch andere Wirkungen zu bedenken, die die nationale Bewegung auf die Bildung und Differenzierung der Parteien hatte. Die Inkubationszeit des Parteidenkens war die Zeit der französischen Eroberung, Freiheit verflocht sich hier notwendig mit nationaler Befreiung, die Begründung des Nationalstaates konnte – bei Fichte und Arndt – schon als Integration der Freiheit in den Staat gedacht werden. Das nationale Prinzip konnte so von vornherein eine Vermittlungsfunktion zwischen liberalen Verfassungsordnungen und dem obrigkeitlichen Staat übernehmen. War zunächst auch die Nation noch demokratisch gedacht, so konnte eine solche Konzeption später leicht durch eine romantisch-organische oder machtbestimmte Konzeption überflügelt werden. Bismarcks revolutionäre Lösung der nationalen Frage von oben begünstigte diese Auffassung; ein Großteil des liberalen Bürgertums stellte die verfassungspolitischen Forderungen zurück oder verzichtete sogar weitgehend darauf und arrangierte sich mit dem national so erfolgreichen Obrigkeitsstaat. Die nationale Einigung war spät zustande gekommen und notwendigerweise unvollkommen – Opposition oder Vorbehalt gegen den neuen Nationalstaat waren noch weit verbreitet. Insofern gab es noch kein konsolidiertes und alle umgreifendes stabiles Nationalgefühl, die Nationalisten, Gralshüter der nationalen Einheit, hatten noch ein innen- und erst recht natürlich ein außenpolitisches Programm, der Nationalismus blieb ein konstitutives Moment für die Konstellation und die Umbildung der Parteien. Bei den Nationalliberalen und später auch bei den Konservativen gewann der machtstaatliche Nationalismus die Priorität vor innenpolitischen, konstitutionellen, ja auch ökonomischen und sozialen Fragen, so freilich, dass dieser Nationalismus den politischen und sozialen Status quo stabilisierte. Ähnliches gilt für die über den älteren Nationalismus hinausgehende besondere deutsche Ausformung des gemeineuropäischen Imperialismus: auch er wurde zu einem parteiprägenden oder jedenfalls parteidifferenzierenden Prinzip, mit mancherlei Ersatzfunktion für die innenpolitisch gehemmte Machtentfaltung des Bürgertums und die Kanalisierung des Klassenkampfes. Die endgültige Einordnung des ehedem reichsfeindlichen Zentrums in das herrschende System auf dem Wege über die Flottenbewilligung ist das hervorragendste Beispiel dieser parteiumgestaltenden Rolle des Imperialismus, die «Blockbildung» von 1907, die die Linksliberalen an die Seite der Regierung brachte, ist ein anderes Beispiel für denselben Vorgang.

4. Die Parteien waren weiter bestimmt durch die innere politische Struktur der deutschen Staaten, und zwar zunächst durch das Prinzip der bürokratischen Reform. Die liberal-demokratischen Bewegungen, die hier in erster Linie zu berücksichtigen sind, weil von ihnen das Parteiwesen seinen Ausgang nimmt, entzünden sich an Ereignis und Theorie der Französischen Revolution; sie richten sich gegen den bestehenden Staat des Königs, seine Bürokratie, seine Armee, und sie richten sich gegen den Adel, mit dem doppel-

ten Ziel, den Staat und die Gesellschaft umzugestalten, die staatliche Willensbildung zu kontrollieren oder in die Hand zu nehmen und die Gesellschaft zu verbürgerlichen. Das ist bekanntlich im 19. Jahrhundert nur sehr teilweise gelungen; die Parteien sind vielmehr in die bestehenden staatlichen Strukturen eingebaut worden, zu einer fundamentalen Umgestaltung der Herrschaftsordnung ist es nicht gekommen. Das hängt nun nicht nur mit der Stärke der deutschen Staaten und der sie tragenden sozialen Formationen, nicht nur mit den nationalen, den außenpolitischen Problemen und nicht nur mit der gemeineuropäischen liberalen Abneigung gegen die Revolution zusammen – so wichtig das alles ist –, es hängt auch zusammen mit dem besonderen, notwendigerweise ambivalenten Verhältnis der Parteien zu den bestehenden Staaten in Deutschland.

Der ältere deutsche Staat ist nicht schlechthin Gegner der frühen liberalen Bewegung, denn er erscheint reformierbar, ja selbst reformerisch (und entsprechend bilden die Konservativen auch eine echte Opposition). Amtsethos und Gewissensverpflichtung der Fürsten, die Existenz einer verhältnismäßig wenig korrupten Verwaltung mit einem bedeutenden Anteil des Bürgertums, die Tatsache, dass die Staaten um Verwaltungserfolge und um Personal konkurrierten und dass dabei ein begrenzter Freiheitsraum entstand, die Tendenz, die Staatssouveränität gegen feudale und korporative Strukturen durchzusetzen – das waren einige der historischen Bedingungen, die Rezeption der Aufklärung durch die absolutistische Staatspraxis und vor allem dann die «Revolution von oben» nach 1806 die spezifische Ausprägung dieser Staatsstruktur. Die Staaten mussten sich modernisieren, um funktionsfähig zu bleiben. Das bedeutete Konzentration im Sinne ökonomisch-militärischer Leistungsrationalität und Integration des Staatsgebietes und der Bevölkerung. Beide Ziele, von einer keineswegs feudalen Bürokratie erstrebt, erforderten ein gewisses Maß von rechtlicher, politischer, ökonomischer und sozialer Emanzipation, von verfassungs- oder gesellschaftspolitischem Liberalismus, und das kam dem Verlangen der auf Reform drängenden politischen Bewegungen durchaus entgegen. Der Staat gab nun, indem er sich selbst reformierte, einer reformerischen Bildungsschicht die Möglichkeit der Mitarbeit, ja er absorbierte diese Schicht zum guten Teil gerade in seinen Beamtenpositionen. Der Staat selbst liberalisierte sich so, der bürokratische Liberalismus als Weg zwischen feudaler Reaktion und intellektueller Revolution wurde zu seinem Charakteristikum. Er konnte daher durchaus legitim als Agent der Freiheit gegenüber der ständischen Ordnung aufgefasst werden oder als Initiator und Garant einer Ordnung, die die Freiheit der bürgerlichen Gesellschaft erst ermöglichte und verbürgte. Die Liberalen konnten von einer zeit- und teilweisen Kooperation mit dem Staat die Durchsetzung eigener Ziele erhoffen. Die Aufnahme liberaler Elemente in die Staatspraxis nun vitalisierte den obrigkeitlichen Staat und sie schwächte den liberalen Widerspruch gegen diesen Staat ab. Freilich, diese Rezeption liberaler Forderungen durch den Staat war nur partiell und brach immer wieder ab; der bürokratische Staat setzte Kräfte frei und suchte sie gleichzeitig zu kontrollieren; er revolutionierte die bestehenden Verhältnisse nur, insoweit er gleichzeitig seine eigene Struktur stabilisieren konnte; er gewährte bürgerliche Freiheit, ließ jedoch noch lange die soziale Hierarchie und die autoritäre Struktur des Staates bestehen. Infolgedessen gab es zwei Weisen, auf die Lage zu reagieren: die Konfrontation mit dem Staat, das war der Weg der Radikalen, die enttäuscht und frustriert waren, gerade weil die geweckten Erwartungen in die Reform sich nicht erfüllten, weil der staatliche Liberalismus bürokratisch blieb, den Gegensatz zwischen Bürokratie und Bürgern nicht überwand, und die nun die ganze Freiheit und die ganze Verfassung forderten; oder die begrenzte Kooperation mit dem Staat, das war der Weg der Moderierten, die glaubten, ihre Ziele auf diese Weise durchsetzen, den Staat allmählich umstrukturieren zu können. Diese Grundsituation hat sich trotz aller Änderungen bis 1918 erhalten. Die geschilderte Teil-Liberalität des Staates, die vielfach ausgezeichnete, funktionsfähige, selbst reformierende und moderne Verwaltung, blieb erhalten, sie entschärfte den Widerspruch der Parteien gegen die obrigkeitliche Verfassungsstruktur, sie erhöhte auch bei den Parteien das Prestige dieses Staates, und sie schuf zudem in liberalisierten Teilbereichen, zumal in Wirtschaft und Kultur, überprivate Aktionsmöglichkeiten für das Bürgertum und milderte damit dessen Gegensatz zur bestehenden Herrschaftsstruktur, ja erleichterte abermals eine Anpassung im Politischen.

Das gutlegitimierte Modell eines politischen Verhaltens, Kooperation mit einem teilliberalisierten Staat, wurde unterstützt durch eine Reihe von ideologischen Traditionen, etwa durch den Vorrang des «organischen» Ganzen vor der «Abstraktheit» des – aufklärerisch verstandenen – Individuums oder durch den Mangel einer Theorie pluralistischer Gruppenbildungen. Zudem führte die Neigung zur Theorie des idealen Staates und das hieß eines liberalen Staates, auch wenn es wie bei Dahlmann ausdrücklich und realistisch nur um einen «guten» Staat ging, leicht dazu, den realen, obrigkeitlichen Staat dann in das Licht jenes Ideals zu rücken; die Reflexion, die sich auf den Staat als Raum der Freiheit richtete, war über die Wirklichkeit schon hinaus und konnte den Widerspruch zwischen Parteien und bestehendem Staat wiederum entschärfen. Endlich ist hier noch einmal das Faktum anzuführen, dass die deutschen Parteien sich *nach* der Erfahrung der Französischen Revolution formierten, d. h. aber nicht mehr im ungebrochenen Bewusstsein des Fortgangs und Aufstandes der Freiheit, sondern im reflektierten Bewusstsein der Konsequenzen und Schrecken der Freiheit und der Revolution, der Bedrohung durch eine totalitäre Demokratie. Das gilt zwar in gewisser Weise überhaupt für den europäischen Liberalismus, zumal für den französischen, aber in Frankreich etwa gab es doch daneben eine Tradition der siegreichen Revolution, und auch die Liberalen hatten zur Anfangsphase der Revolution ein positiveres Verhältnis als die deutschen Liberalen. In Deutschland gewann wegen dieses verschobenen Verhältnisses zur Französischen Revolution das Problem der Ordnung und staatlichen Autorität von Hegel bis Treitschke im politischen Denken einen besonderen Akzent.

Die nationalen Probleme, von denen die Rede war, und die sozialen, von denen noch die Rede sein wird, wiesen das liberale Bürgertum später in die gleiche Richtung. Der Staat erschien als die Macht, die die beiden anderen großen Fragen des Jahrhunderts, die nationale und die soziale Frage, am besten lösen konnte. Es bildete sich – so auch die Hauptthese von L. Krieger – ein Grundmodell des politischen Handelns heraus: der Versuch, eine Synthese von Freiheit und Autorität zu konstruieren, Freiheit *in* den bestehenden Staat und seine Struktur einzuarbeiten und *mit* ihm, nicht gegen ihn evolutionär zu entfalten; auch die Rottecksche Theorie des konstitutionellen Dualismus ist von diesem Modell beeinflusst. Es ist deutlich, wie von hier das eigenständige Verfassungsmodell einer konstitutionellen Monarchie begründet ist. Natürlich ist diese Vorstellung keineswegs die einzige, die für die Parteibildung im frühen 19. Jahrhundert wichtig war; die verschiedenen Formen des Radikalismus haben aus der Lage eine ganz andere Konsequenz gezogen; in den 30er und 40er Jahren war, das brauche ich kaum zu erwähnen, das Verhältnis zwischen dem nur noch partiell reformierenden Staat und den progressiven Parteien vornehmlich durch Gegensatz und Spannung bestimmt, und in der Zeit des preußischen Konflikts ist es noch einmal ähnlich gewesen. Trotzdem war jenes evolutionäre Modell eine maßgebliche Leitvorstellung, und die Revolution von 1848 z. B. war doch für die Mehrheit der Liberalen Revolution wider Willen. Es war auch noch eine durchaus reale Chance, dass die evolutionäre Einbindung von Freiheit in die autoritären politisch-sozialen Strukturen zu deren allmählicher Umbildung führte (etwa durch die Ernennung liberaler Parteiführer zu Ministern innerhalb des konstitutionellen Systems). Der Verzicht auf solche Umbildung, die endgültige Anpassung an die bestehende Ordnung tritt bei den Anhängern jenes Modells, den Nationalliberalen, erst nach 1879 ein.

Ich kann hier nur gerade darauf hinweisen, dass auch andere Parteigruppen sehr stark dahin tendierten, anfängliche Gegensätze zum bestehenden Staat auszugleichen, wenn das auch nicht mit dem partiell reformerischen Wesen dieses Staates zusammenhängt. So etwa die Konservativen: an sich war es gerade der reformerische Staat gewesen, der den Widerstand der Konservativen provoziert und sie als Partei eigentlich geschaffen hatte, aber gouvernemental-royalistische Tendenzen minderten die Opposition gegen liberale Konzessionen, und zuletzt ist es dann gerade die Begrenzung liberalisierender oder demokratisierender Reformen gewesen, die, weil sie die verbliebene Machtstellung der Konservativen stabilisierte, zur Basis für das Arrangement mit dem Staat wurde. Auch das Zentrum stand dem liberal reformierenden Staat eher ablehnend gegenüber und hat sich schließlich gegen eine Garantie der eigenen Position mit ihm arrangiert. Schließlich – 1914 – hat durch manche Reformen, vor allem aber durch die national-staatliche Integration veranlasst, sogar die Sozialdemokratie sich über den Gegensatz zum Obrigkeitsstaat hinweggesetzt.

5. Auf der anderen Seite gehört zu den wesentlichen politischen Faktoren, die Realität und spezifischen Charakter der deutschen Parteien bestimmen, der konservative Grundzug der Macht- und Herrschaftsstruktur in Deutschland. Im frühkonstitutionellen System hatten die Parteien, genauer die Parlamente und die Abgeordneten, zwar ihren legitimen Ort und begrenzten Anteil an der Legislative, aber sie waren doch ohne wirkliche Macht und Verantwortung. Auch das bewirkte, dass sie Gesinnungsgemeinschaften waren, sich an ihren ideellen Zielen orientierten: nur so konnten sie allmählich Anhänger mobilisieren und eine politische Öffentlichkeit formieren. Im Ganzen sind die Konstitutionen für die Parteien noch nicht endgültige Basis ihres politischen Handelns gewesen, sondern sie waren der Boden für den weiteren Kampf um die Verfassung. Auch die Machtgewinne in diesem jahrzehntelangen Kampf haben an jener Grundposition noch nichts Entscheidendes geändert. Erst das Bismarcksche System stellte dann – spätestens seit 1879 – auch eine stabile Basis für eine kontinuierliche Aktivität der Parteien dar. In diesem System hat sich einerseits – und das wird heute leicht übersehen – ein deutscher Parlamentarismus relativ kontinuierlich entfalten können, die Parteien haben seit den 90er Jahren an Macht gewonnen, die Parlamentarisierung von 1917/18 ist nicht allein durch die Krise des Weltkrieges ausgelöst worden, sondern auch das Ergebnis einer allmählichen Entwicklung gewesen. Aber andererseits waren gemäß dem in der Verfassung etablierten System der existenziellen Vorbehalte zugunsten der Entscheidungsgewalt des Monarchen (Exekutivgewalt, militärische Gewalt, auswärtige Gewalt) und gemäß der Art, in der Bismarck das System handhabte, die Aufgaben, Funktionen und Möglichkeiten der Parteien relativ begrenzt; Bismarck verfolgte später zeitweise geradezu die Taktik, den Reichstag und damit die Parteien auszuhungern. Ohne Führungschancen besaßen die Parteien kaum Anziehungskraft für politische Talente, zumal auch die Ämterpatronage wegfiel; ohne Verantwortung fehlte ihnen der Zwang zur Integration, für Kompromissbereitschaft winkte ihnen nicht der

Preis des Anteils an der Macht, der Durchsetzung eigener Vorstellungen. Die Parteien wurden daher tatenarm, sie waren nicht eigentlich initiativ, sondern wesentlich reagierend, auf den Bereich retrospektiver Kritik beschränkt, kaum in der Lage, wenn sie sich nicht wie die Sozialdemokraten dem System ganz entzogen, große Perspektiven einer künftigen Politik zu entwerfen, ihren Blick über das Tägliche ins Morgen oder gar Übermorgen zu richten oder auch nur die disparaten Einzelbereiche der Politik zu einem kohärenten Ganzen zusammenzufassen.

Durch das Überwiegen retrospektiver Kritik und durch das Fehlen von Initiative und Verantwortung wurde nun einerseits die Tendenz zur prinzipiellen Orientierung innerhalb der Parteien wiederum verstärkt; und Bismarcks Regierungspraxis gegenüber gegnerischen Parteien, den Linksliberalen, dem Zentrum und den Sozialdemokraten, wirkte in derselben Richtung: die polizeiliche Unterdrückung und die Polemik gegen die sogenannten Reichsfeinde fixierten die ideellen Bindungen dieser Parteien tief im Emotionalen und stärkten ihre doktrinäre Opposition, zumal wo sie sich mit anderen konfessionellen und klassenmäßigen Sonderungen des deutschen Daseins verflocht. Eine etwa vorhandene Kompromissfähigkeit dieser Parteien wurde so schwerwiegend beeinträchtigt. Aber auch bei den nichtoppositionellen Parteien, zu denen ja bald das Zentrum gehörte, verfestigte jener retrospektive Zug vor allem bei den Anhängern die krypto- oder halbideologischen weltanschaulichen Fixierungen. – Andererseits verstärkten das System und Bismarcks Praxis, die auf die Polarisierung von Gouvernementalen und Antigouvernementalen, Reichsfreunden und Reichsfeinden hinauslief, die Tendenz zur Anpassung an die Regierung, an Umstände oder Situationen, ja die Tendenzen zum Opportunismus, zum Aufgehen im Täglichen, zum Verlust übergeordneter Zielsetzungen. Die systembedingte relative Machtlosigkeit der Parteien wirkte sich also wiederum in Richtung der früher bemerkten Polarisierung von Doktrinarismus und Anpassung aus. Zu einer haltbaren Synthese ist es nicht gekommen; in den Rechtsparteien, die an beiden Komplexen Anteil hatten, standen sie disparat nebeneinander. Die Polarisierung lässt sich etwa am Schicksal derjenigen liberalen Politiker nachweisen, die in den 70er und 80er Jahren zwischen den Alternativen doktrinäre Opposition (Fortschrittspartei) und opportunistischer Anpassung (Nationalliberale nach 1881/84) ihre Grundsätze vor den Verkrümmungen des liberalen Denkens nach der «Ausnahme» Bismarcks hinüberzuretten suchten: sie blieben ohne Resonanz. Auch der späte Versuch Naumanns, eine Synthese von modernen liberalen Prinzipien und realistischer Politik zu finden, blieb letzten Endes ohne ausreichenden Erfolg.

6. Wir wenden uns schließlich den gesellschaftlichen Grundlagen des deutschen Parteiwesens im 19. Jahrhundert zu, und dabei müssen wir uns hier noch mehr als bisher auf einige Umrisse beschränken. Die politische Klasse, die die entstehenden Parteien trug, war im Wesentlichen die Bildungsschicht, die freie und die beamtete Intelligenz, im Durchschnitt bürgerlich, aber doch mit einem beachtenswerten Anteil adeliger Elemente. Diese Schicht war zu Beginn des 19. Jahrhunderts schmal und lebte in einer gegenüber Westeuropa ökonomisch-sozial noch zurückgebliebenen und sich nur langsam entwickelnden Gesellschaft mit traditionellen Strukturen; sie lebte, wenn wir von den konservativen Gruppen absehen, wo die Intelligenz sich mit dem grundbesitzenden Adel oder anderen alten und konsolidierten Schichten verband, ohne vitale Interessenbasis, ohne Unterstützung mächtiger gesellschaftlicher Gruppen, eines wirtschaftenden Bürgertums und einer lebendigen städtischen Selbstverwaltung, in einer erst spät entstandenen und dann vornehmlich moralisch-literarisch bestimmten Öffentlichkeit, im ganzen also in einer gewissen Isolierung. Dabei will ich nicht bestreiten, dass es zu Beginn des Jahrhunderts, zumal in West- und Süddeutschland, größere Gruppen und Bewegungen gegeben hat, die liberale und radikale Ziele unterstützten, aber das war doch nicht charakteristisch und nicht von Dauer. Auffallend ist vielmehr für die Frühzeit der Parteien, ja in gewisser Weise für die Parteigeschichte des ganzen Jahrhunderts, die Diskrepanz von ideologischer Frühreife der politischen Intelligenz und ökonomisch-sozialer Spätentwicklung der sie tragenden Schichten. Diese Lage hat wiederum die beiden Haupttendenzen begünstigt, die wir früher beschrieben haben. Zum einen die Orientierung an der Theorie, die Überwindung der Realität durch die zeitlose oder antizipierende Doktrin: nur Ideen konnten gegen die mächtigen ständischen For-

mationen Parteien konstituieren; später hat sich das Proletariat, das infolge der ständischen Differenzierung der feudal-bürgerlichen Welt isoliert, traditionslos und zunächst ohnmächtig in einer ähnlichen Lage war, wiederum an einer Theorie als haltender und bewegender, zukunftssichernder Macht ausgerichtet. Zum andern entsprang aus der sozialen Isolierung die Tendenz, die eigenen gesellschaftlichen und politischen Ziele, zumal im Kampf mit der mächtigen Feudalität, mit Hilfe des reformerischen Staates und seiner Bürokratie durchzusetzen, also die partielle Kooperation mit diesem Staat zu suchen.

Diese Ausgangslage hat sich nun freilich im Laufe des Jahrhunderts wesentlich verändert. Die ideologischen Gegensätze verflochten sich intensiv mit den schroffen ständischen Gegensätzen, die allmählich zu Klassengegensätzen wurden, und diese Verflechtung intensivierte die Spannungen. Seit den 40er Jahren konnte sich der Liberalismus – und von ihm als dem Protagonisten eines funktionierenden Parteisystems muss hier vor allem die Rede sein – auf breite oppositionelle Bevölkerungsschichten stützen, die zum Teil in mancherlei halb-politischen Vereinen, wie Gesang-, Schützen- und Turnvereinen, auch organisiert waren. Auch die städtische Selbstverwaltung wurde eine wesentliche Basis des Liberalismus. Wenn auch die Bindungen dieser Massen an den Liberalismus problematisch blieben, weil sie zum Teil noch in traditionalistischen Sozial- und Denkstrukturen verharrten, konnte der Liberalismus seinen Kampf um den National- und Verfassungsstaat doch als bedeutende soziale Macht aufnehmen. Aber schon in der Revolution von 1848/49 wurde er von der sozialen Entwicklung und deren ideologischer Reflexion, der Marxschen Theorie des Proletariats, überholt; dabei ist es wiederum charakteristisch, dass das von der Erinnerung an die Jakobiner und von der Antizipation der sozialen Entwicklung geleitete Klassenbewusstsein des Bürgertums früher in Erscheinung trat als das Klassenbewusstsein der Arbeiterschaft, das Gefühl der Bedrohtheit durch das Proletariat nahm die noch nicht aktuelle Bedrohung schon vorweg. Ehe der Liberalismus den bürgerlichen Verfassungsstaat durchgesetzt und damit einen entscheidenden Erfolg erzielt, ein konsolidiertes Selbstgefühl errungen hatte, stand schon die soziale Frage, das Problem der Massen, zur

Lösung an. Der Liberalismus war zwischen zwei Fronten geraten, den konservativen Staat und die konservativen sozialen Gruppen einerseits, das sozialistisch sich organisierende Proletariat andererseits. Diese Situation ist erheblich verschärft worden, als Bismarck das allgemeine Wahlrecht einführte, zu einer Zeit, als das in den anderen Ländern Europas kaum üblich war. Die Liberalen wurden zur Minderheit zwischen agrarischen oder vorkapitalistischen und proletarischen oder industriellen Gesellschaftsgruppen. Seit 1878/79 wurde die Furcht vor den Sozialisten oder die – berechtigte – Furcht vor dem Appell der Regierung an die antisozialistischen Affekte der eigenen Wähler zum beherrschenden Motiv des politischen Verhaltens. Die – verstehbare – Reaktion der Liberalen auf diese Lage war die Selbstbescheidung und das Arrangement mit den bestehenden Gewalten. Dass das Bürgertum in den neuen Klassenspannungen nach rechts rückte, ist natürlich ein Vorgang, der sich in allen Industriegesellschaften vollzog, aber in Deutschland war er eben dadurch spezifisch charakterisiert, dass die konservativen Machtpositionen noch nicht tiefgreifend erschüttert waren: deshalb nahm er die Form der Anpassung an. Die gemeineuropäische Krise des Liberalismus ist in Deutschland besonders früh eingetreten, und zwar ohne dass ihr eine Phase der unmittelbaren Staatsgestaltung durch die Liberalen vorausgegangen wäre. Das Bürgertum konnte in dieser Lage seine ursprüngliche Gegenposition gegen die vorindustrielle Oberschicht nicht mehr zur Geltung bringen, zum Teil übernahm es konservativ-feudale Verhaltensnormen; es verzichtete auf den Versuch, seine neu gewonnene ökonomische und soziale Macht in politische Macht umzusetzen – und die Parteien mussten sich nach einigem Zögern diesem gesellschaftlichen Prozess angleichen. Daher blieb die Diskrepanz politischer und gesellschaftlicher Verfassung zwischen Herrschaftssystem und ökonomisch-sozialer Struktur für Deutschland bis 1918 charakteristisch. Indem dann die neuen kapitalistischen Privilegien sich zum Teil mit alten feudalen Privilegien verflochten, verstärkten sie sich gegenseitig und verschärften in spezifischer Weise damit vor allem den Klassenkampf. Die besondere Lage des deutschen Liberalismus hatte so eine retardierende Wirkung auf die gesamte deutsche Entwicklung.

Diese Verzögerung wurde durch sozial bedingte ideologische Erscheinungen verstärkt: der Prozess der Mobilisierung der Gesellschaft durch die späte, dann aber rapide Industrialisierung war in Deutschland besonders dicht zusammengedrängt, und infolgedessen waren die Übergangsschwierigkeiten besonders groß. Dadurch zerfielen mehr oder minder rasch die regional, konfessionell und sozial bedingten partikularen Bewusstseins- und Verhaltensweisen, und das führte beim Fehlen eingelebter gemeinsamer Traditionen zu einer gewissen Orientierungslosigkeit der davon betroffenen Schichten, zur Angst vor der Mobilisierung, vor der Konkurrenz und zuletzt vor der dahinterstehenden Gleichheit, zu einem Bedürfnis nach Ideologie, die Halt und Sicherheit in einer schnell sich wandelnden Welt gewährte, das heißt gemeinhin nach konservativen Ideologien. Alle bürgerlichen Parteien, zumal Zentrum und Nationalliberale, sind von dieser Tendenz bestimmt worden und dadurch – trotz manchen Widerstrebens – zu einer konservativeren Orientierung gedrängt worden; die eigentlich konservativen Parteien haben mit Hilfe dieser Tendenz eine solide Massenbasis gewinnen können. Die Kräfte, die demgegenüber für eine Fortführung des begonnenen emanzipatorisch-egalitären Prozesses eintraten, waren im ganzen schwächer und fielen wegen der Ungleichheit des Wahlrechts und der Polarisierung des Klassenkampfes, des Gegensatzes von Bürgertum und Arbeiterschaft, für die bürgerlichen Parteien weniger ins Gewicht.

Entscheidend für das Verhältnis der Parteien zur sozialen Basis wurde dann die Verwirklichung des allgemeinen Wahlrechts. Die Massen der Bürger wurden mobilisiert und politisiert, die Parteien gewannen einen Rückhalt im Volk und stabilisierten ihre Existenz, Wahlrecht und Politisierung führten zur Organisation der Parteien im Lande. Bei der gegebenen Struktur der Parteien – ihrem begrenzten Machtanteil und ihrer ideologischen oder kryptoideologischen Orientierung – bedeutete das zugleich eine wachsende Indoktrinierung der organisierten Anhänger; deren politische Stellungnahme wurde zum Glaubensbekenntnis; rückwirkend verstärkte dieser Geist der Organisation wieder die ideologischen oder kryptoideologischen Bindungen der Parteien. Neben diesem sozusagen demokratischen Effekt ergab sich aber eine eher gegenteilige

Wirkung. Das allgemeine Wahlrecht konservierte innerhalb der bürgerlichen Parteien, beim Zentrum, aber auch bei den in der Mehrheit ihrer Führungsgruppe industriell-städtischen Nationalliberalen, das Übergewicht der ländlichen-mittelständischen Gesellschaft; das lag an der rasch veraltenden Wahlkreiseinteilung (von 1867 und 1871), die nicht nur die Städte außerordentlich benachteiligte, sondern vor allem seit dem Aufstieg der Sozialisten die soziale Basis der parlamentarischen Machtstellung der bürgerlichen Parteien in die ländlich-kleinstädtischen Wählerschichten verlegte. Damit erhielt die soziale Basis auch des bestehenden politischen Systems ein erhöhtes Gewicht.

Eine andere Folge des allgemeinen Wahlrechts (und der Umbildung des Staates zum Interventionsstaat) war die Entbindung wirtschaftlicher und sozialer Interessen, die sich nun nicht mehr den Verfassungszielen unter- oder eingeordnet, sondern unmittelbar und massiv geltend machten. Die ursprünglich an Ideen orientierten bürgerlichen Parteien «sozialisierten» sich, wie man damals sagte, ihre Bindungen an Klassen und Schichten traten stärker und eindeutiger in Erscheinung. Der Gesellschaft gegenüber gerieten sie in eine stärker reagierende und reflektierende Position, sie waren nicht mehr die führenden und initiativen Instanzen bei der Bildung und Formulierung des politischen Willens. Zwar haben die Parteien sich dagegen gewehrt, Klassenparteien zu werden, und bei der Aufspaltung der Klassen gelang es wenigstens den Mittelparteien, jeweils eine Koalition von Schichten zu vertreten. Aber bestimmte Interessen überwogen. Im allgemeinen bewirkte der stärkere Einfluss der organisierten Interessen eine Orientierung nach rechts und kam damit dem bestehenden Zustand zugute; denn wegen des Wahlkreissystems und des Ausschlusses der Sozialdemokraten von der Gestaltung der Politik fielen die Interessen der – selbstständigen – Produzenten politisch stärker ins Gewicht als die Interessen der – unselbstständigen – Konsumenten, und das wirkte sich zugunsten der Rechten aus. Neben die organisierte Ideologie der Parteien traten so die manifesten Interessen und verfestigten die Parteistruktur. – Trotzdem gelang es den Parteien aber im Allgemeinen kaum, die entbundenen Interessen der eigenen Macht nutzbar zu machen und zu integrieren. Die Interessenbewegungen führten zu einer Teilpolitisierung der Wählerschaft, die lange Zeit neben der Art von Politisierung herlief, die die Parteien mit konstitutionellen, nationalen und konfessionellen Prinzipien zu betreiben suchten. Die Parteien, die ohne potenzielle Regierungsverantwortung nicht unter dem Zwang zur Integration standen, vermochten nur sehr schwer, die divergierenden Interessen in einem gesamtpolitischen oder wirtschaftspolitischen Konzept aufzufangen: die Interessen wirkten daher auf die Dauer, mindestens zwischen 1890 und 1910, desintegrierend. Die Parteien gerieten in eine Zweifrontensituation zwischen den traditionellen Staat und die modernen Interessenbewegungen; und sie waren schnell geneigt, stillschweigend oder lautstark an den neutralen Staat zu appellieren und ihn als Schutzherrn vor den sie unterlaufenden Interessenbewegungen zu legitimieren, wie die organisierten Interessenbewegungen den Obrigkeitsstaat als Protektor gegen die theoriebefangenen und angeblich den Konsumenteninteressen hörigen Parteien anriefen. Im Ergebnis schwächte die interessenbestimmte Teilpolitisierung der Gesellschaft unter der Bedingung des konstitutionellen Systems daher die Parteien eher, als dass sie sie stärkte; sie vergrößerte den herrschenden desintegrierenden Pluralismus und stärkte damit indirekt den Obrigkeitsstaat und sein Prestige.

Schließlich ist im Zusammenhang der gesellschaftlichen Bedingungen für die Entwicklung des Parteiwesens darauf hinzuweisen, wie stark die Parteien gerade in den beiden letzten Jahrzehnten des Jahrhunderts von dem mit nationaler Ideologie aufgeladenen und emotionalisierten Klassenkampf bestimmt worden sind, so rabiat man diesen auch negierte. Das generelle Phänomen des Klassenkampfes war in Deutschland vielleicht deshalb besonders ausgeprägt, weil einerseits die Arbeiterschaft um eine verbal aggressive Ideologie herumorganisiert und durch die Verfolgung unter Bismarck mit einer tiefen emotionalen Solidarität erfüllt war und sich durch eine tiefe Kluft vom bürgerlichen Leben getrennt fühlte, weil andererseits die politische Machtstruktur nicht demokratisiert war und feudale und bourgeoise Privilegien sich miteinander verflochten. Beides verschärfte die Auseinandersetzungen. Bei den nichtsozialistischen Parteien gab es über alle Partikularitäten hinweg eine fast einhellige Frontstellung gegen die Sozialdemokratie, wie sie vor allem etwa in Wahlkompromissen real wurde. Erst nach der Jahrhundertwende, zumal seit 1909, hat das Konzept einer liberalen Reform, das Programm, die eigene bürgerliche Klassenposition zu behaupten oder auszubauen, größere Gruppen mobilisieren können, die sich nun auch gegen die sozial-konservativen Interessen an der bestehenden Machtverteilung wandten. Aber die Gruppen der bürgerlichen Reform blieben doch angesichts des Klassengegensatzes zur Arbeiterschaft unentschieden und vermochten bis zum Beginn des Weltkrieges noch nicht, stärkere Energien zur Durchsetzung ihrer Ziele zu mobilisieren.

Geistesgeschichtliche, konfessionelle, nationale, staatliche und soziale Faktoren haben so das spezifische Wesen der deutschen Parteien geprägt und ihre besondere Partikularität bedingt. Sie waren durch Ideologien und Kryptoideologien stabilisiert und gegeneinander fixiert, auch die später hinzutretenden und mit der Zeit immer wichtiger werdenden Differenzen der Interessen, der Taktik, der Organisation, wurden davon überformt. Darum ist die eine Grundfigur des deutschen Parteiwesens die ideologische Orientierung und das damit oft verbundene gestörte Verhältnis zur Wirklichkeit. Daneben tritt in einem dialektischen Verhältnis die Figur der Anpassung, ja, beide waren gegeneinander polarisiert. Eine Synthese von Grundsatzgebundenheit und Kompromissgeneigtheit ist kaum zustande gekommen. Innerhalb des herrschenden Verfassungssystems, in dem Integration vor allem durch die monarchischen und bürokratischen Institutionen geleistet wurde, hat auf die Dauer die Führungs-, Initiativ- und vor allem die Integrationsfähigkeit der Parteien (in sich und untereinander) entschieden abgenommen. Die Parteien alterten, es fehlte ihnen entwerfende Kraft, überzeugende Selbstdarstellung, Offenheit für neue Tatsachen und Tendenzen – daher kommt es, dass die eine der ursprünglichen Figuren des parteitheoretischen Denkens, die Antizipation, seit den 70er Jahren nunmehr neben den Parteien bei einzelgängerischen Ideologen und Sondergruppen angesiedelt ist. Die politische Gesellschaft geriet gerade wegen der Struktur der Parteien in einen desintegrierten Zustand, so sehr natürlich umgekehrt der Zustand des Parteiwesens den Zustand der Gesellschaft reflektiert. Auch an der Sozialdemokratie ist zu beobachten, wie die prinzipiell doktrinäre Linie und der Vorgang der Anpassung nebeneinander herlaufen, ohne dass eine Synthese gelang: die Diskrepanz zwischen radikaler Theorie und Agitation einerseits, reformerischem Handeln andererseits ist der allbekannte Ausdruck dieser Lage, die Unentschiedenheit zwischen Orthodoxie und Kompromiss in der Weimarer Republik die wichtigste Konsequenz.

Die Funktion der Parteien, Träger und Gestalter eines politischen Willens im Konnex mit Wählerschaft und Öffentlichkeit zu sein, ist von ihnen in den Jahrzehnten vor 1914 nur unzureichend wahrgenommen worden. Gesellschaft und Staat konnten bis zum Weltkrieg diesen Zustand aufgrund der allgemeinen Stabilität der Verhältnisse tragen. Es ist sicher, dass auch die Parteien die Möglichkeiten hatten, trotz der Belastung durch Tradition und Struktur in einem reformierten System größere Funktions- und Integrationsfähigkeiten zu entwickeln, Ideen- und Situationsorientierung zu verbinden. Die Frage ist, ob die im politischen System des Konstitutionalismus wie in jedem System angelegten Möglichkeiten der Evolution ohne die Existenzkrise des Weltkrieges hätten realisiert werden können, ob die von diesem System geprägten Parteien eine Reform des Systems durchsetzen wollten und durchsetzen konnten. Weder eine positive, noch eine negative Entscheidung dieser Frage wird sich, da es sich um eine nicht realisierte Möglichkeit handelt, beweisen lassen. Sicherlich gab es zwischen 1890 und 1918 eine Evolution des deutschen Regierungs- und Parteisystems, eine Zunahme der Macht des Reichstags, der Regierungs- und Koalitionsfähigkeit der Parteien, gab es – seit etwa 1909 – bemerkenswerte Ansätze zur Ausbildung von wirklichen politischen Alternativen, zur Integration der disparaten Teilstücke der Politik in den verschiedenen Parteigruppen und zu einer wirklichen Politisierung der Wählerschaft. Andererseits muss man konstatieren, dass in der Frage des preußischen Wahlrechts, der Veränderung der Wahlkreiseinteilung, der Ministerverantwortlichkeit und der – mehr symptomatischen als existenziell wichtigen – Wahl des Reichstagspräsidiums die entscheidenden weil systemtragenden Parteien: Zentrum und Nationalliberale, im Zusammen- und Gegeneinanderwirken eine wesentliche Reform nicht zustande brachten. Erst der Weltkrieg hat diese Situation geändert. Und in der Weimarer Republik hatten die Parteien dann jedenfalls die Chance, in einem parlamentarischen System größere Funktions- und Integrationsfähigkeiten zu entwickeln und Programm- und Situationsorientierung zu vermitteln. Aber sie standen auch unter der Belastung ihrer, zumal bei Anhängern und Wählern fixierten Tradition der starren Ideologisierung, der partikularen Orientierung und des korrespondierenden Antipluralismus und der national und obrigkeitsstaatlich überformten Klassensentiments. Und diese Belastung spielt natürlich für das Scheitern der Weimarer Republik eine wichtige Rolle. Insofern hängt das Ende der Republik auch mit den im 19. Jahrhundert ausgebildeten Strukturen des deutschen Parteiwesens und den von ihm ausgebildeten Strukturen des politischen Bewusstseins zusammen.

7.
BÜRGERTUM UND SCHÖNE KÜNSTE: ERINNERUNG AN DAS 19. JAHRHUNDERT

Jeder weiß es, die Jahrzehnte um 1800 haben die Welt, Europa und Deutschland, revolutioniert: politisch durch staatlich-bürokratische Reform und liberal-demokratische Revolution, wirtschaftlich durch Maschinen und Markt; die feudale und vorindustrielle Zeit ging zu Ende, die bürgerlich-industrielle begann. Alles änderte sich, auch der Mensch; er trat aus der Übermacht der Traditionen und der Gemeinschaften heraus, er wurde – innengeleitet, wurde individueller, reflektierter und – sentimentaler. Zur gleichen Zeit vollzieht sich, weniger bemerkt, eine Revolution im Verhältnis von Leben und Künsten. Das ist die Verbürgerlichung der Künste; keineswegs ein Sonderthema der Kunstsoziologie, sondern ein Fundamentalereignis, das die Künste wie das Leben verändert hat. Damit habe ich das Reizthema von heute morgen genannt, und zwar so, dass ich das beliebte Oppositionsschema (die schönen Künste und die scheußlichen Bürger) nicht noch einmal variiere, sondern den Zusammenhang der beiden bedenke. Verbürgerlichung der schönen Künste, was soll das heißen? Die Künste lösen sich aus der Einbindung in Hof, Kirche und Standeswelt, aus repräsentativen, liturgischen, geselligen Funktionen, sie werden Sache eines allgemeinen, öffentlichen Publikums, sie werden nicht mehr nebenbei und hilfsweise, sondern an sich selbst wesentlich. Es entstehen das Kunstleben, der Kunstbetrieb: das öffentliche und kommerzielle Konzertwesen – von Konzertvereinen, Kommunen, Agenturen getragen –, die Professionalisierung der Musiker, die Virtuosen; die Oper wird bürgerliche Repräsentation, bürgerliche Handlungen und nationale Sprache bestimmen den Text, es bilden sich bürgerliche Parteien (Pro- und Anti-Wagner z. B.); es entstehen Laienchöre und Männergesangvereine und Musikfeste (das musikalische Olympia, nannte man das 1830), die Hausmusik – von der Quartettgeselligkeit über die Klavierauszüge bis zur Klavier spielenden höheren

Tochter; fürstliche Galerien werden zugänglich, Städte gründen Museen, die Akademien, die Künstler- und die Kunstvereine stellen aus; es gibt öffentliche Aufträge und privaten Kunstmarkt, Malstunden und aquarellierende Dilettanten, die Bilder und Reproduktionen im Wohnzimmer, oder: die Denkmäler, die unsere Plätze und Trambahnhaltestellen und Ausflugsberge zieren oder verunzieren, das Interesse und den Streit um öffentliche Architektur; oder: der Buchhandel dehnt sich aus, die Leihbibliotheken, die privaten Bücherregale, Poesiealben und Jünglingsdichten werden normal, Theaterbesuch als Initiationsritus (Wilhelm Tell), als Fest, als Regel, Literatur- und Theaterkonsum liefern einen Haupt-Gesprächsstoff; die Kunstpublizistik erfüllt Zeitschriften und populäre Bücher, öffentliche Subventionen für die Künste werden die Regel, darum gibt es so etwas wie Kunst-Politik und öffentliche Konflikte; die Künste werden Unterrichtsgegenstände der Schulen (wie mäßig immer) und Sache der unendlichen bürgerlichen Vereine, die Kunst-Gebäude werden Großaufgaben der Architektur, Zentren der Stadt, Kunsttempel. Im ganzen: Die Künste werden ein Teil der Selbstverständlichkeit des bürgerlichen Lebens, sei es im Ernst, sei es unter der Prätention und dem Zwang, dazu gehören zu wollen und zu müssen; wichtiger sind die Normen, die das Verhältnis zur Kunst regelten, wichtiger als die Praxis (die durchaus anders sein mochte). Und dieses Kunstleben bietet, gerade in Deutschland, den Künstlern viele Berufs- oder/und (Quasi)Beamten- und -Lehrpositionen und ernährt sie vor dem Zeitalter der Medien oder der VG Wort.

Es sind zuerst die sogenannten Bürger, die dieses Leben tragen, und unter ihnen die praxisentlasteten Gruppen mehr als die anderen: die Frauen – nach der patriarchalischen Ideologie fürs Ästhetische eher zuständig – und die Jugendlichen. Aber das strahlte weit ins nichtbürgerliche Volk. Bei Beethovens Tod war schulfrei und 20–30 000 begleiteten den Sarg, die Denkmals- und Jubiläumsfeste (Schiller 1859) waren durchaus Volksfeste, Männergesang, Öldruck und Lithographien greifen weit ins Bauerntum und in die Arbeiterschaft.

Diese Verbürgerlichung ändert den Charakter der Kunst und des Lebens – deshalb nenne ich sie revolutionär. Kunst, losgelöst von herrschaftlichen Aufträgen und Funktionen oder solchen des Kultes, wird autonom und gewinnt einen spezifisch modernen emphatischen Charakter. Sie wird bestimmt als Ausdruck und Organ des Universalen und Unbedingten, der Welt und des Ich, der Tiefe ihrer Geheimnisse und ihrer Wahrheit, Kunst wird nicht nur dem Wahren und Guten zugeordnet, sondern ein eigener, ja der eigentliche Ausdruck der Wahrheit, im Bild, im Symbol, im Gefühl, – der Wahrheit des Ganzen.

Dieser Kunstbegriff fächert sich auf, und wir, durch Nahsicht verblendet, sehen nur mit mehr und weniger Sympathie diese Auffächerungen: Kunst ist eine Eigenweit, selbstzweckhaft und entrückt wie die Musik; ist eine quasi utopische Gegenwelt; ist Welt der idealischen Wahrheit (sei es auch die Nichtigkeit allen Lebenswillens), Welt der Verklärung und Versöhnung des Innen und Außen, des Natürlichen und des Reflexiven, Abglanz solcher Vollendung. Oder ist – gegen alle Verklärung oder Gegenwelt – die Aufdeckung der wahren Wirklichkeit, gegen Konvention, Idealisierung, Sentiments und gegen allen Schein, der Wahrheit, nicht über, sondern in den Dingen. Agnostiker und Christen, Optimisten und Pessimisten, Idealisten und Naturalisten sehen die Sache unterschiedlich. Wie immer aber die Andersheit der Kunstwelt bestimmt ist – idealistisch oder realistisch, schön oder entlarvend –: darauf kommt es nicht an, und schon gar nicht aufs Moderne, wenn man sich des emphatischen Kunstbegriffs vergewissern will. Kunst ist in allen Fällen Organ des Lebens, der Weltinterpretation. Kunst dient eben nicht mehr der Frömmigkeit, der Herrschaft oder der Unterhaltung und Geselligkeit.

Solch autonome Kunst gewinnt einen neuen Rang, eine neue Bedeutung im Leben, sie wird für das Leben des modernen Bürgers (und dann des Menschen) eine existenzielle Weise des Weltzugriffs und der Lebenserfahrung, das Ästhetische wird ein existenzieller Faktor des Lebens, in diesem Sinn kann man nach der Verbürgerlichung der Kunst von ihrer Existentialisierung sprechen, von der Ästhetisierung der Lebens-Interpretation. Kunst wird ein wesentliches Stück von Sonn- und Feiertag des Lebens, sie präsentiert die außeralltäglichen sekundären Informationen, sie interpretiert die Welt, das Ich, das Leben, sie wird Organ der nun nicht mehr selbstverständlichen Weltorientierung und Selbstverständigung, sie präsentiert Gegenwelten gegen den Alltag, sie sagt etwas über den Sinn (und den Un-Sinn) des Lebens. Kunst ist darum eine Welt auch jenseits von Arbeit, Gewinn und Macht, von Leistung und Erfolg, von Mittelmaß und Normalität, auch wo sie das alles – wie im Roman oder in der Malerei des späten 19. Jahrhunderts – zum Thema macht. Darum nun gibt es von der Klassik und erst recht der Romantik bis zu Schopenhauer und Wagner eine Fülle von religiösen und quasi religiösen Reden und Verhaltensweisen im Umgang mit der Kunst: Weihe und Verehrung, Andacht und Pietät, Gottesdienst und Gemeinde, (man denke an Karfreitag, Matthäus-Passion und Parzival), Göttliches, Unendliches, Überirdisches, Ewiges, das sind solche Ausdrücke; Kunst erlöst, versöhnt und tröstet, Künstler sind Heilige und Märtyrer, oder gar wie Beethoven Prometheus und Verkünder eines heroischen Evangeliums von Leid und Überwindung. Es entsteht eine Kunstreligion, eine Sakralisierung der Kunst, und die Architektur der Kulturbauten ist darum die der ästhetischen Kirchen. Das ist für uns zumeist fremd, unerträglich, pathetisch oder sentimental, ist vergangen. Wir müssen uns nur klarmachen, dass in einer noch religiösen Zeit das Säkulare von größter existenzieller Wichtigkeit und Mächtigkeit noch religiös begriffen oder jedenfalls ausgedrückt wurde. Kluge Ästhetiker – wie der Kritikerpapst F. Th. Vischer – wie auch reflektierende Künstler stellen in der Mitte des 19. Jahrhunderts fest, dass die Wahrheit und die Funktion der Religion in einer Zeit, die sich von der Religion ablöst, postreligiös wird, in die Kunst übergeht, in ihr aufgehoben ist; *sie* ist der Ort der Wahrheit, der großen Wahrheit, des Ganzen, des Gefühls, der Reflexion des Lebenssinnes (wenn über dem keine Gewissheit mehr besteht). Kunst tritt mit dieser Funktion, jedenfalls für die Bildungswelt, neben die Religion und vor sie; und sie tritt neben die Wissenschaft, deren Anspruch auf die Wahrheit mit dem Zerfall eines Ganzen, der zunehmenden Spezialisierung in all die vielen Wissenschaften und mit deren Abstraktion, Zerspaltung und Intellektualisierung fragwürdig wurde. Auch die Bürger der Arbeit, des Gewinnes, des Mittelmaßes verlangen nach dieser Kompensationswelt oder dieser Überhöhung und Rechtfertigung, man braucht sie zum inneren Gleichgewicht, zur Vergewisserung dessen, worauf es im Leben ankommt oder alternativ in seinem ungelebten Leben ankommen sollte. Das gilt nicht nur für die freigestellten Frauen und Jugendlichen, sondern auch für die Bürgermänner, wenn sie sich eine Distanz zu sich selbst erlauben (und mit Wotan über den Fluch des Goldes nachsinnen). Kurz, Kunst ist ein wesentlicher Ort der Welt- und Lebensinterpretation, sei es im überhöhenden Einverständnis mit der Wirklichkeit, sei es im Widerspruch zu ihr. Die Verbürgerlichung der Kunst also hat die Kunst – zweckfrei und unbürgerlich wie sie ist – nicht nur verbreitet, sondern ihr ganz neue, bis dahin unerhörte Bedeutung gegeben, sie hat das Leben geändert. Beide Grundtatsachen hängen unlöslich zusammen, und man muss die Spannung, ja die Paradoxie wirklich realisieren, dass Verbürgerlichung und Existentialisierung, wie ich einmal sagen will, so miteinander verkoppelt sind. Der intellektuelle Revolutionär des späten 19. Jahrhunderts, in dessen Zeichen alle Kunst in der ersten Hälfte unseres Jahrhunderts steht, Nietzsche, hat die führende Rolle der Künste für das Leben – nun jenseits aller religiösen Anklänge und Metaphern ganz säkular – zum Ausdruck gebracht.

Von den Gründen für diese Lebensrevolution zu reden, habe ich nicht Zeit. Die Freisetzung des Individuums aus Tradition, Stand, Nachbarwelt, die Entstehung des Ideals der Innenleitung und Autonomie, der Aufstieg der Bürgerwelt von Arbeit, Kapital und Politik, die Abschwächung der Religion, die Entritualisierung des Gefühls, der Tod der Philosophie und die Intellektualisierung der Wissenschaft zur Expertensache, das sind einige dieser Gründe.

Für meine weiteren Überlegungen sind zwei Folgen jetzt wichtig. Der emphatische Begriff der Kunst im bürgerlichen Zeitalter sagt, ich wiederhole es, dass Kunst jenseits aller fremden Dienstbarkeiten, Aufträge und Ziele autonom und frei ist, Zweck an sich selbst, sie definiert ihr Wesen, ihren Anspruch, ihre Gesetze, verpflichtet nur sich selbst und den großen futurischen Abstrakta der Menschen und der Ewigkeit. Solch autonome Kunst nun hat die Tendenz zum Esoterischen. Sie scheidet das Element der Unterhaltung, der Schau- und Hörlust aus, es entsteht z. B. die Unterscheidung von E- und U-Musik, die Trivialkunst, der Kitsch. Die Masse des demokratisierten und individualisierten Publikums, der Verlust prägender Durchschnittsziele und die Entmachtung elitärer Expertenhierarchien, der Verlust der Rituale des Gefühlsausdrucks und die Reproduzierbarkeit – das sind neben der Ausgrenzung des Unterhaltungsbedarfs die Gründe für diese Entwicklung. Wie Verbürgerlichung und Autonomie, so stehen Demokratisierung und Esoterik in Wechselwirkung, das Unbürgerliche (nämlich der Esoterik) als Ergebnis der Verbürgerlichung kommt in den Blick.

Die andere Folge, das ist die Pluralisierung aller Künste. Als Kunst Gegenstand der bürgerlichen Bildung wird, wird vergangene Kunst in bis dahin unerhörtem Maße präsent. Museum, Denkmalspflege, Musik-, Literatur- und Theaterkanon, Reproduktionen, Bücherschränke, Baedekerpflichten, die Renaissancen der Kunstwissenschaften: all das umstellt den Menschen mit gewesener Kunst, nötigt zu geschichtlicher Ehrfurcht oder zum Auswählen. Kunst der Gegenwart rückt in den langen Schatten der Geschichte. Aber auch die je zeitgenössische Kunst pluralisiert sich; unterschiedliche Stile und Tendenzen existieren neben- und gegeneinander, und zwar qualitativ ganz anders als in älteren Zeiten. Das Publikum war groß und pluralistisch, es gab keine normsetzenden Hierarchien mehr, die autonome Kunst war von handwerklichen oder anderen kanonisierten Regeln unabhängiger, die Künstlerrolle verlor ihre Eindeutigkeit, die zunehmende Reflexion zerspaltete die Konsense, die gemeinsamen Symbole und Traditionen zerfielen, das Originalitätspostulat individualisierte die Modernen. Der Wechsel beschleunigt sich, es gibt das Modische, alle absoluten Ideale relativieren sich. Die Künste spiegeln die Pluralisierung der modernen Welt – selbst ganze Teilbereiche wie die Musik, sie ist – paradox genug – romantisch in unromantischer Zeit.

Die Größe und die Lebensbedeutung der Kunst seit 200 Jahren also ist eine Folge ihrer Verbürgerlichung, das war bisher meine, gewiss zugespitzte, These. Jetzt muss freilich auch vom Gegenteil die Rede sein, vom Gegensatz zwischen schönen Künsten und Bürgerlichkeit, vom Un- und Antibürgerlichen der Kunst. Die Regie des Vormittags hat mir strenge Zeitauflagen gemacht, ich befleißige mich der Kürze, die Dinge sind ja bekannt genug. Worauf es mir ankommt, ist zu zeigen, wie die Gegensätze der ursprünglichen Zusammengehörigkeit selbst entstammen. Zuerst die Bürger. Die Gründe, warum das Ästhetische eine zentrale Lebensbedeutung gewann, waren mehrfältig, das habe ich zu zeigen gesucht, und darum konnte dann ein Teilkomplex allein das Übergewicht gewinnen. Die historische Bildung gab dem Kanonisierten den Vorrang vor dem Neuen und Spontanen, die Tradition der Seh-, Hör- und Lesegewohnheiten dem Konventionellen, die bürgerlichen Normen und Tabus dem was als kunstwürdig, als akzeptabel galt, die Prätentionen des Idealismus der Verklärung der Wirklichkeit, und die Neugier allenfalls dem Modischen. Das was zum emphatischen Begriff der Kunst durchaus gehörte, das Freie, Sprengende, Anarchische war in der Praxis darum eingehegt. Die sehr bürgerliche Feier des grenzsprengenden Genies, ins Heroische gesteigert, Kompensation für versagte Möglichkeiten des in die Normalität eingebundenen Lebens, war auf die Früheren, die Toten beschränkt (wie sollte es auch anders sein), für die Gegenwart blieb allenfalls das biografische Interesse und die Neugier auf eine Art Bohème. Mit der Menge der Kunstpflichtigen nahm natürlich die Zahl der Kenner ab, die Ästhetik der Kunstkonsumenten (außerhalb der Musik) wurde eine trivialisierte und versimpelte Inhaltsästhetik – was auf einem Bild drauf ist, was es darstellt, das allein war dann die Frage. Darum, nebenbei, konnten sich die Bürger ein Stück weit zum Realismus bekehren, aber die Maler reagierten darauf wieder mit Antinaturalismus und l'art pour l'art. Kurz, die Bürger sind nicht die simplen Banausen allein, sondern sie scheinen eher saturiert im Bestehenden, und suchen sich den Anspruch der Kunst anzueignen und in den Dienst der Selbstfeier oder der zugelassenen Grenzfragen zu nehmen, und sie deformieren ihn so.

Auf der anderen Seite die Künstler. Sie verstehen sich im Gegensatz zur bürgerlichen Gesellschaft, dem eben beschriebenen Typus des Philisters, obwohl diese Gesellschaft sie doch trägt. Der Künstler ist isoliert, ohne Dienst und Auftrag, ohne ständische Rollenzuweisung, freies und einsames Individuum, Außenseiter seiner Bestimmung nach, Anwalt des Anderen und Freien, Höheren und Wahren, darum der Mythos vom verkannten Künstler, mit dem sich die empfindsamen Teile der Bürgergesellschaft von ihresgleichen und deren Gefühllosigkeit abgrenzen können. Und wo die Künstler, wie jetzt so oft, das Reflektieren und Kommentieren und Literarisieren anfangen, trennen sie sich ein andermal von der normalen Bürgerwelt.

Neben das verschärfte Problem der Konventionalität der Bürger tritt das ebenso sich verschärfende Problem der Originalität der Künstler. Die autonome Kunst steht unter dem Originalitätspostulat, die Prägekraft des Stils auch für schlichtere Talente zergeht, niemand kann mehr über 100 oder auch nur 49 Sinfonien schreiben. Unter dem Absolutheitsanspruch der Kunst werden die vorgegebenen Aufgaben, Traditionen und Normen immer problematischer, der Vorrat gemeinsamer Ausdrucksformen, Mythologien und Symbole und der Gattungsregeln zerfällt, je säkularer, je rationaler, je individualisierter die Welt wird; aus der Venus wird eine nackte Frau, aus der Majestät ein Mann mit Krone. Die Künstler haben kein Publikum, sondern sie müssen es gewinnen oder schaffen, es überwältigen oder – sich von ihm abwenden. Der Künstler verliert die Außenhalte, die Selbstgewissheit und Stabilität stützen, die er doch in der Spannung zur prallen Stabilität der Banausen braucht.

Tradition wird eine Last, das Epigonentum eine Bedrohung. Themen wie Mittel und Formen verbrauchen sich. Es entsteht das Problem des Fortschritts in den Künsten, des Avantgardismus, der Kunst der Zukunft, – jung, neu, modern. Das begründet ein andermal die Esoterik der Moderne, die Spannung der Gegenwelt zur Bürgerwelt, den Verlust an Einverständnis und auch das Leiden daran (man denke an die Versuche der Musik durch Rückgriff auf Altes, Volksmäßiges, Bekanntes, die Kluft zu überbrücken).

Im Ergebnis: Die moderne, die autonome Kunst der letzten 200 Jahre ist so notwendig und unaufhebbar Gegenwirklichkeit gegen die Bürgerwelt, und an diesem Kern der Sache muss man festhalten, auch wenn man die Antibürgerkampagnen der Künstler und das vermeintliche Banausentum der Bürger kräftig relativieren muss, all die elitären und antielitären Ideologien. Man darf sich die Sache nicht leicht machen, indem man die Antibürgerperspektive reproduziert oder indem man die Bürger, die man nicht leiden mag, schlicht mit dem Etikett «19. Jahrhundert» zum Schutt der Geschichte deklariert. Der werdende Großschriftsteller des frühen

20. Jahrhunderts, Thomas Mann, hat das Thema Künstler und Bürger zum Weltthema von Anderssein und Normalität (den «Wonnen der Gewöhnlichkeit») gemacht; erst wenn man wie er die Ambivalenz von Anspruch und Leiden der Künste wie der Bürgerlichkeit realisiert, gewinnt man einen angemessenen Begriff der Sache, jenseits eingefleischter Parteimeinungen. Die Verbürgerlichung der Künste hat ihre Antibürgerlichkeit bewirkt – beides besteht in Wechselwirkung und hält sich die Waage.

Nach der Bürgerkritik mache ich die Größe der Bürger und des so bürgerlichen 19. Jahrhunderts, wirklich die Größe, zum Schluss durch einen Blick auf den Beginn unseres Jahrhunderts deutlich. Die Gründerzeit war, trotz berechtigter nostalgischer Differenzierungen heutzutage, eine Ausgeburt der Schrecken der Unkunst und des leeren Pathos. Aber: es sind unsere Groß- und Urgroßväter gewesen, die auszogen, sie zu überwinden. Die Modernität, die um 1900 in den Künsten entsteht, ist, das ist meine These, ein Produkt des Bürgertums, auch des Bürgertums. In der Malerei findet der Sezessionsstil sein großes Publikum, seine Verleger, Promotoren, Kritiker und Zeitschriften, von den beiden Cassirer über den Kritiker-Papst Meier-Graefe bis zum Kunstwart. Aus dem Jugendstil entsteht die industriebürgerliche Architektur. Peter Behrens ist ihr Protagonist, bei dem Gropius und Mies van der Rohe arbeiten, und der der Kunst-Mann der AEG ist, von Vater und Sohn Rathenau; andere Konzerne (Mannesmann z. B.), die Kaufhäuser, die Kommunen und die Bahnverwaltungen und sogar das Auswärtige Amt (mit der Petersburger Botschaft) tragen die neue Architektur, das reicht bis zu den Arbeitersiedlungen hin; und die eben noch historischen Architekten – in München Thiersch und Seidl, Bestelmeyer und besonders Theodor Fischer – werden mindestens in die neue Halbmoderne (wenn nicht die richtige Moderne) hineingezogen. Die Idee der ästhetischen Durchgestaltung der ganzen Dingwelt und unseres Lebens gewinnt in der Bildungs- und Wirtschaftsbürgerschicht seit dem Jugendstil sensationelle Resonanz – Sachlichkeit, industrial design und der Werkbund (der ja auch Unternehmer, Politiker, Publizisten vereint), stehen dafür, die Werkbundausstellung in Köln im Sommer 1914 hat – in einer Zeit ohne Auto und bei Kriegsausbruch abgebrochen – fast eine Million Besucher gesehen. Selbst die Expressionisten, Bürgerschreck doch gewiss, finden vor 1914 in Berlin und bei den rheinischen Museumsgründern Freunde und Mäzene. Und die moderne, unbürgerliche Literatur, die aus der Bürgerwelt auswandert oder, seltener freilich, sie angreift, findet, wie das Theater, ein großes bürgerliches Publikum.

Man wird die Sache nicht übertreiben. Die Spannungen verschwinden nicht, radikale Avantgardisten bleiben isoliert, kluge Modernitätskritiker haben ihre weniger kluge Klientel, neben einer im Pluralismus legitimen Modernitätskritik steht amorph dumpfe Konventionalität, und das gibt den antibürgerlichen Künstlern stets neue Nahrung – dem Bürger fliegt der Hut vom Kopf. Natürlich gibt es das dynastische Establishment, z. B. den deutschen Kaiser und seine populistische Antimodernität – darin war er übrigens mit dem republikanischen Präsidenten der USA ganz einer Meinung. Aber erstaunlich ist in der politisch und sozial doch eher konservativen deutschen Bürgerwelt gerade das andere. Nicht nur das Publikum, sondern auch das Establishment (Fürsten, Adel, Beamte, Großbürger) spalten sich, etwa 1904 anlässlich der Weltausstellung von St. Louis; wenigstens der Pluralismus setzt sich durch. Natürlich auch sind die modernen Aufbrüche zuerst Kunstereignisse, aber ohne eine tragende Bürgerschicht – die weiter reicht als Frauen und Jugend – ist das gar nicht zu denken. Die Kritik am Wilhelminismus wird im Ästhetischen zu einem Hauptphänomen, der Wille zum Modernen, zum Zeitgemäßen. Darin sind sich zwischen 1900 und 1914 auch noch alle die einig, die als Linke und Rechte, Völkische und Entartete in den 20er Jahren dann schroff aus- und gegeneinandertreten.

Das Phänomen ist erstaunlich, weil die Deutschen vor 1900 in den Künsten eher traditionell und – mit Ausnahme der Musik – international nicht herausragend waren, mit einem Sprung rückten sie jetzt in die vorderen Reihen der Moderne. Es gibt dafür eine Reihe von Gründen. Politisch spielt der Föderalismus eine Rolle, die Konkurrenz der Haupt- und Residenzstädte, der in Berlin gefeuerte modernistische Tschudi wird Museumschef in München, Großherzoge in Darmstadt und Weimar haben in den Künsten noch ein Feld ihrer Eigenständigkeit, es gibt keine maßstabsetzende zentrale Akademie. Sodann: die freiwillig-unfreiwillige Politikdistanz der Deutschen, Bürger wie Künstler, bewirkte, dass den Künsten (wie übrigens auch den Wissenschaften und der Technik) ein besonderer Rang zur Befriedigung des Modernitätsbedarfs zukam: nicht als Fluchtregion, sondern als ausgleichender Mittelpunkt der Modernisierung in einer politisch wenig offenen Welt. Wer den modernen Aufbruch liebt, darf den Zusammenhang mit dem Unpolitischen, auch wenn er das nicht liebt, nicht übersehen. Dazu kam die Pluralisierung der Gesellschaft in gegensätzlichen Richtungen, die Zunahme der Freiräume, die Demokratisierung der Kultur, die Erweiterung von Bildung und Bildungsverlangen.

Dazu kommt nun die Steigerung dessen, was am Anfang unserer Geschichte stand, und das gilt für alle moderne Welt. Die Welt wurde technischer, rationaler, bürokratischer, rechenhafter, entfremdeter und kälter, das Vertraute wie das Freie schien zu entschwinden; die Wissenschaft bot positivistische Teilwahrheiten ohne Ausblick aufs Ganze, auf Leben und Sinn; Geschichte, Psychologie und Soziologie nagten den Bestand von Werten und Selbstverständlichkeiten mit ihrem Relativismus zunehmend an, die Kultur gerann zu einem objektiven Gegenüber, das nicht mehr anzueignen war; und Kultur konnte den Rückhalt der Tradition in den Verstörungen und Verlusten der Modernität nicht mehr bieten oder ließ ihn gar nicht mehr erwünscht sein; die bisherige Form der Lebenssinn-Reflexion, die institutionelle Religion schwächte sich immer mehr ab und setzte eine vagierende Religiosität frei (von Franz Marc bis Rilke sind der Beispiele Legion). Georg Simmel hat nach 1900 die Lage als Krise der Seele – so durfte man damals noch sagen – in der Kultur beschrieben und die Opposition gegen den Logozentrismus in den mächtigen Sektoren des Lebens. Das war eine neue Stunde der Kunst, nicht mehr der Verklärung, der Überhöhung, der Schönheit, sondern Kunst als Aufbruch aus der Einsargung des Lebens in Bürgerlichkeit und Rationalität, als Überwindung «des» 19. Jahrhunderts, als Ort, an dem die Seele sich reflektiert und findet, differenziert, komplex, ambivalent, modern eben, in der Ambivalenz von Normalität und Andersheit, von Sich-Einhausen und Grenzüberschreiten; die Modernität, in der man ja praktisch lebte, wollte man auch in den Künsten, den Inhalten und Formen, wiederfinden und neu finden, in dem queren Verhältnis der Kunst zum Leben und zu meiner jeweiligen Lage zugleich – Künste als Seismographen, Wegweiser und Gegenbilder – jenseits der primären und rational vermittelten Erfahrungen. Dieser modern bürgerliche Kunstbedarf übernimmt nicht die Gegnerschaft der rebellischen Künstler gegen die bestehende Welt, wohl aber eine Idee von Kunst als kompensatorischer Gegenwelt, insoweit jenseits der verkrusteten bürgerlichen Norm vom Einverständnis.

All das war in der Verbürgerlichung der Künste schon angelegt, darum hängen Anfang und Schluss dieses Vortrags mehr als gemeinhin üblich zusammen. Ich wende es noch einmal anders. Es waren die Bildungsbürger, die die ästhetische Kultur des 19. Jahrhunderts zunächst durchgesetzt und getragen haben, für sie waren individuelle Entfaltung und Verwirklichung, Weltdurchdringung und ästhetische Weltinterpretation oder Gegenwelt eine Einheit. Diese Bildungsbürger haben die Bildung, das Leben mit den Künsten, ja die Künste selbst universalisiert und routinisiert, in Klischees und Examenspatente, ins Museale und Kanonische, in die Pflichten des Dazugehörens, ins Alexandrinertum und den zähen Schleim der Bildungsbarbarei eingesogen, wie Nietzsche und seinesgleichen gesagt haben, haben das Elementare und Unmittelbare, den Aufbruch und die Zwiespalte verdeckt. Aber: sie haben nicht nur die materielle Basis der Künste gesichert und ständig erweitert und die unbürgerliche Modernität provoziert, sie, diese Bildungsbürger erzeugen doch auch ständig Auf- und Ausbrüche, Kritik der Routinisierung, ja der Bildung, durchbrechen die eigenen Verkrustungen ins Spontane und Freie, die Einzelgänger, die das anfangen (Pfarrerssöhne wie Nietzsche) gewinnen über die arbeitsentlasteten Jugendlichen und Frauen auch bei den arbeitenden Männern Anhänger und Resonanz. Bildungsbürger also produzieren Versteinerung und Aufbruch zugleich, Konvention und Innovation, ja Revolution. Die Bürgerlichkeit der Bürger ist ihre eigene Dauerrevision. Angesichts der beharrlich überlieferten Bürgerfeindschaft ist es nötig, diese Seite der Sache zu betonen. Das Ende dieses Bildungsbürgertums, das die schönen Künste getragen hat, das Ende von 1933 oder 1945, ist recht gesehen dann nicht nur ein Ende, sondern auch die Verallgemeinerung eines Lebensentwurfs vom Leben mit den Künsten für potenziell alle. Wir, Bürger und Künstler und Antibürger, allesamt sind Erben jener Bürger des vorigen Jahrhunderts und leben von deren Errungenschaften. Wie es mit Kunst und Leben für uns steht, das ist auf deren Boden gewachsen. Aus solcher Erinnerung in Gerechtigkeit für das Jahrhundert unserer Urgroßväter können wir lernen und leben.

8.

RELIGION UND GESELLSCHAFT: DEUTSCHLAND UM 1900

Dass Religion ein zentrales und alldurchdringendes Element älterer Lebenswelten gewesen ist, weiß jeder. Für den Agnostiker Jacob Burckhardt war es selbstverständlich, sie zu den drei «Potenzen» zu zählen, die die Geschichte strukturieren. Aber mit den letzten zwei Jahrhunderten steht es anscheinend anders. Seitdem Religion ein Spezialbereich, eine ‹Provinz› des Lebens geworden ist, hat sie auch für Historiker dieser Zeiten an Gewicht verloren, sie ist Sache von Spezialisten geworden, die Allgemeinhistoriker haben das Thema an die – konfessionell geteilten – Kirchenhistoriker abgegeben. Zwar, bei bestimmten Phänomenen, z. B. dem Kulturkampf oder dem Wählerverhalten von 1933, kommt Religion notwendig in jeder geschichtlichen Erörterung zur Sprache, aber generell erscheint sie eher als ein sich abschwächender Überhang von Tradition, nicht mehr den Gang und gar den Fortgang der Dinge bestimmend. Politik und Gesellschaft, das ist den Historikern im Blick auf die beiden letzten Jahrhunderte zentral. Inzwischen aber gibt es eine allgemeine Neuorientierung, die auch unser Thema berührt; ich meine die Wiederentdeckung der Kultur; nicht nur Arbeit und Herrschaft, sondern auch die Sprache, so sagt man im Anschluss jetzt an Habermas, konstituieren die historische Welt – also die Kultur, die Deutungskultur. Politik- wie Gesellschaftsgeschichte kommen ohne diesen Bereich schlechterdings nicht mehr aus. Das aber führt auch zu einer Wiederaufwertung der Religion. Denn sie ist ein Teil der Deutungskultur. Aber wie immer es damit im allgemeinen stehen mag: Für die Wende zum 20. Jahrhundert jedenfalls gilt, und das versuche ich hier zu zeigen, dass Religion ein zentrales Stück der individuellen wie der gesellschaftlichen Wirklichkeit ist, und zwar, wenn man die Sache ‹Religion› nur weit genug fasst, in vierfacher Hinsicht: als Orientierungsmacht der Kirchen, als Gegenstand der mehr oder minder wilden Negation, als säkulare Zivilreligion, als Strukturprägung. Dabei ist meine Absicht auch zu zeigen, dass und wie Deutschland um 1900 entgegen manchen Klischees vom wilhelminischen Reich ein Land der Um- und Aufbrüche, der Modernitätsschübe gewesen ist. Beide Dinge hängen eng zusammen. Denn Religion spielt für die Umbrüche zwischen Tradition und Modernität eine zentrale Rolle. Ich gehe in drei Schritten vor: Zuerst handele ich von den Kirchen, dann von der Unkirchlichkeit, den Antikirchlichen wie den Neureligionen, und zuletzt von den Wirkungen religiöser Traditionen und Konstellationen auf Leben, Gesellschaft und Politik. Dass ich in begrenzter Zeit nur eine Skizze bieten kann, mit Lücken und Schwerpunkten und mit manchmal gewagten Thesen, das werden Sie mir nachsehen.

I.

Zuerst also die Kirchen. Sie sind wohletabliert, der Welt der geltenden Autoritäten nah, ihr Anspruch auf Dominanz und öffentliche Geltung ist anerkannt, zu ihnen zu gehören, ist normal, das Gegenteil bedarf der Rechtfertigung. Als alte, uralte Mächte aber sind sie insbesondere der Spannung zwischen Tradition und Modernität ausgesetzt. Ich will heute vor allem nach Modernisierungselementen fragen.

Der Katholizismus erscheint als Bastion der Tradition, in Theologie und Weltanschauung, Frömmigkeitsformen und Lebenspraxis ultramontan durchgeformt, integral geschlossen und antipluralistisch, auf Abwehr und Abgrenzung gegenüber der modernen, ja überhaupt der nichtkatholischen Welt gestellt – vom Syllabus bis zum Antimodernisteneid, die Gettokirche, wie die katholische Kritik heute gern sagt. Die Minderheitensituation, die Kulturkampfbedrohung und das Kulturkampftrauma, die Distanz zum politischen Establishment des Reiches wie der maßgebenden bürgerlichen Gesellschaft (alle Schichten und Gruppen) – der Industriewirtschaft und der Wissenschaft – und die relative Modernitätsferne der deutschen Katholiken – das sind Gründe, die die Loyalität der deutschen Katholiken gegenüber der antimodernen Position der Kirche – trotz mancher praktischen Distanz zu ultramontaner Überkirchlichkeit – seit der Krise von 1870 relativ problemlos sicherten. Zudem, jeder weiß es wiederum, der deutsche Katholizismus war nicht nur Kirche, sondern war, gemäß den Organisationsformen des 19. Jahrhunderts, Vereins- und Verbandskatholizismus. Das Leben der Katholiken war von einem dichten Netz solcher Vereine für alle Schichten und Gruppen, für alle politischen, ökonomischen, sozialen, kulturellen Lebenszwecke, alle Lebenslagen umfangen und durchzogen, und dieses Netz expandierte und differenzierte sich bis 1914 immer weiter. Darin und in der katholischen Presse formierte sich die katholische Subkultur, das sozialkulturelle und sozialmoralische Milieu. Der Katholikentag war auch die Generalversammlung katholischer Vereine. In einer Stadt wie München gab es um 1900 schon 70 solcher Vereine – ohne die rein kirchlich-pastoralen Vereine oder die studentischen Verbindungen mitzuzählen. Die Vereine intensivierten die katholischen Aktivitäten, integrierten den Katholizismus und grenzten ihn ab, hegten das Leben in der pluralistischen Gesellschaft und gegen sie konfessionell ein. Heute werden diese Tendenzen und der Organisationsfetischismus dieses Betriebes, der ja 1933 wie ein Kartenhaus zusammenbrach, gern kritisiert. Aber man kann nicht verkennen, dass diese Vereine die Selbstbehauptung der katholischen Kirche als Volkskirche getragen haben und bis nach der Mitte unseres Jahrhunderts ihre auffallende Krisenresistenz, gegenüber rechten wie linken Neu-Ideologien.

Aber wie dem auch sei, für meine Frage wichtig ist eine andere Beobachtung, ein paradoxes Resultat. Diese Vereine, die die Tradition befestigen sollten, wurden ein Vehikel der Modernität. Ein Blick auf ihre innere Entwicklung macht das deutlich. Die Vereine hatten zuerst vorwiegend religiös-moralische Ziele; sie sollten, z. B. den Gesellen oder den Bauern, den Arbeitern, den Dienstmädchen, katholische Geborgenheit in einer feindlichen Welt bieten; sie standen zunächst unter Leitung von Geistlichen oder deren dominierendem Einfluss. Sie waren Bastionen der Tradition. Aber sie verändern sich, sie werden moderner und professioneller. Seit den 90er Jahren schließen sie sich zu regionalen und nationalen Großverbänden zusammen. 1897 z. B. gründen die vielen karitativen Vereine den Deutschen Caritasverband, der nun die Nächstenliebe mit Fachleuten und einer guten Bürokratie höchst effizient organisiert, aus paternalistischer Caritas wird planmäßige Sozialarbeit mit langfristigem Programm. Alle Großorganisationen haben, wie die anderen freien Verbände auch, Zentralen mit eigenem Gewicht; die Geistlichen, die als Generalsekretäre oder Präsides fungieren, identifizieren sich mit ihren Verbänden, gegebenenfalls auch gegenüber ihren Bischöfen. Innerhalb der Vereine werden die Laien selbstständiger und lösen sich, langsam und friedlich, von der Bevormundung durch den Klerus. Die weltlichen Ziele gewinnen Eigengewicht, keineswegs gegenüber, aber neben den kirchlich-geistlichen Zielen. Die Vereine, die die Aktivität von Laien hatten anregen und zugleich einhegen sollen, führten über die traditionelle und autoritätsbestimmte kirchliche Kultur hinaus. Die west- und dann auch die süddeutschen Arbeitervereine und natürlich der Volksverein für das Katholische Deutschland – das sind relativ bekannte besonders herausragende Beispiele für diese Entwicklung. Die Entstehung der katholischen Frauenbewegung aus den Mütter- und Jungfrauenvereinen und denen für Dienstmädchen über die Lehrerinnen- und Arbeiterinnenvereine bis zur Bildung des Katholischen Deutschen Frauenbundes von 1903, in dem die Frauen Ansprüche im öffentlichen Leben artikulierten oder – ein unerhörter Tabubruch – Vorschläge zur Bekämpfung der Prostitution, in dem der Aufstieg der weiblichen Zentrumsabgeordneten von 1919 begann – das ist ein besonders frappantes Beispiel für den Umschlag der Entwicklung. Im Vereinskatholizismus steckt, das ist meine Pointe, nicht nur Zementierung und Abgrenzung einer Tradition, sondern ein kräftiger Modernisierungsschub. Die Mittel, modern, wie sie waren, machten sich selbstständig und veränderten die Ziele und Strukturen: Die katholische Welt wurde weniger klerikal, der weltliche Bereich unabhängiger, die Laien von Hierarchie, Autorität und Tradition ein Stück weit emanzipiert, die politische Kultur des deutschen Katholizismus modernisiert.

Es ist kein Zufall, dass in dem großen innerkatholischen Konflikt des Jahrfünfts vor 1914, dem sogenannten Gewerkschafts- und Zentrumsstreit, die Integralisten gerade den Verbandsführern die Emanzipation von der Kirche, die ‹Dekatholisierung der Massen›, den praktischen Modernismus vorwarfen und die kirchliche Kontrolle über den größten der Vereine, den Volksverein, und ähnliche Organisationen forderten. Dieser Streit hat den deutschen Katholizismus damals gewaltig polarisiert und die Tendenzen zur christlichsozialen Demokratie einstweilen blockiert, aber in der Grundrichtung des Modernisierungsprozesses blieb dieses Eindämmungsmanöver eine retardierende Episode. Der Vereinskatholizismus also hat eine traditionell geschlossene Lebenswelt stabilisiert, angesichts der modernen Pluralisierung, Säkularisierung, Mobilisierung und Egalisierung: aber er hat zugleich die katholische Lebenswelt gegen- über diesen Tendenzen gerade geöffnet, den wirklichen Eintritt in die Welt des 20. Jahrhunderts und den nachultramontanen Katholizismus vorbereitet und befördert.

Ich erwähne hier nur nebenbei das bekanntere Pendant zu dieser Dialektik der Verbände, das freilich, so meine ich, nicht so tief dringt: Das ist natürlich die Partei des Katholizismus, das Zentrum. Das ist eine Geschichte des Übergangs von älteren Vorstellungen von Ordnung, Bindung und Autoritäten, über das Sich-Einhausen im konstitutionellen Rechtsstaat mit einer Basis in populistischen Antiestablishment-Mentalitäten auf Grund des allgemeinen Wahlrechts bis zum festen Platz im Parteien- und Verbändesystem von 1910 und dem Einsatz für die großen Sozialreformen, mit demokratischen wie konservativ antiemanzipatorischen Zügen. Freilich, dominierend war das juste milieu des Ausgleichs, des Zusammenhaltens, der Integration der Katholiken, war die Strategie, die katholischen Interessen am besten im nicht-parlamentarischen deutschen Regierungssystem wahren zu können, insgesamt darum ein leichter Vorrang der Status-quo-Bindungen, politisch wie sozial. Es war in einer gewissen Labilität zwischen Tradition und Modernität, Beharrung und Aufbruch: gezähmte Modernität, wie ich sagen würde. Aber das auszuführen ist hier nicht der Ort, die Erinnerung muss genügen.

Das andere Phänomen – neben dem Vereinskatholizismus –, das ich bei der Frage nach Modernitätselementen erörtern will, ist der sogenannte Reformkatholizismus. 1897 veröffentlichte der Würzburger Theologe Hermann Schell seine Programmschrift ‹Der Katholizismus als Prinzip des Fortschritts›; das war ein Plädoyer gegen

Klerikalisierung und Verrechtlichung der Kirche und gegen die Angst vor der Moderne, ein Plädoyer für mehr Personalität, Pluralität und Öffnung gegenüber der modernen Kultur, der Wissenschaft, der Bildung. Die Schrift kommt 1899 auf den Index, der Autor unterwirft sich, schreibt weiter und entfaltet eine riesige Vortragstätigkeit, er wird der Küng der Jahrhundertwende. Albert Ehrhard, ein Kirchenhistoriker, schreibt 1901 ‹Der Katholizismus und das 20. Jahrhundert›; er unterscheidet die Sache selbst von historischen Bedingungen, relativiert das Mittelalter und das 16. Jahrhundert als historisch bedingt, um Neues ermöglichen zu können. Andere wie Sebastian Merkle oder Philipp Funk folgen, Martin Spahn, Straßburger Geschichtsprofessor, Sohn eines Zentrumsvorsitzenden, trägt in einer fast hagiographischen Biografie Leos XIII. eine subtile Kritik am ‹Gettokatholizismus› vor. Carl Muth und das ‹Hochland› propagierten die Öffnung des Katholizismus im Literarisch-Ästhetischen. Überall gab es wilden Streit: ‹Margarinekatholizismus›, ‹Salonchristentum›, ‹Reformsimpel›, das waren noch harmlose Ausdrücke der gegnerischen Polemik; eine Pluralität von Positionen war im Grunde noch illegitim, darum war der Streit so bitter. Diese Bestrebungen sind dann im integralistischen Kampf gegen den angeblichen Modernismus scheinbar ganz zurückgetreten. Die geistigen Krisenthemen der Zeit, die Themen von Nietzsche, Troeltsch oder Max Weber, die Fragen nach dem Schicksal von Freiheit und Kultur in einer technisch-bürokratischen Zivilisation werden von der katholischen Intelligenz erst in der neuen Konstellation der 20er Jahre aufgenommen. Dennoch waren die Bestrebungen von 1900 mehr als eine vorübergehende Dissentermode. Schell erreichte in nicht 2 Jahren 7 Auflagen, Ehrhard war in 10 Tagen vergriffen, in einem Jahr in der 14. Auflage. 1906 bildete sich nach Schells Tod – das war der Stil der Zeit – ein Komitee zur Errichtung eines Denkmals für ihn, 50 Professoren und bedeutende Zentrumspolitiker wie Cardauns und Bachem gehörten dazu. Das Hochland brachte es bis 1914 auf die damals hohe Zahl von 10 000 Abonnenten. Die Frustration und die Öffnungsbereitschaft waren gerade in der katholischen Bildungsschicht offenbar doch sehr groß. Und mittelfristig hat das die Mentalität der lesenden und zu Wort kommenden Schichten geändert, der Aufbruch nach 1918 ist ohne diesen Vorlauf nicht zu erklären.

Inhaltlich sind an diesem Modernitätsansatz zwei Dinge wichtig: Einmal, die Wendung zur modernen Kultur war immer Wendung zur nationalen Kultur. Auch wenn wir das nicht mögen: beides gehörte zusammen. Schell hat gegen den Romanismus das Eigenrecht der germanischen Kulturen betont. Martin Spahn, in den zwanziger Jahren dann Führer der deutschnationalen Katholiken, sah in der Entklerikalisierung einen Schutz des Germanentums und eine Abwehr aller westlichen Ideen. Die entschieden national geprägte Kultur- und Rationalitätskritik des Rembrandt-Deutschen Julius Langbehn, der zum Katholizismus konvertierte, fand bei Muth und vielen anderen starke Resonanz, die Heimatkunst schien eben diesen eine postmoderne Modernität jenseits der ‹alten› Aufklärungsmodernität, eine neue Brücke zum Katholizismus. Zum anderen, das war eine Elite- und Bildungsmodernität, gegen die Massenkultur, den Populismus, auch gegen den Verbandskatholizismus.

Nehmen wir Verbände und Reformintelligenz zusammen: das Projekt der Moderne war nicht einheitlich, ja antagonistisch, zwischen Demokratie und Avantgarde, es gab unterschiedliche Sektoren der Aneignung und darum starke Diskrepanzen – vom Verbandssekretär bis zum Intellektuellen. Bei beiden freilich gingen Verschiebungen, für Ungeduldige aufhaltsam, vor sich. Das Ergebnis: Auch in einer traditionalen Deutungskultur wie dem Katholizismus gibt es – z. T. dialektische – Modernitätsaufbrüche. Sie führen unmittelbar zu Konflikten, längerfristig bereiten sie, so schwach sie noch scheinen, tiefere Wandlungen vor.

Nun die andere Konfession, die andere kirchlich-institutionelle Religion, die Evangelischen, polarisierend, wie es der Zeit angemessen ist: die Protestanten. Der Protestantismus ist, über seinen regionalen, föderalen (die «Landeskirchen») und seinen (inner«konfessionellen») lutherisch-calvinistisch-unierten Pluralismus hinaus zweigeteilt, das ist – bekannt zwar, aber nie hinreichend ernst genommen – ein deutsches Grundfaktum: konservativ (pietistisch-orthodox; ‹positiv›) und liberal, alt- und neuprotestantisch, wie die Zeitgenossen gerne sagten, sozial gesehen eher vor- und eher bildungsbürgerlich bestimmt, und kirchlich eher nach Kern- und nach Randgemeinde geschieden. Die – wie immer in solchen Lagen bestehende – Mittelgruppe («-partei»), klein, aber wichtig, lasse ich hier notgedrungen beiseite.

Die Kirche als Institution war in Lehre, Praxis und Stil mehrheitlich konservativ bestimmt, vier Fünftel der Pfarrer gehören – unterschiedlich in den Regionen – ins nichtliberale Lager, und der kirchlich-theologische Konservatismus hat sich – anders als früher – um 1900 lange schon mit dem politischen gekoppelt und vice versa. Politisch, metapolitisch, sozialmoralisch heißt das: Ordnung rangiert vor Freiheit und Pluralismus, Dauer vor Wandel und Dynamik, Dienst und Pflicht vor Autonomie oder gar Emanzipation; und die Unterscheidung der beiden Reiche, d. h. so muss man heute akzentuieren, die Absage an eine Klerikalisierung der Welt, kam eher dem Status quo zugute. Ich betone meine graduellen Begriffe mehr und eher, weil die in der Geschichtsdarstellung normalerweise herrschende Schwarz-Weiß-Malerei in die Irre führt. Dennoch: Der konservative Protestantismus war eher im Einverständnis mit der bestehenden Welt, war nicht Opposition, nicht vor allem weitertreibendes Element. ‹Thron und Altar›, das besagt unpolemisch geredet: Über Grundwerte bestand Konsens. Das hat theologische Gründe, kirchenrechtlich-politische; die Pfarrer waren Quasi-Staatsbeamte und die Monarchen Kirchenhäupter; auch die ‹konstitutionelle› Kirchenverfassung blieb obrigkeitlich bestimmt und begünstigte durch die Wahlverfahren die Konservativen, und sozialgeschichtliche Gründe: der agrarisch-kleinstädtische und alt-mittelständische Überhang im Gemeindemilieu und auch bei der keineswegs auf die Pfarrhäuser beschränkten Pfarrerrekrutierung (die doch wegen der Nähe zum Bildungsbürgertum nicht populistisch sich auswirkte). Das ist hinlänglich bekannt.

Ich möchte hier drei Dinge hervorheben, die für die Umbruchsituation zwischen Tradition (und ihren vielen Formen) und Modernität (und deren vielen Formen) wichtig sind: Moralprotestantismus, Nationalprotestantismus, Kulturprotestantismus. Zuerst etwas, was alle, Konservative und Liberale, verband. Die protestantischen Kirchen waren nie Kirchen des Kultes gewesen, aber gegen Ende des 19. Jahrhunderts tritt auch das ehedem so zentrale Element der Lehre, der reflexiven Welt- und Lebensauslegung in der Praxis zurück. Was die Kirche immer auch gewesen war, Hüterin der Moral, das rückt ins Zentrum; das transzendente Heil wird moralisiert, die Kirche Anstalt der Moral, der strengen Ehe-, Familien- und Sexualmoral, des Rigorismus der Pflicht, der Wahrhaftigkeit, der gedämpften Expressivität. Das verband und integrierte Konservative und Liberale. Und das war – stillschweigend – ein praktischer Ausgleich mit der Modernität: denn für die Modernität verblasste die transmoralische Substanz der Religion zur Metaphysik. Moral war – trotz des Scheines der Tradition – insoweit modern.

Weniger schweigsam das zweite Hauptphänomen: der Nationalprotestantismus, das Nahverhältnis, ja die Identifizierung von evangelisch und national-deutsch, von Kirche und Reich, wie es im kirchlich-politischen Charakter der nationalen Feste vom Sedantag bis zum Geburtstag des Monarchen immer gegenwärtig ist (obschon die Kaiserproklamation von 1871 noch kein kirchlich-sakraler Akt gewesen war), getragen von und verbunden mit dem, was wir den Pastorennationalismus nennen. Das ist seit 1945 vielfältig ausgebreitet worden, ein Trauma der Deutschen, obschon es sich doch um ein europäisches Phänomen handelt, man denke an the glory of the nation in den englischen Kirchen oder an Sacré Cœur und den damals entstehenden Neu-Mythos der Jeanne d'Arc. In Deutschland hat das vor allem zwei Wurzeln. Im Liberalismus gab es seit langem die Tendenz, Gottestreue und Volkstreue (Schleiermacher), Reformation und Deutschtum zusammenzudenken; das Reich konnte als ‹Heiliges Evangelisches Reich deutscher Nation› gelten – 1870/71 hatte Wittenberg über das Babel Paris gesiegt. Erstaunlicher – die zweite Wurzel – ist, dass der vor 1866 so dynastische, so partikulare und so weithin antiborussische kirchliche Konservatismus sich intensiv nationalisiert. Das was bis 1870 modern und progressiv gewesen war, wurde jetzt ein Kernbestand aller, auch der Konservativen, insoweit also modernisieren diese sich. Aus dem Dual Thron und Altar wird die Trias Thron, Altar, Nation. Das hatte – heute verdrängt – gute und – heute hervorgehoben – nicht so gute Gründe. Wenn die Nation die reale Handlungsgemeinschaft war, dann musste sich auch die Kirche darauf beziehen. Mit solchem Sich-Einlassen auf die Zeit ging dann ein Stück Legitimation Hand in Hand. Das aber verstärkte sich bei den deutschen Protestanten noch. Die traditionelle Obrigkeitsloyalität übertrug sich jetzt, wie selbstverständlich, auf Kaiser und Reich, die Offenheit gegenüber dem Zeitgeist machte die Protestanten trendanfällig und trendverstärkend. Der konservativ gewordene wie der allmächtig gewordene ehedem liberale Nationalismus «passten» in die protestantisch-deutsche Disposition.

Der Nationalprotestantismus spiegelt die Frontstellung des normalen deutschen Nationalismus gegen die ‹Reichsfeinde›. Gegen die Katholiken – das hat die Protestanten im Kulturkampf zusätzlich nationalisiert, und die Massenorganisation Evangelischer Bund – mit einer halben Million Mitgliedern – setzt das auch hernach gegen die mit dem Zentrum kooperierenden Konservativen und selbst die Regierung fort. Gegen die Sozialdemokraten: Atheismus versus Glauben, Vaterlandslosigkeit versus Nation, das wurde für die Protestanten fast eins. Und die Wendung gegen den Liberalismus, nicht so schroff und feindlich, aber doch: die Abwendung vom liberalen zum integral-radikalen Nationalismus prägt den Protestantismus des Kaiserreichs. Das zeigt sich etwa in den Vereinen Deutscher Studenten, in denen idealistische junge Theologen die stärkste Gruppe bildeten. Im ganzen freilich spiegelt der Nationalprotestantismus mehr den konservativ-liberalen Durchschnittsnationalismus auf der Basis der Kompromisse der Reichsgründungszeit, gewiss – auch über die Mission – zum Imperialismus erweitert, aber im ganzen obrigkeitlich-bürgerlich am Staat orientiert, nicht am grenzübergreifenden Volk. Die Alldeutschen waren eher achristlich, der Vater der konservativen Revolution, Lagarde, war ein Ex-Protestant; der Ansatz einer Volkstheologie mit darwinistischen Kategorien, ja Germanenverherrlichung bei Reinhold Seeberg ist vor 1914 noch durchaus vereinzelt. Schließlich war der Nationalprotestantismus vor 1914 nicht eigentlich rauschhaft-enthusiastisch; freilich, er entbehrte der Nüchternheit und des ruhigen Augenmaßes. Kurz, es war ein emotionaler Akklamationsnationalismus, der freilich wie selbstverständlich Reich und Macht religiös legitimierte. Die liberal-nationale Modernität der Mitte des 19. Jahrhunderts war akzeptiert, aber konservativ überformt, in ihrem Modernisierungseffekt stillgestellt, während die revolutionäre zweite Modernität der Jahrhundertwende noch kaum Resonanz fand. Ohne den Schock von 1918 oder bei größerer Krisenresistenz der Weimarer Republik wären – so meine ich – mehr Nationalprotestanten Vernunftrepublikaner geworden.

Nun mag diese ‹nationale› Modernität von 1900 uns heute nicht mehr so modern vorkommen. Für die stärkste Annäherung an die klassische Modernität ist charakteristisch, noch einmal, jedermann weiß es, der liberale, der Kulturprotestantismus, lange von Söhnen und Enkeln als Trivialisierung bitter befehdet, erst jetzt wieder in seiner Tiefen-Dimension neu entdeckt. Eine Theologie, die die Moderne gerade im Blick auf ihre christlichen Wurzeln anerkennt, die Aufklärung, die Wissenschaften, die Kultur der Autonomie und der Umgestaltung der Welt, die den Kern der christlichen Wahrheit losgelöst von den Schalen des 1. oder des 16. Jahrhunderts sagen will, mit der Zeit versöhnt, sie einhegend und kritisch gegen diese Zeit, in der Meinung, nur durch das Festhalten am Kern der christlichen Wahrheit humanes Leben zu begründen, individuelles wie ziviles Ethos – sei es mit der milden Sicherheit Harnacks (oder Wilhelm Herrmanns), sei es mit dem von Nietzsche entzündeten Krisengefühl Ernst Troeltschs. Die Liberalen waren eine Minderheit, von der Garantie des Pluralismus durch den Staat und die sogenannte Mittelpartei geschützt, waren gegenüber der Laienorthodoxie der Normalkirche die Randkirchlichen, aber das waren viele – der Bestsellererfolg von Harnacks ‹Wesen des Christentums›, Martin Rades Zeitschrift ‹Christliche Welt› oder die akademisch-studentische Gefolgschaft F. Naumanns stehen dafür, das Presseecho auf Dissenterfälle oder Polemiken wie ‹Babel und Bibel› breiteten das aus.

Der springende Punkt war zunächst, dass die Kultur der Zeit nicht nur den Auslegungshorizont bestimmte, sondern dass kulturelle (gesellschaftliche) Aktivität – auch als Realisierung gottgewollter Zwecke galt, als Gottesdienst, die Welt der Arbeit, der Politik, der Kultur als Wirkraum: Die säkularen Wirklichkeiten haben eine Lebenssinn mitbegründende Funktion, sie sind innerweltliche Transzendenzen – jenseits der Trennung zweier Reiche. Das geht bis ins Organisatorische. Der ‹Evangelische Soziale Kongress› ist ein berühmtes und wichtiges Beispiel solcher Aktivität – bis hin zu Max Weber, also über den Rand der Kirche hinaus. Das war das

Diskussionsforum, initiativ und einflussreich, der bürgerlichen Sozialreform. Die liberale Theologie und ihr Personalismus legitimierte das Streben nach Mündigkeit, und die Verbindung von Eigengesetzlichkeit der modernen Welt und evangelischen Normen gar eine Theorie des Pluralismus. Das war Protestantismus als Kulturmacht, jenseits der Organisation Kirche. Die geistig bewegte Jugend stand im Zeichen solcher evangelischer Modernisierungsaufbrüche, das darf der Blick auf den Nationalprotestantismus nicht verstellen. Freilich, die Arbeiterschaft konnte auch der liberale Protestantismus nicht halten, dazu war er zwar nicht zu vor-, aber zu bildungsbürgerlich; aber auch einer anderen Kirche wäre das nicht gelungen. Ich erwähne auch hier noch die evangelische Frauenbewegung, eine moderne Öffnungsbewegung, die zuerst 1895 mit Elisabeth Gnauck-Kühne auf dem Evangelisch-Sozialen Kongress aufgetreten ist; auch die moderate und manchmal konservative Aufnahme neuer Fragen in diesen Kreisen hat – gegen modisch feministische Interpreten gesagt – nicht abwiegelnde, sondern emanzipatorische Wirkung, der Deutsche Evangelische Frauenbund von 1899 tritt 1909 dem linksbürgerlichen Kartell Bund Deutscher Frauenvereine bei. Kurz, der liberale Protestantismus ist an den Modernisierungsaufbrüchen um 1900 durchaus beteiligt.

Konservative, also nationale, und liberale Modernität sind unterschiedlich (und unterschiedlich mit der Tradition verbunden); für sich wie zusammen aber sind sie Indiz der dominanten Linie des Kaiserreichs: der gebremsten, der eingehegten Modernität. Aber niemand soll das ‹Wühlen› des Geistes gering achten.

II.

Nun besteht das deutsche Volk um 1900 natürlich nicht nur aus Kirchenchristen, ja nicht einmal aus Christen. Unsere statistischen Quellen über die Kirchenloyalität sind fragmentarisch, inhomogen, schwierig – ich begnüge mich hier mit ein paar Ergebnissen. Für die Katholiken gilt: Auf dem Land, in den kleinen Städten, in den bürgerlichen und kleinbürgerlichen Vierteln der großen ist der Besuch der Sonntagsmesse noch die Regel (wenn auch manche

Männer auf dem Dorf nur noch zur Wandlung kommen), in Arbeitervierteln und im Einzugsgebiet der Städte in der unterbäuerlichen Schicht geht er zurück. In München wird 1887/88 die Kommunionhäufigkeit mit 2,3 berechnet, aber die Teilnahme an der Osterkommunion liegt nur noch bei 50%. Einen ungefähren Anhaltspunkt bietet auch die Zahl der Zentrumswähler – man muss freilich katholische Minderheitengruppen wie Polen und Elsässer, Sonderbildungen wie den Bayerischen Bauernbund und den, bei Katholiken höheren, Nichtwähleranteil in Rechnung stellen. Ohne solche Berechnungen hier vorführen zu können, schätze ich den Anteil der kirchenloyalen wahlberechtigten Männer in den 70er Jahren auf 90, 1912 auf 60%. Beides ist erstaunlich, der dramatische Abfall und die hohe Konstanz. Nimmt man die Frauen hinzu, ist der Anteil sicher höher. Dass dabei die Konvention eine große Rolle spielt, kann nur Existenzialisten wundern.

Bei den Evangelischen bleibt die formale Zugehörigkeit weitgehend erhalten, Austrittszahlen liegen 1906/14 nicht höher als 16–17 000 p. a. Taufe, Konfirmation, kirchliche Beerdigung bleiben für 90% die Riten der Lebensübergänge, die Zahlen für die kirchliche Trauung liegen nur ein wenig darunter, die Zahl der konfessionell gemischten Ehen steigt – in den Städten der konfessionell gemischten Gebiete vor allem – nur langsam, z. B. zwischen 1901 und 1914 von 8,8 auf 12,0%. Aber der Gottesdienstbesuch geht zurück, je nach Region auf 10–25% (das sind die Zahlen für Thüringen und Franken), dabei ist aber der Unterschied zwischen Stadt und Land (in Sachsen z. B. zwischen 2,5 und 40%) das eigentlich Frappierende. Der Festtagsbesuch freilich liegt noch deutlich höher, und schon gar, wenn man der ländlichen Sitte entsprechend nur «Häuser» oder Familien zugrundelegt. Entsprechend der Entwicklung des normalen Gottesdienstbesuches ist die Abendmahlfrequenz rückläufig, in fränkischen Dörfern liegt sie 1913 noch über 100% – das schließt mehrfache Teilnahme ein – in Nürnberg unter 20%. Nur der Kirchenbesuch der Kinder ist relativ konstant geblieben, das gehört zur Fortdauer der Sitte, ja ihrer pädagogisch-moralischen Erneuerung.

Allgemeine Erklärungen für den Rückgang der Kirchlichkeit – das Vordringen rationaler und diesseitiger Weltdeutung, Protestverhalten gegen die bürgerliche, agrarisch-kleinstädtische oder bildungsbürgerlich, pietistisch oder ultramontan bestimmte Kirche – lasse ich beiseite. Die so auffälligen Unterschiede verweisen auf zwei Faktoren. Das eine ist die Pluralisierung der Lebenswelt durch die Stadt und ihren Umkreis; die soziale Kontrolle und die haltenden Sitten schwinden, jeder wird ständig in der Alltagsanschauung, im Alltagsgespräch mit anderen, anders-konfessionellen und säkularen Deutungen und Verhaltensweisen konfrontiert. Auf dem Lande sind es in Stadtnähe z. B. Eisenbahn, Fahrrad und Vergnügungsbetrieb, die die Sitte pluralisieren, die Erreichbarkeit von Tanzvergnügen in vielen Nachbarorten z. B. vermehrt die langen Samstagabende gewaltig, und das wirkt sich am Sonntagmorgen auf den Kirchenbesuch aus. Zum anderen: die naturalen Vorgegebenheiten und die unerklärbaren Zufälle des Daseins treten mit dem Vordringen von Technik und Medizin, ökonomischen und sozialen Sicherungen, rationalerem Planen und Sich-Verhalten zurück; und da eine der Leistungen der Religion Kontingenzbewältigung ist, geht schon die bloße Frage nach Religion zurück. Das erklärt auch – so vermute ich –, warum die Frauen kirchentreuer bleiben: Sie sind über Geburt und Säuglingssterblichkeit den kontingenten Lebensrisiken noch stärker ausgesetzt, und diese Schicksalsnähe ist dann auch in den abgeleiteten traditionellen Rollenstereotypen weiter tradiert und bleibt länger erhalten.

Im sprachgebildeten protestantischen Bürgertum können wir aus Selbstzeugnissen wie aus der Spiegelung im großen Roman sehen, wie die christlichen Lebensmuster schwinden. Vorsehung – ein Glaubenswort noch der Aufklärung – wird zum ungreifbaren Schicksal; der Tod wird nicht mehr christlich, sondern allgemein menschlich verstanden – Brahms' Deutsches Requiem ist, gerade mit seinen biblischen Texten, dafür typisch; die Lebensperspektive, skeptisch zumeist, wie bei Fontane, ist ohne Transzendenz. Und die christliche Moral, etwa in Bezug auf die Ehe (oder den Selbstmord), relativiert sich. Und erst recht rückt die Kirche fern, die Kirche des Wortes wird den Gebildeten zur Kirche der Worte und ‹bloßen› Worte, Seelsorge zur Distanzlosigkeit. Religion wird ein Stück Altertum, erhaltenswert, aber nicht eigentlich mehr existenziell. Ebenso wissen wir aus den Selbst- wie Fremdzeugnissen, etwa aus Paul Göhres berühmter Sozialreportage, dass die sozialdemokratischen Arbeiter, die Männer vor allem, sich ganz von christlicher Lebensdeutung abgekehrt hatten und dass, anders als bei den Bürgern, Gegnerschaft gegen die Kirchen ein Hauptstück der Alltagseinstellung war.

Viele der Kirchenauswanderer stehen der Religion nicht gleichgültig gegenüber, sondern entwickeln Kampf- oder Kompensationspositionen, die von der Religion geprägt sind. Die Frage nach diesen Positionen ist ein zentrales – und auch ein weniger bekanntes – Stück unseres Themas. Ich greife die drei wichtigsten Komplexe heraus.

Zuerst (1) die dezidierte Gegnerschaft, der Atheismus. Die ältere Religionskritik der Vor-Denker, nach dem Modell Aufklärung versus Religion, Moderne versus Tradition, dringt im letzten Drittel des 19. Jahrhunderts ins Breite, Populäre durch. Darwins Evolutionslehre hat da bekanntlich Epoche gemacht. Die Schöpfungslehre und die Sonderstellung des Menschen, so wie sie ins Normal-Weltbild eingelassen waren, gerieten durch Darwin ins Wanken, der alte Gott in Wohnungsnot, wie D. F. Strauß spottete. Ernst Haeckel hat die antichristlichen Konsequenzen, die Darwin selbst vermieden hatte, gezogen; er hat sie als ‹Monismus› radikalisiert und popularisiert, seine ‹Welträtsel› waren der Dauer-Bestseller der Jahrhundertwende, mit weiter Wirkung bei den Laien, den Volksschullehrern und den sozialdemokratischen Arbeitern z. B. Auch sonst lief die Popularisierung der Naturwissenschaften – etwa mit der Zeitschrift und der Buchreihe ‹Kosmos› (seit 1894) – in ähnlicher Richtung. Dass die eigentlichen Wissenschaftler eher zum vorsichtigen Agnostizismus neigten, zu Du Bois-Reymonds Ignoramus, Ignorabimus, so sehr auch das eher stolz als resignativ war, hatte demgegenüber nicht viel zu sagen; aber auch bei ihnen nahm die Distanz zu und der szientistische Glaube. Wir müssen wissen, wir werden wissen, so hat David Hilbert noch im Zweiten Weltkrieg auf seinen Grabstein (auf dem Göttinger Friedhof) setzen lassen. Um die Jahrhundertwende dringen dann auch die Ergebnisse der historisch-kritischen Erforschung des Urchristentums ins öffentliche Bewusstsein vor – über die Fälle von Dissidentenpfarrern oder sensationsträchtige Buchtitel wie ‹Babel und Bibel› – und scheinen die Kirchenlehren zu relativieren.

Wissenschaft war die eine Basis der Religionskritik. Die andere war das Selbstbewusstsein der säkularen Kultur, der Autonomie, der Arbeit, des Fortschritts, der Diesseitigkeit. Die christlichen Antworten wurden in solcher Kultur praktischer Diesseitigkeit uninteressant und anstößig, weil die ihnen zugrunde liegenden Fragen – nach Sünde und Gnade und einem Jenseits – uninteressant und anstößig wurden. D. F. Strauß' ‹Der alte und der neue Glaube› von 1872 war trotz seiner Trivialitäten für solche Selbstgewissheit typisch. Und wer das nicht teilen mochte, konnte sich am achristlichen Pessimismus des Schopenhaueradepten und Modephilosophen E. v. Hartmann (‹Philosophie des Unbewussten›) orientieren.

Ein Teil der Nicht-Kirche hat sich organisiert, in Freidenkerverbänden, im ‹Monistenbund›, in der linksliberalen ‹Gesellschaft für ethische Kultur› – solche Weltanschauungsvereine hatten freilich etwas Sektenhaftes, das begrenzte ihre Resonanz; die Kirchenauswanderer mochten das nicht, auch die sozialdemokratische Führung blieb reserviert.

Epoche in der Wendung gegen das Christentum macht Nietzsche. Neben die radikalisierte Aufklärungstradition, die psychologische Entlarvung aller religiösen Bestände als Menschenwerk, neben die vitalistisch-diesseitige Absage an Leidensmoral und Bleichsuchtsideale – auch das Teil einer älteren europäischen Tradition – tritt die Verwerfung der modernen Zivilisation, der bürgerlichen Humanität, des Rationalismus, des liberal-demokratischen Fortschritts, der Dekadenz der Gegenwart: die moderne Welt ist nur das säkularisierte Produkt des lebensfeindlichen Christentums. Das war gänzlich neu, war revolutionär; das überstieg die eingefahrene Gegenüberstellung von Modernität und Religion, Fortschritt und Tradition und verwarf beides. Das war eine neue zweite Modernität gegen die alt gewordene bürgerlich rationale Modernität, das 20. stand gegen das 19. Jahrhundert auf. Neben die klassisch moderne Religionskritik der Progressiven tritt diese neue und revolutionäre Kritik möglicherweise auch von Konservativen, das hat das Negativ-Verhältnis zur Religion umgestürzt. Man muss versuchen, die provozierenden Formeln von Über- und Herrenmenschen als Gegenbilder gegen den angepassten und außengeleiteten Menschen zu verstehen, als Antwort auf die Bedrohung des Projektes der Moderne von der Autonomie durch die Folgen eben dieser Moderne. Nur dann kommt man der historischen Wirklichkeit auf die Spur. Nietzsche bestimmt Ende der 90er Jahre in der wachsenden Krise der liberalen Kultur die geistige Situation der Zeit, sein Bannkreis reicht bis zu Max Weber, Christian Morgenstern und Thomas Mann, ins Unbehagen an der Moderne und die neue Revolution der Subjektivität (des: Ich fühle, also bin ich).

Sodann (2): In dieser Situation entsteht gerade um die Jahrhundertwende im bürgerlichen protestantischen Milieu das, was ich die vagierende Religiosität nenne. Sie tritt, lebensreformerisch beflügelt, neben den pausbäckigen Atheismus und den resignativen Agnostizismus. «Der Schrei nach dem Heiland ist allgemein und Gekreuzigte sind überall», hatte H. Bahr schon 1890 diagnostiziert. Ein paar Beispiele: Der Monismus nahm religiöse Züge an, Ostwald, Nobelpreisträger immerhin, publizierte seine ‹Monistischen Sonntagspredigten›; ehemalige Naturalisten und Sozialisten schrieben pantheistisch-mystische Bücher voll Welt- und Allfrömmigkeit wie Wilhelm Bölsche ‹Das Liebesleben der Natur›, oder Bruno Wille ‹Die Offenbarungen des Wacholderbaums›; und ein Generationenbuch wie Bonsels' ‹Biene Maja› ist nicht fern. Auch Rudolf Steiner kam zunächst von Haeckel her, er hat dann mit wachsendem Erfolg die Anthroposophie als eine neue Quasi-Religion propagiert. Weltseele und Weltgeheimnis waren Faszinationswörter der Generation. Dann gab es vielfältige Aufbrüche zu einer Geist- und Persönlichkeitsreligion, zu einer neuen, religiösen Kultur, neuidealistisch-pantheistisch zumeist. Die Brüder Horneffer, Arthur Drews und selbst Rudolf Eucken, Philosophieprofessor, Popularphilosoph und Literatur-Nobelpreisträger zuletzt, gehören daher. Der Verleger Eugen Diederichs hat sehr bewusst eine Vielzahl solcher Erneuerer um sich gesammelt. Eine neue Kultur und eine neue Religion als Antwort auf die Krise der Zeit, das war die Parole, und zugespitzt hieß das: gegen den Intellektualismus und den Historismus der Wissenschaften, gegen den Liberalismus der Beliebigkeiten und Durchschnittlichkeit, der Verschleierung aller existenziellen Krisen (und es ist kein Zufall, dass Diederichs als erster Kierkegaard auf deutsch publizierte). Auch einer der Väter der dialektischen Theologen, F. Gogarten – gerade vor 100 Jahren geboren –

fing als Autor bei Diederichs an. Fern davon, aber ähnlich gerichtet: der ehemalige Pfarrer Johannes Müller begründet Stätten persönlicher, ästhetischer und religiös getönter Lebensgestaltung wie zuletzt im bayerischen Oberland, in Elmau, und fand damit große Resonanz: da gab es einen ‹Bedarf›. Einer der großen Avantgardedenker und Väter der Soziologie, Georg Simmel, hat 1906 über die (und diese) Religion als Zeitphänomen geschrieben, als Verfassung der Seele, als Verehrung der Welt und des Lebens. Dass ein progressiver wacher Analytiker wie Simmel die Religion so scharf in ihrer neuen Zeitfunktion herausstellt, ist ein besonders starker Beleg für meinen Ansatz. Und das Bemühen Ernst Troeltschs, gerade im Übergang von der Theologie zur Philosophie, um eine religiös begründete – vom Christentum jedenfalls getragene – ‹Kultursynthese› gehört in denselben Zusammenhang. Nach der Jahrhundertwende entstehen große Sammlungen von archaischen Religionszeugnissen und Mystikern aus der ganzen Welt, die Editoren reichen von Eugen Diederichs bis Martin Buber. Bei all den Suchern, Gründern und Lebensreformern, von denen die Zeit wimmelt, gibt es den religiösen Ton – gegen die Entseelung der Welt, den Intellektualismus, die Auflösungen. Wir aber leben in der Zeit der Sonnenwende, heißt es emphatisch auf einem – dem ersten – Kunsterziehertag. Das Licht-Gebet des Jugendstil-Popartisten Fidus war das Kultbild einer ganzen Generation. Der Münchener Waldfriedhof von Hans Grässel, ungeheuer einflussreich dann, ist ganz von der Sehnsucht nach einer neuen Religiosität getragen.

Am rechten Rande bis hinein in den Kreis um Diederichs bilden sich auch die Anfänge einer völkischen Religiosität: Lagardes Kulturkritik, antiliberal und antikonservativ und radikal-national, die in einer Verbindung von Jesus-Religion und Verklärung des deutschen Volkstums endet; Julius Langbehn, dessen ‹Rembrandt als Erzieher› zum Kultbuch der Lebensreformer wie der Jugendbewegten der Jahrhundertwende wird; H. St. Chamberlain, der Ähnliches ins Nordisch-Rassische umformt und die Ahnenreihe Jesus, Luther, Kant, Goethe und Wagner etabliert; ein gewisser Arthur Bonus propagierte einen ‹Deutschen Glauben› (1893) oder die ‹Germanisierung des Christentums› (1911). Volk war für diese Leute eine unbedingte Realität von religiöser Qualität. Aber, das war nur eine Variante des allgemeinen Phänomens einer neuen Religiosität, nicht dominierend.

Wir kennen das natürlich auch aus der Literatur – nicht die emanzipatorische Kritik der Religion oder die nihilistische Präsentation ihres Endes, sondern neureligiöse Töne und Themen, das wird um die Jahrhundertwende charakteristisch. George mit der sakralen Form und Kultgebärde (bis in die Ausstattung durch Melchior Lechter hin), Rilke mit seinem säkularen Brevier des Stundenbuchs, den Geschichten vom lieben Gott, dem Malte, dem neuen Evangelium der Dinge, der Modelyriker Dehmel mit seiner emphatischen Lebensfeier, die Däubler und Mombert mit dem Versuch neuer Mythen, Gerhart Hauptmann mit seinen symbolistischen Stücken – wie Hanneles Himmelfahrt –, Hofmannsthals Erneuerung des Mysterienspiels, die Menge der Gott- und Sinnsucher- und Ketzerromane, von G. Hauptmann (Emanuel Quint) und H. Stehr bis Kolbenheyer (Amor Dei, ein Spinozaroman) oder Max Brod (Tycho Brahes Weg zu Gott) und auch Elemente der völkischen Religiosität bei Gustav Frenssen oder Hermann Burte, dem Autor des nationalistischen Kultbuches Wiltfeber, der ewige Deutsche. Noch Pfitzners Palestrina, von Thomas Mann 1916 als Epochenwerk erlebt, gehört dahin. Das alles war mehr als Dekoration, Patina oder bloße Stimmung, das war zwar vage und schweifend, aber auch hoch intensiv, das wollte die säkulare Welt sakralisieren, das war ästhetisch, gewiss, aber das zielte auch auf eine Veränderung des Lebens übers Ästhetische hinaus.

So viel zum Phänomen. Die vagierende Religiosität am Rande des Protestantismus nun war, das führt uns zu den Ursachen, eine Antwort auf das Krisengefühl der Zeit, die Verunsicherung durch die Modernisierungsverluste, die Desintegrationen, die Orientierungs- und Sinnprobleme, die Hohlheit der etablierten Sekuritäten, die Labilität und Anfälligkeit, die Gefährdung der autonomen Person und ihrer Kultur durch die ‹ehernen Gehäuse›, die Zwänge der sekundären Systeme. Die Tradition der institutionellen Religion schien keine Kraft mehr zu haben, aber die Gegentraditionen der aufgeklärten Rationalität, der wissenschaftlich-technischen Weltbemächtigung, der modernen Politik waren, seit Nietzsche spätestens, genauso fragwürdig geworden. Diese Dialektik der Moderne, dies Sich-Verfangen in selbstgeschaffene Probleme, das Nicht-Einlösen der alten Versprechen, bestimmte die Konstellation jenes neuen Um- und Aufbruchs. Warum war es gerade und noch immer Religiosität, neue Religiosität, die eine Antwort der Bildungsschicht auf die Krise bot – damals, anders als heute? Ich sehe dafür drei Gründe: Das eine ist, das mag erstaunen, die Ökonomie. In der Welt ökonomischer Knappheit, die das Leben aller Mittelschichtmenschen noch prägte, konnte das, was heute jenen Tendenzen entspricht, der Narzissmus der individuellen Selbstverwirklichung oder gar der Hedonismus nicht aufkommen. Das andere: In einer Gesellschaft wie der deutschen waren die meisten Probleme und Konflikte institutionell-bürokratisch geregelt, praktische Politik war für den Normalmenschen ein Phänomen sekundären Ranges. Nicht die Praxis, sondern die Kultur stellte einen offenen Raum dar; darum war der Erwartungsdruck gegenüber kulturellen Sinnproduzierern und Reproduzierern so stark. Endlich: Die kirchliche Religion, auch wenn man sie hinter sich gelassen hatte, war noch nah, der Wertrelativismus noch nicht eingeübt und nicht die Fragmentierung der Lebenswelt, Lebensdeutung maß man am Anspruch der Universalität, der überindividuellen Verpflichtungen, der festen Wertordnung. Das Zeitalter der traditionellen Religion und das des Rationalismus oder die Schrumpfform des konventionellen Restchristentums konnte, so schien es darum diesen Menschen, nur durch eine neue Religiosität abgelöst werden.

Man darf bei all dem den Zug der modernistischen Modernitätskritik nicht überspitzen. In den Aufbrüchen von 1900 liegen rationalitätskritische Modernität mit ihren religiösen Implikationen und praktisch vernünftige Modernität von Aufklärungstyp oft friedlich beieinander, wie bei den Naumann-Adepten; und die Scheidung von rechts und links hilft erst recht nicht weiter, weil moderate Linke wie moderate Rechte zusammensaßen – vereint im Willen zur Überwindung des Wilhelminismus, zur Erneuerung wie in jener merkwürdigen freischwebenden Religiosität.

Neben Auswandernden, Atheisten und den Trägern der vagierenden Religiosität will ich (3) noch auf das hinweisen, was wir Religion der Praxis nennen können: das Verständnis von Leben und Sinn unter letzten Werten, die andere als die des Christentums waren. Für die Bürger war typisch, dass zwei Lebenstatsachen in den Rang von letzten Wirklichkeiten rückten, die über den Tod hinaus in die Zukunft reichten, innerweltliche Transzendenz gewannen: Arbeit und Familie. Arbeit wird aus einem Mittel zum Selbstzweck, der dem Leben Sinn gibt. Und dass man für Kinder und Enkel sorgt, wird Lebensinhalt, in ihnen überdauert man oder – ‹sie sollen es besser haben› – erfüllt man sich. Beides ließ die Frustrationen der Zufälle und des Scheiterns ertragen, beides reichte über den natürlichen Egoismus hinaus. Todesanzeigen und Friedhöfe sind beredte Zeugnisse dieser bürgerlichen Religion, die auch Bauern und respektable Arbeiterschaft prägt. Das verdient weiteres Studium.

Dann konnten auch politische Ziele Lebenssinn stiften, Hoffnung und Erwartung tragen. Ich nenne das den politischen Glauben. Das war um 1900 im Bürgertum im Grunde allein – noch – der Glaube an die Nation. Sie band die Lebenden, die Toten und die Kommenden zur überindividuellen Ganzheit, gewährte Identität, Tiefe der Vergangenheit und Dauer, sie war heilig, sie forderte und lohnte die Hingabe des Lebens, ihr galt über alles Alltägliche hinaus noch Enthusiasmus. Die Symbole und Denkmäler, die Feste und Kulte gehören darum wesentlich dazu. Der quasi-religiöse Aufbruch von 1914 ging ja weit übers Bürgertum hinaus und erfasste das ganze Volk. «Mögen wir sterben, unseren Erben gilt dann die Pflicht: es zu erhalten und zu gestalten, Deutschland stirbt nicht» – diese Verse des sozialdemokratischen Arbeiters Karl Bröger treffen den Ton. Am anderen Ende des politischen Spektrums war auch die Sozialdemokratie von einem politischen Glauben erfüllt, die Bewegung orientierte über die Zeiten, ihr galt Hingabe und Hoffnung, Bebels Bestseller ‹Die Frau und der Sozialismus› war ein eschatologisch getöntes Buch, und die Konflikte innerhalb der Partei hatten den Charakter von Glaubenskämpfen.

Endlich gibt es – im höheren Bürgertum – eine dritte Sphäre innerweltlicher Transzendenz, die Bildungs- und Kunstreligion, Bildung und Kunst als Lebenssinn und -erfüllung (und für die Wissenschaftler hat die Forschung, Tätigkeit wie Ergebnisse, denselben Rang). Die Bildung wird mit dem Zerfall ihrer Inhalte fragwürdig, aber die Kunst bleibt. Und die Ästhetiker, wie schon in der Jahrhundertmitte F. Th. Vischer, sagen ganz explizit: Kunst bewahrt das Erbe der Religion in postreligiöser Zeit, die Einhausung in das Ganze. Wagner ist dafür besonders charakteristisch, am meisten der Parsifal, Kunst als Sakrament, als Karfreitagsfeier. Aber auch Nietzsche, über den Parsifal zum Wagnergegner geworden, spricht der Kunst die Kompetenz zum Sagen des Sinnes zu. Und andere erst recht. Viele der Kunst-Revolutionäre von 1910 verstehen ihre Kunst als Religion, Marcs Bilder wollen «Symbole einer Religion der Zukunft» sein. Im Lebenshaushalt vieler gebildeter Bürger – der Jugendlichen und der Frauen zuerst, aber auch der Männer der Praxis – ist es die Kunst, die den Lebenssinn sagt, und der Umgang mit ihr wird selbst ein Stück Lebenssinn, ein Stück Religion.

Die randkirchlichen Protestanten nehmen im Zeichen des Kulturprotestantismus solche innerweltliche Transzendenzen auf: denn was ein letzter, was ein vorletzter Wert war, blieb ja eine offene Frage.

III.

Wir müssen zum Abschluss zwei Dinge noch erörtern. Wir haben Beobachtungen über Deutungssysteme und ihre Wandlungen angestellt, das ist wichtig genug. Aber nun gilt unsere Aufmerksamkeit der Tatsache, dass und wie religiöse Deutungstraditionen die Lebensführung der Menschen und die Strukturen ihrer Gesellschaft bestimmen, vor aller bewussten Reflexion durch die Selbstverständlichkeiten, die Menschen gleichsam mit der Muttermilch aufnehmen.

Die Schichtung der deutschen Gesellschaft und die Verhaltensweisen der Menschen sind, jenseits der Kirchenloyalitäten, von ihrer Zugehörigkeit zum protestantischen oder katholischen sozialmoralischen Milieu bestimmt. Die Protestanten gehören überproportional zu den erfolgreicheren und höheren Schichten der Gesellschaft, sie sind stärker verstädtert, stärker im industriellen und erst recht im tertiären Sektor tätig, sie stellen noch 1907 bei weitem die Mehrheit der Unternehmer auch im katholischen Westen; überproportional viele Facharbeiter, technische und kaufmännische Angestellte; evangelische Handwerksgesellen gingen eher als Facharbeiter in die Fabrik als katholische, evangelische Dorfabwanderer, in Baden jedenfalls, waren eher Aufstiegswanderer als die ins Stadtproletariat übertretenden Katholiken; evangelische Bauern mechanisierten schneller als katholische. Mit der unterschiedlichen Verteilung auf Wirtschaftssektoren und soziale Ränge hängt es zusammen, dass die Protestanten prozentual etwa doppelt soviel Steuern zahlten wie die Katholiken. Katholiken waren in der Beamtenschaft und unter Professoren deutlich unterrepräsentiert. Das hing gewiss mit einer bewussten und auch unbewussten Diskriminierung zusammen; in Preußen lag der Katholikenanteil unter den höheren Beamten 1907 um 17% unter dem Bevölkerungsanteil. (Ob die altbayerischen Klagen über die Vielzahl fränkisch-protestantischer Beamter in der Zentrale Gründe hatten, bleibt einstweilen undeutlich.) Aber bei den statistischen Untersuchungen dazu stellte sich das katholische Defizit auch in den freien Berufen heraus, 1910 bei den Anwälten z.B. 12%. Und die Analysen des katholischen Anteils an höheren Schülern und Studenten führte aufs katholische Bildungsdefizit, wie Hertling, die katholische Inferiorität, wie Schell das nannte. Vor 1900 lag das Minus in Preußen bei 15%, in Bayern bei 12,5%. Mit der Öffnung der höheren Bildung ging die Differenz zwar zurück, aber sie betrug 1911 immer noch etwa 11 Punkte, in Gymnasien und alten Fächern weit weniger, aber in Realgymnasien und Oberrealschulen, in Naturwissenschaften und Technologie und Wirtschaftswissenschaften weit mehr. In der katholischen Diskussion taucht das Schreckbild von einer Zwei-Kulturen-Gesellschaft mit protestantischen Ober-, katholischen Unterklassen auf. Heute wissen wir überdies, wie dominierend der Konfessionsunterschied bei Geburtenrückgang und -planung war, ja vorher schon bei der Säuglingssterblichkeit. Imhof spricht – im Zusammenhang mit Stillgewohnheiten und personalisierter Zuwendung – von einem eher katholischen «system of wastage» und einem eher protestantischen «system of conservation of human life». Auch bei der Geburtenplanung war nicht die diesbezügliche Kirchenlehre entscheidend, sondern ein viel elementareres anderes Verhältnis zu Rationalisierung und Individualisierung, zur Alternative von Planung und Gottvertrauen.

Gewiss gab es sozialgeographische und historische Gründe für all diese Unterschiede, katholische Gebiete waren eher mit den alten Sozialmilieus verbunden, die Säkularisation und ihre Verluste wirkten in mancher Hinsicht nach. Und dann die Kinderlosigkeit der Zölibatäre (und also vieler aufsteigender Intelligenzen) und die Familiengröße und Dynamik protestantischer Pfarrhäuser, das wurde damals – Zeit der entstehenden Genetik – ein viel diskutiertes Thema; und Pfarrerssöhne und abgefallene Theologen waren ja unzweifelhaft ein großes Reservoir fürs Wissenschaftspersonal und die Modernisierer. Aber es blieb der nicht auf außerreligiöse Fakten reduzierbare Unterschied der Wertvorstellungen, der Mentalität, des Verhaltens, ein Stück höhere Motivation der Protestanten zu Mobilität und Dynamik, Wissenschaft und Bildung – Modernität. Oder umgekehrt, die Katholiken waren weniger individualisiert und professionalisiert, traditionalistischer, weniger auf Aufstieg und Erfolg und weniger auf Planung aus, allerdings auch besser in die sozialen Gruppen eingefügt und lebenssicherer (dafür ist bekanntlich die geringe Selbstmordrate charakteristisch). Dahinter stehen, ich habe darüber früher ausführlich geschrieben, der Reflexionscharakter der protestantischen Theologenkirchen, das protestantische Prinzip der Unruhe und des Weltausgriffs, das zum Bewegen und Machen und zur nervösen Rastlosigkeit disponierte. Protestanten schliefen schlechter – und verbrauchen noch heute mehr Schlafmittel – und waren erfolgreicher. Sie waren auch stärker den Modernisierungsverlusten und Krisen ausgesetzt, anfälliger, hungriger nach säkularen Überzeugungen und Religionen, jenseits der Institutionen, mehr trendanfällig. Und die lutherische Tradition von der Bindung zwischen Wissen und Gewissen machte sie für szientifische Religionskritik und Religion wie für Nietzsches Kritik und all die halbwissenschaftlichen Adepten so empfänglich. Das ist die tiefere Wertebasis sowohl des Kulturprotestantismus wie der säkularen Religiosität, von der wir gesprochen haben.

Das sind Beobachtungen nachgeborener Historiker, aber auch die Zeitgenossen nahmen die statistisch auffälligen Unterschiede zur Kenntnis und reflektierten über die konfessionelle Prägung der Lebensstile. Thomas Mann fand, dass ihm Webers Protestantismusthese immer selbstverständlich gewesen sei; Thomas Buddenbrook habe er immer als Erzprotestanten verstanden, und sein Lieblingsbuch ‹Der Taugenichts› war eine katholische Utopie für protestantisch nervöse Leistungsmenschen. Friedrich Naumann wurde nicht müde, den eher beiläufigen Satz des moderaten Theologen Uhlhorn von 1887 zu zitieren, dass die Maschine ‹etwas Protestantisches› an sich habe. Ja, je säkularer man war, desto lieber benutzte man – spekulativ und selbstgerecht – Religionsbegriffe zur Interpretation – so etwa sahen weite Teile der liberalen Publizistik im amerikanisch-spanischen Krieg von 1898 einen Kampf zwischen protestantischer Modernität und katholischer Dekadenz. So wie Maurras, der Begründer der Action française, spitz gesagt hat, er sei Atheist, aber natürlich – Katholik, so hätten zahllose deutsche Bildungsbürger – wie Thomas Mann, Max Weber oder Friedrich Nietzsche – gesagt: Wir sind Agnostiker (‹Atheisten› wäre nicht fein gewesen), aber natürlich – Protestanten. Und ihre Normen und Werte, das heroische Ertragen der Lebensdissonanzen, der Primat der individuellen, der autonomen Personalität, der Ton auf Diskretion und Zähmung der Expression, auf Gewissen, Pflicht und Verantwortung – das war protestantische Erbschaft. Der Schwund der Kirchlichkeit hat die religiöse Lebensprägung noch nicht entmächtigt. Bei schlichteren Gemütern schrumpfte solch nicht mehr christlicher Protestantismus auf Antikatholizismus, beides hielt einander am Leben: Weil man protestantisch geboren war, blieb man antikatholisch, weil man antikatholisch war, fühlte man sich «protestantisch».

Die Tatsache, dass protestantische Kultur und Sozialmoral so weit über die Grenzen nach den Randkirchlichen hinausgriff, machte verständlich, dass der konfessionelle Gegensatz, jedenfalls außerhalb der sozialistischen Arbeiterschaft, ungleich wichtiger war als der objektiv mindestens so starke Gegensatz zwischen Christen und Nichtchristen. Das erklärt auch die Schärfe des konfessionspolemischen Klimas – vom Schülerleben übers Heiratsverhalten bis in alle kulturellen und politischen Angelegenheiten und Gespräche hin –, die im Stil der Zeit so auffällig ist, und die Menge der ‹Katholiken-› oder ‹Protestantenfresser›. Trotz Kooperation und Koexistenz, etwa im Reichstag oder im Beruf, die Konfessionsspaltung und -spannung waren eine alltägliche und vitale Grundtatsache des deutschen Lebens.

Schließlich, was in diesem Jahrhundert mehr als alles andere unser, der Deutschen, Schicksal gewesen ist, die Politik – auch sie ist von den Traditionen, der Lage, den Wandlungen der Religion wesentlich mitgeprägt. Über die Nähe, die unterschiedliche Nähe der Kirchen zum Herrschaftssystem habe ich einiges gesagt, weiteres ist bekannt genug. Ich will hier auf etwas anderes hinaus. Ein Hauptproblem der neueren deutschen Geschichte war die Heterogenität der Gesellschaft, die Disparatheit der kulturellen Milieus und Sozialmoralen: damit fehlte einer möglichen Demokratie lange Zeit die notwendige gemeinsame Basis. Gewiss spielen Regionalismus und Klassenstruktur ihre Rolle – aber der konfessionelle Dualismus hat jene Disparatheit entscheidend konserviert, ja verstärkt.

Dieser Dualismus und mehr noch die protestantische lutherische Sondertradition haben bewirkt, dass die deutschen Parteien so stark von Ideen und Theorien und Weltanschauungen bestimmt waren, die politische Kultur von Glaubensbekenntnissen und Rigorismus; dass Pragmatismus und Kompromisse es schwer hatten, die Ideologisierung und Emotionalisierung politischer Gegensätze normal waren, und dass, als die kirchliche Religion sich abschwächte, die Neigung zu politischem Glauben, politischen Heilsmythen oder Ersatztheologien groß war und es nach 1918 erst recht wurde. Weil die religiösen Bindungen in Deutschland stärker als in Frankreich und schwächer als in den angelsächsischen Ländern waren und weil der Protestantismus in Deutschland wenig institutionell und besonders stark reflektiert war, war die Labilität im Verhältnis zu Tradition und Moderne größer; weder die positivistische Modernität Frankreichs noch die eigentümlich unverbundene Koexistenz von Religion und moderner Welt in den angelsächsischen Ländern war hier möglich, das schlug aufs Politische zurück: die Anfälligkeit für die vagierenden politischen Religionen war größer.

Konkret hat dann natürlich die Tatsache der katholischen Partei, quer zu den politischen Ideen- und Interessenunterschieden, das Parteiwesen seit 1870 bestimmt. Eine protestantische Partei konnte es nicht geben, die lutherische Distanz zur Politik, die Nähe zum Establishment, das Fehlen einer antiklerikalen Mehrheit (wie in der Schweiz oder in Holland) und die Spaltung in Konservative und Liberale standen dagegen, aber es gab den so virulenten politischen Antikatholizismus. Das bürgerlich-liberale Element ist – bei den

Protestanten wie bei den Katholiken – durch die Konfessionspolitik und zusätzlich durch den innerprotestantischen Dualismus geschwächt worden, man engagierte sich an anderen Fronten und integrierte sich anders, das kam den Status-quo-Tendenzen, manchmal ungewollt, zugute. Nationalprotestantismus und Gettokatholizismus haben daran wechselseitig Anteil.

Die Aufbrüche der Modernität unseres Jahrhunderts, in den Religionen, neben ihnen, gegen sie, aber immer von ihnen mitgeprägt, haben sich, wenn man von den Ergebnissen ausgeht, neben der Politik vollzogen. Hier blieb es bei der gezähmten Modernität. Die religiösen Dissense haben die Aufbrüche mit ermöglicht, politisch haben sie sie neutralisiert, das war ein Stück Tragik.

Religion um 1900 – so hoffe ich gezeigt zu haben –, das war noch und wieder ein bewegendes Thema, aber weit darüber hinaus: eine bewegende Kraft. Aber weil die großen Probleme der Zeit zwischen Tradition und Modernität und den gegensätzlichen Weisen der Modernität sowohl die Konfessionen ergriffen wie in ihren säkularen Formen konfessionell durchgeprägt waren, darum haben die so unterschiedlichen Aufbrüche des Jahrhundertbeginns eine so starke religiöse oder metareligiöse Dimension, darum war Religion, übers Wollen und Wissen der Menschen hinaus, ein so zentrales Stück des Lebens – des Einzelnen, der Gesellschaft, des Staates, Grund wie Ausdruck der die Zeit beherrschenden Ambivalenzen.

9.
WAR DIE WILHELMINISCHE GESELLSCHAFT EINE UNTERTANEN-GESELLSCHAFT?

Heinrich Mann hat in seinem 1914 vollendeten Roman «Der Untertan» ein Bild des wilhelminischen Systems präsentiert: ein undemokratisches, überholtes Verfassungssystem, bei dem – trotz Parlament und Parteien – das Schwergewicht der Macht bei der monarchisch-militärischen Obrigkeit liegt; ein Sozialsystem, das eine absterbende Klasse, die ostelbischen Junker, den grundbesitzenden Adel, ökonomisch und sozial privilegiert, ja ihm über Hof, Regierung, Verwaltung und Heer einen maßgeblichen Anteil an der Herrschaft sichert. Vor allem aber: eine Gesellschaft, bestimmt von der Anpassung der Bürger an dieses politisch-soziale Herrschaftssystem. Die Bürger haben seine Normen übernommen und ihre eigenen liberalen Traditionen aufgegeben. Sie sind nicht Opfer des Systems, sondern seine Träger, seine Garanten, seine Nutznießer, so sehr sie zugleich sein Produkt sind. Sie sind nicht citoyens, sondern Untertanen; die Gesellschaft ist die Untertanengesellschaft. Und mehr als dem Herrscher gilt dem Untertanen der grimmige Hass des Autors. An der Gestalt des Diederich Heßling soll exemplarisch vorgeführt werden, wie der Sozialcharakter Untertan entsteht und wie er agiert: unterwürfig nach oben, brutal nach unten, charakterlos, karrierebesessen, dumm und zugleich gerissen, korrupt und korrumpierend, gemein, feige und sentimental, kurz: widerwärtig. Er ist erfolgreich gegenüber den alten, den soliden, den ehrenwerten Figuren, weil das Herrschaftssystem Untertänigkeit prämiert und er sie zum eigenen Vorteil benutzt. Die Untertänigkeit zerstört die Humanität.

Natürlich: Der Roman ist ein engagierter, aggressiver, kritischer Tendenzroman, er will nicht zeigen, wie es – sine ira et studio – eigentlich gewesen ist, sondern anklagen und verändern, nicht ein abgewogenes Ganzes bieten, sondern die eigentliche Gefahr benennen. Nicht die kühle Schilderung, sondern der große Zorn ist es, was den Leser fesselt. Und dazu gehört dann auch die satirische oder karikierende Überspitzung, etwa bei der Darstellung des Arbeiterfunktionärs Napoleon Fischer oder der der Justiz. Obwohl Manns Vorbild Zolas Darstellung der Bourgeoisie des zweiten Empire, diese Anatomie einer Gesellschaft, gewesen ist, fehlt ihm die positivistische Leidenschaft zur Aneignung des Details. Vieles beruht mehr auf Impressionen als auf Studien – deshalb sind auch die beiden Fortsetzungsromane (etwa der Versuch, das Proletariat zu schildern) gescheitert. Aber darauf kommt es mir jetzt nicht an. Auch darauf nicht, dass viele Züge des Untertanenbildes zur allgemeinen Kritik der moralistischen europäischen Intelligenz an der Bourgeoisie dieser Zeit gehören, zur Kritik an der Verbindung von Politik und Geschäft, an Superpatriotismus und Karrierismus, am Untergang der alten bürgerlichen Tugend. Das ist eine Art ‹écrasez le bourgeois›. Aber dennoch, die Größe des Romans besteht darin, dass diese generelle Kritik unlösbar mit den besonderen deutschen Verhältnissen verbunden ist. So verdammenswert der Bourgeois an sich ist, dieser Heßling, dieser Untertan ist eben ein spezifisch deutscher Typ, ein Produkt des deutschen politisch-sozialen Systems.

Es gibt in der Wirklichkeit und im zeitgenössischen Urteil genügend Vergleichbares, das das Bild von der Untertanengesellschaft zu bestätigen scheint. Die zeitgenössische Kritik vom großen Soziologen Max Weber, bis zu der weit verbreiteten satirischen Zeitschrift Simplicissimus, lief in die gleiche Richtung. Sie richtete sich zum Beispiel besonders vehement gegen den Militarismus, das Reserveoffizierswesen und die Übernahme entleerter feudalmilitärischer Normen durch die Korporationsstudenten – «lackierte Plebejer» hat sie Max Weber in eiskaltem Zorn genannt –, sie richtete sich gegen den Mangel an Zivilcourage, kurz gegen die Untertanenmentalität und ihre Voraussetzungen. Die Lektüre der martialisch bramarbasierenden theatralischen Reden des deutschen Kaisers scheint das Bild zu bestätigen; und Festreden der Untertanen selbst in diesem Stil gab es natürlich zuhauf. Der berühmte Fall des Hauptmanns von Köpenick – des armen Schusters, der in der Rolle des Offiziers eine ganze Stadt an der Nase herumführte – ist ein klassisches Zeugnis für den eingefleischten Militärrespekt der deutschen Bürger. Die deutsche Gesellschaft, so kann der Historiker mit Anspruch auf Objektivität feststellen, hatte etwas Unziviles, Unbürgerliches; das Militär hatte etwas Kastenartiges; das Prestige militärischer Institutionen und Kategorien, Gehorsam, Disziplin, Forschheit oder der merkwürdig formalisierte Begriff der Ehre, war hoch, und diese Standards sind durch das Institut des Reserveoffiziers auf die gebildeten Gesellschaftsklassen übertragen worden. Die deutsche Gesellschaft war tatsächlich obrigkeitlich bürokratisch geprägt; die Freiheit, die Unbefangenheit, die Courage des Bürgers gegenüber den staatlichen Instanzen wurde nicht gerade ermutigt. In der Mentalität dieser Gesellschaft spielte der Respekt, ja das Zutrauen zu «General Dr. von Staat», wie der junge Thomas Mann das halb-ironisch nannte, eine große Rolle; die Sorge vor Anarchie oder Ineffektivität führte dazu, dass im Konfliktfall Ordnung vor Freiheit rangierte. In allen Gesellschaften besteht ein sozialer Druck auf den Einzelnen, sich gemäß den herrschenden Normen zu verhalten; in der deutschen Gesellschaft freilich war dieser Druck mit institutionellen Mechanismen des Herrschaftssystems, einer Art staatlicher Prämierung des Wohlverhaltens, eng gekoppelt. So weit so gut, die wilhelminische Gesellschaft hatte zweifellos Züge einer Untertanengesellschaft.

Ich muss dieses Bild noch um einen Aspekt erweitern und allerdings auch differenzieren. Die zeitgenössische nationale wie internationale Reflexion konstatierte, dass ein neuer sozialer Typus entstand, den man kritisch gern als «neudeutsch» charakterisierte. Das Laute, Arrogante und Auftrumpfende, das Pathetisch-Theatralische, Taktlose und Maßlose, das nervös Reizbare, die innere Unsicherheit, die durch gespielte lautstarke Sicherheit kompensiert wurde, die Mischung aus Formlosigkeit und entleerter Form, das Parvenuhafte, der Verfall von Kultur und Moral und Stil in einer zu Macht und Erfolg gekommenen Gesellschaft – das sind Stichworte, mit denen dieses neue Phänomen beschrieben wird. In Heinrich Manns ‹Untertan› finden wir viele dieser Züge. Freilich, im Ganzen ist das etwas anderes als der Typus des Untertans. Wilhelm II. selbst galt oft als Prototyp dieses modernen deutschen Wesens. Die Kritiker waren denn auch nicht nur die Progressiven oder die alten Liberalen, sondern ebenso die alten Konservativen und die alten Preußen oder ein Mann wie der größte deutsche Gesellschaftsromancier der Zeit, Theodor Fontane; die Kriterien der Kritik waren bürgerliche Tugenden, das preußische: Mehr sein als scheinen; die Folie, von der man die neue Zeit abhob, war die Bismarckzeit, die Zeit vor der Korruption durch Erfolg und Geld, waren Charakterfiguren wie eben die Bismarcks und seiner Generation, von der man die modernen Halb- und Nichtcharaktere unterschied. Politisch aber war zwischen der Bismarckzeit (oder gar einer noch früheren Zeit) und der wilhelminischen kaum ein Unterschied; das obrigkeitliche System blieb konstant, und viele Elemente des Untertanenkomplexes gab es schon lange. Die Kritik am Neudeutschen war nicht republikanisch auf den Untertan konzentriert, sondern altmodisch auf den Verlust an menschlicher Substanz und Tugend. Aber ich breche diese Erörterung hier ab. Ich will trotz solcher Einwände auch diesen Komplex des Neudeutschen in die Definition der Untertanengesellschaft aufnehmen.

Das Bild von der wilhelminischen Gesellschaft als Untertanengesellschaft ist weit verbreitet und populär, spätestens seit 1945 auch in Deutschland. Gibt es hier überhaupt eine Frage? Haben nicht die Machtergreifung der Nationalsozialisten 1933 und das Verhalten der Deutschen damals das Bild bestätigt, waren die Deutschen nicht gerade wegen ihrer im Kaiserreich eingeübten Verhaltensweisen gegen die Republik und haben dann bei Hitler mitgemacht? Man wagt kaum zu widersprechen. Trotzdem: Der Historiker kann dieses Argument nicht gelten lassen. Denn dann würde die Weimarer Republik – diese gebrechliche, aber doch lebensfähige Bürgergesellschaft – zu einem unerklärlichen Zwischenspiel, und zu einem aussichtslosen obendrein: Aber bis 1930 war die NSDAP eine kleine Splitterpartei, und selbst bis 1932 war noch keineswegs entschieden, ob die Republik untergehen würde. Der Fortgang der deutschen Geschichte stand niemals fest, so wenig wie der Fortgang jeder anderen Geschichte.

Aber mehr noch: Die Antidemokraten der Weimarer Zeit, die Konservative Revolution und die Nationalsozialisten – das war etwas ganz anderes als der ‹Untertanengeist› vor 1914. Diese radikale Kritik an der bourgeoisen Demokratie von Weimar, dieser totalitäre Anspruch der Faschisten wie der autoritären Rechten, richtete sich genauso gegen die Väterwelt des wilhelminischen Bürgertums, gegen den Wilhelminismus, gegen die Untertanen vom Schlage Heßling. Diederich Heßling selbst wäre frühestens im März 1933, nach Hitlers Machtergreifung, in die NSDAP eingetreten, und er hätte es da nicht sehr weit gebracht; kurz, mit dem Nationalsozialismus kann man nicht beweisen, dass die wilhelminische Gesellschaft eine Untertanengesellschaft war.

Der Historiker hat also zu prüfen, ob das Bild von der Untertanengesellschaft richtig ist, ob all das, was ich angeführt habe, mehr ist als eine Teilwahrheit, also die ganze Wahrheit, mit der die dominanten, die repräsentativen Züge dieser Gesellschaft objektiv beschrieben werden können. Meine These ist: Das Bild von der Untertanengesellschaft ist eine Teilwahrheit und nur eine Teilwahrheit. Wo es zur ganzen Wahrheit gemacht wird, wird es zum irreführenden Klischee. Ich werde darum das Klischee kritisieren. Kritik an einem solchen Klischee ist nicht im entferntesten Apologie der damaligen Gesellschaft. Die Aufgabe des Historikers ist nicht mit der trivialen Forderung nach Kritik versus Apologie zu begreifen, nicht mit der Funktion des Staatsanwalts oder des Verteidigers, ja nicht einmal mit der der Jury. Wenn man die wilhelminische Gesellschaft nicht generell als Untertanengesellschaft beschreiben kann, so ist sie deshalb weder schon eine demokratische, noch eine freiheitliche, noch gar eine ideale Gesellschaft. Die historische Wirklichkeit geht in simpel polarisierenden Kategorien nicht auf, sie hat vielmehr einen polyvalenten Charakter.

Ich werde in sechs Punkten meine Argumente vortragen. Dabei beziehe ich mich auf die bürgerliche Gesellschaft, lasse also die sozialdemokratische Gesellschaft für den Moment außer acht, und ich beschäftige mich primär mit der Gesellschaft, der Untertanen- oder Nichtuntertanengesellschaft, nicht mit der institutionellen Herrschaftsordnung, dem Staat; denn der war zweifellos wesentlich Obrigkeitsstaat. Ich versage es mir, das Bild Heinrich Manns dadurch zu relativieren, dass ich im Gegensatz zu ihm andere große kritische Schriftsteller als Beobachter der Zeit vorführe, Thomas Mann vor allem und Musil zum Beispiel, schon das würde die Perspektive wesentlich erweitern. Aber das ist nicht mein Geschäft.

1. Zunächst muss man sich eine Reihe von Selbstverständlichkeiten klarmachen, die für die deutsche Gesellschaft wie für die meisten bürgerlichen Gesellschaften jenseits der literarischen Pointierung gelten.

a) Die Gesellschaft ist zunächst bestimmt von Normalität: Arbeit, Berufstüchtigkeit und bürgerlicher Solidität. Sie basiert, mit Ausnahme des Feudalsektors, auf Wissen – technischem, ökonomischem, organisatorischem, wissenschaftlichem Wissen – und Können. Das wurde sozial prämiert. Die Gesellschaft war nicht eine Gesellschaft gesinnungstüchtiger Karrieristen, Glücksmacher oder Rentner (das gilt auch für die Justiz und die Beamten in den Ministerien). Die Gesellschaft stand unter dem Postulat der Leistung, der Effektivität, des soliden Erfolges, und sie hat, eine junge, spät gekommene Gesellschaft, diese Leistung auch aufgebracht. Man mag diesen Arbeits- und Effektivitätssinn schrecklich finden und das savoir vivre wie die Tugend des citoyen vermissen, die Untertanenwelt Diederich Heßlings ist das nicht.

Diese Gesellschaft von Arbeit und Leistung war gerade deshalb b) eine dynamische Gesellschaft, die sich veränderte – nach Zahl und Zusammensetzung, Reichtum, Wissen und Technologie, nach der Höhe von Einkommen und Reallöhnen, nach Vermögens- und Statusverteilung. Die neuen Industrien (Elektro und Chemie), neue Produktionsmethoden, neue Wissenschaften spielten eine besonders große Rolle. Zu diesen Veränderungen gehörte eine begrenzte, aber ansteigende soziale Mobilität, Aufstiegsmobilität: Die große moderne Schicht der Angestellten einschließlich des Managements entstand; die Zahl der Akademiker nahm zu, 1910 kam ein höherer Prozentsatz von Studenten als in Frankreich oder Großbritannien nicht aus den oberen Schichten, sondern aus den unteren Mittelschichten, denen der kleinen Beamten, Angestellten, Selbstständigen. Selbst bei den Machteliten gibt es einen Prozess der Verbürgerlichung. Und zu diesen großen Veränderungen – Veränderungen auch der bürgerlich-bourgeoisen Gesellschaft – gehört die Veränderung von Einstellungen, Mentalitäten, Sozialcharakter. Die Gesellschaft von 1914 war nicht die von 1890. Das ist anscheinend trivial, aber wir müssen uns vor der Tendenz hüten, statische Bilder einer Gesellschaft zu produzieren, das Überlappen von Tradition,

Gegenwart und Zukunft zu übersehen. Die Geschichte ist ein Übergang, und es gibt selten klare Trennungslinien. Gerade in der wilhelminischen Gesellschaft ist das Element der Veränderung und des Übergangs stark.

c) Die Gesellschaft, die bürgerliche Gesellschaft, war eine Gesellschaft der Kultur und der kulturellen Liberalität, von den durch Bildung privilegierten Schichten getragen; dafür sind Universitäten und Literatur Zeugnis. Der Obrigkeitsstaat ließ hier einen – relativen – Freiraum. Und dazu gehört: Es gab, jenseits der Alternative von Untertan und citoyen, einen großen Freiheitsraum jenseits der Politik, machtgeschützte Innerlichkeit, wie Thomas Mann das, durchaus positiv zunächst, genannt hat. Auf die damit verbundene Problematik komme ich zurück. Schließlich gab es auch im Ganzen eine relativ intakte Rechtlichkeit und Rechtsstaatlichkeit – trotz vieler Einschränkungen gegenüber der Sozialdemokratie oder der Arbeiterschaft. Der Antisemitismus zum Beispiel hat die Rechtsgesinnung nicht, noch nicht, erschüttern können.

2. Die wilhelminische Gesellschaft war eine ‹segmentierte› Gesellschaft. Sie lebte mehr als die westeuropäischen Gesellschaften in unterschiedlichen kulturellen und sozialmoralischen Traditionen und Milieus. Dazu gehörte einmal die föderalistisch-regionalistische Struktur. In Süd- und Westdeutschland war das politisch-soziale Klima bürgerlicher, liberaler, weniger untertanenhaft gewesen als im Norden und Osten. Die Bürokratie war liberaler. Die Abgeordneten dieser Regionen vor allem stellten, zum Beispiel 1912, die progressiven Elemente der Parteien im Reichstag. Aber auch in den nord- und ostdeutschen Teilen Preußens gab es scharfe Unterschiede, gab es den Widerstand der 1864/66 annektierten Provinzen Schleswig-Holstein und Hannover gegen Berlin, den Gegensatz der altliberalen Städte gegen das konservative Land.

Wichtiger war die religiöse Segmentierung. Die Katholiken, ein gutes Drittel der Bevölkerung, Bauern, Bürger, Arbeiter, Aristokraten, bildeten eine Welt für sich – sie hatten ihre eigene Kultur, ihre eigene Sozialmoral, ihre eigenen Vereine für alle Arbeits- und Lebensbereiche, vom Handwerker- oder Gesangsverein bis zum Krankenhaus, und zwei Drittel von ihnen hatten ihre politische

Heimat in einer eigenen Partei, im Zentrum. Diese Katholiken waren nicht kritisch, nicht intellektuell, nicht sonderlich modern, nicht sonderlich liberal und schon gar nicht republikanisch: ein bisschen paternalistisch, ein bisschen bürgerlich, ein bisschen sozial; sie waren für die Autorität, die der Kirche, und es gab viel sozialen Druck und viel Anpassung. Aber dem Staat, dem Deutschen Reich, dem protestantisch-preußischbürokratisch-militärischen Establishment gegenüber war ihre Stimmung, ihr Sentiment vor allem oppositionell. Der Kaiser war für sie keine prägende Wirklichkeit, Kaiser-Denkmäler haben sie nicht gebaut, so wenig wie Bismarck-Denkmäler. Sie waren Masse, Volk, Anhänger und Verteidiger des allgemeinen Wahlrechts, insofern demokratisch. Sie waren keine Untertanen – sie passen nicht in das Schema Untertan versus citoyen, sie standen quer dazu. Die kritischen Literaten hatten es darum schwer mit ihnen. Entweder haben sie sie ignoriert – wie Heinrich Mann und viele seiner Nachfolger. Oder sie haben sie bekämpft, zumal ihre Führer, den volksverdummenden Klerus – wie die Redakteure des Simplicissimus, Spezialisten in Majestätsbeleidigung und Kritik des Obrigkeitsstaates wie der Untertanengesellschaft. Aber deshalb war ihnen die Einführung des allgemeinen Wahlrechts in Bayern ein Gräuel, denn es führte zur Mehrheit der Klerikalen, und die obrigkeitlichen Beamten, die über die Unvernunft des Untertanen regierten, wurden fast ein bisschen zu Anwälten des Progressismus. Die Bürokratie entschädigte die Journalisten mit einigem Wohlwollen. Antiklerikalismus, antiborussische Kritik am Zentralismus war ihr lieb, das konnte ein paar Majestätsbeleidigungen schon kompensieren. Kurz, das Schema vom Untertanen versagt für dieses große Segment der bürgerlichen Gesellschaft.

Schließlich muss man im protestantischen Bereich hinweisen auf die Trennung zwischen alten Gesellschaftselementen, die der Obrigkeitsparole vom Bündnis von Thron und Altar anhingen, und modernem Bürgertum, das sich zunehmend entkirchlichte und für das das Sozialprestige nicht mehr vom Kirchenbesuch abhing. Die Gesellschaft folgte der obrigkeitlichen Zumutung, die Religion zu bewahren, nicht mehr, schon deshalb, weil das Herrschaftsestablishment selbst in dieser Frage nicht mehr homogen war. Auch die neue

Parole von Nation und Altar konnte dafür keinen Ersatz bieten. Im ganzen ist die Tatsache der Segmentierung der deutschen Gesellschaft in unterschiedliche Sozialmilieus und Sozialmoralen für das Schicksal der deutschen Demokratie nach 1918 wichtiger als die oft beschworene Untertanenmentalität, vor allem wenn man die Segmentierung der sozialdemokratischen Arbeiterschaft mit einbezieht, die ich hier nicht behandeln kann.

3. Die wilhelminische Gesellschaft war eine pluralistische Gesellschaft. Sie war eine Wirtschaftsgesellschaft im Zeitalter des Hochkapitalismus, im Übergang vom Überwiegen des Agrarsektors zu dem der Industrie, vom Überwiegen der Selbstständigkeit zu dem der Angestellten und Arbeiter, im Übergang vom liberalen Staat zum modernen Interventionsstaat, der über Zölle, Steuern, Sozialpolitik und Wettbewerbs- und Kartellrecht regulierend in die Wirtschaft eingriff, im Übergang zum «organisierten Kapitalismus», wie manche heute sagen. In dieser Situation organisierten sich die ökonomischen und sozialen Interessen, um sich mit aller Vehemenz politisch durchzusetzen. Die Agrarier, Junker wie kleine Bauern, wollten die Agrarzölle immer wieder erhöhen und kämpften dabei auch gegen die bürokratische Regierung. Ein Lieblingsprojekt des Kaisers, der Mittellandkanal, scheiterte daran, dass gerade die Konservativen Opposition machten. Und der bürgerliche, der industrielle, kommerzielle, finanzielle Sektor stand in Distanz, ja in Opposition zu den Agrariern; seit 1909 hat es eine große allgemeine Protestbewegung gegeben. Aber natürlich waren auch diese Interessen vielfach differenziert und gegensätzlich. Die Regierung hat versucht, diese Interessen auszugleichen oder gar zu integrieren, das war die Politik der «Sammlung». Im Zeichen des Flottenimperialismus und des Antisozialismus ist das auch zeitweise gelungen, das war eine Art sozialer Kitt des Kaiserreichs, der Bürgertum und alte Eliten verband. Aber das hielt nicht auf Dauer. Wichtiger und charakteristischer ist, dass sich divergierende und antagonistische Interessen ausbilden, dass sich die bürgerlich-pluralistische Gesellschaft des 20. Jahrhunderts entwickelt, das ist ein herausragendes Charakteristikum der wilhelminischen Zeit. Die unterschiedlichen Gruppen waren in die Verteilungs- und Machtkämpfe einer moder-

nen Gesellschaft eingetreten, sie suchten die Regierung, je nachdem, zu beeinflussen oder zu bekämpfen. Die Obrigkeit, der Staat, der Kaiser, die Parole von Ruhe und Ordnung – das half da nichts. Das Konzept der Untertanengesellschaft kann dieses Phänomen des Pluralismus einander bekämpfender Interessen, bei dem die Regierung nicht mehr führen, sondern nur noch ein Parallelogramm der Kräfte ziehen kann, nicht erklären. Hier ist etwas anders, etwas Neues.

4. Die wilhelminische Gesellschaft ist eine Gesellschaft der Reformbewegungen und der Reformen gewesen. Zu ihr gehört der Aufstand gegen das 19. Jahrhundert, der quasi revolutionäre Protest gegen das viktorianische Normensystem, gegen den Wilhelminismus, gegen das Etablierte, das für selbstverständlich Geltende, gegen das Bürgerliche, gegen Geld und Kommerz, gegen das herrschende Wertsystem – ein Aufstand, der zweifellos ganz modern ist und jenseits des Untertanensystems, so sehr er auch seit Nietzsche Aufstand gegen die liberaldemokratischen Lieblingsüberzeugungen von Fortschritt, Rationalität und Wissenschaft ist. Die Zeit seit der Jahrhundertwende ist – intellektuell, kulturell, ästhetisch – die Zeit des Auf- und Durchbruchs zur Moderne, der Grundlegung der Moderne – mit einer merkwürdig revolutionären Abkehr vom Beschränkten und Gegebenen, dem revolutionären Willen zum Unbedingten. Das bestimmte Sentiment und Mentalität, das bestimmte das intellektuell-philosophische Klima, keineswegs nur im Kreise der Avantgarde. In der Kunst und Literatur ist der Ausbruch aus Tradition und Konvention der Väterwelt deutlich, etwa in der Entstehung der deutschen Moderne und des Expressionismus in der Malerei. Im Jahrzehnt vor 1914 hat das eine große, keineswegs nur snobistische, Resonanz gefunden. Noch stärker gilt das für Literatur und Theater. Das Weltbild des theaterorientierten Bildungsbürgertums blieb von der gesellschaftskritischen und psychologischen Modernität in Deutschland eingebürgerter Autoren wie Ibsen und Strindberg, von den Naturalisten wie Gerhart Hauptmann und den Symbolisten nicht zu reden, keineswegs unberührt. Die moderne Architektur, im Ruf des Revolutionären und Antiwilhelminischen, hat sich relativ rasch durchgesetzt: von Privathäusern

über kommunale Bauten, Siedlungen, große Industriebauten; Emil Rathenau, Gründer und Chef der AEG, war der Auftraggeber für Peter Behrens, einen der Väter der Bauhausarchitektur; und schließlich haben das Auswärtige Amt und sein Chef, Kiderlen-Waechter, in einer großen Aktion gegen den Kaiser mit seinem theatralisch neobarocken Geschmack durchgesetzt, dass einer der großen Repräsentationsbauten vor 1914, die deutsche Botschaft in Petersburg, von Behrens, und also ganz modern gebaut wurde. Es gab die große an Ruskin und den Jugendstil anknüpfende Bewegung des Deutschen Werkbunds zur Reform der Inneneinrichtung, des Wohnens, der Gebrauchsgegenstände: also den Anfang des modernen Designs, und das stand durchaus in einem großen gesellschaftspolitischen Zusammenhang. Es gab eine Menge von Bewegungen zur sogenannten Lebensreform, oft skurril, Reformen der Kleidung, des Essens, des Trinkens, des Verhältnisses zur Natur, des Verhältnisses zwischen den Geschlechtern, der Moral, gespeist doch vom Unbehagen am Bestehenden, wider den Stachel des Establishments löckend. Es gab den Aufstand der Schüler und Studenten: die deutsche Jugendbewegung, Rebellion gegen väterliche, gesellschaftliche, obrigkeitliche Autorität und den unwahren bürgerlichen Lebensstil, sicher nicht patentdemokratisch, ganz sicher aber gegen die Welt Diederich Heßlings – eine Bewegung, deren dominierende Elemente auf merkwürdige Weise zugleich bei Sozialisten, Nationalisten, Nazis, Zionisten und Demokraten in den 20er und 30er Jahren fortlebten. Es gab die Anfänge der Frauenbewegung und die Veränderung der Stellung der Frau. Es gab die großen Bewegungen der pädagogischen Reform, deren Kernpunkt es gerade war, die autoritär obrigkeitliche Gesinnungs- und Lernschule durch eine Schule der Selbstgestaltung und Selbstverantwortung abzulösen, und diese Bewegung reichte tief in das damalige Schul- und Schulverwaltungsestablishment hinein. Kerschensteiner war nicht nur einer der großen Schulreformer, sondern auch einer der großen Schulbeamten der Zeit. Von den Gartenstädten, von Hellerau, von den Volkshochschulen, den Sportbewegungen will ich nicht weiter reden.

Man kann gegenüber diesen Veränderungs- und Reformbewegungen einwenden, dass sie esoterisch waren, nur die Kultur, die

Lebensauffassung, die Mentalität betrafen. Noch einmal «machtgeschützte Innerlichkeit»? Und man kann Thomas Manns Stichwort aus dem Ersten Weltkrieg aufnehmen, mit dem er seine kritische Apologie der wilhelminischen Gesellschaft begründet: Betrachtungen eines Unpolitischen. Diese Reformen waren in der Tat unpolitisch; der oft beschriebene Typus des unpolitischen Deutschen gehört in diesen Zusammenhang, fern vom Ideal des citoyen und gegen die Politik eingestellt, gegen das schmutzige Geschäft der Politik. Diese unpolitische Haltung, ein Ergebnis der schwierigen deutschen Geschichte, kam objektiv zunächst sicher der bestehenden Herrschaft, dem politischen Status quo zugute und später der Widerstandslosigkeit gegenüber den Nazis: Der unpolitische Deutsche war eine Gefahr für eine deutsche Demokratie, kein Zweifel. Aber er war nicht der Typus des Untertan; die politische Unterwerfung oder Anpassung, die Einstellung zur bestehenden Herrschaft, die spielte für ihn gerade keine Rolle. Und mehr noch: Der Bereich der unpolitischen Veränderungen war zugleich ein Bereich des Vorpolitischen, der letzten Endes mit Vehemenz auf die Politik selbst durchschlagen musste. Das beweist die Geschichte der 20er Jahre.

Zwei große Bereiche der Reformen gingen auch damals schon weit über den Bereich der Innerlichkeit hinaus und veränderten die soziale Wirklichkeit, wenn sie auch die Herrschaftsordnung nicht, noch nicht, erschütterten. Das war einmal die Kommunalpolitik: Hier wurden z. B. die öffentlichen Versorgungseinrichtungen (Gas und Strom, Krankenhäuser und Verkehr) kommunalisiert; im Zusammenwirken von kommunaler Verwaltung und bürgerlicher Initiative sind hier moderne Kommunen, sind hier funktionierende Daseinsvorsorge und die Ansätze der Planung entstanden. Zum anderen war es die Sozialreform. Natürlich: Die deutsche Gesellschaft der Zeit war eine bürgerliche Klassengesellschaft mit starken feudalen Relikten. Die Arbeiterklasse war in ihrem Lebensstandard, in ihrer Rechtsstellung, z. B. im Koalitions- und Steuerrecht, in ihren Aufstiegs- und Bildungschancen massiv benachteiligt, ihre Organisationen wurden bekämpft und geächtet. Trotzdem ist die soziale Reform eines der zentralen Themen dieser Gesellschaft gewesen. Es ging um Arbeiterversicherung und Arbeiterschutz, Arbeitszeitregelung, Unfallvorsorge, hygienische und gesundheitliche Maßnahmen, Arbeitsvermittlung, Arbeitslosenfürsorge, Wohnungsbau und Wohnungsvermittlung, um eine reformistische Verbesserung der Situation der Arbeiter und darum, ihnen Mitverantwortung zuzugestehen. Die öffentliche Meinung stand bei fast allen großen Streiks auf Seiten der Arbeiter, die Unternehmer fühlten sich gerade in der akademisch gebildeten bürgerlichen Führungsschicht unverstanden und isoliert. Alle Versuche, das Streikrecht der Arbeiter einzuschränken, von der Zuchthausvorlage der 90er Jahre bis zur Vorlage eines Gesetzes zum Schutze der Arbeitswilligen (Streikbrecher), sind am ziemlich einhelligen Widerstand der bürgerlichen Parteien und der öffentlichen Meinung gescheitert. Das Engagement für die Sozialreform hatte bei den Bürgern eine relativ hohe Bedeutung, während Wachstum und Produktivität der Wirtschaft sich von selbst verstanden. Es war eine Art schlechten Gewissens des Bürgertums und zugleich natürlich der Versuch, die revolutionäre Tendenz der Sozialdemokraten durch Reformen im Rahmen der bestehenden bürgerlichen Gesellschaft und der bestehenden Herrschaftsordnung aufzufangen, nationale Einheit und Klassenversöhnung herzustellen. Für die Studenten hatte das soziale Engagement fast die gleiche Priorität wie das national-imperialistische (und sie waren übrigens zu weit weniger als 50% in den berüchtigten Korporationen, und auch von denen waren nicht alle so, wie Heinrich Mann es beschreibt). Der Liberalismus, der 1890 als manchesterlich-bourgeois und darum als altmodisch galt, hat gerade durch seine soziale Wendung nach 1900 wieder Resonanz gewonnen, und die Wirkung eines demokratisch-sozialen Imperialisten wie Friedrich Naumann auf die Jugend erklärt sich gerade von daher. Die Sozialreform ist im Zusammenwirken von bürgerlichen Initiativen, Kommunen, Reichstag und Verwaltung weitergekommen, und zwar durchaus im Gegensatz zum monarchisch-aristokratisch-militärischen Establishment. Das Modell vom Untertanen ist nicht geeignet, dergleichen zu erklären. Alle diese Reformen und Veränderungen, die nicht von oben, sondern von unten kamen, mussten in ihrer Wirkung darauf hinauslaufen, das soziale Klima einer hierarchischen Gesellschaft und ihre institutionelle Absicherung zu verändern, mussten darauf hinauslaufen, die Gesellschaft zu modernisieren, zu verbürgerlichen, zu pluralisieren, zu zivilisieren.

Nun kann man sagen: Mag das mit den Reformen und Veränderungen auch richtig sein und mag man insofern Heinrich Mann korrigieren müssen, mögen diese Reformen auch langfristig politische Effekte bewirkt haben – zunächst scheint es doch so, dass in der eigentlichen Politik nicht der Bürger, der citoyen, die führende Figur war, der freie Mann, aufrechten Gangs, der selbstständige Kopf, der Anteil an den Dingen der res publica nehmen, das System liberal-demokratisch entwickeln wollte. Und insofern würde es im eigentlichen Kernbereich der politischen Herrschaftsordnung doch beim Typus des Untertanen bleiben, trotz vieler Modifikationen, bei dem Typus, für den Autorität und Ordnung, nicht Selbstverantwortung, Freiheit die herrschenden Normen waren und der sich durch Nationalismus und Antisozialismus ganz in den Obrigkeitsstaat integrieren ließ. Mit dieser Meinung befassen sich meine beiden letzten Thesen.

5. Die wilhelminische Gesellschaft war auch politisch eine kritische Gesellschaft. Das gilt zunächst für das Verhältnis zum Kaiser, zu Wilhelm II. Die anfängliche Begeisterung, die mit einem Überdruss an Bismarck und der alten Generation zusammenhing, ist bald in Kritik umgeschlagen. Bücher voll schärfster Kritik wie Quiddes «Caligula» von 1899 und Limans «Der Kaiser» von 1904, wurden Publikumserfolge. Als der Kaiser dem Daily Telegraph das berühmte Interview gewährte, im November 1908, kam der lang aufgestaute Unmut der Öffentlichkeit über das unverantwortliche persönliche Regiment und die Taktlosigkeit des Kaisers in einem einhelligen Sturm der Entrüstung zum Ausdruck; nicht einmal die Konservativen und kaum der Reichskanzler stellten sich vor den Kaiser (und seither hielt der sich wesentlich mehr zurück). Der Prozess des Journalisten Harden, des Augstein von damals, gegen den politischen Berater und Freund des Kaisers, Philipp Eulenburg, wegen Homosexualität hatte eine ähnliche Wirkung. Der dynastische Kult, den Wilhelm für seinen Großvater inszenieren wollte, kam nie über den Bereich des Offiziellen heraus. In der Masse der patriotischen Denkmäler, mit denen die Bürger in Deutschland – wie anderswo – die Städte zierten und verschandelten, waren die Kaiser-Wilhelm-Denkmäler die amtlichen, die verordneten. Die

spontan errichteten Denkmäler waren seit 1898 die Bismarck-Denkmäler, sie waren auch der Form nach modern, manchmal avantgardistisch; der Bismarck-Kult war auch eine oppositionelle Abkehr von Wilhelm und dem Wilheminismus. Was man vor 1914 verteidigte, wenn man vom Kaiser sprach, war nicht die Person, sondern das System der Monarchie.

Aber das kritische Potenzial reicht über die Person hinaus. Kritische Literatur und satirische Presse – Heinrich Mann und der Simplizissimus – hatten hohe Auflagen und ein breites Publikum, ja wie beim Simplizissimus ein gewisses Wohlwollen der Bürokratie. Eingriffe von Staatsanwälten und Gerichten erhöhten die Auflage und wurden in sehr vielen Fallen von der nächsten Instanz wieder rückgängig gemacht. Vehemente Kritiker des Systems wie Max Weber, der vom Kaiser und seiner Kamarilla nur mit Verachtung sprach, die Unfähigkeit des Systems und die überholte Privilegierung der absinkenden Junkerklasse schonungslos analysierte, gehörten selbstverständlich zum intellektuellen und beamteten Universitätsestablishment der Zeit, und ähnliches gilt für Troeltsch oder Hans Delbrück. Der Übergriff von Offizieren gegen Zivilisten in Zabern im Elsass 1913, ein klassischer Fall des preußischen Militarismus, löste einen fast einhelligen Entrüstungssturm in der Öffentlichkeit und im Reichstag aus; auch das Verhalten der Regierung wurde formell missbilligt.

6. Die wilhelminische Gesellschaft war eine Gesellschaft auch der politischen Veränderung, in der die Kräfte des Status quo erheblich an Gewicht verloren. Die Spannungen der bürgerlichen Gesellschaft und die Opposition gegen das Herrschaftssystem konnten schon in den 90er Jahren nicht mit repressiv-korrumpierenden Methoden aufgefangen werden, wie sie im «Untertan» geschildert werden, sondern nur mit dem agrarisch-industriellen Kompromiss der sogenannten Sammlung und mit dem Imperialismus der Flotten- und Weltpolitik. Aber auf die Dauer konnte die notwendige Zustimmung so nicht gesichert werden. Der Trend der deutschen Politik im Jahrzehnt vor 1914 geht nach links, und das gilt auch, wenn man die 34% Sozialdemokraten von 1912 außer Acht lässt. Die Empörung über feudalagrarische Steuerpolitik hat

1909 die ganze deutsche Innenpolitik in Bewegung gebracht; nicht nur die bürgerliche Linke, sondern auch die bürgerliche Mitte (ja ein Teil der Rechten) rebellierte gegen die Vormacht der Feudalität, das System der Agrarier, der Militärs. 1912 schlossen Linksliberale und Sozialdemokraten für den zweiten Wahlgang eine Koalition: Die Liberalen im ganzen gewannen immer noch über ein Viertel der Wähler, während die Konservativen von 20% in den 90er Jahren auf 12% absanken. Auch innerhalb der bürgerlichen Parteien verschieben sich die Gewichte nach links. 1913 wird – gegen die Konservativen – vom Reichstag des allgemeinen Wahlrechts eine Vermögenssteuer durchgesetzt, und die allgemeine Empörung über den Militarismus anlässlich der Vorfälle von Zabern führt zu einer Einschränkung der Militärgewalt. Diese Veränderung der politischen Orientierung hing mit zwei sozusagen objektiven Veränderungen der Machtlage zusammen. Einmal gewann der Reichstag ganz erheblich an Bedeutung. Im modernen Gesetzgebungsstaat ging nichts mehr ohne ihn; die Regierung war zwar nicht juristisch, aber faktisch auf eine Mehrheit angewiesen, und eine folgsame Mehrheit konnte sie sich auch durch Reichstagsauflösung nicht mehr beschaffen. Zum anderen übte gerade die imperiale Politik einen erheblichen Modernisierungsdruck aus, sie veränderte, sie demokratisierte das System. 1912/13 war die Führung der Armee gegen eine weitere Verstärkung des Heeres, weil sie eine Verstärkung des bürgerlichen Anteils am Offizierskorps bedeuten musste. Der bürgerliche Generalstabsoffizier Ludendorff – rechts gewiss – hat die Aufrüstung gegen diese feudalen Bedenken durchgesetzt, das war neu. Zugleich aber konnten die enormen Kosten nur noch durch eine Vermögenssteuer der oberen Klassen aufgebracht werden. Auch der Militarismus hatte, wie der Zwang zur Effektivität, unter dem die Regierung stand, seine modernisierenden, die Untertanengesellschaft umwandelnden Konsequenzen. Der Kaiser sogar wählte als Reichskanzler zuletzt nicht die schneidigen Junker, sondern Bülow, der bei allem Opportunismus ein deutscher Disraeli sein wollte, und dann einen reformkonservativen und moderaten zivilen Beamten wie Bethmann Hollweg.

Die Konservativen haben diese Verschiebung in der politischen Orientierung und im Machtgefüge, die Krise des Obrigkeits-Untertanen-Systems sehr wohl gespürt. Ihr Führer Heydebrandt, der ‹ungekrönte König› von Preußen, bemerkte zu einem Führer der Liberalen, dass die Zeit der Konservativen ablaufe und die Liberalen an die Macht kämen, aber solange er lebe, wolle er das hinausschieben.

Zugleich bildete sich eine *neue* Rechte, alldeutsch, antidemokratisch, vielleicht präfaschistisch, die das bestehende monarchische Obrigkeitssystem in Grund und Boden kritisierte, weil es seine eigene Auflösung vorantreibe, weil es den Untertanenstatus auflöse, ohne die Untertanen in die Einheit der Nation und ihre Klassenhierarchie zu integrieren. «Wenn ich der Kaiser wäre», so hieß der Titel des Buches des alldeutschen Führers Claß, und der Sinn war, dass er das alles ganz anders machen würde.

Die Situation in Deutschland vor 1914 ist durch eine eigentümliche Stagnation und Blockade gekennzeichnet. Niemand im bürgerlichen Lager wollte eine Revolution des Herrschaftssystems oder gar der Gesellschaft, das verhinderte einstweilen ein Bündnis mit der Sozialdemokratie. Die Reform stand auf der Tagesordnung, aber die Institutionen vor allem Preußens (Wahlrecht und Herrenhaus) und ein Teil der alten Herrschaftsgruppen blockierten die Reformen, ohne die die Regierung auf die Dauer doch nicht regieren konnte. Das bisherige Herrschaftssystem funktionierte nicht mehr; es stand in Frage. Natürlich war die Mehrheit der Deutschen, der angeblichen Untertanen, nicht plötzlich zu Anhängern der Demokratie geworden, aber die Möglichkeit einer Parlamentarisierung, einer demokratischen Koalition zeichnete sich ab, wie sie dann im Weltkrieg, noch vor der Revolution, wirklich geworden ist. Die Gesellschaft war im Übergang, war auf dem Wege zur Parlamentarisierung. Diese Konstellationen sind mit dem Entweder/Oder (Status quo/Revolution, Untertan/citoyen), mit dem jeder Radikalismus eine historische Lage polarisiert, nicht zu begreifen. Die bürgerliche Gesellschaft war vor 1914 gerade durch eine Entwicklung der Mitte, einen dritten Weg, eher charakterisiert als durch Untertanen und Revolutionäre, auch wenn dieser dritte Weg durch die Herrschaftsordnung blockiert schien. 1914 haben sich auch die Opfer und Kritiker der Gesellschaft, Sozialdemokraten, Juden und Katholiken, Max Weber und der Simplicissimus zur Einheit der

Nation bekannt, trotz ihrer unbefriedigenden Verfassung. Aber das war alles andere als die nationalistische Zementierung der Untertänigkeit.

Natürlich, ich wiederhole zum Schluss, was ich anfangs gesagt habe: Die deutsche Gesellschaft ist auch Untertanengesellschaft gewesen, an Autorität und Gehorsam orientiert; der Komplex des Militarismus ist keinesfalls zu verharmlosen. Weniger Repression und Korruption, wohl aber Imperialismus und Anti-Sozialismus der Bürger selbst haben die Herrschaftsposition der alten Eliten und das alte System noch aufrechterhalten oder wenigstens bestehen lassen. Der Mangel an politisch-bürgerlicher Kultur ist eine der großen Belastungen der Weimarer Zeit gewesen. Aber: die deutsche Gesellschaft vor 1914 war auch eine Gesellschaft des Rechts, der relativen Liberalität und der Arbeit; sie war altmodisch segmentiert und zugleich auf dem Weg zum modernen Pluralismus; sie war eine Gesellschaft der Reformen, des Abschieds vom 19. Jahrhundert und der Sozialreformen vor allem, sie war eine Gesellschaft der Kritik; sie hat sich verbürgerlicht und liberalisiert, und sie entwickelte aus sich auch das wachsende Potenzial einer kommenden Demokratie. Wenn das alles so ist, dann scheint es mir heute viel wichtiger, als gebannt wie seit 80 Jahren auf das Phänomen des Untertanen zu starren, die Krise des Obrigkeits-Untertanensystems und auch das Erneuerungspotenzial zu analysieren. Dann erst werden wir das eigentliche historische Charakteristikum der wilhelminischen Gesellschaft und Epoche erfassen.

10.

1933 UND DIE KONTINUITÄT DER DEUTSCHEN GESCHICHTE

Unser Thema wird man nur dann jenseits des Trivialen und also mit Aussicht auf Gewinn an Erkenntnis erörtern können, wenn man es als Problem versteht, d. h. mit Hilfe des logischen Gegenbegriffes Diskontinuität Inhalt, Gewicht und Grenzen der Kontinuität zu präzisieren sucht. Unsere erste Frage ist, wieweit sich 1933 aus so etwas wie der Kontinuität der deutschen Geschichte erklären lässt, und die zweite Frage, wieweit sich von 1933 her die vorangegangene deutsche Geschichte verstehen lässt.

Eine Erörterung, die Kontinuität nicht als Selbstverständlichkeit, sondern als Problem behandelt, setzt sich dem Verdacht aus, gegenüber den Traditionen, die im weiteren Sinn zur Vorgeschichte des Nationalsozialismus gehören, apologetisch zu sein. Man erinnert sich mit Unbehagen der eigentümlichen Mischung aus Selbstmitleid und Selbstrechtfertigung, die einen Teil der einschlägigen deutschen Nachkriegsliteratur charakterisierte. Ist nicht gegenüber der deutschen Geschichte allein die sogenannte «kritische» Perspektive legitim? Ich werde am Schluss zeigen, warum ich die Alternative Kritik versus Apologie für wissenschaftstheoretisch unbrauchbar halte. Vorweg möchte ich aber darauf verweisen, dass unsere Situation heute eine ganz andere ist als nach 1945. Kein Historiker meiner Generation würde wie die drei berühmtesten anti-nationalsozialistischen Historiker, die nach 1945 zu unserem Thema geschrieben haben, Friedrich Meinecke, Gerhard Ritter oder Ludwig Dehio, davon sprechen, dass «wir» Deutsche 1870 oder 1890 das und das taten oder dachten. Diese selbstverständliche Identifizierung ist bei uns vergangen. Wir stehen der deutschen Geschichte mit großer Distanz gegenüber, und zumal die imperiale Phase zwischen 1871 und 1945 ist zumeist nicht mehr nostalgisch erinnerte Nähe, sondern, wo nicht gespenstisch und feindlich, einfach fremd. Sie ist nicht mehr Tradition, sie ist Geschichte, und das ist ein durchaus normaler und verständlicher Prozess. Unterschiedliche Ansichten über die Geschichte setzen offensichtlich kaum noch wirksame Kräfte und Emotionen in Bewegung. Darum scheint mir die reale, nämlich politische Basis für eine Apologie der deutschen Geschichte einfach weggeschmolzen. Das gibt der Wissenschaft eine neue, eine andere Freiheit.

I.

Ich beginne mit einer Reihe von Abgrenzungen, und zwar erörtere ich zunächst Gesichtspunkte, die gegen die Akzentuierung der Kontinuität vorgebracht werden können und die darum das Diskontinuierliche, das Epochale an 1933 betonen. Mit offensichtlich apologetischen Meinungen, 1933 sei eine Art Betriebsunfall der deutschen Geschichte, brauchen wir uns nicht aufzuhalten: Sie haben keinen Erklärungswert, für die Wissenschaft existieren sie schlechterdings nicht mehr. Ähnlich und doch wesentlich anders steht es mit Versuchen, 1933 aus der singulären («dämonischen») Person Hitlers zu erklären oder aus singulären Konstellationen der Weimarer Republik – der Wirtschaftskrise nach der vorangegangenen Inflation oder den Belastungen durch Niederlage und Versailles – oder aus beidem. Solche Erklärungsversuche beantworten nicht die Frage, warum denn das exzeptionelle Individuum Hitler gerade in Deutschland Erfolg hatte, warum die Wirtschaftskrise, die doch alle Industrieländer betraf, gerade in Deutschland zum Ende der Demokratie führte und warum eine Niederlage wie die von 1918 vierzehn Jahre später gerade die nationalsozialistische Machtergreifung bewirkt haben soll. Insofern sind sie unbrauchbar. Dennoch ist es nicht überflüssig, diese Erklärungen hier zu erwähnen. Sie erinnern uns an eine fundamentale Wahrheit, nämlich daran, dass der geschichtliche Prozess, bevor das zu erklärende Ereignis eingetreten ist, nicht voll determiniert ist. Daran zum einen, dass es in der Geschichte das Element der Kontingenz, des Zufälligen gibt und dass exzeptionelle Persönlichkeiten herausragende Fälle solcher Kontingenz sind. Es ist offensichtlich Unsinn zu sagen, Hitler sei eine historische Notwendigkeit gewesen: Das gerade war er nicht. Und es fällt mehr als schwer, sich 1933 und die nationalsozialistische Machtergreifung ohne Hitler (oder mit einem 1932 gestorbenen Hitler) zu denken. Zum anderen erinnern uns jene Erklärungen nachdrücklich an die oft verdrängte Trivialität, dass in der Folge von Determinanten die nächsten Ursachen ein viel erheblicheres Gewicht haben als die ferneren. Ohne die Wirtschaftskrise zum Beispiel ist 1933 wirklich kaum denkbar. Daraus folgt, dass es bei der Frage der Kontinuität nicht darum gehen kann, eine Art deterministischer Notwendigkeit aufzuweisen (und nicht jeder, der das als logisch einräumt, verfährt auch in seiner historischen Praxis so). Worum es gehen kann, ist allein der Aufweis von Wahrscheinlichkeiten, von Voraussetzungen, die erklären, warum in singulären, nicht vorausbestimmten Konstellationen gerade diese Konsequenzen eintraten. Das Gewicht der singulären Konstellation kann – das ist unter Historikern unbestritten – keine strukturanalytische Betrachtung wegeskamotieren.

Eine andere Erklärung für 1933 – jenseits der Kontinuität, genauer: jenseits der spezifisch deutschen Kontinuität – bietet die Zuordnung zum Phänomen Faschismus. Denn der Faschismus ist zum einen eine europäische, keineswegs allein deutsche, Erscheinung, und noch mehr trifft das natürlich auf die Krise der Demokratie zu, für die 1933 ebenfalls Symbol ist: Von den 25 europäischen Demokratien von 1919 zum Beispiel waren 1938 noch 11 übrig geblieben. Und der Faschismus ist zum anderen ein epochales Phänomen; ausgelöst durch die einschneidenden Ereignisse des Ersten Weltkrieges, der Russischen Revolution, des prekären Sieges der liberalen Demokratie ist er eine Antwort auf diese besondere Lage. Darum ist er ein Phänomen sui generis, nicht auf Früheres reduzierbar, nicht aus Früherem herleitbar, er ist etwas Neues. Kontinuität, der Zusammenhang mit dem Früheren, ist demgegenüber sekundär, und nationalgeschichtliche schon gar. Nicht was das Besondere an der deutschen Geschichte ist, sondern was ihr zum Beispiel mit der italienischen gemeinsam ist, darauf kommt es dann an. Kein Zweifel, die wissenschaftliche Erneuerung des Faschismus-Begriffs und die darauf beruhende vergleichende Forschung ist aus unseren Erklärungen für 1933 gar nicht mehr wegzudenken, wobei man freilich den verbreiteten Etikettenschwindel, von nichts als dem Nationalsozialismus zu sprechen und das Faschismus zu nennen, beiseite lassen muss. 1933 also lässt sich aus der Epoche und aus der Parallelität der europäischen Bewegungen dieser Epoche erklären. Die Bezugnahme auf den Faschismus relativiert insofern die Erklärungskraft aller Theorien, die von der Kontinuität der deutschen Geschichte ausgehen. Aber damit ist unser Problem mitnichten erledigt. Auch auf dem Boden des Faschismusmodells bleibt die Frage nach der Kontinuität bestehen, und zwar in doppelter Hinsicht. Einmal: Warum hat sich der Faschismus, wenn auch nicht nur in Deutschland, so doch anders als in den Industrieländern des Westens oder den Demokratien des Nordens, anders auch als in den autoritären Nichtdemokratien Ost-, Mittel- und Südeuropas gerade in Deutschland durchgesetzt? Und zum anderen: Warum ist der Nationalsozialismus die radikalste und gewalttätigste Form des Faschismus gewesen? Beide Fragen verweisen auf eine singuläre Erklärung aus besonderen deutschen Bedingungen. Das Epochale und Neue des Faschismus relativiert zwar die Bedeutung der Kontinuitätsfrage, aber es hebt sie nicht auf.

Man muss sich nun freilich hüten, den Begriff der Kontinuität zu weit auszudehnen. Natürlich steht 1933 im Zeit-Kontinuum aller früheren Ereignisse der deutschen Geschichte, ja der Vergangenheit überhaupt; aber wenn man so formuliert, rekurriert man eigentlich auf den Kausalzusammenhang der Welt und setzt Kontinuität gleich Kausalität; die Diskontinuität, die doch die Bedingung der Möglichkeit ist, von Kontinuität zu reden, scheidet als Kategorie dann aus. Solche Allkontinuität aber ist trivial. Doch das meinen wir gar nicht, wenn wir von Kontinuität sprechen. Die Tatsache zum Beispiel, dass es in Deutschland eine starke marxistische Arbeiterbewegung gegeben hat, ist sicherlich eine der Ursachen für den Aufstieg des antimarxistischen Nationalsozialismus: ohne Sozialismus kein Nationalsozialismus; aber es wäre Unsinn, hier von Kontinuität zu sprechen. Oder: Das Kaiseramt der deutschen Könige des Mittelalters hat die Partikularisierung Deutschlands begünstigt, und von daher kann man viele der Besonderheiten des deutschen Nationalismus zwischen 1789 und 1933 erklären. Auch hier aber ist es offenbar Unsinn, von einer Kontinuität zu sprechen. Kontinuität ist mehr als Kausalität. Kontinuität setzt die Ähnlichkeit der Glieder voraus, zwischen denen Kontinuität bestehen soll, setzt partielle Identität voraus.

Spricht man in diesem Sinn von Kontinuität, so scheinen mir drei Abgrenzungen notwendig. Zunächst: 1933 steht selbstverständlich in europäischen Kontinuitäten. Einerseits: Das Unbehagen an der Modernität, das Phänomen der Entfremdung, die Krise des Liberalismus, die revolutionäre Mobilisierung der Massen, die totalitäre und anti-institutionelle Tendenz der radikalen Demokratie (auch sie gehört zu dem, woran der Nationalsozialismus anknüpft, selbst wenn viele das heute nicht wahrhaben wollen), Sozialdarwinismus, Imperialismus, die Entchristianisierung, schließlich – das sind europäische Phänomene und europäische Kontinuitäten, die man bei der Interpretation des Nationalsozialismus nicht übersehen kann. Aber dergleichen erklärt nicht, warum der Faschismus gerade in Deutschland sich durchgesetzt hat; und darum haben solche Argumente, wenn sie isoliert oder überakzentuiert werden, leicht etwas Apologetisches.

Andererseits: 1933 steht im Zusammenhang mit der – allgemeinen – Entwicklung des Kapitalismus. Die orthodox-marxistische Interpretation führt 1933 auf den monopolistischen Kapitalismus zurück. Hier gilt nun paradoxerweise Ähnliches wie gegenüber der eher konservativen These von der europäischen Kontinuität. Dass die Mehrheit der kapitalistischen Systeme gerade nicht faschistisch geworden ist, dass Italien wiederum noch nicht im eigentlichen Sinne kapitalistisch war und Rumänien oder Kroatien erst recht nicht, das zeigt die Schwäche dieses Ansatzes; zur Erklärung von 1933 müssen Zusatzannahmen gemacht werden, die nicht aus der Struktur des Kapitalismus, sondern aus der Kontinuität der deutschen Geschichte folgen, und so verfahren die orthodox-marxistischen Erklärungen, ohne das Verhältnis des «Allgemeinen» und des «Besonderen», des Kapitalismus und der eigentlich deutschen Kontinuitäten wirklich zu klären. Das gleiche gilt für die esoterischere Interpretation der frühen «kritischen Theorie», 1933 sei der «notwendige Zusammenbruch der bürgerlich-liberalen Rationalität» – eine angesichts der angelsächsischen Welt sehr deutsche Hypostasierung der deutschen Geschichte zur Weltgeschichte. Die heterodoxe marxistische Interpretation – die Bonapartismustheorie – entgeht dieser Schwierigkeit zwar, aber sie konzentriert sich ganz auf die Weimarer Zeit und gibt für die Kontinuitätsfrage wenig her.

Sodann: Wendet man sich den Kontinuitätsmodellen zu, die sich wirklich auf die deutsche Geschichte konzentrieren, so findet man zunächst einen Typ von Erklärungsversuchen, die man mit R. Dahrendorf ironisch Tacitushypothesen nennen kann, weil sie so weit zurückgehen. E. Vermeil hat aus der Kaiserpolitik eine nationalistische Sendungsidee, aus der Parallelität von Hanse und Mystik im Spätmittelalter die explosive Mischung von Expansion und irrationaler Innerlichkeit herauszuarbeiten versucht. Ein anderer Autor geht bis zur Hermannsschlacht zurück, weil mit der Romanisierung Deutschlands letzten Endes die Zivilisierung und Demokratisierung verhindert worden sei. A. J. P. Taylor hat in seinem vielgelesenen Buch zur deutschen Geschichte immerhin die letzten 450 Jahre dieser Kontinuität zugerechnet, und Barrington Moore vermutet im Bauernkrieg eine der Hauptursachen für den Nationalsozialismus. Die Linie von Luther, der den Untertanen-Gehorsam, die spezifisch deutsche unpolitische Innerlichkeit, die Autonomie der Politik jenseits des christlichen Ethos, die Trennung von Seele und Welt und den Vorrang der Seele begründet haben soll, über Friedrich den Großen, den – so meint man dann – Protagonisten des preußischen Militarismus und Machtstrebens, zu Bismarck, Nietzsche und Hitler ist öfter behauptet worden; Augstein hat noch vor kurzem mit seinem Friedrich-Buch dazu beigetragen, und im Hintergrunde des öffentlichen Bewusstseins spukt dergleichen noch herum. In der gegenwärtigen Wissenschaft spielen solche Ansätze freilich kaum noch eine Rolle. Dass es langfristige Zusammenhänge gibt, ist natürlich ganz unbestritten, aber hier Kontinuitäten anzunehmen, ist unhistorisch, ist anachronistisch. Das Luthertum im demokratischen Skandinavien, die absolutistische Machtpolitik im nichtpreußischen Europa des 18. Jahrhunderts, selbst die fin de siècle-Philosophie des nichtdeutschen Europa – dergleichen widerlegt solche Konstruktionen. Freilich, wie weit man zurückgehen soll, das ist schwierig. Dass das Bismarckreich und seine Gründungsgeschichte und die deutsche Sonderform der industriellen Revolution mit dem Hitlerreich in einer Kontinuität stehen, ist unbestritten. Aber weiter zurück: Soll man das Scheitern der Liberalen in der Revolution von 1848, den Abbruch der Reformen nach 1815, die am Ende negative deutsche Reaktion auf die Französische Revolution, die Idealisierung des Staates, das Vertrauen in die Evolution, die frühe Fixierung auf nationale Ziele, soll man das alles miteinbeziehen? Und muss man dann nicht mit Rudolf Stadelmann die ausgebliebene Revolution und die Tatsache, dass der aufgeklärte Absolutismus in Deutschland mit seinen Reformen eben eine revolutionäre Situation, eine «schöne» und hinterher eigentlich erwünschte Revolution gerade verhindert hat, oder mit Leonard Krieger die eigentümlichen Verschränkungen von Staat und Freiheit im Reich des 17. und 18. Jahrhunderts miteinbeziehen? Ich breche hier ab. Ich will mit diesen Beispielen zeigen, dass es hier notwendig einen regressus ad infinitum gibt und dass es darum nicht simpel polemisch ist, auf die «Tacitushypothesen» hinzuweisen. Es scheint schwierig, in diesem Argumentationszusammenhang Kriterien anzugeben, wo und wie denn das Sinnvolle vom Absurden zu scheiden sei. Ich werde am Schluss noch darauf zurückkommen. Fürs erste werden wir uns auf die Kontinuität von der Bismarckzeit bis 1933 konzentrieren. Das Wie der Reichsgründung und das Wie der industriellen Revolution – das sind sichere Ausgangsstationen.

Die letzte Abgrenzung schließlich: Es gibt natürlich auch eine Gegen-Kontinuität, eine Kontinuität der demokratischen Bewegung. Auch die Weimarer Republik war eine Alternative der deutschen Geschichte. Auch der Widerstand gegen Hitler hat seine Kontinuität wie die Bundesrepublik die ihre, das werden nur schreckliche Vereinfacher vom Schlage William Shirers bestreiten. Zumeist waren das freilich nicht die dominierenden Linien der deutschen Geschichte, sie gehörten eher zur Geschichte der Besiegten von damals. Wir können diese Gegenkontinuität – sei es marxistisch, radikaldemokratisch, föderalistisch oder auch konservativ – heute stärker ins historische Bewusstsein zu rücken suchen. In der wirklichen, der geschehenen Geschichte aber sind es zunächst die Sieger, die die Wirklichkeit prägen, und an sie denken wir, wenn wir 1933 in eine Kontinuität stellen. Trotzdem: Die Gegenkontinuität erinnert uns noch einmal daran, dass auch die länger zurückreichenden Linien der deutschen Geschichte nicht so einheitlich, so deterministisch sind, dass Kontinuität für die kausalen Erklärungsversuche nur einen bestimmten Grad von Wahrscheinlichkeit ergibt.

II.

Nach diesen Abgrenzungen will ich mich nun einigen der Sachzusammenhänge der deutschen Geschichte vor 1933 zuwenden, die gemeinhin unter der Kontinuitätsperspektive erörtert werden.

a) Zwischen 1866/71 und 1945 besteht der preußisch-deutsche Nationalstaat, das Deutsche Reich. Dieses Reich ist eine Großmacht, deren Politik unter dem Gesichtspunkt der Großmachtpolitik eine hohe Kontinuität aufweist. L. Dehio hat diese Kontinuität als Hegemonialpolitik beschrieben. A. Hillgruber hat sie moderner und detaillierter auseinandergelegt: Wie die Machtbehauptung, die Behauptung außenpolitischer Souveränität, dieses Reich im Zuge des europäischen Imperialismus angesichts seiner Mittellage zur Weltpolitik, zur Machtsteigerung notwendig treibt; wie sie sich, modifiziert zwar, doch in der revisionistischen Außenpolitik der Republik mit dem Ziel der Wiedererringung der Großmachtstellung durchhält und in Hitlers «Weltmacht»politik kulminiert; wie ein Konsens der Führungsschichten über die Selbstverständlichkeit von Großmachtpolitik vom Kaiserreich über die Republik bis zu Hitler reicht. Selbst die radikale Lebensraumpolitik Hitlers stand in einer mehr spezifischen Kontinuität, sie knüpfte an an die Vorstellungen nicht nur der Alldeutschen, sondern auch der Obersten Heeresleitung OHL im Ersten Weltkrieg, die Vorstellungen vom blockadefesten autarken Großraum: Das war eine «Brücke» von der klassischen Kontinuität der Großmacht zu der revolutionären Wendung, die ihr Hitler gab. Die Wähler und die Bundesgenossen Hitlers von 1933 jedenfalls konnten kaum anders, als ihn in der Kontinuität der deutschen Großmachtpolitik zu sehen. Diese Politik hatte ihre *eigene* Kontinuität; sie lässt sich nicht auf soziale Gruppen, auf innenpolitische Herrschaftsverhältnisse, auf sozialimperialistische Ablenkungsstrategien zurückführen, so wichtig das alles war; denn die Hitlersche Weltpolitik war etwas Neues, die lässt sich von einem altmodischen Primat der Innenpolitik oder von Klasseninteressen her gerade nicht erklären.

b) Klar ist, dass es Teile der alten Machteliten gewesen sind, die den Untergang der Republik betrieben und Hitlers Machtergreifung ermöglicht haben in der Meinung, er sei einer der Ihren oder ihr Instrument. Junker, Militärs, hohe Bürokratie, die Führung der Deutschnationalen, ein gut Teil des alten Deutschland, für das der Name Hindenburg symbolisch stehen mag – diese alten Eliten hatten zwar in der Republik die politische Führung verloren, aber doch erheblichen, im Falle des Militärs mehr noch als in dem der Bürokratie, institutionell abgesicherten Einfluss behalten: Man kann mit dieser Einschränkung von einer Kontinuität ihrer Machtstellung sprechen; diese Kontinuität verbindet 1933 vielleicht am stärksten mit der früheren deutschen Geschichte, mit der institutionellen, sozialen, sozialökonomischen und sozialkulturellen Prägung und Absicherung dieser Einflusspositionen. Schwieriger ist es, mit den führenden Vertretern des Kapitalismus, den Unternehmern. Ihre Machtposition reicht ja kontinuierlich in das Kaiserreich zurück. Sie standen der Republik mit Distanz gegenüber, sie haben die Demokratie nicht stabilisiert, sie haben mit autoritären Modellen geliebäugelt.

Am Aufstieg des Nationalsozialismus und an der Machtergreifung wiederum haben sie nicht den entscheidenden Anteil gehabt, das hat die neuere Forschung, hat zumal Henry A. Turner bewiesen; das Verhältnis dieser Gruppe zum Nationalsozialismus war durchaus ambivalent. Die hier gerne behauptete Kontinuität ist eine ideologische Konstruktion. Dass wir zwischen dem in Deutschland herrschenden System des Kapitalismus, dem durch Konzentration, Kartelle, Verbände und Staatsintervention charakterisierten «organisierten Kapitalismus» und 1933 eine Kontinuität (also eine partielle Identität) herstellen können, erscheint mir unwahrscheinlich: Das ist nicht singulär deutsch, man denke an die USA, und das ist bisher auch nicht nachgewiesen, ja kaum nachweisbar. Die deutsche Sozialstruktur schließlich ist, wenn wir zunächst nur die statistisch-ökonomische Seite ins Auge fassen, nicht sonderlich auffallend – sie ist der der westlichen Industrieländer ähnlicher als der Italiens –, eine Kontinuität, die 1933 erklären könnte, ergibt sich daraus – zunächst – nicht.

c) Die Kontinuitäten, von denen ich im Folgenden spreche, lassen sich unter Begriffen wie politische Kultur, politische Verhaltensweisen, Mentalitäten zusammenfassen. Es geht um kollektive Wertvorstellungen und Dispositionen, an die der Nationalsozialismus appellieren konnte. An das meiste – oft erörtert und wohl bekannt – brauche ich hier gerade nur zu erinnern. Da ist der deutsche Nationalismus, der sich zum großen Teil von den liberaluniversalistischen Wurzeln abgelöst hatte, sich ins Reizbar-Aggressive, Chauvinistische der in ihrer Identität Unsicheren, der vermeintlich zu spät und zu kurz Gekommenen, der verspäteten und unvollendeten Nation gewandelt hatte und nach rechts orientierte und der sich nach 1918 noch radikalisierte. Hitler hat ihn dann, das muss man deutlich unterscheiden, mit einem anderen Nationalismus, dem anti-etatistisch-irredentistischen großdeutsch-völkischen Nationalismus der Besiegten von 1866, der Österreicher, zusammengefügt. Da ist der Militarismus, der bis in die älteren preußischen Traditionen reicht, die Sonderstellung des Militärs und das Prestige militärischer Werte und Lebensformen: Befehl, Gehorsam, Disziplin, Entschlossenheit, Kampf – und die Übersteigerung und soziale Absicherung solcher Werte in der wilhelminischen Zeit: die Ideologisierung, die Verharmlosung oder die Verherrlichung des Krieges, und die Machiavellisierung (und Militarisierung) der Politik, ihre Reduktion auf das Element des Machtkampfes. Der Nationalsozialismus stand in dieser Tradition und konnte zumal an sie appellieren; die Masse seiner Anhänger konnte zwar den ihm inhärenten absoluten Entschluss zum Kriege nicht erkennen, aber das offensichtliche Spiel mit dem Kriege löste keine Abwehrreaktionen aus.

Da ist natürlich die obrigkeitsstaatliche Kontinuität: das Vertrauen in den «Dr. v. Staat», in den Sachverstand, die Interessenunabhängigkeit und die Überparteilichkeit der staatlichen Bürokratie, in straffe Organisation, Effizienz und Fürsorge, das Verlangen nach Autorität und Führerschaft, die Priorität der Ordnung vor der Freiheit, weil die Gefahren der Freiheit – Anarchie und Ineffizienz – bedrohlicher schienen als die der Ordnung. Und umgekehrt dann die entsprechende Reserve, ja Abneigung gegen Demokratie,

Parlamentarismus und Parteien, gegen liberalen Individualismus und gegen die pluralistisch-antagonistische Gesellschaft. Dazu gehört der oft beschriebene Sonderweg des deutschen politischen Denkens: die Wendung gegen Aufklärung, Naturrecht, Rationalismus, common sense, gegen Universalismus und Individualismus, die polemische Entgegensetzung von Kultur gegen Zivilisation, Gemeinschaft gegen Gesellschaft, Eliten gegen Massen, organische Vielfalt gegen nivellierende Egalität, die Wendung also gegen 1789 und gegen die westliche Tradition – wie sie in der Missgeburt der sogenannten «Ideen von 1914» oder sehr viel verführerischer in Thomas Manns «Betrachtungen eines Unpolitischen» zum Ausdruck kommen. Dazu gehört das harmonistische, gegen Konkurrenz, Konflikt, Pluralismus gerichtete Gesellschaftsmodell; dahin gehört das, was Thomas Mann polemisch «machtgeschützte Innerlichkeit» genannt hat, die Hochstilisierung des Unpolitischen und die Negativwertung des Politischen, kurz die spezifische Verinnerlichung einer lange geübten, lange erfahrenen obrigkeitsstaatlichen Praxis. Der Anti-Parlamentarismus und Anti-Liberalismus des Nationalsozialismus knüpfte an diese Wertvorstellungen und Verhaltensnormen an; diese Traditionen haben überdies Hemmungen und Widerstände gegen den Nationalsozialismus, wie sie aus dem Geist der Freiheits- und Menschenrechte erwachsen konnten, erheblich abgeschwächt.

Zu dieser Kontinuität gehört die Erwartung bestimmter Klassen und Gruppen, vom Staat in ihrem Status geschützt zu werden, eine Erwartung, die der wilhelminische Staat bewusst gefördert hatte. Das gilt zumal für die sogenannten Mittelschichten, Bauern, alten städtischen Mittelstand, Handwerker und Einzelhändler, und zum Teil auch für die Angestellten. Als die Nationalsozialisten ihre Mittelstandsparolen entwickelten, konnten sie an solche protektionistischen Erwartungen, durch die Enttäuschung über das Versagen der Demokratie in der Krise gesteigert, anknüpfen.

Weiterhin gibt es eine sozialpsychologische Kontinuität, die zur Erklärung des Nationalsozialismus selbst wie zu seiner Resonanz beiträgt. Das ist die «Gleichzeitigkeit des Ungleichzeitigen», das komplexe Gemenge von vormodernen und modernen Elementen und zumal Einstellungen. Sozialpsychologisch geht es um die durch das Tempo der Modernisierung verursachten Verunsicherungen und Verwerfungen, um Unbehagen und Widerstand gegen die Modernität, der man gleichzeitig doch zugehörte und zugehören wollte. Der Nationalsozialismus gehört mit seiner Mischung moderner und vor- und antimoderner Züge, mit der ihm spezifischen Antwort auf die Modernitätskrise in diese Kontinuität. Und die Situation, in der er Erfolg hatte, steht in eben dieser Kontinuität.

Man könnte, wenigstens zur Erklärung der Schwäche der Demokratie, auch auf die Kontinuität des spezifisch deutschen Konfessionsgegensatzes und die daraus stammende Reserve beider Konfessionen gegenüber der Demokratie verweisen; oder auf die von M. R. Lepsius herausgearbeitete Kontinuität der Segmentierung der deutschen Gesellschaft in unterschiedlichen Sozialmilieus, die auf Grund ihrer Pattkonstellation die Funktionsfähigkeit von Parteien und Parlament wesentlich beeinträchtigten. Aber hier müssen solche Andeutungen genügen.

d) Zwei Kernelemente des Nationalsozialismus neben Antiliberalismus und Krieg habe ich bisher noch nicht erwähnt, den Antisemitismus und den Antimarxismus. Natürlich, der Antisemitismus, der schauerlichste Zug des Nationalsozialismus, steht in einer reichsdeutschen wie österreichischen Kontinuität. Aber obwohl in dieser Vorgeschichte Hemmungen gegen den Antisemitismus abgebaut worden sind – zu den dominanten Kontinuitäten der deutschen Geschichte, wie es die sind, von denen bisher die Rede war, zählt der Antisemitismus nicht. Und 1933 kam Hitler nicht primär an die Macht, weil er Antisemit war, das nahm man zumeist und eher nur (schlimm genug) in Kauf.

Anders steht es mit dem Antimarxismus. Der Nationalsozialismus ist geradezu als neuer militant-radikaler Antimarxismus zu definieren; sein Antiparlamentarismus rührte daher, dass Parlamentarismus und Liberalismus der Boden der marxistischen Erfolge gewesen waren. Und Antimarxismus war ein Stück vitaler politischer Tradition in Deutschland. Der antisozialistische Affekt, der sich in der Republik intensivieren musste, als die Sozialdemokraten Anteil an der Macht beanspruchten und die Kommunisten – Geschöpf, Bruder und Todfeind der Sozialdemokraten zugleich – die bürgerliche Welt mit Vernichtung bedrohten, trägt wesentlich zur Erklärung von 1933 bei. Ich sehe aber nicht, dass dieser Antisozialismus eine spezifisch deutsche Kontinuität darstellt. Die heute gängige Meinung geht dahin, dass der Klassenkampf in Deutschland wegen der Überlagerung von kapitalistischen und feudalen Privilegien, wegen des Sozialistengesetzes, wegen der Nichtintegration der Arbeiterschaft in die Nation eigentümlich verschärft gewesen sei und sich daraus die Polarisierung einer marxistischen Arbeiterbewegung und eines antimarxistischen Bürgertums, die Abneigung der Bürger, auch nur den demokratischen Sozialismus in den pluralistischen Konsens wirklich einzubeziehen, ergeben habe. Diese Meinung erweckt in mir immer stärkere Zweifel, wenn ich mir die europäischen Klassenkämpfe, die Revolutionsfurcht und den Antisozialismus der europäischen Bourgeoisie ansehe. Spezifisch deutsch, wie der Antiliberalismus, ist dieser Antimarxismus doch offenbar nicht. Was hier eher zur charakteristisch deutschen Kontinuität gehört, ist etwas anderes, nämlich das Unbehagen am Klassenstaat, die Tendenz zur Synthese von Nationalismus und Sozialismus, die Volksgemeinschaftsideologie und ihre eigentümliche Mischung egalitärer und elitärer Momente. Indem sie daran appellierten, mobilisierten die Nationalsozialisten allerdings eine spezifisch deutsche und genauer: mittelständische Kontinuität.

e) Aus dieser Zusammenfassung bekannter Dinge ziehe ich jetzt zwei Konsequenzen. So sehr diese Kontinuitäten zur Erklärung von 1933 beitragen – zumal zum Verhalten des alten Deutschland und zum Verhalten der Wähler –: Für Hitler und für den Nationalsozialismus gilt, dass er an diese Kontinuitäten anknüpft und sie doch zerbricht. Diesen qualitativen Bruch gilt es zu beachten. Es gibt die spezifische Nähe des alten Deutschland zum Nationalsozialismus, aber diese Nähe ist nicht einfach Identität, sie schlägt in Todfeindschaft um. Es ist kein Zufall, dass Hitler gegen Kriegsende noch bemerkt, das Arrangement von 1933 mit den Konservativen, den etablierten Kräften, sei sein großer Fehler gewesen; kein Zufall, dass der Kampf gegen eine der Bastionen der Tradition, das Christentum, für die Zeit nach dem Endsieg in aller Radikalität in Aussicht genommen war, dass der Widerstand aus der gleichen Kontinuität des alten Deutschland kommt. Hitlers Konzeption einer Weltmacht auf Rassenbasis stellt einen Bruch der klassischen Großmachtkontinuität dar. Den Unterschied zwischen Bismarck, Bethmann und Stresemann einerseits, Hitler andererseits kann man nicht relativieren: Hier ist nicht ein quantitatives Mehr, sondern ein qualitativ Anderes. Ähnliches gilt für seine totale Formierung der Innenpolitik von einem außenpolitischen Ziel her oder besser: für die Aufhebung der Unterscheidung von Innen- und Außenpolitik – das ist neu. Das Rassenimperium war zuletzt gerade die Negation der Nation. Die Sonderstellung des Militärs ist gerade aufgehoben worden; es ist politischen Kommissaren und der ideologischen SS ausgeliefert worden. Der totalitäre Staat war, auch in seiner anarchischen Gestalt, nicht der autoritäre Staat der Tradition, der sich auf Institutionen, Bürokratie und nicht zuletzt doch auch auf das Recht gründete. Die totalitäre Gesellschaft mit ihrer politischen Religion war nicht die autoritäre mit ihrer Trennung von Politik und Nichtpolitik. Die zentralistische Kommandowirtschaft der späteren Jahre des Regimes war nicht die kapitalistische Unternehmerwirtschaft. Die Erwartungen des Mittelstandes haben sich sowenig erfüllt wie die der alten Eliten. Diese Eliten haben die Machtergreifung ermöglicht. Den Nationalsozialismus geschaffen oder seinen Aufstieg ermöglicht, das haben sie nicht.

Man mag Begriffe wie Brücke, dialektischer Umschlag oder Aufhebung verwenden; mit der vom Bruch, vom Gegensatz abstrahierenden Perspektive der Kontinuität ist nichts begriffen, sowenig freilich wie mit dem – in dieser Hinsicht apologetischen – Gegenbegriff der Diskontinuität. Wir werden also die Kategorie der Kontinuität in einem engeren Sinne eher auf all das, was die Machtübernahme ermöglicht hat – Mitglieder, Wähler, alte Eliten –, anwenden als auf den Kernbestand des Nationalismus selbst, hier kann nur im eben beschriebenen Sinn von einer partiellen Kontinuität, einer Mischung von Anknüpfung und radikaler Unterscheidung die Rede sein.

Kontinuität – das ist in Wahrheit eine Mehrzahl von Kontinuitäten, von unterschiedlichen Kontinuitäten, und die Beteiligten stehen in unterschiedlicher Weise und in unterschiedlichem Grade in solchen Kontinuitäten. Nicht nur ist die Kontinuität, in der der Aufstieg des Nationalsozialismus und die Machtergreifung stehen, von der antidemokratischen Kontinuität, der Kontinuität, die zur Auflösung der Republik führt, zu unterscheiden. Vielmehr besteht gerade die letztere, die antidemokratische Kontinuität, wiederum aus einer Mehrzahl unterschiedlicher, ja gegensätzlicher Kontinuitäten. Der borussische Etatismus und der völkische Nationalismus, der Autoritarismus alter Eliten und der Protektionismus des Mittelstandes, der kapitalistische und der mittelständische Antisozialismus, jugendbewegte und ständestaatliche Demokratiekritik, die Tradition des Unpolitischen und die höchst politische Demokratiefeindschaft – das sind eben unterschiedliche Kontinuitäten. Und manche Kontinuitäten umgriffen Nationalsozialisten wie Anti-Nationalsozialisten: Der nationale Revisionismus und der Anschluss Österreichs zum Beispiel gehörten zum außenpolitischen Konsens der Weimarer Koalition, also keineswegs allein in die prä-nationalsozialistische oder auch nur die rechte Traditionslinie. Kurz, die unterschiedlichen Kontinuitäten, die zum Nationalsozialismus führen, stellen keinen einheitlichen Zusammenhang, kein «Syndrom», dar. Und umgekehrt: Der Erfolg des Nationalsozialismus erklärt sich gerade aus dem, was ich seine «Omnibusstruktur» nennen möchte – aus der Tatsache, dass er eine Reihe von Kontinuitäten miteinander verband und jedem die seine versprach. Es wäre natürlich Narretei, zu übersehen, dass es Vorläufer dieser Verbindung, antidemokratische, rechte Konstellationen und «Sammlungen» gibt, dass es größere und geringere Nähe der hier genannten Faktoren gibt und dass sich die Unterschiede historisch geändert haben. Die Verbindung der Kontinuitäten ist nicht beliebig. Aber es ist eine Abstraktion, mit Hilfe von Entweder-Oder-Einteilungen (Revolution oder Konterrevolution, Demokratie oder Antidemokratie, Fortschritt oder Reaktion) eine Einheit der Kontinuitäten zu konstruieren, die 1933 kulminieren. Damit erklärt man nichts mehr. Denn der Nationalsozialismus verbindet gerade traditionell konservative und revolutionäre, elitäre und egalitäre Momente. Und die Machtergreifung ist 1933 und nicht früher eingetreten; es macht gerade die Geschichte der Jahre vor 1933 aus, dass da jene Kontinuitätslinien zusammentreffen. 1933 bedeutet nicht nur eine Steigerung und Radikalisierung, sondern eine neue Kombination von Kontinuitäten, bedeutet etwas Neues.

Mit diesen Differenzierungen können wir sagen, dass 1933 sich zwar nicht aus «der» Kontinuität der deutschen Geschichte ergibt, wohl aber, dass 1933 mit der Mehrzahl der dominanten (wenn auch unterschiedlichen) Kontinuitäten der deutschen Geschichte eng verknüpft ist und ohne den Rekurs auf diese Kontinuitäten keine historische Erklärung möglich ist. Dieses Ergebnis – in trivialisierter Form ja fast eine Selbstverständlichkeit – gilt es festzuhalten, wenn ich in meiner dritten Überlegung nun die generelle Anwendbarkeit der Kontinuitätskategorie kritisch einschränke.

III.

Es wäre naiver Realismus, zu meinen, die Kontinuität läge simpel in den Dingen. Kontinuität ist eine Kategorie des historischen Bewusstseins, unter der wir das Material der historischen Überlieferung auswählen und organisieren. Die Wirklichkeit kann sich einem solchen Organisationsversuch widersetzen, aber die Kontinuität bleibt eine Kategorie des nachgeborenen Beobachters. Nun haben wir bisher nach den Kontinuitäten von 1933 aus zurückgefragt, um 1933 zu erklären; unsere Richtung ging vom Späteren zum Früheren, und unsere Geschichte müsste eigentlich eine von 1933 aus rückwärts schreitende, eine der wirklichen Zeitfolge entgegengesetzte sein. Jetzt drehen wir diese Fragerichtung um. Wir wollen, zum Beispiel, 1871 erklären, und die Frage ist, ob und wie wir uns dabei der Kontinuität der wirklichen Zeitfolge auf 1933 hin bedienen können. Also nicht wie bisher: Was trägt 1871, das Frühere, zur Erklärung von 1933, dem Späteren, bei, sondern was trägt 1933, das Spätere, zur Erklärung von 1871, dem Früheren, bei, das ist jetzt die Frage. Man mag auch sagen, es geht nicht mehr um die Vorgeschichte (von 1933), sondern um die Wirkungsgeschichte (von 1871).

Es gibt nun heute eine weitverbreitete Richtung (keineswegs nur in Deutschland, keineswegs nur in Bezug auf die deutsche Geschichte), die dieser Fragerichtung folgt, darin den eigentlichen Schlüssel zum Aufschließen der Vergangenheit sieht. Für die neuere deutsche Geschichte ist 1933 die leitende aufschließende Frage; diejenigen Tendenzen in der deutschen Geschichte, die zu 1933 hinführen, sind die wichtigen, die dominierenden Tendenzen. Die logische Unterscheidung, die ich eben gemacht habe zwischen dem Historiker, der von 1933 zurückfragt bis hin zu 1871, und demjenigen, der von 1871 vorausfragt auf 1933 hin, löst sich dann auf, beide haben den gleichen Gegenstand und müssen zum gleichen Ergebnis kommen – weil sie nach 1945, weil sie 1977 schreiben. Solche Erklärung aus dem Späteren, aus der Wirkung, steht unter dem Gesichtspunkt der Kontinuität. Wir können die Richtung in unserer Wissenschaft, die so verfährt, Kontinuitätshistorie nennen. Sie nimmt einerseits – nicht immer bewusst – das Erbe eines Stranges der klassischen Historie auf: die quasi-teleologische Erklärung der Vergangenheit aus einem Prinzip, auf dessen Seite man sich fühlte. Die nationale Geschichtsschreibung, im Extremfall die kleindeutsche Historie etwa Droysens, die in der Vollendung der eigenen Nation das leitende Prinzip sah, ist dafür charakteristisch, aber nicht minder – nicht-deutsch und unter ganz anderen politischen Vorzeichen – die Whig-Interpretation der englischen Geschichte oder die fortschrittsgläubige Interpretation der Weltgeschichte. Sie unterscheidet sich freilich von ihren Vorgängern in Sachen (Quasi)-Teleologie dadurch, dass sie nicht mehr eine Gegenwart positiv legitimieren will und darum einer Linie der vergangenen Ereignisse affirmativ gegenübersteht, die Linie der Kontinuität ist vielmehr für sie eine Linie des Misslingens, des «Unglücks». Wissenschaftstheoretisch andererseits ist die moderne Kontinuitätshistorie in einer stärkeren Position, weil für alle Historiker inzwischen nicht mehr nur die Erklärung aus dem Früheren – aus den Absichten der Handelnden oder den Kausalitäten von Zuständen und Prozessen – Gültigkeit hat, sondern die wirkungsgeschichtliche und funktionale Erklärung ebenfalls als legitim anerkannt ist – freilich nicht in der Weise der Kontinuitätshistorie, die diesen Erklärungen de facto Priorität zuspricht. Diese neue Kontinuitätshistorie ist heute vielfach verbunden mit dem sogenannten «kritischen» Ansatz, d. h. einem Ansatz, der die Vergangenheit an Werten und an sogenannten Aufgaben, die sie zu erfüllen hatte (zum Beispiel der Aufgabe, Deutschland zu einer friedlichen, fortschrittlichen Demokratie zu machen) misst und von daher kritisiert. Wer sich der Vergangenheit gegenüber nicht in diesem Sinne verhält, sei, so meint man, affirmativ und damit apologetisch. Die kritische Historie verfährt gegenüber der Vergangenheit nach der Art eines Prozesses, in dem der Historiker als Staatsanwalt fungiert, am Ende freilich auch die Rolle des Richters (ja eigentlich auch die des Gesetzgebers) übernimmt. Und in diesem Prozess wird dann Schuld, allenfalls mit mildernden Umständen, zugeteilt: Nach Junkern und Militärs sind heute das angepasste Bürgertum und die sozialdemokratische Führung besonders beliebte Schuldige. Begleitet wird solche kritische, anklagende und richtende Geschichte von einer Art implizierten Gegengeschichte, einer Konstruktion der Wünschbarkeiten, des Wie-es-hätte-seinsollen. Doch will ich mich auf die prozessual-moralistische und die konjunktivische Komponente der kritischen Historie nicht weiter einlassen, sondern auf das Kontinuitätsproblem konzentrieren.

Meine These ist nun: Die kritische Kontinuitätshistorie, die das Frühere vom Späteren her erklärt, ist nicht sachgerecht. Das versuche ich zu begründen.

a) Ich beginne mit einer Reihe von fremden und eigenen Feststellungen. Ernst Fraenkel hat bemerkt, dass dem deutschen Parlamentarismus die Periode von Patronage und Korruption gefehlt habe, um ihn regierungsfähig zu machen. Dahrendorf meint, die Sozialversicherungspolitik Bismarcks habe die Chance der Freiheit zugunsten des Staates geschwächt. Friedrich Sell, der im Nationalismus die Tragödie des Liberalismus gesehen hat, betrachtete den Antinationalisten Metternich als Quasiliberalen. Stadelmann sah die Schwäche der deutschen Demokratie in den – für sich positiv zu wertenden – Reformen des aufgeklärten Absolutismus begründet, die die demokratische Revolution verhindert hätten. Entscheidungen der Reichsgründungszeit, die sich im nachhinein als verhängnisvoll erwiesen, die Annexion des Elsass und der Kulturkampf zum Beispiel, wären von einem liberal-demokratischen Deutschland nicht anders getroffen worden als vom borussisch-obrigkeitlichen. Die frühe Einführung des allgemeinen Wahlrechts gerade ist es gewesen, die den deutschen Liberalismus entscheidend geschwächt hat. Die obrigkeitliche Regierung in Bayern war vor 1914 fortschrittlicher als das demokratisch gewählte Parlament. Die soziale Mobilität war bei den Studenten im undemokratischen

Deutschland höher als in den westeuropäischen Demokratien. Die egalisierende Modernisierung der deutschen Gesellschaft, die «braune» Revolution, ist eines der wichtigsten Ergebnisse der antisozialistischen Diktatur des Nationalsozialismus.

Was sollen diese Feststellungen in unserem Zusammenhang besagen? Offensichtlich ist das von unseren Wertungen her Positive und das Negative, letzten Endes das Gute und das Böse, vielfach miteinander verschränkt, und zwar sowohl unter dem Gesichtspunkt der Gleichzeitigkeit (das demokratische Wahlrecht schwächt die objektiv demokratisierende Macht, die Liberalen) wie unter dem Gesichtspunkt der Zeitfolge (der Nationalsozialismus, der unter anderem aus dem Unbehagen an der Modernität geboren ist, hat die Gesellschaft modernisiert, hat sie – demokratischer gemacht). Wir finden unsere Wertvorstellungen, wie im Leben so auch in der Geschichte, nicht auf einer Seite vereint: Die Guten tun Böses, die Bösen Gutes, und bei den meisten mischt sich das; was wir nicht mögen, taucht bei denen auf, in deren Traditionen wir uns gerne stellen oder stellen würden – und umgekehrt. Die Demokratie steht zum Nationalismus, zum Krieg, ja zum Antisemitismus in einem viel weniger eindeutigen, nämlich ablehnenden Verhältnis, als unsere Wunschweisheit es haben möchte; in Wien z. B. waren es die konservativen, die antidemokratischen Mächte, die die Juden schützten. Nimmt man die angelsächsischen Demokratien, so beruhen sie nicht, wie die Lieblingswerte der aufgeklärten Moderne es wollen, auf Rationalität, sondern durchaus auf nicht-rationalen, vor allem natürlich religiösen Grundlagen. Die berühmt berüchtigte «autoritäre Familie», die gelegentlich zur Erklärung des Nationalsozialismus herangezogen wird, existierte fröhlich mit dem radikal-demokratischen Frankreich und dem liberalen England zusammen, korrupte Städte mit der amerikanischen Demokratie, die freie Wissenschaft mit dem deutschen Obrigkeitsstaat. Der liberale Staat war doch wohl keinen Deut weniger Klassenstaat als der Obrigkeitsstaat. Bismarck war kein Nationalist; seine Gegner, Großdeutsche und Sozialisten, Katholiken und Demokraten, die Burckhardts und Liebknechts, mitnichten eines Sinnes; das Kaiserreich war nicht, wie es bei einem der Protagonisten der kritischen Kontinuitätshistorie, H.-U. Wehler, scheinen mag, ein riesiger Kommentar zu Heinrich Manns «Untertan». Die Aufklärung hat andere Folgen, «dialektische» zum Beispiel, als das Gros ihrer Verehrer meint. Und so fort. Die Wirklichkeit ist nicht so eindeutig, sie ist nicht, wie es die Kontinuitätsperspektive verlangt, sonderlich homogen; sie ist widersprüchlich und ambivalent, sie ist, um ein heute verfemtes Wort zu benutzen, tragisch, d. h. von unlösbaren Widersprüchen erfüllt. (Keine Vokabel hat – nebenbei gesagt – bei meinem Vortrag solche negativen Emotionen ausgelöst wie diese sehr beiläufige Benutzung von «tragisch».) Die Wirklichkeit ist nicht ein System, in dem alles einheitlich geordnet ist, wie die Wissenschaft es gerne möchte. Sie fügt sich nicht unserem Entweder-Oder. Sie ist von anderen Konflikten bewegt, als die – auf progressiv/antiprogressiv, demokratisch/nichtdemokratisch eingestimmte – Kontinuitätsperspektive sehen lässt, vom Kulturkampf und dem Konflikt zwischen Sozialisten und Liberalen zum Beispiel, und in Folge dessen gibt es auch andere Koalitionen als die, die sich unter der Kategorie Fortschritt ergeben. Wir können Sozialversicherung und allgemeines Wahlrecht nicht unter der 1933-Perspektive begreifen.

Kein ernst zu nehmender Historiker wird die Bedeutung des preußischmilitaristisch-junkerlichen, des bürokratisch-obrigkeitlichen Komplexes, der ökonomisch-sozialen Absicherung einer älteren Herrschaftsordnung, niemand die Bedeutung der sogenannten Anpassungen von Teilen des Bürgertums an die herrschende Ordnung unterschätzen – Komplexe, die gerade von der Kontinuitätsfrage her ihre scharfe Beleuchtung gewinnen. Und – von der Methode her gesehen –: Niemand wird die großen Errungenschaften der neueren Wissenschaftsentwicklung, Folgen von Handlungen und zumal unbeabsichtigte Folgen, Ergebnisse von Prozessen und strukturelle Funktionen in die historische Analyse gleichgewichtig neben Motive und Ursachen einzubeziehen, aufgeben wollen. Niemand wird bestreiten, dass man die uneindeutige und ambivalente Wirklichkeit unter bestimmten Schwerpunkten ordnen könnte und dass zum Beispiel auch der Gegensatz Demokratie: Obrigkeitsstaat aufschließende Kraft hat. Aber jene anti- oder undemokratischen Komplexe, jenes Urteil von einem (und nur einem) Ergebnis her, jene Polarisierung der historischen Wirklichkeit unter einen, und nur einen «Haupt»-Gegensatz – das reicht nicht hin, die

Wirklichkeit zu erfassen, ja das alleine vergewaltigt die Wirklichkeit. Es geht mir also nicht darum, den Blick auf 1933 auszuschließen – das wäre schon von der Logik unserer Wissenschaft her absurd –, wohl aber darum, dass dieser Blick für 1871, 1890, 1914 oder 1928 nicht genügt.

Wehler hat gemeint, in der Frage der Beurteilung mit dem Begriff der Kosten, der sozialen Folgekosten operieren zu können, und von daher die Bilanz zu erstellen, die natürlich, das liegt an der gewählten Metapher, ins Positive und Negative zerfällt. Ich glaube nicht, dass man auf diese Weise dem Problem entkommt. Denn wer berechnet die Kosten (quis iudicabit) und wie? Es hat zwischen 1871 und 1945 eine lange Diskussion um die «Kosten» der Reformation für die deutsche Geschichte gegeben, normalerweise unter der altmodischen Frage, ob sie ein Glück oder ein Unglück war, und also den Versuch einer Bilanz. Das ist nicht unsinnig; nur zeigt das Ergebnis eines mit Sicherheit: dass eine abschließende, gewichtete Bilanz wissenschaftlich nicht möglich ist. Und das gilt auch für spätere Zeiten.

Die Kontinuitätshistorie muss nach dem Gesetz, nach dem sie angetreten, die vergangene Wirklichkeit eindeutig und polarisierend zuordnen. Damit aber verfehlt sie letzten Endes die komplexe Wirklichkeit. Und sie ist ihr gegenüber ungerecht. Sie geht über Motive hinweg, wenn die unbeabsichtigten Wirkungen die Kontinuitätsthese stützen, und wenn das nicht der Fall ist, wie zum Beispiel bei der Sozialversicherung, dann interessiert sie sich plötzlich nur noch für die Motive, für Bismarcks Motive, und analysiert sie unter der Herrschaft des Verdachts. Sie legt anachronistisch unsere Maßstäbe an die Vergangenheit an, mit der eifernden oder beckmesserischen Besserwisserei der Nachgeborenen, dem Gestus der permanenten und allumfassenden Anklage. Sie wird unmenschlich, wo sie Ungerechtigkeit, Unvollkommenheit, Widersprüche, Krisen allein aufrechnet, als ob es eine Gesellschaft der Vollkommenheit gäbe oder je gegeben hätte. Sie verweigert jedem, der der patent-demokratischen Utopie nicht zustimmte, Katholiken, die ihre Kirche, Väter, die ihre Familie, Angestellte, die ihre Versicherung, Bauern, die ihre Gesellschaft nicht «demokratisieren» wollten, die eigentliche Legitimität, und da wird dann solche monistische Kontinuitätshistorie auch leicht antipluralistisch, sie erkennt unterschiedliche Motive nicht mehr an. Es hat doch etwas Kleinkariertes, Wagner oder Nietzsche oder Max Weber auf das Prokrustesbett unserer Demokratievorstellung zu spannen und sie auf ihre präfaschistischen Züge abzuklopfen. Das ist es, was Hegel bei der Analyse der Jakobiner als die Herrschaft des Verdachts beschrieben hat. Das ist ungerecht, das verzerrt. Oder solche Historie wird trivial: Dass Junker Junker, Liberale Liberale, Bauern Bauern sind und ihre Interessen (und nicht die unserer Kontinuitätstheorie) vertreten, ist so neu auch wieder nicht und langweilt ein wenig.

b) Die Ambivalenz, ja die Vieldeutigkeit der Wirklichkeit und ihre Widerständigkeit gegen unser wertend eindeutiges Kontinuitätsbegehren macht nun die Offenheit der Wirklichkeit, ihr Entwicklungs- und Möglichkeitspotenzial aus. Hier liegt mein zweiter Einwand. Die Kontinuitätshistorie tendiert in der Praxis – trotz gegenteiliger Versicherungen – dazu, den Notwendigkeitsgrad der Entwicklung über-, die Chancen einer anderen Entwicklung unterzubewerten. Die Weimarer Republik hatte noch Chancen – die Nazis waren bis 1928 nur eine Splittergruppe; die Integration selbst von Konservativen in die Demokratie schien, wie sich am Westarp-Flügel zeigt, möglich; die Ideen von 1914 waren nicht so mächtig, dass nicht Thomas Mann, Ernst Troeltsch sich neu orientiert hätten. Die Republik hatte im Kaiserreich, im Aufstieg des Reichstags ihre Vorgeschichte; die Bedeutung des deutschen Sonderwegs muss gegen die europäischen Gemeinsamkeiten genauer als bisher abgewogen werden: Waren die Deutschen nicht etwas zurückgeblieben hinter dem Westen, aber doch auf seinem Wege, wie viele Engländer 1914 meinten? Die Determination des Prozesses ist vom jeweiligen Moment her gesehen nicht so überwältigend, wie es der Post-factum-Analyse erscheint. – Es ist vielleicht möglich, auch innerhalb des kontinuitätshistorischen Ansatzes die Uneindeutigkeit und die Undeterminiertheit der Wirklichkeit viel stärker zu berücksichtigen, als das zumeist geschieht, ja selbst dem «historistischen» Postulat: Gerechtigkeit gegenüber vergangener Wirklichkeit etwas mehr zu entsprechen. Der Gegensatz einer kontinuitätsorientierten und einer nicht-kontinuitätsorientierten Historie würde deshalb nicht verschwinden, wohl aber gemildert werden. Schwieriger ist es mit meinen beiden weiteren Einwänden gegen die Kontinuitätshistorie.

c) Es gibt viele Kontinuitäten, nicht beliebig viele, aber viele, je nachdem welchen Einschnitt ich wähle, je nachdem wovon ich in der Gegenwart ausgehe. Von heute her stellen sich andere Fragen als die nach 1933. Die französische Geschichte sieht im Lichte des Gaullismus anders aus als im Lichte der Abwehr des Faschismus, die englische anders, je nachdem wir die Unanfälligkeit für den Faschismus oder die Krise der heutigen Sozialverfassung als Thema wählen. Man kann die Geschichte der wilhelminischen Zeit als Vorgeschichte der sozial-liberalen Koalition (Zmarzlik) schreiben, man kann die Kontinuität vom Problem der Unregierbarkeit, der Sinn- oder Legitimationsdefizite, der Modernisierungsverluste, der Umweltgefährdung schreiben und wer weiß wie noch. Die Kontinuitäten überlagern und überlappen sich, die Vergangenheit wird ein Netzwerk von Vorgeschichten, sinnvoller und legitimer Vorgeschichten gewiss. Aber diese Mehrzahl der Kontinuitäten relativiert jede einzelne. Jede einzelne Kontinuität erschöpft nicht die Vergangenheit, vereinseitigt, ja deformiert sie vielmehr. Wenn wir – soweit das möglich ist – die Vergangenheit selbst zu Gesicht bekommen wollen, können wir uns nicht dieser und jener Kontinuitätsfrage allein anvertrauen.

d) Die Kontuinitätshistorie wertet, sie nimmt Partei. Wie kann man eine solche Wertung wissenschaftlich legitimieren, wo doch die Gegenwart vom Konflikt um Wertungen wie eh und je bewegt ist. Soll Wissenschaft parteilich sein? Es gibt einen der Wissenschaft immanenten Grundkonsens (eine Ethik als Existenzbedingung der Wissenschaft selbst), und es gibt einen demokratischen Grundkonsens, von dem aus wir intersubjektive Übereinstimmung über Wertungen und über Strukturierung bestimmter Kontinuitäten erzielen können. Wir können auch die Überlebensbedingungen eines modernen politisch-sozialen Systems, das die individuelle Freiheit achtet, seine Konfliktbewältigungs- und Innovationsfähigkeit im Sinne der Demokratie zu formulieren suchen. Aber diese Konsense sind doch sehr allgemein, und sie lösen die drängenden Wertkonflikte, nach der Gewichtung von Gleichheit und Freiheit zum Beispiel oder dem Ausmaß der Staatstätigkeit, nicht. Sie können nicht verhindern, dass es eine Vielfalt von Kontinuitätshistorien gibt. Sollen wir – gebrannte Kinder der Exzesse des Nationalismus, so oft postnational gesonnen – zum Beispiel den Nationalismus unter den ‹Blick zurück im Zorn› stellen, oder seine sogenannte Perversion? Gibt die Renaissance des Nationalismus von de Gaulle über Quebec und Schottland bis zur Wiederentdeckung der ethnic identity oder bis zu den bürokratischen nationalen Auseinandersetzungen in der Europäischen Gemeinschaft und zumal natürlich die Wucht, mit der er die dritte Welt formiert, nicht eine ganz andere Perspektive, muss sie nicht die Perspektive ändern – und zwar ganz unabhängig davon, was wir mögen, was wir nicht mögen? Und die Situation der Demokratie in der Welt heute ändert nicht unsere Wertung der Demokratie, wohl aber vielleicht das Gewicht, das wir der Demokratie als «Normalstufe» der Entwicklung zugeschrieben haben. So eindeutig ist es nicht mit Konfliktlösung und Innovation. Die Kontinuitätshistorien selbst zeigen im Wechsel, wie sie von zum Beispiel naturrechtlichen, liberal-konservativen, emanzipatorischen, sozialistischen Wertsetzungen bestimmt sind: Friedrich Ebert ist für manche vom Repräsentanten der Republik zu ihrem Verräter geworden, der die wahre demokratische und 1919 mögliche Revolution verhindert hat. Je nachdem laufen die Kontinuitätslinien anders. Die Historie ist nicht – das war ein historisch-apologetisches Missverständnis – die Geschichte der Sieger, weder der von gestern oder von damals, noch der von heute oder morgen, sie ist jenseits von Siegen und Niederlagen. Es geht mir überhaupt nicht darum, welche politischen Wertsetzungen man für richtig hält, sondern darum, dass man sie nicht in die Wissenschaft einführen kann, ohne deren Anspruch auf Allgemeingültigkeit zu zerstören. Das aber tut die Kontinuitätshistorie, und sie tut es von ihren eigenen Voraussetzungen her mit logischer Notwendigkeit.

e) Aus diesen kritischen Überlegungen ziehe ich nun zum Abschluss zwei grundsätzliche Folgerungen.

Zuerst: Ich plädiere für die Rehabilitierung der Idee der Objektivität – der Objektivität als Allgemeingültigkeit unter den Zeitgenossen, als Gerechtigkeit gegenüber der Vergangenheit. Der triviale Einwand, dass es solche Objektivität nicht gäbe, besagt nichts, weil es sich nicht um eine empirische Feststellung, sondern um eine regulative Idee handelt. Die Wirklichkeit der Wissenschaft, die sich in der community of investigators konstituiert, beruht auf der Voraussetzung der Möglichkeit von Objektivität; ohne diese Voraussetzung gäbe es weder Diskussion noch Kritik. Wertungen und die heute so beliebten Erkenntnisinteressen sind für die Entstehung wissenschaftlicher Aussagen wichtig; für die davon streng zu unterscheidende Geltung dieser Aussagen sind sie irrelevant. Die Soziologie der Wissenschaft ist nicht ihre Logik. Die Wissenschaft kann – oberhalb jenes Basiskonsenses – bei Gefahr der Selbstaufgabe die Wertkonflikte nicht entscheiden, das haben Max Weber und der kritische Rationalismus erwiesen; sie ist der Idee der Wertfreiheit, der Idee der Objektivität verpflichtet. Von daher ist die Alternative Kritik oder Apologie eine Scheinalternative, und Max Webers wissenschaftliches Werk zum Beispiel widerlegt sie konkret.

Und sodann: Die Frage nach der Kontinuität, mit der das Spätere aus dem Früheren erklärt werden kann, ist notwendig und legitim. Die Richtung der Frage aber ist nicht umkehrbar: Ich kann das Frühere vom Späteren her allein – als ob es eine Quasi-Teleologie gäbe – nicht erklären. Sonst verkürze, vereinseitige ich die vergangene Wirklichkeit, trimme sie auf ein Ergebnis hin, das doch nur eines unter möglichen Ergebnissen ist. Schon die Pluralität sinnvoller Kontinuitäten muss solche Vergewaltigung der Vergangenheit, solche Deformierung des historischen Urteils hindern. Gegen die Konstruktionsansprüche der Kontinuitätshistorie geht es um die Rettung der Phänomene, und dazu scheint mir nicht nur die Vielfalt der Kontinuitäten nötig, sondern heuristisch sogar zunächst ihre Einklammerung: Dann befreien wir uns von der Deformation der Vergangenheit; dann ist das Problem, zum immer Früheren zurückgehen zu müssen, ein Scheinproblem; dann gewinnt unsere Erkenntnis größere Objektivität, größere Fülle, größere Differenziertheit. Oder: Vergangenheit ist mehr, als es in jeder Kontinuitätsperspektive scheint, und sie ist anderes und anders. Vergangenheit ist mehr als Vorgeschichte. Jede Epoche vor 1933 ist mittelbar zu Hitler – manche mehr, manche weniger –, aber unmittelbar ist sie noch ganz anderes, ist sie sie selbst. Das ist der unmythologische Sinn des Ranke-Worts, jede Epoche sei unmittelbar zu Gott. Wir müssen den vergangenen Generationen das zurückgeben, was sie einmal besaßen, so wie jede Gegenwart es besitzt: die Fülle der möglichen Zukunft, die Ungewissheit, die Freiheit, die Endlichkeit, die Widersprüchlichkeit. Damit gerade leistet die Geschichtswissenschaft der Gesellschaft einen notwendigen Dienst: Sie hält gegen alle Absolutheitsansprüche technischer oder ideologischer Art die Zukunft offen, sie stabilisiert das Bewusstsein unserer Pluralität, unserer Endlichkeit, unserer Freiheit.

11.

EINHEIT UND VIELFALT IN DER NEUEREN GESCHICHTE*

Ich habe, Neohistorist, als der ich nun einmal abgestempelt bin, oft genug betont, dass man die Vergangenheit nicht durch die aktuellen Perspektiven verdunkeln soll, das brauche ich nicht zu wiederholen. Bei der universalgeschichtlichen Reflexion aber, die mir heute aufgetragen ist, muss man mit der Gegenwart anfangen. Die Welt wird jeden Tag einheitlicher. Die bürokratische Vereinheitlichung von Lebensverhältnissen, Produktions- und Verkaufsnormen, Sozialrechtsbestimmungen, ja Fernsehgenehmigungen und auch von Staatsapparaten schreitet immer weiter fort – die Beispiele aus unserer vielgeliebten EG sind Legion, aber jeder Blick in größere Entwicklungsländer zeigt ähnliches; alle Entbürokratisierungskampagnen haben daran nichts Entscheidendes geändert. Ebenso wächst die technisch-ökonomische Vereinheitlichung – der computergesteuerten Weltproduktion, des Managements und des Marketings, der Arbeit, des Bauens, des Konsums und des Konsumverhaltens, jedenfalls in den Industrieländern. Die Unterhaltungsindustrie, die Informationsverarbeitung, die intellektuellen Moden oder die Gleichläufigkeit nobelpreisträchtiger Forschungen und medizinischer Fortschritte, das sind andere Beispiele für die rapide fortschreitende Vereinheitlichung der Welt, und man kann schier endlos fortfahren. Die Weltzivilisation hat überall das gleiche Aussehen und in der nördlichen Hemisphäre und in den Metropolen den gleichen Charakter. Alle Vielfalt aus Natur oder Herkunft unterliegt dem Sog der Nivellierung.

Gleichzeitig wird die Welt aber auch jeden Tag vielfältiger, mit den Regionalismen, dem Anwachsen des Verlangens nach immer neuen Gruppenidentitäten, der Entstehung unserer mobilen «Re-

* Erweiterte Fassung des Schlussvortrages auf dem Bochumer Historikertag 1990.

genbogengesellschaften», mit der Zunahme der Freizeit, der Privatisierung ihrer Nutzung, mit dem Narzissmus der Selbstverwirklicher, mit der Aufspaltung der Kunstwelten in Alternativkulturen, den postmodernen Auflösungen der Einheit der Vernunft. Neben dem Prozess der Vereinheitlichung, der Unifizierung steht also der Prozess der Pluralisierung. Davon ist natürlich auch die Reflexion der Lage bestimmt. Die Ethnologen z. B. entthronen die eine Vernunft und preisen die Vielheit unterschiedlicher Weltzugriffe und finden dafür in der westlichen Welt ein vom schlechten Gewissen geplagtes unersättliches Publikum. Habermas und seine Anhänger beklagen die neuen Unübersichtlichkeiten, in die das ach so schöne, eine und einzige Projekt der Moderne, das Projekt einer, so meinen sie, Vernunft- und Diskurseinheit geraten ist. Andere, Anwälte der skeptischen Aufklärungstradition wie Odo Marquard, freuen sich dagegen ob des Zerfalls der Einheit, wie sie jene Aufklärungsinterpreten mit ihrem Monopolanspruch konstruiert haben, freuen sich ob der vielen Blumen, die postmodern blühen. In unserem Fach bestimmen zwar theoretisch die Anwälte der Perspektive-Gebundenheit der Historie das Feld, Pluralisten also, faktisch aber die Vertreter doch nur einer, nämlich moderat progressiven und kritischen Perspektive, der der einen und einzigen Vorgeschichte. Neoobjektivisten dagegen, wie ich, betonen die eine Wahrheit der Wissenschaft und zugleich die Pluralität der Vorgeschichten. Das ist eine eigentümliche Vertauschung zwischen Pluralismus im Ansatz und Einheitlichkeit in den Ergebnissen bei den Perspektivisten und Pluralismus in den Ergebnissen und Einheitlichkeit im Ansatz bei den Objektivisten. Die vielerorts vordringenden theoretisch so pluralistischen Dekonstruktionisten vereinheitlichen doch die Welt auch nur mit noch mehr Derrida. Der Zusammenbruch des Kommunismus wieder bringt die heterodoxen Sozialisten in Nöte, sie malen statt der pluralen Weltkultur in Freiheit die uniforme Weltkultur von Hamburgern und Coca Cola (oder gar D-Mark) drohend wie immer schon an die Wand.

I.

Versetzen wir uns in die Situation nach der Französischen Revolution. Die Väter der Konservativen, auch so aufgeklärte Köpfe wie Burke und Möser, beginnen den Klagegesang über den Untergang der Vielheiten und der Buntheiten, über die Nivellierungen in moderne Grautöne, die Abschaffung der vielen Freiheiten durch die eine überall gleiche Freiheit der Untertanen oder der Staatsbürger. Absolutismus und Revolution gelten in dieser Hinsicht als gleich verhängnisvoll, denn beide sind vom Rationalismus, dem Willen zur einheitlichen Durchkonstruktion der menschlichen Welt geleitet, beide produzieren Bürokratien und deren. Tendenz, möglichst alles gleich zu behandeln, also den Nivellierungsdruck. Die moderne Technik und die kommerzielle Revolution, die Maschine und der Markt also, werden ebenfalls als Vereinheitlicher der Welt wahrgenommen. In England, wie es Friedrich Engels 1845 oder der Tory Carlyle schildern, werden die schönen dörflichen Maibäume vom Grau der Proletariervorstadt und des immer gleichen Fabrikalltags abgelöst. Diese Perspektiven waren gewiss ideologisch. Aber was zu beobachten war, waren doch Realitäten. Und die wissenschaftlichen Geschichten der Veränderungen und der Reformen, der Auflösung des Feudalismus und der Entstehung der bürgerlichen Gesellschaft wie des bürokratischen Staates, der Veränderungen der sozialen Welt wie des individuellen Lebens haben seither Beweis über Beweis gehäuft. Die Lokalwelten gehen unter und werden durch die Gleichmäßigkeit der Departements, der Bezirke und Kreise ersetzt, die Gleichmäßigkeit der Rechts-, der Steuer-, der Gewerbe- oder der Schulordnungen. Der soziale Typus der Gemeinschaft wird abgelöst von dem der Gesellschaft, und das heißt eben auch, die große Vielheit der Gemeinschaften von der größeren Einheit der Gesellschaft. Die gegliederte vielfältige Jahres- und Tageszeit des Sonnenstandes, des Glockenläutens und der Heiligentage wird abgelöst von der neuen einheitlichen Zeit der Uhren, des bürgerlichen Kalenders und des Gaslichts. Der Sozialtypus des traditionsgeleiteten Menschen, der aus der Vielfalt der Traditionen lebt, so handelt und sich so verhält wie die Eltern und

Großeltern, und aus der Vielfalt von anschaulichen Tatbeständen, von Prozessionen und Galgen z. B., seine Normen und Selbstverständlichkeiten lernt, tritt zurück. Herauf kommt der innengeleitete Mensch, der sich an Ideen und Gedanken, einheitlichen Abstraktionen orientiert und insofern doch auch standardisierter wird; die mobilen Menschen des allgemeinen Standes, wie Hegel die Beamten und Akademiker genannt hat, entstehen jenseits der je besonderen Bodenständigkeiten. Das Geld und der Warencharakter der menschlichen Erzeugnisse gewinnen noch an Bedeutung und also die allgemeine Vertretbarkeit, das ist ein anderer Modus dessen, was wir jetzt die moderne «Depluralisierung» nennen wollen.

Nun gibt es eine andere revolutions- und modernitätskritische Richtung, die scheinbar das Gegenteil solcher Depluralisierung beklagt. Das ist der ideenpolitische Angriff gerade auf die neuzeitliche Aufspaltung und damit Pluralisierung der Welt. Die Romantiker rufen ein nostalgisch verklärtes Mittelalter an oder greifen noch weiter zurück, alle mythischen Zeiten werden aufgeboten als Zeiten dessen, was heil und ganz war, als Zeiten der Einheit. Man erinnert sich an Novalis: Reformation und Renaissance, Subjektivismus und Rationalismus haben die Christenheit und Europa zerspalten und damit Kälte und Entfremdung in die Welt gebracht. Oder man denkt an die ganz unromantischen französischen Gegenrevolutionäre, an de Maistre und Bonald. Die reformatorische Auflehnung gegen die Autorität habe die Einheit der Welt zerstört, die Machträson der konkurrierenden Staaten freigesetzt, den Konsens der Tradition durch den Dissens der isolierten und individualistischen Rationalitäten ersetzt.

Auch für diese Deutung der Moderne, nicht als Depluralisierung, sondern umgekehrt gerade als Pluralisierung, lässt sich trotz ihres ideologischen Charakters objektiv wieder viel anführen. Die Religion hat sich ja in Konfessionen pluralisiert, die Staaten sind autonomer geworden und damit ihre Konflikte intensiver, die Lebensbereiche lösen sich voneinander ab und folgen ihren jeweiligen «natürlichen» Sachgesetzen, die Wissenschaften verselbstständigen sich, Kultur wird eine Eigenwelt, all das sind auch Säkularisierungen, Ablösungen von der einen Religion; und vieles mehr ließe sich anführen. Der gegenreformatorisch-totalitäre Utopist Campanella hat noch im absolutistischen Kerker von Neapel den großen Angriff auf und die große Klage über den schrecklichen Auflöser Machiavelli, den Einheitszerstörer, geführt. Und wir können die Weltgeschichte Europas zwischen Mittelalter und Revolutionszeit auch als Ausdifferenzierung und insoweit als Pluralisierung beschreiben. Und solche Art Pluralisierung ist ja nun keineswegs mit der Zeit der Doppelrevolution von 1800 vorbei, sondern sie geht immer weiter: Nationen und Klassen und ihre Konflikte, die modernen Diskrepanzen zwischen Arbeitswelt, Herrschaftswelt und Deutungswelt, die Alltag und Mentalitäten prägen, sind typische Produkte, sagen wir, ausdifferenzierter Strukturpluralität, neuer Vielfalt.

Insofern bleibt es auch im Jahrhundert der Revolutionen bei der widersprüchlichen Doppelheit. Die moderne Welt kann man als eine Welt der wachsenden Vielfalt oder Pluralität beschreiben, zumal wenn man den Akzent auf Reformation und Renaissance und Aufklärung legt, oder man kann sie als Welt der Vereinheitlichung beschreiben, wenn man den Akzent auf Absolutismus und Revolution legt; mit kritischem Ton also als unifizierende Nivellierungsmechanik oder als pluralisierende Anarchie.

Wir müssen hier, um diese Doppelheit zu begreifen, einen kurzen Blick aufs Mittelalter werfen. Zum einen, der Monotheismus hat die vielen Götter, die Vielfalt der ethnischen Religionen und die der magischen Praktiken abgeschafft oder zurückgedrängt und damit die Welt vereinheitlicht; die Einheit der Christenheit, gegründet auf der einen und universalen Freiheit der Erlösten, hat sich auch gegen die Vielfalt der naturalen Gegebenheiten und des Feudalismus durchgehalten, es gibt eine Einheit der mittelalterlich europäischen Welt. Zum anderen aber, die Welt des Mittelalters bleibt, jeder weiß es, doppelpolig, nach Kirche und Herrschaft vor allem getrennt, ohne Theokratie und ohne Cäsaropapismus; beide Gewalten sind einander streitend zugeordnet und gegeneinander frei. Und in dieser großen Doppelpoligkeit etabliert sich die noch weit größere gleichsam bodenständige Mehrpoligkeit des feudalen Systems, der zentralen, regionalen und lokalen Herrschaften und der Sonderwirklichkeit der Privilegien und Immunitäten, die Städte, die Klöster, die Universitäten, die Zünfte etc. Das Mit- und Gegeneinander

der vielen selbstständigen Gewalten dann hat Freiräume geschaffen, in denen sich die großen Neuerungsschübe entwickeln konnten; noch der Zunftstörer James Watt hat nur im Schatten einer Universitätsimmunität die Dampfmaschine erfinden können; und auch die künftigen Zentralisierer der Moderne, die Beamten und Gebildeten, entstammen dieser feudal pluralisierten Welt. Noch etwas anderes verhindert die Versteinerung dieser Welt. Das Gewissen des einzelnen Christenmenschen bleibt in aller rituellen und institutionellen, aller herrschaftlichen Einbindung ein Stachel, und das heißt auch: die Vielheit von Gewissen. Der im Gewissen gegründete Ausbruch aus der Einheitswelt des Gewohnten und dann das Wiedereingreifen in eben diese Welt, in Ordensgründungen und Reformen z. B., das wird ein Lebensmodell Europas, das Gewissen gegen die Konvention, der Einzelne gegen die Gemeinschaft, unterdrückt und verketzert und verbrannt gewiss, aber doch immer wieder auch verwirklicht und manchmal gelingend. Das ist ein dynamisches, ein sprengendes und auch ein pluralisierendes Element. Das, was das Einheitsband der Christenheit ist, Person und Subjektivität, das gerade bleibt eine immer wieder differenzierende, vielheitschaffende Macht.

Drei Dinge sind dabei noch wichtig. (1) Die alteuropäische Welt der vielen Freiheiten war gewiss auch eine Welt der Ungleichheiten und der großen Unfreiheiten. Aber es ist doch die Pluralität der Freiheiten gewesen, die verhindert hat, dass diese Welt in Unfreiheit aufging. (2) Vielheiten und Konflikte sind ein Element aller historischen Wirklichkeit, natürlich, das ist trivial. Das Besondere am Mittelalter und an Europa ist die Institutionalisierung der Vielfalt und die Einhegung der Konflikte. Das nun ist möglich, weil alle bezogen sind auf den einen transzendenten Ursprung aller Ordnung, die vielen Freiheiten auf die eine Freiheit des Erlösten. Das ist es, was der mittelalterlichen Pluralität zugrunde liegt, das relativiert das Gegeneinander und ermöglicht das Zusammenbestehen. Kurz, die mittelalterliche Vielfalt ist in einem Grundkonsens begründet und dadurch auch begrenzt. Die Einheit und die Vielfalt, die die beiden gegensätzlichen Parteien der Modernitätskritiker anriefen, sind dialektisch verbunden, zwei Seiten desselben Phänomens. Der Widerspruch zwischen den Modernitätskritikern löst sich darum auf. (3) Es könnte zwar scheinen, als ob die Realität das Vielfältige und eine Idee, eine Weltauslegung, die Religion eben, das Verbindende und Einheitsstiftende sei. Aber solche idealistische Aufteilung wäre ganz verfehlt. Wir kennen die ungeheuren strukturellen, eben realen Gemeinsamkeiten, die die objektive Einheit stiften und ausmachen, und wir wissen, dass es das partikulare, lokalistisch-regionalistische oder korporative Bewusstsein auch war, das die gleichartigen Gefüge von Abhängigkeiten und Privilegien immer wieder unterschied und so individualisierte. Wir wissen, dass die Welt durch den Monotheismus ideell vereinheitlicht worden ist und dass sie gerade deshalb durch Arbeit und Technik hat pluralisiert werden können, dass beides ganz untrennbar zusammenhängt. Kurz, die Dialektik von Einheit und Vielheit strukturiert die Realwelt wie ihre Deutung gleichermaßen und darum auch das Wechselverhältnis von Ideen und Realitäten.

Wir kehren zum Streit zwischen Traditionalisten und Modernisten von 1800 zurück. Wie haben die Modernisten, die Vertreter der Revolution, des Neuen, auf jene modernitätskritischen Vorwürfe, sie nivellierten die schöne Vielfalt und sie zerstörten die alles verbindende Einheit, geantwortet? Die erste Antwort war, wie so oft in ideenpolitischen Auseinandersetzungen, ein Gegenangriff. Die Autoritätsstrukturen der alten Welt und ihre Konsens- und Einheitszwänge, ihre korporativen und ständischen Bindungen unterdrücken, so geht das Argument, gerade die Vielfalt, denn sie unterdrücken die Einzelnen. Im Namen einer neuen und wahren, nämlich wirklich individualisierten Pluralität muss man gegen die alten Kollektiv-Pluralitäten zu Felde ziehen, gegen die Unfreiheit der Konformität und gegen die Ungleichheit der Partikularitäten, die sich als Menge von Freiheiten nur drapieren. Die alte Vielfalt gewährt, kurz gesagt, weniger Freiheit als sie, weil sie Ungleichheit ist, verhindert. Der Kampf für die Religions- und Gewissensfreiheit der Einzelnen ist eben darum die Säule des nonkonformistischen und dann des intellektuellen Aufstandes gegen die vormoderne Welt, und die Erweiterung dieser individualisierenden Freiheit auf das Prinzip der Gedanken- und Kritikfreiheit, auf die Diskussion von Herrschaftsordnungen und Entscheidungen. Man muss, so die Meinung der Modernisten, den Traditionspluralisten die Verklärung ihrer Welt als einer Welt der wahren Vielfalt gerade wegnehmen. Das geschieht, indem man das Subjekt der Vielfalt neu bestimmt. Nicht mehr Korporationen und Institutionen, sondern die Individuen sind die Träger der wahren Vielfalt. Wenn man das anerkennt, ist das Argument der Traditionalisten gegenstandslos. Und Analoges gilt für die Kritik der romantischen Einheitsnostalgiker. Man muss nur die Einheit der Religion durch die Einheit der Vernunft und der fortschreitenden Weltzivilisation ablösen.

Die zweite Antwort auf die Traditionalisten und Modernitätskritiker geht dahin, dass man die Voraussetzungen wahrer, also individualisierter Vielfalt allererst schaffen muss, indem man die Vielfalt der Traditionen allerdings gerade abschafft und die Einheitlichkeit von Bedingungen herstellt, also Konditionengleichheit gegen Traditionenpluralität. Das ist die Aufgabe der Politik. Politik in diesem Sinne ist Voraussetzungsbeschaffungspolitik. Individuelle Vielfalt kann es nur auf der Basis allgemeiner Gleichheit geben. Die Antwort auf den Nivellierungsvorwurf heißt dann: Jawohl, die Modernisierer müssen nivellieren und vereinheitlichen, damit Emanzipation des Einzelnen, individualisierte Vielfalt allererst möglich wird; die Unifizierung der Bedingungen erst ermöglicht die Pluralität der Resultate. Nicht wie in der alten Welt Einheit der Religion und Vielheit der Institutionen, sondern umgekehrt Einheit der Institutionen und Vielheit der Meinungen und Lebensentwürfe (wie man jetzt lieber sagt), darum muss es jetzt gehen.

Dagegen sagen nun wieder die Modernitätskritiker: Diese Strategie, die Vereinheitlichung als Grundlage wahrer und zukünftiger Pluralisierung, sei kontraproduktiv, denn das Mittel werde zum Selbstzweck, die Nivellierung gewinne Oberhand und die Möglichkeit einer folgenden Pluralisierung werde dadurch zerstört, so wie ja die Emanzipation nicht einfach die Freiheit der Emanzipierten bewirke, sondern die Macht der Emanzipatoren steigere. Kurz, die Gleichheit, selbst wenn sie die Voraussetzung realer Freiheit sei, gefährde in ihrer Herstellung faktische wie mögliche Freiheit und zerstöre sie im Extremfall. Tocqueville, in dessen Spuren ich mich hier bewege, hat das Problem ja klassisch reflektiert.

Die Modernisierer wiederum antworten auf zwei Weisen, radikal oder gemäßigt. Die Radikalen nehmen diesen Vorwurf nicht ernst.

Sie sehen in ihrer vereinheitlichenden Voraussetzungsbeschaffungspolitik überhaupt keine Gefährdung der individualistisch-pluralistischen Resultate, ja sie bekennen sich zur Priorität der Vereinheitlichung. Rousseau mit seinem Kampf gegen alle Zwischengewalten und seiner Annahme einer präpolitischen Homogenität oder der Identität von individuellem oder gesellschaftlichem Wesen und später Friedrich Engels und Karl Marx sind berühmte Beispiele dieser Richtung. Dennoch verschieben sich dabei die Gewichte. Die pluralistische Freiheit rückt ins Eschatologisch-Ferne, bei Marx und Engels z. B. das Absterben des Staates; in die Nähe rückt eben die Voraussetzungsbeschaffung, d. h. die Angleichung. Darum werden die Radikal-Progressiven in Europa in der Praxis die Zentralisierer. Die beiden pluralistischen progressiven Gruppen, die radikal-demokratischen Föderalisten und die anarchistisch-syndikalistischen Sozialisten, bleiben außenseiterische Minderheiten.

Die Gemäßigten, das sind realiter dann die Liberalen, nehmen jenen kritischen Einwand von der Gefährdung wahrer Vielfalt durch Vereinheitlichung der Voraussetzungen ganz ernst. Darum soll es, so meinen sie, bei jeder freiheitsbegründenden Depluralisierung der Voraussetzungen und Bedingungen immer zugleich um eine ausgleichende neue Pluralisierung gehen, und die, das ist entscheidend, soll nun nicht mehr allein auf die künftigen Individuen gegründet werden, also auf eine Zukunftserwartung, sondern auch auf gegenwärtige Institutionen; die Gewaltenteilung, der Föderalismus, die Selbstverwaltung, das Assoziationswesen sind berühmte Beispiele solch eingebauter und eingeplanter Neupluralisierung, das sind die checks and balances gegen die Uniformität der radikalen bloßen Individualpluralisierung. Dabei übernehmen die Liberalen sogar dies und das aus den Traditionspluralitäten, sie arrangieren sich realpolitisch mit dem Status quo. Kurz, die Liberalen bleiben zwar moderne Depluralisierer, aber sie suchen die zentralistische Depluralisierung durch Aufhaltsamkeit und kompensatorische Dezentralisierung abzufangen.

Ideenpolitisch ist diese Position der Liberalen seit Burke immer wieder legitimiert worden: Kritik am tabula rasa-Pathos der Revolution, Stabilisierung von Gegengewalten im Wirbel der Neuerungen, die Anerkennung der Vorprägung des Menschen durch Herkunft und Erinnerung gegenüber den zeitlosen Konstruktionen der Vernunft. Die Ablösung der Philosophie als der führenden Weltinterpretations- und Rechthaberinstanz des 18. Jahrhunderts durch Historie und Soziologie im 19. Jahrhundert ist in unserem Zusammenhang eine Anerkennung der Realitätskraft der Pluralitäten. Denn Philosophie hat es mit dem Einen, der Vernunft eben, Historie aber hat es mit dem Vielen zu tun. Der Ausweg, den die Futuristen, die Anhänger von Institutionenvereinheitlichung und zukünftiger Vielfalt der Individuen, in historistischen Zeiten fanden, war die Geschichtsphilosophie, die Konstruktion des einen Zieles und der einen Richtung der Geschichte. Dagegen wollten die Nostalgiehistoristen der Romantik umgekehrt die Vielfalt und die umgreifend religiöse Einheit der Herkunftswelt retten oder gar wiederherstellen. Die Menge der normalen Historisten aber wollte zwischensteuern, wollte den Reformfortschritt zwischen Herkunft und Zukunft, wollte die vielen Wege, die vielen Stufen, die vielen Ergebnisse auch im Politisch-Sozialen, nicht die beste Verfassung, aber die jeweils gute.

II.

Das 19. Jahrhundert ist von der Dialektik von dem, was ich Entpluralisierung und Neupluralisierung genannt habe, bewegt. Kampf gegen den Traditions- und Konditionenpluralismus der Herkunft und Kampf für den Leistungs- und Individualpluralismus der Zukunft, das ist das Konzept der Frühliberalen wie ihres Verbündeten, des bürokratischen Staates. Der Angelpunkt ist bekanntlich die Rechtsgleichheit und die Eigentumsfreiheit, die Entfeudalisierung und Dekorporierung der Gesellschaft, die weitgehende Deregulierung der Privatsphäre. Das Ziel ist eine homogene Gesellschaft der pluralisierten Individuen.

Daraus haben sich, jeder weiß es, drei unbeabsichtigte Konsequenzen ergeben, die dem Ausgangsideal widersprechen. (a) Der Agent der Aufhebung der Traditionsvielfalt ist der Staat, er setzt frei, er schafft die rechtliche Gleichheit. Darüber wächst er zu gewaltiger Stärke. Die allgemeine Wehr-, Schul- und Steuerpflicht

z. B. sind Eingriffsmöglichkeiten, mit denen der Staat wie nie zuvor das alltägliche Leben und den Lebenslauf der Einzelnen bestimmt und vereinheitlicht. Der Besuch derselben Schulsysteme und der Dienst beim gesamtstaatlich einheitlichen Militär begründet mehr Gemeinsamkeit und Einheit der Bürger, z. B. selbst in der Sprache, als die Untertanen sie je zu leisten hatten. Kurz, die Entpluralisierung der Traditionen schafft auch den modernen, bürokratischen, den rational zentralisierenden und universal kompetenten Staat. Der Staat wird den Einzelnen und den Vielheiten gegenüber immer mächtiger. Am Anfang des 19. Jahrhunderts setzt er die Rahmenbedingungen des Handelns und kontrolliert sie, am Ende geht er zur aktiven Intervention und zur Daseinsvorsorge über, dafür steigen die Ausgaben, wächst der Personalapparat. Natürlich, im Vergleich zu heute waren die Welten im bürokratischen Staat des 19. Jahrhunderts noch unendlich vielfältig, aber im Vergleich zum Ancien Régime waren sie schon unendlich viel gleichmäßiger und einheitlicher geworden. Die Zielidee von der Vielfalt der Individuen hat das nicht verhindern können.

(b) Die Einebnung der Traditionsvielfalt durch rechtliche Freiheit und rechtliche Gleichheit hat Einkommen und Vermögen, Eigentum und Erbe, Bildungsmöglichkeiten, Berufswahlchancen, ja Lebensstile neu differenziert. Die Depluralisierung der Ständegesellschaft mündet, jeder weiß es, in die Neupluralisierung der Klassengesellschaft. Das Anderssein und das Andersseinwollen von Menschen wird zunächst, vor Neigung, Begabung und Leistung, neu in ihre Herkunft eingebunden, nicht mehr rechtlich zwar, wohl aber sozial. Es ist gerade die gewaltige Vereinheitlichung, die die traditionellen Vielheiten der ständisch-korporativen Welt auflöst, gewesen, die die neue posttraditionelle Pluralisierung der Klassen erzeugt hat, die trotz ein wenig offenerer Grenzen eine gewaltige Bindekraft gewonnen haben.

(c) Zwischen der Freisetzung und Abschottung der Privatsphäre einerseits, der Klassenbildung andererseits entsteht eine dritte Vielfalt, nämlich die der sozial-kulturellen Milieus und ihrer verhaltensprägenden Homogenitäten: Land und Stadt, Großstadt und Kleinstadt, protestantisches und katholisches, altbürgerliches, bildungsbürgerliches, wirtschaftsbürgerliches Milieu, die Milieus der

Landzuwanderer und der Stadtgeborenen unter den Arbeitern stehen in Deutschland z. B. quer zu den Klassen, die Herkunft und die Erwartungswelten quer zu den Erfahrungswelten. Diese Milieuvielfalt verbindet die Reste von Traditionsvielfalt mit der neuen Klassen- und Berufsvielfalt und wird gerade darum so eigenständig und fest, fester als alle bloß politischen Dezentralisierungen wie etwa die Einheiten der Selbstverwaltung. Diese Milieus sind gegenüber der Idee der einen Gesellschaft eine Neupluralisierung, gegenüber dem Zukunftsideal der pluralisierten Individuen aber eine neue Vereinheitlichung.

Die politisch-rechtliche Entpluralisierung durch den Staat, die ökonomisch-soziale Neupluralisierung in den Klassen, die kulturell-lebensweltliche Mischung von Traditions- und Klassenvielfalt in den Milieus, das sind zwar drei autonome Vorgänge, die sich unabhängig voneinander vollziehen, aber sie bedingen sich doch auch wechselseitig.

Eine andere Konsequenz schließlich will ich noch, wenn auch nur gerade, erwähnen. Die objektiven Zwänge der Knappheit, der Sorge für Familie und Kinder, die Arbeits- und Leistungsmoral waren und blieben beherrschende postreligiöse Normen, die Konsens verlangten. Von ihnen abzuweichen, war schwer möglich und machte einen zum Außenseiter. Ja, darüber hinaus entsteht eine sozial-moralische Konformität und ein entsprechender Konformitätsdruck. J. St. Mill und Tocqueville haben das als die generelle moderne Gefährdung der individuell-pluralistischen Freiheit nach dem Ende von Staats- und Traditionszwängen angesehen.

Nun, diese Ebenen und Geschiebelagen, jeder weiß es wieder, sind durch die Macht der Nation und des Nationalismus überkreuzt worden. Die Nation als einer der seit 1789 neuen Götter der Welt pluralisiert alle älteren und alle neuen universalistischen Einheiten, die Menschheit, die Vernunft, die Stände und die Konfessionen ebenso wie die Klassen und die politischen Ideologien. Und sie vereinheitlicht zugleich alle darunter liegenden Vielheiten, alte wie neue, die Regionalismen, die Gruppenmilieus, ja zum Teil auch die Klassen, relativiert die Vielfalt der modernen eben erst entbundenen Individuen in einer neuen mächtigen und gleichmachenden Einheit. Sie setzt sich gegen linke wie rechte Individualisten und

Partikularisten, setzt sich gegen linke wie rechte Universalisten durch. Die Nationen werden die neue Zwischenwelt zwischen den alten und neuen Einheiten wie Vielheiten. Erklären lässt sich der Nationalismus auch als eine Antwort auf die Krise der revolutionären Entpluralisierung. Denn mit der Auflösung der korporativ-lokalistischen Welt, der Welt von Traditionen, Anschauungen und Autoritäten durch den bürokratischen Staat, durch den Markt, durch die Emanzipation innengeleiteter Individuen und ihrer Orientierung an den Abstraktionen der sprachlichen Deutungskultur einer Kommunikationsgesellschaft, durch die Abschwächung schließlich des Sinnmonopols der Religion entsteht eine neue Frage nach individueller und kollektiver Identität. Darauf antwortet die Erhebung des Realphänomens Nation zur leitenden Idee und Verhaltensnorm. Provinzielle Bauern oder Handwerker werden dann mit den Mitteln des nationalen Staates, der Schule und dem Militär, der Verwaltung, den Gerichten und den Gesetzen, der Eisenbahn und der Post, der gemeinsamen Sprache, zu Franzosen oder Deutschen. Es bleiben immer Restunterschiede, an denen die wilden Nationalisten weiterhin Anstoß nehmen, aber Angleichung und Integration auch der Lebensformen und Mentalitäten sind doch unverkennbar. Die Dominanz der zentralistischen Stadtkultur über das Land und der Prozess der sogenannten Verbürgerlichung bei Bauern und Arbeitern, wie relativ er immer war, sind andere Formen der gleichen Entwicklung. Kurz, Individuen wie Regionen, Gruppen und Milieus vereinheitlichen sich zu Nationen (oder Nationalitäten); gleichzeitig aber hat sich die Welt in Nationen neu gegeneinander pluralisiert.

Auch im Bereich des Internationalen müssen wir von solcher Dialektik der Pluralisierung sprechen. Der Nationalismus, das ist oft gesagt worden, hat die überlieferte gegensätzliche Vielfalt der Staaten gesteigert, indem er sie mit den modernen Energien der Massenwelt verbunden hat. Aber global hat er die Welt auch entpluralisiert, einheitlicher gemacht; die Weltherrschaft der imperialistischen Reiche hat die technisch-ökonomische, die kapitalistische Zivilisation und die bürokratische Verwaltung zur Weltzivilisation gemacht. Von heute her sind zwar die traditionspluralistischen Unterschiede immer noch gewaltig, aber gegenüber den Jahrtausenden vorher ist die, so müssen wir nun sagen, Globalisierung das Auffallende. Diese Globalisierung geschieht freilich in imperial-nationalen Rivalitäten, das schafft, noch einmal die Dialektik, eine neue Gemengelage von Vereinheitlichung und Pluralität. Die Entstehung einer frankophonen und einer anglophonen Zone der Dritten Welt ist dafür ein markantes und bis heute wirkendes Beispiel.

Man kann nun das Schicksal des Liberalismus im 19. Jahrhundert aus der Dialektik von frühliberaler Entpluralisierung und dem spätliberalen Scheitern an den Problemen der Neupluralisierung begreifen, und erst recht die system- und ideenpolitischen Krisen zu Beginn des 20. Jahrhunderts. Die frühliberale Wendung gegen Traditions- und Konditionspluralismus hin zum Leistungs- und Individualpluralismus endet in einem Dickicht von Problemen, der Liberalismus muss sich mit der neuen Vielfalt der Klassen wie der alten der Traditionen arrangieren, dabei wandert er bekanntlich nach rechts. Kräftige Traditionsmilieus wie die des Landes oder der Kirchen und die neuen Klassenmilieus sind resistent gegen die liberale Idee der individualistischen Pluralisierung der Zukunft und der darüber sich bildenden homogenen einen Gesellschaft. Zudem begrenzt auch die Knappheit entscheidend die Kombinations- und Wahlmöglichkeiten des Einzelnen und damit das, was heute Individualisierung und Verschiedenheit ermöglicht. Die Liberalen sind nicht das Volk, sie sind eine Partei. Ja, dass die diskutierenden Individuen zu einem Konsens kommen, erweist sich als schwierig, vielleicht als illusionär. Und es erweist sich, dass das liberale Modell vom souveränen Volk und der Verfassung als eine Integration von unterschiedlichen Vielheiten nur möglich ist auf der Basis von Grundkonsensen, die entweder lange in die Geschichte zurückreichen oder mühsam nur sich neu bilden können. Das Scheitern eines gesamtstaatlichen Parlaments in Österreich-Ungarn, die Schwierigkeiten mit dem Parlamentarismus in Deutschland wie Italien sind Beispiele für diese Problematik. Der liberale Glaube, dass Vernunft und Humanität sich als einheitsstiftendes Element durchsetzen würden, das Vielfalt zulässt und einhegt zugleich, hat sich nicht erfüllt. Die Kulturkämpfe, die Klassen-, die Interessenkämpfe waren stärker. Darüber hinaus: Die Abschwächung der Religion hat den ideenpolitischen Bewegungen seit der Revolution post- und quasi-religiöse Züge gegeben, sie stellen Heils- und Absolutheitsansprüche, der konfessionelle Bürgerkrieg wird durch die ideologischen Bürgerkriege abgelöst, die Anhänger der Vernunft neigen im Extremfall dazu, sich die Köpfe ein- oder gar abzuschlagen. Noch einmal, die Liberalen, Pluralisierer und Integrationsgläubige zugleich, werden ein Opfer der von ihnen mitgetragenen Dialektik; statt der Einzelnen dominieren die Gruppen, das macht die Einheit, die Integration zum Problem und ebenso die Vielfalt der Individuen.

Natürlich, man wird das Problem Pluralismus vs. Integration nicht übertreiben. Die Knappheit der Mittel und die Kargheit der Umstände, die Macht der Ordnungs- und Rechtsinstitutionen, die Zivilität der Umgangskultur und vor allem die integrative Kraft des Nationalen hielten die Elemente der Desintegration in Schranken, dazu auch die Geltung der überlieferten Autoritäten und Hierarchien. Die Vereinheitlichung wiederum, die «Verbürgerlichung» sozial disparater Welten, wird durch die Grenzen der damaligen Medienwelt, das Gewicht primärer Erfahrungen und die Fortdauer von Traditionen wie durch die Macht der Klassen und Milieubindungen eingeschränkt. Zwischen der Pluralisierung der Individuen und der Vereinheitlichung ihrer Lebensumstände und Mentalitäten bildet sich eine Zwischenzone. Wie immer, die Realität vor 1914 ist nicht die des frühliberalen Entwurfs einer Welt, die von der Vielfalt der Individuen und der Einheit der Staaten oder Gesellschaften geprägt ist. Sie ist in den Augen der auf Vielfalt und Freiheit erpichten individualistischen Modernisten eine Welt bürokratischer Gehäuse und Daseinsregelungen, sozialmoralischer Milieus und ihres Konformitätsdrucks, eine Welt der entfremdeten und anonymen Massen. Sie ist, und das auch in den Augen der Traditionalisten und in denen der integralen Nationalisten, eine Welt des Gruppenpluralismus. Zu dem Klassen- und Milieupluralismus und anstelle immer noch des Individualpluralismus ist der Verbands- und Organisationspluralismus getreten; die Menschen, wie Friedrich Naumann gesagt hat, werden Verbands- oder Organisationsmenschen. Die Schwierigkeiten der Entscheidung zwischen politischen Alternativen, der Mehrheits- und auch der Konsensbildung und Integration haben sich damit erhöht, man mag vom Konfliktpluralismus sprechen.

Das reale Problem von Vielfalt und Einheit, von Pluralisierung und Unifizierung ist immer auch eine Frage des Nachdenkens gewesen, eine Frage nach der Legitimität, vor allem der Pluralität. Diese Frage stellte sich zu Beginn des 20. Jahrhunderts nicht angesichts von Klassen- und Milieuvielfalt, die war gleichsam von selbst gegeben; sie stellte sich auch kaum gegenüber Dissentern und Außenseitern, ihnen gegenüber waren der altmodische wie der moderne Konformitätsdruck ebenso wie die rechtliche Liberalität selbstverständlich. Das Problem lag damals in der Anerkennung unterschiedlicher weltanschaulicher Deutungssysteme, darin begründeter Lebensstile und lag in der Anerkennung unterschiedlicher politischer Ziele und Wertvorstellungen, also z. B. divergierender Parteien. Da hatte sich pragmatisch natürlich vieles eingeschliffen, und die religiöse Toleranz war ein Übungsfeld friedenswahrender Koexistenz beim Umgang mit Sinnfragen. Aber so selbstverständlich es wurde, dass moderne Menschen sie selbst sein wollten, frei von allen äußeren, fremden, gar autoritären Zwängen, so schwierig wurde es ihnen, zugleich anzuerkennen, dass andere anders sein wollten. Dem Recht, man selbst zu sein, entsprach nur allmählich die Anerkennung des Rechtes von anderen, anders zu sein. Zunächst stand beides in Spannung, der Kulturkampf und sein heimliches Fortleben ist eines der berühmten Beispiele dieser Lage. Man mochte dissentierendes Verhalten als Privatverhalten tolerieren, als Gruppenverhalten wollte man es gemeinhin nicht hinnehmen.

Um 1910 leiden die Intellektuellen unter dem Relativismus, der Vielheit und der Anarchie der Werte, ja des Wertzerfalls, die Problematik der Vielheit und das Fehlen von Einheit stehen im Zentrum. Das ist von Troeltsch bis Musil oft zum Ausdruck gebracht worden. Zugleich leiden sie an Systemzwängen und ehernen Gehäusen, wie Weber gesagt hat. Die Intellektuellen wollen den Relativismus überwinden. Die politisch Weiterdenkenden in Deutschland jedenfalls leiden an der Gruppenpluralisierung der Interessen und der Klassen, ja auch der Konfessionen, Weltanschauungen und Parteien, daher entstehen dann so viele Integrationsideologien, wie der rechte und der linke Traum von der Volksgemeinschaft. Auch ein Modernist wie Max Weber muss sich mit der Einhegung des Konfliktpluralismus abplagen.

Über die Zwischenkriegszeit mache ich hier nur noch zwei Bemerkungen. Einmal, die politische, die soziale, die kulturelle Sinndeutungsvielfalt und die Toleranz der Pluralisten werden nicht mehr nur, wie vor 1914, als Problem erfahren, sondern als Vergleichgültigung von allem und jedem und allem Wichtigen zumal, als «billiger» Pluralismus. Dagegen, gelangweilt vom Liberalismus, revoltiert das junge Europa. Zum andern, die Lebensumstände sind immer noch karg und knapp, die Kompensation der heutigen Pluralität, der Wohlstand, fehlt. Darum entsteht die antipluralistische Reaktion von Aufstand und Flucht. Der Bolschewismus ist in dieser Hinsicht Versuch und Programm einer neuen und totalen global einheitlichen Welt, der Nationalsozialismus der Versuch einer doppelten Gegenrevolte gegen die fortschreitende internationale Vereinheitlichung wie gegen die fortschreitende liberale Pluralisierung der Individuen und der Gruppen unterhalb der nun absolut gesetzten integralen Einheit der Nation und der Rasse.

Im Ergebnis: Die Neuzeit zwischen 1789 und 1945 ist bewegt von einer ungeheuren Dialektik zwischen Vielfalt und Einheit. Die Pluralität von Traditionen und Institutionen soll durch die Pluralität von Individuen, Meinungen, Lebensentwürfen abgelöst werden. Das bedingt die Vereinheitlichung von Lebensumständen und Bedingungen, und darauf sollen neue Einheiten und Staaten, Gesellschaften, Kulturen gegründet werden. Aber die moderne Entpluralisierung der alten Welt führt zu einer Neupluralisierung gerade nicht von Individuen, sondern erst einmal von Gruppen, von Klassen, Milieus, Verbänden, Nationen. Das Problem, wie Einheiten und Konsense und gemeinsame Existenz einerseits, Freiheiten und Freiheit, Vielfalt also andererseits zusammen bestehen können, kehrt in immer neuen Formen wieder. Der Triumph der Neuzeit und der mit ihr gegebene Fortschritt an möglicher Vielfalt und wirklicher Einheit schafft die Gefährdungen auch – der Vielfalt wie der Einheit.

III.

Der Historiker ist kein Lobsinger, nicht der Einheit, nicht der Vielfalt, und er ist kein Apokalyptiker, vom Ende unserer Welt in der Unifizierung eherner Gehäuse, des sinnleeren Konsums und des Medienbetriebs oder in der unendlichen Vielfalt der relativistischen Beliebigkeit, der Regenbogengesellschaft, des anything goes. Er bleibt der austarierenden Beobachtung und Analyse verpflichtet, der Auslotung unserer Alternativen.

Unsere gegenwärtige Welt am Ende des 20. Jahrhunderts ist zunächst, ich habe es gleich zu Anfang gesagt, von einem gewaltigen Prozess der globalen Vereinheitlichung erfüllt, das bestimmt Arbeit und Konsum, Technik und Bauen, bürokratische Systeme und sozialstaatliche Leistungen, bestimmt Unterhaltung und Lebensdeutung, die intellektuellen Moden, die Flut der sekundären Informationen, bestimmt das internationalisierte Staatensystem. Die Weltzivilisation hat überall das gleiche Aussehen und in der nördlichen Hemisphäre und ihren Metropolen den gleichen Charakter. Das nivelliert die Pluralitäten der Herkunft und die der Natur.

Diese Vereinheitlichung erzeugt nun zugleich neue individuelle Pluralitäten, freilich ganz anders und viel, viel problematischer, als es dem Ansatz der Moderne entspricht. Zunächst, die Vereinheitlichung der Welt ist ungleichmäßig, sie hat nicht zu einer wachsenden Rationalität des Handelns geführt, sondern zum Handeln in Ungewissheit und Komplexität. Sie hat Widersprüche und Brüche, sie erzeugt Unbehagen an sich selbst, ja ihren eigenen Gegensatz. Das gilt vor allem für die Deutungswelt, die Kultur, darum liegt da auch das Thema der Zeitreflexion der Philosophie. Habermas hat kritischpessimistisch von der «Kolonialisierung der Lebenswelten», den symbolisch vermittelten Lebensformen, durch die rationalen Systeme vor allem der Wirtschaft und der Bürokratie gesprochen, und andere bemerken schlichter das Entschwinden von Sinn. Die postmoderne Subjektivität und ihre Distanz zur Rationalität ist eine Antwort auf die Lage, Nihilismuserfahrung und gleichzeitige Ästhetisierung, noch immer der Schatten Nietzsches, eine andere. Sodann, die Vereinheitlichung der Welt macht ihre eigenen Grenzen schärfer deutlich und schwieriger zu ertragen. Die Zufälligkeit des Schicksals, des So-und-nicht-Anders-Seins, ist nicht mehr wie ehedem eine Selbstverständlichkeit des Lebens. «Warum bin ich so, warum ist das so?», damit geht der moderne Mensch, bewusst oder unbewusst, ständig um. Diese Fragen betreffen das, was die Philosophen heute wieder Kontingenz nennen. In einem im Prinzip rationalen und ganzheitlichen System wird es mit solcher Kontingenz schwieriger. Ja es ist eine paradoxe Folge universaler Mach- und Veränderbarkeit der Moderne gerade, dass so viele Systemlösungen selbst als kontingent erscheinen; auch sie könnten doch auch anders sein. Kurz, gesteigerte Kontingenzerfahrung und ihre Pluralität tritt auf als eine negative Folge der weltweiten Vereinheitlichung.

Aber weiterhin nun, es gibt auch einen gewaltigen positiven Effekt der Vereinheitlichung. Denn sie ist in der entwickelten Welt unlöslich verbunden mit der Überwindung der Knappheit und Arbeitsfron durch Technik und Markt. Wir haben Mittel und vor allem Freizeit, ein globales Angebot zu nutzen, und das heißt unser privates Leben durch Auswahl zu individualisieren. Die weltweite Vereinheitlichung jenseits der Knappheit ist die Bedingung einer nie zuvor da gewesenen Vielfalt von individuellen Lebensstilen, ja Lebenswelten in den fortgeschrittenen Ländern. So viel Vielfalt war nie. Die individual-pluralistischen Privatwelten kompensieren, kann man sagen, so die Uniformität der Arbeits-, Waren- und Bürokratiewelt und deren Nivellierungsfolgen. Zum Fortschrittsjubel freilich ist auch jetzt kein Anlass. Die Dritte Welt ist ausgespart. Die Pluralisierung der Individualwelten durch die Fülle der Wahl kultiviert auch den libertären Hedonismus und Narzissmus des modernen westlichen Menschen, und der nagt die Grundlage dieser Pluralität und Fülle, den Vereinheitlichungsprozess aus Disziplin und Rationalität gerade an. Auch der Egalisierungsdruck der Vereinheitlicher hört nicht auf, gegen andere Pluralisierungen zu kämpfen; im Namen der Chancengleichheit ziehen immer neue Gruppen gegen das konsequent legitime Ergebnis dieser Chancengleichheit, die differenziert pluralistische Ungleichheit erwachsener Menschen zu Felde, sie wollen das nicht anerkennen.

Ähnlich ist das Ergebnis der Medienrevolution. Die Medien präsentieren immer mehr Vielfalt und ermöglichen Auswahl, und sie vereinheitlichen gleichzeitig alles zur vorgefertigten Weltkultur, sei es nach dem Strickmuster des Kommerzes, sei es nach dem der Medien- und Interpretationsintellektuellen. Aber verordneter Pluralismus, Minderheitenkult oder Fernstenliebe oder auch nur die Pflicht, sich für alles in der Welt zu interessieren und zu engagieren, und die kommerzielle oder intellektuelle Internationalität der Weltkultur stehen unverbunden nebeneinander. Dazwischen geraten die Identitäten der realen Menschen und der realen Gruppen ins Gedränge, ja ins Abseits, das wird den Individualisten und den Noch-Gruppen-Zugehörigen zum Problem.

Kurz, der Mensch lebt in einer spezifisch modernen, täglich erfahrenen und immer wieder reflektierten Spannung zwischen der Einheit des Weltprozesses und der Vielheit der Individualitäten.

Politisch hat sich das Leiden am Konfliktpluralismus vom Jahrhundertanfang gelegt. Wohlstand, soziale Sicherheit und politische Kultur haben ihn eingehegt. Auch das ist kein Anlass zur Euphorie. Wir haben stattdessen einen Proporz- und Ausgleichspluralismus erfunden, der die Probleme vertagt und umgeht. Politik zwischen Interessenvielfalt und den Notwendigkeiten einer Integration bleibt ein Problem; aber es wäre absurd, je endgültige Lösungen zu erwarten. Die jüngsten Ereignisse im Osten mag man als den Untergang eines Universalismus, die Selbstbehauptung eines anderen deuten. Aber ebenso wahr ist: Eine auf Einheit fixierte Zukunftsutopie ist zusammengebrochen, die Vielfalt der Herkunftswelten ist wieder aufgestiegen, zwischen der Einheit der Weltkultur und der Vielfalt der Individuen, gegen die herkunftslose Vorherrschaft der Idee und der Realität von Gesellschaft, Verfassung oder Rationalität. Das gefällt vielen hierzulande nicht, aber es kommt darauf an, Tatbestände zu begreifen. Man darf den neuen Identitätsnationalismus nicht mit dem Aggressions- und Missionsnationalismus gewesener europäischer Vergangenheit verwechseln. Das Problem jedenfalls der Zwischeneinheiten und der Zwischenvielheiten steht wieder, wie lange nicht, obenan auf der Tagesordnung.

Vielheit und Einheit bestimmen auch das Begreifen. Historiker sind, so meine ich, heute in einer doppelten Gefahr. Da gibt es den geheiligten Perspektivismus, zunächst der Einzelnen und dann, jetzt viel wichtiger, den der Gruppen, nicht mehr jedermann sein eigener Historiker, aber jede Gruppe ihr eigener Historiker, so heißt die Parole, und das ist in Regenbogengesellschaften eine unheimliche Macht – die Frauen, die Schwarzen, die Homosexuellen, die Katholiken, die Arbeiter etc. Und da gibt es zugleich den Einheitsglauben, der die Einheit der Weltgeschichte, eine regulative Idee jeder Historie, zum «Projekt der Moderne» zu stilisieren sucht, zu einem einzigen kritischen Maßstab, der über die Dialektik von legitimer Einheit und legitimer Vielfalt hinausgeht. Aber weder dankt die Vernunft zugunsten postmoderner Gruppenkonstruktionen ab, noch wird sie total. Sie pluralisiert sich nur. Geschichte ist nicht eine Vorgeschichte, in einer Perspektive oder einem Projekt, sie ist, wie ich mich nicht scheue zu wiederholen, eine Fülle sich überlappender Vorgeschichten. Historiker können den metapolitischen Streit über die alternativen Konzepte, die Dialektik von Einheit und Vielheit zu lösen, nicht schlichten, sie können nur versuchen, Streit und Alternativen aufzuklären. Dabei sollen sie nicht Partei sein, sie sollen objektiv sein, dann jedenfalls, wenn sie von Geschichte als Wissenschaft reden. Das heißt: Die vielen, vielen Vergangenheiten werden nicht in irgendeinem Projekt oder einer Perspektive vereinheitlicht, sondern sie gelten in den Perspektiven der vielen Vorgeschichten, aber jede Vorgeschichte kann, gegen den gängigen Relativismus oder die Gruppenforderungen sei es gesagt, beanspruchen, der objektiven Wahrheit für heute optimal zu entsprechen. So kann, so meine ich, die Wissenschaft im heutigen Kampf der Götter um Einheit und Vielfalt Wissenschaft bleiben und dem Leben dienen. Die Geschichte wirft Licht auf die Gegenwart, von weither, und einen langen Schatten. Sie lässt uns zwischen Utopie und Apokalypse, Nostalgie und ewiger Kritik in aufgeklärter Erinnerung in Skepsis zwischen Einheit und Vielfalt bestehen.

ANMERKUNGEN

2. Die anthropologische Dimension der Geschichtswissenschaft

1 Eine frühere Fassung meiner Überlegungen zu diesem Thema habe ich aufgrund einer Diskussionsbemerkung beim Freiburger Historikertag 1967 unter dem Titel: «Kulturgeschichte, Sozialgeschichte, historische Anthropologie», in: VSWG, 55, 1968, S. 145–164, veröffentlicht. Der Vortrag von E. E. Evans-Pritchard, Anthropology and History, Manchester 1961, vom Standpunkt des Ethnologen aus, ergibt für unser Thema nichts Wesentliches.

2 Für den deutschen Leser zur ersten Einführung vgl. W. Mühlmann (Hg.), Kulturanthropologie, Köln 1967.

3 D. Riesman, The Lonely Crowd. A Study of the Changing American Character, New Haven 1953; dt.: Die einsame Masse. Eine Untersuchung der Wandlungen des amerikanischen Charakters, mit einer Einf. v. H. Schelsky, Hamburg 1961.

4 Dabei ist es in unserem Zusammenhang gleichgültig, ob man die Turnersche These, wie es manche neueren Kritiker tun, als einen «Mythos» ansieht oder nicht.

5 N. Elias, Über den Prozess der Zivilisation. Soziogenetische und psychogenetische Untersuchungen 1: Wandlungen des Verhaltens in den weltlichen Oberschichten des Abendlandes, Bern [2]1969.

6 T. Parsons, Essays in Sociological Theory, London 1963, S. 359 f.

7 B. Groethuysen, Die Entstehung der bürgerlichen Welt- und Lebensanschauung in Frankreich, 2 Bde., Halle/S. 1927/30.

8 J. Habermas, Zur Logik der Sozialwissenschaften (Philosophische Rundschau, Beiheft 5), 1967, S. 179.

9 Vgl. W. Conze, Sozialgeschichte, in: H.-U. Wehler (Hg.), Moderne deutsche Sozialgeschichte, Köln 1966, S. 19–26; H. Mommsen, Sozialgeschichte, in: ebd., S. 27–34; O. Brunner, Neue Wege der Verfassungs- und Sozialgeschichte, Göttingen 19682.

10 Man vergleiche für die durchschnittliche Richtung gegenwärtiger Sozialgeschichte z. B. die Aufsätze, die Wehler in dem eben genannten Sammelband herausgegeben hat.

11 Siehe R. Heberle, Landbevölkerung und Nationalsozialismus. Eine soziologische Untersuchung der politischen Willensbildung in Schleswig-Holstein 1918–1932, Stuttgart 1963, und G. Stoltenberg, Politische Strömungen im schleswig-holsteinischen Landvolk 1918–1933. Ein Bei-

trag zur politischen Meinungsbildung in der Weimarer Republik, Düsseldorf 1962. – Vgl. meine Rezension in: NPL, 9, 1964, Sp. 389–399.

12 Vgl. meinen Aufsatz «Volksschule und Revolution» – In meinem Aufsatz über «Verein als soziale Struktur in Deutschland im späten 18. und frühen 19. Jahrhundert» hoffe ich gezeigt zu haben, dass die eminente Bedeutung des Vereinswesens für Politik und Wirtschaft in Deutschland im 19. Jahrhundert nur begreifbar wird, wenn man die Wandlungen der anthropologischen Struktur der mitmenschlichen Beziehungen und des Verhältnisses des Menschen zur ‹Kultur› genau untersucht.

13 Sehr gut z. B. bei F. Zunkel, Der rheinisch-westfälische Unternehmer 1834–1879, Köln 1962.

14 L. Febvre, Le problème de l'incroyance au XVIe siècle. La religion de Rabelais, Paris 1947.

15 Vgl. den Überblick, den H.-U. Wehler in «Zum Verhältnis von Geschichtswissenschaft und Psychoanalyse», in: HZ, 208, 1969, S. 530 ff., gegeben hat, wiederabgedruckt und bibliographisch erweitert in seinem kleinen Sammelband: Geschichte und Psychoanalyse, Köln 1971, vor allem die bibliogr. Angaben S. 539 ff. Dazu jetzt: B. Wolman (Hg.), The Psychoanalytical Interpretation of History, New York 1971, und B. Mazlish (Hg.), Psychoanalysis and History, New York [2]1971 und zusätzlich: A. A. Rogow, Psychiatry, History and Political Science, in: Modern Psychoanalysis, hg. von J. Marmor, New York 1968. R. J. Lifton, On Becoming a Psychohistorian, in: History and Human Survival, New York 1970. – Ein nicht speziell psychoanalytischer, interessanter, wenn auch etwas essayistischer Entwurf, der sich mit manchen hier vorgetragenen Gedanken berührt: Z. Barbu, Problems of Historical Psychology, New York 1960.

16 Vgl. Wehler, Verhältnis, S. 544, und dazu: E. Erikson, Gandhi's Truth, London 1970; ders., In search of Gandhi, in: Daedalus, 97, 1968. A. Mitzman, The Iron Cage (Max Weber), New York 1970, und O. Pflanze, Toward a Psychoanalytical Interpretation of Bismarck, in: American Historical Review, 77/2, 1972, S. 419–44.

17 C. Stout, Ego Psychology and the Historian, in: History and Theory, 7, 1968, S. 281 ff.

18 Ein interessantes Buch mit diesem Ansatz: G. Gorer und J. Rickman, The People of Great Russia, New York [2]1962, ist deshalb misslungen.

19 Th. W. Adorno u. a., The Authoritarian Personality, New York 1950. – Vgl. dazu kritisch R. Christie u. M. Jahoda, Studies in the Scope and Method of The Authoritarian Personality, Glencoe 1954.

20 B. Mazlish, Group-Psychology and the Problem of Contemporary History, in: Journal of Contemporary History, 3/2, 1968, S. 163–77.

21 Diese Konstruktionen ersetzen z. T. das, was einmal spekulative Geschichtsphilosophie war: vgl. z. B. E. Fromm, Escape from Freedom, New York 1964.

22 G. Platt und F. Weinstein: The Wish to be Free. Society, Psyche and Value Change, Berkeley 1969, vor allem Kap. 3 und 4, S. 82 ff.

23 In der alten und mittelalterlichen und der älteren außereuropäischen Geschichte ist freilich der naive Zugriff auf Handlungen und Vorstellungen aufgrund unserer alltäglichen Erfahrung schon immer problematischer gewesen: er konnte an den so andersartigen Handlungsmodellen der fraglichen Zeit scheitern. Darum finden sich in den Untersuchungen zu diesen Gebieten der Geschichte im Allgemeinen mehr anthropologische Beobachtungen und Materialien als auf dem Gebiet der neueren Geschichte, ohne dass sie freilich grundsätzlich reflektiert worden sind.

24 N. J. Smelser, Social Change in the Industrial Revolution. An Application of Theory to the Lancashire Cotton Industry 1770–1840, London 1959.

25 R. Braun, Industrialisierung und Volksleben. Die Veränderung der Lebensformen in einem ländlichen Industriegebiet vor 1800, Erlenbach 1960; ders., Sozialer und kultureller Wandel in einem ländlichen Industriegebiet (Zürcher Oberland) unter Einwirkung des Maschinen- und Fabrikwesens im 19. und 20. Jahrhundert, Erlenbach 1965. Vgl. auch W. Brepohl, Industrievolk im Wandel, Tübingen 1957.

26 W. Roeßler, Die Entstehung des modernen Erziehungswesens in Deutschland, Stuttgart 1961; H. H. Muchow, Jugend und Zeitgeist. Zur Morphologie der Kulturpubertät, Hamburg 1962. Auch das für unsere Fragestellung besonders wichtige Werk von J. H. van den Berg, Metabletica. Über die Wandlung des Menschen. Grundlinien einer historischen Psychologie, Göttingen 1960, ist vom Standpunkt der Pädagogik und der Jugendanthropologie geschrieben.

27 D. McClelland, The Achieving Society, Princeton 1961. Zur Kritik an dem relativ unhistorischen Charakter dieses Buches vgl. meinen oben Anm. 1 genannten Aufsatz, S. 161 f.

5. Nationalidee und Nationaldenkmal in Deutschland im 19. Jahrhundert

1 Der Anstoß für die Beschäftigung mit dem Thema ging von meinem Kollegen Klaus Lankheit (Karlsruhe) aus, dessen Institut eine umfassende Dokumentation und verschiedene Publikationen über die Denkmäler im 19. Jahrhundert vorbereitet und der mit mir zusammen ein Seminar über Nationaldenkmäler abgehalten hat. Ich bin ihm für diesen Anstoß und für manche kunsthistorischen Anregungen und Einsichten zu großem Dank verpflichtet. Einige Gedanken zu diesem Thema habe ich im Sommer 1966 in einer Arbeitsgruppe der Thyssen-Stiftung vor-

getragen. Dem Umfang einer knappen Abhandlung entsprechend muss ich auf die Erörterung einiger wichtiger zum Thema gehöriger Komplexe ganz oder fast ganz verzichten, so auf die Entwurfs- und Planungsgeschichte der Denkmäler, auf die Resonanz und die Kritik, die ein Denkmal bei den Zeitgenossen findet, auf die allgemeine Entwicklung der Denkmalsidee im 19. Jahrhundert, auf den notwendigen Vergleich, zumal mit der Geschichte des französischen, italienischen und ostmitteleuropäischen nationalen Denkmals und auf eine abschließende Erörterung der Denkmäler des Ersten Weltkrieges in der Weimarer Republik und der nationalsozialistischen Ära; auch kann ich die in den Denkmalsbewegungen zutage tretenden Nationalideen im vorliegenden Zusammenhang nicht explizit mit der allgemeinen Geschichte der Nationalidee und des Nationalbewusstseins und ihren politischen und sozialen Bedingungen und Hintergründen in Beziehung setzen; auf diese Komplexe werde ich an anderer Stelle zurückkommen.

2 Th. Schieder, Das deutsche Kaiserreich von 1871 als Nationalstaat, Köln 1961, S. 75, hat auf dieses Problem bereits hingewiesen.

3 Aus der bisherigen Literatur ist zu nennen: A. Hofmann, Denkmäler: Geschichte des Denkmals; Denkmäler mit architektonischem oder vorwiegend architektonischem Grundgedanken. Handbuch der Architektur, Bd. 4 /8, Heft 2 a und b (mehr nicht erschienen), Stuttgart 1906, eine umfassende und zumal für die zweite Hälfte des 19. Jh.s materialreiche Zusammenstellung. – H. Schrade, Das deutsche Nationaldenkmal, München 1933, die einzige Gesamtdarstellung zum Thema. Trotz sehr bedeutender kunstwissenschaftlicher Problemstellungen und Einsichten und trotz vieler Anregungen bleibt das Werk historisch unbefriedigend: es ist eine aktuell bestimmte Programmschrift, die von einem Ideal des Nationaldenkmals, dem architektonischen Denkmal, das die Nation als überindividuelle Gemeinschaft anspricht und sinnfällig macht, ausgeht; an diesem Ideal werden die historischen Denkmäler gemessen, die Denkmäler der zweiten Hälfte des 19. Jh.s werden kaum behandelt; der programmatische und vage Vorbegriff von Nation verhindert jede differenzierende politische Analyse der in den Denkmälern wirklich gewordenen verschiedenen Nationalideen; die historische Situation, in der ein Denkmal steht, die Entwurfs- und Baugeschichte und die für die Intention der Zeitgenossen so charakteristischen Denkmalsfeste werden nur gelegentlich und sehr knapp angezogen, dem Charakter einer Programmschrift entsprechend fehlen alle Belege. – H. Beenken, Das 19. Jahrhundert in der deutschen Kunst, München 1944, ein nicht nur für die Kunstwissenschaft, sondern auch für die historische Analyse des 19. Jh.s bedeutendes Werk, das wohl durch den Termin seines Erscheinens im Herbst 1944 in seiner Wirkung beeinträchtigt worden ist, behandelt in einschlägigen Abschnitten auch eine Reihe wichtiger Nationaldenkmäler. Um den Anmerkungsapparat knapp zu halten,

habe ich im folgenden auf eine Auseinandersetzung mit diesen Autoren an entsprechenden Stellen verzichtet; wo ich unmittelbar von ihnen abhängig bin, ist das selbstverständlich vermerkt.

4 Schrade, S. 26 f.; vgl. auch A. Neumeyer, Monuments to «Genius» in German Classicism, in: Journal of the Warburg Institute, Bd. 2, London 1938/39, S. 159 ff.

5 W. G. Becker, Vom Costume an Denkmälern, Leipzig 1776, S. 9.

6 C. C. L. Hirschfeld, Theorie der Gartenkunst, Bd. 3, Leipzig 1784, S. 140 ff.

7 Aus der vielfältigen Literatur nenne ich: K. Merckle, Das Denkmal König Friedrichs des Großen in Berlin, Berlin 1894; H. Mackowsky, J. G. Schadow 1764–97, Berlin 1927, S. 91 ff., 240 ff., 279 f., 394 ff.

8 Merckle, S. 34.

9 Schadow 1780; Mackowsky, S. 91 ff.

10 Heinitz hatte 1791 den fast revolutionären Vorschlag gemacht, das Denkmal solle von allen Ständen im gesamten Vaterlande errichtet werden; das hatte der König, ganz in dynastischer Tradition, abgelehnt; F. u. K. Eggers, C. D. Rauch, Berlin 1873 ff., Bd. 4, S. 49; bei Merckle fehlt diese wichtige Angabe. Trotzdem wurden Inschriften in diesem Sinne projektiert.

11 Berlinische Monatsschrift, 1, 1796, S. 12 ff.

12 K. Levezow, Denkschrift auf Friedrich Gilly, Berlin 1801, S. 21 ff. (nach Gesprächen mit Gilly); ders., Über die Idee eines Denkmals für Friedrich den Großen, in: Kosmann-Heinsius, Denkwürdigkeiten der Mark Brandenburg, 1796, Bd. 2, S. 1009 ff.; A. Oncken, F. Gilly, Berlin 1935, S. 48.

13 Vgl. dazu die Randbemerkungen Gillys zu seinen Entwürfen: A. Rietdorf, Gilly, Wiedergeburt der Architektur, Berlin 1940, S. 59 ff., eine Arbeit, die sonst gegenüber der Monografie von A. Oncken nichts Neues bietet. Zum revolutionären Klassizismus außer Oncken, besonders S. 5 ff., E. Kaufmann, Von Ledoux bis Le Corbusier, Wien 1933; H. Schmitz, Berliner Baumeister vom Ende des 18. Jh.s, Berlin [2]1925, besonders S. 59 ff.

14 Oncken, S. 49.

15 Vgl. G. Kaiser, Pietismus und Patriotismus im literarischen Deutschland, Wiesbaden 1961.

16 Beenken sieht in diesem Verhältnis von Kunstwerk und Betrachter den eigentlichen Grundzug der Kunst des 19. Jh.s. Diese universale These kann hier nicht diskutiert werden. Für das architektonische Denkmal des späten 18. und des frühen 19. Jh.s, ja überhaupt für das Denkmal des 19. Jh.s ist diese Struktur aber evident und aus Äußerungen der Künstler, z. B. Schinkels, s. u. S. 145, wie aus der Analyse der Werke immer wieder zu belegen.

17 Merckle, S. 76; Verfügung vom 1. 11. 1800.

18 H. Mackowsky, Das Friedrichs-Denkmal nach den Entwürfen Schinkels und Rauchs, Berlin 1894, S. 16 ff.
19 Eggers, Bd. 4, S. 65 f.
20 Mackowsky, S. 45.
21 E. Förster, Geschichte der deutschen Kunst, Bd. 5, Leipzig 1860, S. 316; diese positive Wertung ist ein Zeugnis für die lebensvolle Wirklichkeit der historistischen Haltung im gebildeten Bürgertum der Jahrhundertmitte, die eine solche Versammlung keineswegs als museal empfand.
22 A. Sommer, Gedenkbuch enthaltend die Geschichte und Beschreibung des Friedrichs-Denkmals in Berlin, Berlin 1852, S. 48 ff.
23 H. v. Treitschke, Deutsche Geschichte, Bd. 5, Leipzig 1894, S. 405 f.
24 Für die Einweihung die extrem konservative Propagandaschrift von Sommer, S. 93 ff.; über die Zurückhaltung und die geplanten Gegendemonstrationen von einem Teil der Gewerke: (Augsburger) Allgemeine Zeitung vom 7. 6. 1851.
25 P. O. Rave (Hg.), Karl Friedrich Schinkel, Bd. 3, Berlin 1941, S. 270 ff.; E. Faden, Zur politischen Geschichte der Berliner Denkmäler, in: Zeitschrift des Vereins für die Geschichte Berlins, 54, 1937, S. 93 f.
26 S. unten S. 153 ff.
27 S. unten S. 146.
28 Ausführliche Darstellung der Denkmalsgeschichte: Die Denksäule im Invalidenpark zu Berlin, in: Der Soldatenfreund, 22/6, 1854.
29 J. N. Sepp, Ludwig Augustus von Bayern und das Zeitalter der Wiedergeburt der Künste, Regensburg ^{2}1903, S. 357; über die monarchisch konstitutionellen Denkmäler s. unten S. 155 f.; über die Ruhmeshalle und die Bavaria s. unten S. 150 f.
30 Für die Verbindung von Partikularstaat und Reich mag auf die Münchener Friedenssäule (1899) und das Kriegerdenkmal bei Edenkoben in der Pfalz (1899) hingewiesen werden; hier sind immer preußisch-deutsche und bayerische Regenten, Feldherrn und Politiker parallelisiert.
31 Beenken, S. 479.
32 Vgl. unten S. 151.
33 Beenken, S. 35.
34 O. Kuntzemüller, Die Denkmäler Kaiser Wilhelms des Großen, Bremen 1902, zählt 327 fertige oder im Bau befindliche Denkmäler. Ein Sammelwerk: Deutschlands Ruhm und Stolz, o. J., zählt 372, davon etwa 190 in den preußischen Ostprovinzen, 70 in den beiden Westprovinzen und 26 in den 1866 gewonnenen Provinzen, 39 in Süddeutschland.
35 A. Lichtwark, in: Pan, III/2, 1897, S. 106.
36 Beenken, S. 35.
37 A. G. Meyer, R. Begas, Bielefeld 1897, S. 120, 105 f.; vgl. auch S. 3 f. u. ö.
38 Hofmann, S. 244.

39 Vgl. zusammenfassend und antikritisch H. Delbrück, Das Wilhelms-Denkmal, in: Preußische Jahrbücher, Mai 1897, S. 177 ff.

40 H. Ferschke, Der Kyffhäuser und das Kaiser-Wilhelm-Denkmal, Frankenhausen 1897, S. 29; dieses Bild zuerst bei Felix Dahn, Macte imperator! ein lateinisch und deutsch verfasstes Gedicht, 1871, in: ders., Sämtliche Werke, Bd. 18, Leipzig 1899, S. 463 ff.

41 Hofmann, S. 660 f.

42 Pläne für ein «deutsches Olympia» am Kyffhäuser wurden lebhaft erörtert, vgl. Die deutschen Nationalfeste und der Kyffhäuser als Feststätte, München 1897.

43 Ferschke, S. 38 f.; Das Kaiser-Wilhelm-Denkmal auf dem Kyffhäuser, ^{4}1921, S. 13 f., 19.

44 Ferschke, S. 40.

45 Kaiser-Wilhelm-Denkmal, S. 19.

46 Vgl. vor allem Hofmann, S. 244 f., 660 ff., der hier für viele andere Stimmen stehen mag.

47 Auch F. Weinbrenner sieht in seinem Denkmalstempel für Leipzig einen zentralen Raum für den Gottesdienst vor, s. u. S. 154.

48 Dazu Rave, Bd. 1, S. 183 ff. Dort auch zwei Denkschriften Schinkels, aus denen die folgenden Zitate stammen.

49 Über die «Einstimmung» vgl. oben S. 139.

50 So richtig bei A. v. Wolzogen, Aus Schinkels Nachlass, Bd. 3, Berlin 1862, S. 199, der Text bei Rave ist verstümmelt. Die nationalpädagogische Intention spielt bei vielen Denkmalsplänen der Zeit eine Rolle.

51 Dazu eine Denkschrift Schinkels, bei Wolzogen, Bd. 3, S. 155 ff., daraus die Zitate im Folgenden; weiter H. Schmitz, Die Gotik im deutschen Kunst- und Geistesleben, Berlin 1921, S. 199 ff., über Schinkel S. 215 ff.; Beenken, S. 57 ff.

52 Die «Wahl» eines historischen Stils als eines Ausdrucksmittels ist eine revolutionäre Neuerung, die den architektonischen Historismus im 19. Jh. charakterisiert; vgl. H. Beenken, Der Historismus in der Baukunst, in: HZ, 157, 1938, S. 27 ff.

53 Dazu: Der Kirchenbau des Protestantismus von der Reformation bis zur Gegenwart, 1893, S. 191 ff., 202 ff.; O. F. Gruppe, K. F. Schinkel und der neue Berliner Dom, Berlin 1843, bes. S. 90 ff.; A. Hallmann, Kunstbestrebungen der Gegenwart, Berlin 1842, S. 60 ff.; Das Nationaldenkmal für Kaiser Wilhelm und der Dom zu Berlin, in: Preußische Jahrbücher, 62, 1888, S. 423 ff.

54 Treitschke, Bd. 2, S. 45, und H. Boockmann, Das ehemalige Deutschordensschloss Marienburg 1772–1945, in: Geschichtswissenschaft und Vereinswesen im 19. Jahrhundert, Göttingen 1972, S. 99–162.

55 S. u. S. 151; für die Bewunderung der «Westmünster-Abtei» vgl. noch F. Th. Vischer, Kritische Gänge, Bd. 2, Tübingen 1844, S. 38 f.; Kritik an

solchen Ideen z.B. bei Gruppe, S. 142 f.: in der Nähe des Göttlichen verschwinde alles menschliche Verdienst.

56 A. Teichlin, Zeitschrift für bildende Kunst, Bd. 6, 1871, S. 169.

57 Preußische Jahrbücher, 62, 1888, S. 430 ff.; Kölnische Zeitung, 30. 3. 1888.

58 Rheinischer Merkur, Nr. 57, Gesammelte Schriften, Bd. 6–8.

59 A. Reichensperger, Einige Worte über den Dombau zu Köln, Koblenz 1840.

60 L. Ennen, Der Dom zu Köln, Düsseldorf 1879, S. 298, aus einer Kundgebung des Dombauvereins.

61 Ebd., S. 142 ff., dort viele Zeugnisse dieser Art.

62 Der Dom von Cöln und das Münster von Straßburg, 1842, S. 10 f.

63 Reden und Trinksprüche Friedrich Wilhelms IV. von Preußen, 1855, S. 30 ff.

64 Allgemeine Zeitung, 18. 9. 1842.

65 Wenn auch bei seiner Vollendung Wilhelm I. noch vom «Zeichen der deutschen Einheit» sprach; E. Berner, Kaiser Wilhelm des Großen Reden und Schriften, Bd. 2, Berlin 1906, S. 378; 1867 war Wilhelm kurze Zeit von dem Wunschbild einer Kaiserkrönung im Kölner Dom berührt gewesen: K. Hampe, Wilhelm I., Kaiserfrage und Kölner Dom, Stuttgart 1936, S. 135 u. ö. – Wie eine verspätete Wiederholung mutet der Vorschlag von 1871 an, anstelle eines Siegesdenkmals das Straßburger Münster auszubauen; Hofmann, S. 237; zum Glück war die Zeitstimmung einem solchen Projekt jetzt entgegen.

66 Denkmalsgeschichtlich sind zwei Vorstufen zu beachten: im Zuge der Moralisierung und Patriotisierung der Denkmalsidee entstehen im 18. Jh. Pläne, in Gärten und Parks Gruppen von Denkmälern der großen Männer aufzustellen, vgl. oben S. 136; in einer Anthologie: Barden-Hain für Deutschlands edle Söhne und Töchter, von Th. Heinsius, Berlin 1808, ist in einem Titelkupfer ein Park mit drei Gedenkobelisken für Hermann, Luther und Friedrich abgebildet, sozusagen eine Minimalfassung dessen, was hier die Nation repräsentiert. Zum andern: 1791 ist in Paris das Pantheon gegründet worden, eine Kirche, die zum Tempel der nationalen Größe säkularisiert wurde.

67 A. Müller, Donaustauf und Walhalla, Regensburg [4]1843, S. 11, die Formulierungen stammen von Hormayr, 1843, entsprechen aber der Stimmung des Kronprinzen Ludwig schon 1807.

68 Brief Johannes von Müllers an seinen Bruder vom 11. 8. 1807; Sepp, S. 43.

69 Walhallas Genossen geschildert durch König Ludwig I. von Bayern, dem Gründer Walhallas, 1842, Einleitung; und die Reden Ludwigs zu den Walhalla-Festen: Allgemeine Zeitung 23./24. 10. 1830, 21./22. 10. 1842.

70 So der Minister von Schenk bei der Grundsteinlegung; Allgemeine Zeitung vom 24. 10. 1830.

71 «Auf griechischen Konsolen stehen die Büsten deutscher großer Männer in einem Griechentempel, der den ehrwürdigen deutschen Namen Walhalla trägt… hoch über einer unserer schönsten Städte ragt stolz die fremde Siegerin», so E. v. Bandel in den 40er Jahren; H. Schmidt, E. v. Bandel, Hannover 1892, S. 42 f.; «Warum soll das größte deutsche und nur deutsche Ehrenmal so absolut griechisch sein? Geben wir uns nicht eine Blöße, indem wir unsere Nationalität durch ein großes Bauwerk verherrlichen wollen und zugleich den großen herrlichen ächt original deutschen Baustil ignorieren?», Peter Cornelius (1820) an den Kronprinzen; A. Kuhn, P. Cornelius und die geistigen Strömungen seiner Zeit, S. 270 ff.

72 Diesen Zug hat vor allem Schrade, S. 78 ff., herausgearbeitet.

73 Walhallas Genossen, Einleitung; Allgemeine Zeitung vom 20. 10. 1842.

74 In seinem Testament hat Ludwig in diesem Sinne die Walhalla Deutschland «seinem großen Vaterlande» vermacht, für den Fall, dass ein Bund nicht mehr bestehe, solle sie an Bayern fallen. Das ist 1869 geschehen und nach 1871 so geblieben; H. Reidelbach, König Ludwig von Bayern und seine Kunstschöpfungen, München 1888, S. 240 f.

75 Gärtner an Wagner, in: W. v. Pölnitz, Ludwig I. von Bayern und Johann M. Wagner, München 1929, S. 183.

76 Kunstbestrebungen der Gegenwart, 1842, S. 82 ff.

77 Hofmann, S. 237, ohne Nachweis.

78 Ebd., S. 758, ohne Nachweise.

79 Deutsche Rundschau, 1896, S. 263 f.

80 Für die Einheit des Typus vgl. z. B. Frankfurter Konversationsblatt vom 4./5. 1. 1837: man möge viele Denkmäler wie das Beethoven-Denkmal in Bonn errichten, «damit endlich ganz Deutschland zu einer Walhalla voll würdiger Denkmale der großen Geister werde». Die Kritik an solchen Vorstellungen setzt erst in den späten 60er Jahren ein.

81 Dr. Martin Luthers Denkmal oder Beiträge zur richtigen Beurteilung des Unternehmens, diesem großen Manne ein wirkliches Denkmal zu errichten. Von der vaterländisch-literarischen Gesellschaft in der Grafschaft Mannsfeld, Halle 1804, S. 4, 38.

82 E. Wagner, in: Frankfurter Journal vom August 1837.

83 Journal für Buchdruckerkunst, Schriftgießerei und verwandte Fächer, 1837, S. 161 f.; dort Nr. 8 ff. über das Gutenberg-Fest überhaupt, mit vielen weiteren Belegen.

84 Das Schiller-Fest in Stuttgart am 8. 5. 1839, Stuttgart 1839, S. 4.

85 Ebd., S. 35 ff.

86 Zu nennen ist etwa das Dürer-Denkmal in Nürnberg von 1840, dessen Grundsteinlegung 1828 wohl das erste nationale Denkmalsfest, freilich

vornehmlich von Künstlern besucht, gewesen ist; das Salzburger Mozart-Denkmal 1842 und das Beethoven-Denkmal in Bonn 1842, beide mit «nationalen» Musikfesten, aber ohne besondere politische Töne, eingeweiht; oder das Bonifatius-Denkmal in Fulda 1842, dessen nationale Intention freilich ins Konfessionelle verengt worden ist; vgl. H. König, Stationen, Frankfurt 1846, S. 103 ff.; das Frankfurter Goethe-Denkmal ist 1819 als «Nationaldenkmal» geplant, aber schließlich 1844 nur als Frankfurter Denkmal vollendet worden.

87 J. Menzhausen, Die entwicklungsgeschichtliche Stellung der Standbilder Gottfried Schadows, Diss., MS, Leipzig 1963, S. 1.

88 E. M. Arndt, Ein Wort über die Feier der Leipziger Schlacht, Frankfurt 1814, über den Denkmalsplan S. 20–22.

89 Germania, den 19. Oktober 1813, 1814.

90 Allgemeine Zeitung, 22.–24. 10. 1842.

91 K. Th. Heigel, Ludwig I. König von Bayern, Leipzig 1872, S. 366.

92 Karlsruher Zeitung vom 23. 10. 1863.

93 Vgl. Faden, S. 94.

94 Ebd., S. 96.

95 A. Horne, Die wichtigsten öffentlichen Denkmäler von Frankfurt am Main, Frankfurt 1904, S. 8 ff.

96 Vgl. Burschenschaftliche Blätter, Bd. 16, 2. Halbbd., Heft 5, 1902, der Bericht über die Einweihung.

97 Rheinischer Kurier vom 13. 4. 1871; C. Weiler, Von der Loreley zur Germania, 1963, besonders S. 8 f.; Sartorius, Das Nationaldenkmal auf dem Niederwald, Geschichte und Beschreibung desselben, 1888.

98 So der erste Sammlungsaufruf von Ende 1871; H. Hannemann, 50 Jahre Nationaldenkmal, 1933, S. 7.

99 S. u. H. Bouffier, Das Nationaldenkmal auf dem Niederwald, Frankfurt 1883, S. 39.

100 Die «besonnenste Konstatierung einer nationalen Riesentat», «in schonendster Weise geschrieben», ebd., S. 52.

101 In einem der Entwürfe von Kaulpert krönt Germania den Kaiser, am Relief ist die Gestalt des sich selbst krönenden Barbarossa abgebildet, hier soll offenbar der Übergang zum demokratischen Zeitalter versinnlicht werden; über die Entwürfe: Deutsche Bauzeitung 1872, S. 8, 72, 224, 272, 296, 306, 338; 1873, S. 197, 234, 242.

102 Über Vorstufen der Idee im 18. Jh. vgl. H. Kraeger, Klopstock und das Hermanns-Denkmal, in: Germania. Monatshefte für Vorgeschichte, 1934, S. 319 ff.

103 E. M. Arndt, Geist der Zeit, Bd. 4, Berlin 1818, S. 488 ff.; M. G. Zimmermann (Hg.), Karl Friedrich Schinkel, Kriegsdenkmäler aus Preußens großer Zeit, Berlin 1916, S. 35.

104 H. Schmidt, Ernst v. Bandel, Hannover 1892, S. 123, nach zeitgenössischen Quellen; von einer «deutschnationalen Sache» spricht

F. J. Schwanke, Hermann der Cherusker und sein Denkmal von deutscher Nation im 19. Jh. errichtet. Zur Würdigung des Nationaldenkmals im Teutoburger Walde, Lemgo 1841, S. 4 f. Von der Teilnahme auch der Auslandsdeutschen wird immer wieder berichtet.

105 E. v. Bandel, Erinnerungen aus meinem Leben, Detmold 1937, S. 266; ders., Armins Säule. Armin des Cherusker fürsten Denkmal, dem Befreier Deutschlands errichtet vom deutschen Volk, 1861, S. 28 f.; 50 Jahre Hermanns-Denkmal. Amtliche Festschrift, Detmold 1925, S. 79 ff.

106 So bei der Grundsteinlegung 1838; H. Thorbecke, Zur Geschichte des Hermanns-Denkmals, Festschrift für den Tag der Übergabe des Denkmals an das deutsche Volk, Detmold 1875, S. 48 f.

107 M. L. Petri, Festrede bei der Schließung des Grundsteingewölbes des Hermanns-Denkmals am 8. 9. 1841, Lemgo ²1841.

108 Schwanke, S. 7.

109 Dazu vor allem Petri.

110 Bandel 1837; H. Kiewning, Das erste Projekt zum Hermanns-Denkmal, in: Mitteilungen aus der lippischen Geschichte und Landeskunde, 12, 1926, S. 10.

111 So Bandel 1838; Schmidt, S. 125, 112.

112 Petri, Anhang.

113 Schmidt, S. 155 f. aus dem Jahre 1840.

114 Bandel, Armins Säule, S. 4 f., 9 f.; auch aus den 30er und 40er Jahren gibt es entsprechende Zeugnisse, zumal 1840 bei der Grundsteinlegung klang die patriotischkämpferische Stimmung gegen Frankreich sehr stark mit.

115 Vgl. oben S. 149, seine Kritik an der Walhalla; weiter Schmidt, S. 43 f., ein Aufsatz aus den 30er Jahren; und Bandels Schriften von 1861/62, passim.

116 Kiewning, passim; Schmidt, S. 128 ff., 157 f.

117 Neben der Begeisterung für das Denkmal gab es auch heftige Kritik. Aus vielen Zeugnissen vgl. etwa K. Biedermanns Deutsche Monatsschrift, 1, 1843, S. 280: ganz in den Hintergrund trat (1842) das Hermanns-Denkmal, «für welches in der Tat dem schlichten Bürger und Bauer irgendeine Sympathie zumuten zu wollen an Verstandesschwäche grenzen würde», oder F. Th. Vischer, Bd. 2, S. 29: «die lächerliche Torheit einer abstrakten Begeisterung».

118 50 Jahre, S. 89.

119 Thorbecke, S. 76.

120 Bandel, Erinnerungen, S. 293; Schmidt, S. 185.

121 50 Jahre, S. 83, aus einem Schreiben des Detmolder Hermanns-Vereines an den Kaiser von 1871.

122 C. Schierenberg, Erinnerungen, 1925, S. 143 ff.

123 Gartenlaube 1875, S. 638 ff.; 50 Jahre, S. 86.

124 Schmidt, S. 185.
125 50 Jahre, S. 69.
126 A. Spitzner, Deutschlands Denkmal der Völkerschlacht, das Ehrenmal seiner Befreiung und Wiedergeburt. Weiheschrift des deutschen Patriotenbundes, Leipzig 1913, S. 31 f., 75 f., 5 f. Aus diesem Werke sind die folgenden Zitate entnommen, in Klammern die Seitenzahlen.
127 Hofmann, S. 673.
128 So in einem Denkmalsführer, R. Bachmann, Das Völkerschlachtsdenkmal in Leipzig, 1924.
129 Schmitz bei Hofmann, S. 229 ff.; Spitzner, S. 93 ff.; Bachmann, S. 12; H. Schliepmann, Bruno Schmitz in: Berliner Architekturwelt, 13, 1913, S. V f.
130 «Der heroisch feierliche Zug des ganzen künstlerischen Organismus, sein in mystisch-kultischer Art den letzten Dingen (!) zugewandter Ernst erfasst uns tief innerlich und führt uns aus den Niederungen des Alltags zu Weihe und Andacht»; Spitzner, S. 128.
131 Schliepmann, S. V.
132 Spitzner, S. 107, 40.
133 M. Ehrhardt, Bismarck im Denkmal, Bd. 1, Eisenach 1903 (mehr nicht erschienen), nennt schon 165 Denkmäler; B. Garlepp, Bismarck-Denkmal für das deutsche Volk (ein allgemeines Bismarck-Buch), Berlin (101. Tausend) 1914, nennt ohne Anspruch auf Vollständigkeit etwa 150 Denkmäler. Vgl. Schieder, S. 76; H.-G. Zmarzlik, Das Bismarckbild der Deutschen – gestern und heute, Freiburg 1967, S. 14 f.
134 Burschenschaftliche Blätter, 13, 1898/99, S. 49 ff., 209.
135 1899 planten 470 Gemeinden die Errichtung solcher Säulen; C. Meißner, Wilhelm Kreis, Essen 1925, S. 11.
136 Berliner Tageblatt, zit. bei M. Schmid, Kunst und Dekoration, 1911, S. 237 ff.; ebenso F. Stahl, Hugo Lederer in: Berliner Kunst, 6. Sonderheft der Berliner Architekturwelt, 1906, S. 1.
137 G. Treu, Die preisgekrönten Entwürfe zum Bismarck-Denkmal zu Hamburg, Hamburg 1902.
138 Die Auffassung Bismarcks als Roland verkörpere in treffender Weise «die sich im Volksbewusstsein allmählich vollziehende Steigerung der Person Bismarcks ins Heldenhafte», heißt es in der Entscheidung des Preisgerichts; Ehrhardt, S. 43; Mönckeberg sprach in der Rede zur Enthüllung von einer «idealen Bismarck-Gestalt», dem «deutschen Nationalhelden» der neueren Zeit; Hofmann, S. 248; Hofmann spricht auch von der im Denkmal sinnfällig werdenden «mythischen Bedeutung» Bismarcks, der «Ausdruck eines über die Zeit hinausragenden Gedankens» sei; ebd., S. 246 f., 784 ff.
139 Dazu Hofmann, S. 248, 786; Illustrierte Zeitung (Leipzig) vom 14. 6. 1906.
140 Stahl, S. 3.

6. Grundprobleme der deutschen Parteigeschichte im 19. Jahrhundert

1 Ich würde heute (1973; der Aufsatz ist zuerst 1967 erschienen), wenn ich das Thema noch einmal ganz neu behandeln würde, u. a. die hier benutzte Kategorie «Anpassung» vermeiden, weil sie mir im gegenwärtigen Sprachgebrauch emotionalisiert und entwertet erscheint und die ursprünglich implizierten positiven wie negativen Obertöne undeutlich bleiben. Auf Nachweise, Anmerkungen und eine Auseinandersetzung mit der umfangreichen Literatur muss ich im wesentlichen verzichten; da es sich um Grundprobleme der deutschen Geschichte im 19. Jahrhundert handelt, lässt sich kein objektives Maß für den Umfang eines solchen Apparates finden, das nicht den gebotenen Umfang einer knappen Abhandlung überschreitet. Ich nenne vorweg einige Arbeiten, die für Thema und Thesen von Bedeutung sind: G. Ritter, Allgemeiner Charakter und geschichtliche Grundlagen der politischen Parteibildung in Deutschland, jetzt in: ders., Lebendige Vergangenheit, München 1958. – Th. Schieder, Die geschichtlichen Grundlagen und Epochen des deutschen Parteiwesens, und: Die Theorie der Partei im älteren deutschen Liberalismus, beide in: ders., Staat und Gesellschaft im Wandel unserer Zeit, München 1958. – L. Krieger, The German Idea of Freedom, Boston 1957. – Th. Nipperdey, Die Organisation der deutschen Parteien vor 1918, Düsseldorf 1961. – Ders., Interessenverbände und Parteien in Deutschland vor dem Ersten Weltkrieg, in: PVS, 2, 1961, S. 262–80 – Ders., Verein als soziale Struktur in Deutschland im späten 18. und frühen 19. Jahrhundert, in: Geschichtswissenschaft und Vereinswesen im 19. Jahrhundert. Beiträge zur Geschichtshistorischen Forschung in Deutschland, Göttingen 1972, S. 1–44 – E. R. Huber, Deutsche Verfassungsgeschichte seit 1789, Bd. 1–4, Stuttgart 1957–69. – H. Plessner, Das Schicksal des deutschen Geistes im Ausgang seiner bürgerlichen Epoche, 1935 (jetzt: Die verspätete Nation, Stuttgart 1959). – H. Holborn, Der deutsche Idealismus in sozialgeschichtlicher Beleuchtung, in: HZ, 174, 1952, S. 359–84.

2 J. Jolly, Der Reichstag und die Parteien, Berlin 1880, S. 120.

3 Vgl. dazu meinen Aufsatz: Die Funktion der Utopie im politischen Denken der Neuzeit, in: Archiv für Kulturgeschichte, Bd. 3, 1962, S. 357–78.

4 Soweit ich sehe, spielt eine solche antizipierende Tendenz des Denkens im 19. Jh. sonst nur in Russland eine Rolle, wo die Intellektuellen in einer noch extremeren Lage waren.

5 K. Repgen hat in einer Diskussion die Kontinuität der katholischen Partei bezweifelt und vor einer Überschätzung des Görreskreises gewarnt: die katholische Parteibildung sei ein Produkt, nicht eine Voraussetzung

des Kulturkampfes. Ich gebe zu, dass unsere Kenntnisse über die Breitenwirkung des politischen Katholizismus in den 40er, 50er und 60er Jahren noch recht gering sind und hier die Frage, ob die zweifellos vorhandenen Ansätze es rechtfertigen, von einer Kontinuität zu sprechen, zu überprüfen wäre; immerhin scheint mir eine Analyse der Bewegung von 1848 und 1849, die sich nicht vornehmlich auf die Parlamente richtet, sondern die Wahlen, die Öffentlichkeit und die in ihr agierenden Gruppen und Organisationen in Betracht zieht, auf das Faktum einer katholischen Partei, im hier verwendeten Sinne des Begriffes, hinzuführen; gerade K. Repgen hat dazu wesentliche Beiträge geleistet. Die These, die Bildung einer katholischen Partei sei ein Produkt des Kulturkampfes, erscheint mir so nicht haltbar: die Kulturkämpfe seit den 60er Jahren sind zwar Faktoren, die zur Konsolidierung des Zentrums geführt haben, aber die Fülle der sonstigen Bedingungen, ohne die solche Konsolidierung nicht möglich gewesen wäre, kann doch nicht außer acht gelassen werden. Im übrigen hat z.B. L. Gall für Baden in den 60er Jahren gezeigt (und für Bayern würde ähnliches gelten), dass die Umbildung des politischen Katholizismus zu einer Massenpartei zum Teil auf sozialökonomischen Bedingungen und antiborussischen und allgemein antiliberalen und antibürokratischen Proteststimmungen beruht, auf Faktoren also, die nicht unmittelbar mit dem Kulturkampfproblem zusammenhängen. Vgl. K. Repgen, Märzbewegung und Maiwahlen des Revolutionsjahres 1848 im Rheinland, Bonn 1955; L. Gall, Der Liberalismus als regierende Partei, Wiesbaden 1968.

NACHWORT

von Paul Nolte

Thomas Nipperdey ist für die meisten der Autor einer dreibändigen Deutschen Geschichte im 19. Jahrhundert, deren letzten Teil der Münchner Historiker im Jahre 1992, nur wenige Monate vor seinem Tod, gerade noch abschließen konnte. Doch bevor 1983 der erste Band dieses Werks erschienen war – mit der berühmt gewordenen Eröffnung «Am Anfang war Napoleon» –, kannte und schätzte man Nipperdey eher als den Meister einer kleineren Form. Seinen Kollegen in der Geschichtswissenschaft begegnete er in gelehrten Aufsätzen und interpretierenden Essays, die sich von dem Thema seiner Habilitationsschrift zur Parteiengeschichte des Kaiserreichs rasch, und oft überraschend weit, entfernten. Einen eigenen Schwerpunkt bildeten Arbeiten zur Geschichte der Reformation im 16. Jahrhundert. In formal ganz klassischen Abhandlungen, mit dichten Fußnoten bewehrt, erschloss er Felder der politischen Sozialgeschichte des frühen und mittleren 19. Jahrhunderts, vom Vormärz bis in die Bismarckzeit, für die Forschung: die neue Organisationsform des Vereins, oder die Bildungsinstitution Volksschule. Das lag im Zug einer wissenschaftlichen und allgemeinen Entwicklung seit den 1960er Jahren, die von der politischen Ereignisgeschichte zur Sozialgeschichte hindrängte und sich dabei für Institutionen, für organisiertes Handeln von Menschen, für übergreifende Strukturmuster von Politik und Gesellschaft interessierte.

Aber im gleichen Atemzug begann Thomas Nipperdey, gegen den Strom zu schwimmen. Ein großer Aufsatz behandelte «Nationalidee und Nationaldenkmal im 19. Jahrhundert» – das klang den einen schon wieder zu altmodisch in einer Zeit, als man den Nationalismus, überhaupt das Nationale abzulegen gedachte, den anderen aber zu gewagt: Denkmäler als Gegenstand der Geschichtswissenschaft? Symbole, kulturelle Manifestationen statt politisches Entscheidungshandeln? Dann löste sich derselbe Nipperdey, zunehmend in den frühen 1970er Jahren nach seinem Wechsel von Berlin nach München, von den akribischen Detailstudien und wurde grundsätzlich. Aber auch damit setzte er sich zwischen viele damalige Stühle. «Die anthropologische Dimension der Geschichtswissenschaft», die Wiederentdeckung des Menschen, seiner subjektiven und doch geteilten Befindlichkeiten, Alltagsverhältnisse und Mentalitäten: Das drückte tiefe Skepsis gegenüber dem analytisch-objektivierenden Zugriff der damaligen Sozialwissenschaften und ihrer Anhänger in der Historie aus. Und doch blieb er deren Bestreben, thematisches Feld und methodische Fähigkeiten der Geschichtswissenschaft zu erweitern, in vielem enger verbunden als den traditionellen Vertretern des Faches, die Nipperdey gleichwohl verteidigte. Das wiederum tat er weniger aus prinzipiellem Konservatismus als vielmehr in der tiefen Überzeugung von der Berechtigung unterschiedlicher Positionen; und wohl auch in der Einsicht, dass sich das heute als unwiderlegbar modern und zeitgemäß Auftretende morgen auch schon wieder als historisch, als ein Phänomen des Übergangs erweisen werde.

Als die fachpolitischen Schlachten der 70er Jahre erlahmten, setzte eine Phase des Rückzugs ein. Wie viele andere seiner Generation verlagerte auch Thomas Nipperdey den Schwerpunkt von der heißen öffentlichen Bühne zur Askese des heimischen Schreibtischs. Aber das ist nur die eine Seite, und um einen bequemen Rückzug in die Privatheit handelte es sich nicht. Denn zugleich wollte man zeigen, wie sich die wissenschaftlichen und politischen Forderungen einlösen ließen, und konnte dabei nicht nur mit dem Finger auf andere zeigen. So überwand Nipperdey, der zunächst weiter Aufsatz um Aufsatz verfasste, schließlich sein Zögern gegenüber dem «großen» Format und begann seine Deutsche Geschichte zwischen Französischer Revolution und Reichsgründung, während Hans-Ulrich Wehler, der Bielefelder Gegner und Konkurrent, an seiner «Deutschen Gesellschaftsgeschichte» schrieb, oder ein Jürgen Habermas dem Manuskript der «Theorie des kommunikativen Handelns» Seite um Seite hinzufügte. Unterdessen brach in den 80er Jahren eine große neue Zeit der öffentlichen Sehnsucht nach Geschichte an. Die Zweifel an der Existenzberechtigung, ja an der Überlebensfähigkeit eines scheinbar antiquierten Faches waren blitzschnell hinweggefegt, der Markt der «öffentlichen Geschichte» jenseits des akademischen Elfenbeinturms boomte, und Historiker wie Thomas Nipperdey fanden ein neues Publikum: geschichtsinteressiert, aber nicht bloß nostalgisch; gebildet und neugierig, aber nicht akademisch überkandidelt; durchaus politisch und gegenwartsnah, aber nicht so verbohrt wie ein, zwei Jahrzehnte zuvor.

Auch während der Arbeit an seiner «Deutschen Geschichte» blieb Nipperdey der kleineren Form treu, die sich gleichwohl vom gelehrten Spezialaufsatz zum interpretierenden, und mehr noch zum räsonierenden, Essay wandelte. Solche Essays behandelten die großen Probleme der deutschen Geschichte in historischer Tiefe und gegenwartskritischer Eindringlichkeit zugleich; mit einer Fähigkeit zur Differenzierung, die sich um die Klarheit des Urteils gleichwohl nicht herumdrückte. Die «Probleme der Modernisierung in Deutschland» sind dafür ein gutes Beispiel: Die soziologischen Theorien der Modernisierung, die damals kursierten, kennt ein Thomas Nipperdey selbstverständlich, er braucht sie auch; aber er muss ihren Jargon nicht vorführen. Er folgt Einsichten über Belastungen der deutschen Geschichte, die auf den Fluchtpunkt des Nationalsozialismus hinleiten: Das politische System Deutschlands blieb zu lange rückständig; die Modernitätskrise prägte sich hier schärfer aus als anderswo. Aber das alles kann Hitler und den Holocaust doch nicht hinreichend erklären. Thomas Nipperdey zu lesen heißt, ihn zuallererst in seinem intellektuellen Ringen mit sich selber zu beobachten, und davon zu lernen: So war es doch, einerseits. Aber dann ist auch folgender Gesichtspunkt zu berücksichtigen. Und dann durchkreuzen sich die Linien; die historische Gleichung geht nicht ganz auf. Am Ende aber sind wir als Leser – darin zeigte sich die fachliche und sprachliche Meisterschaft Nipperdeys – nicht verwirrter, sondern klüger als zuvor.

Das war die eine Richtung, in die sich seine Aufsätze und Essays bewegten: die Frage nach politischer Kultur und politischer Mentalität der Deutschen in langer Perspektive, besonders aber zwischen Kaiserreich und Nationalsozialismus. Verkümmerten die Deutschen zur «Untertanengesellschaft», oder war da nicht widerspruchsvolle Dynamik: demokratisches Potential in der Arbeiterbewegung, aber auch freier Geist, Widerspruch und Avantgarde in jenem Bürgertum, dem Bildungsbürgertum zumal, aus dem Thomas Nipperdey selber kam? Ihm fühlte er sich zugehörig, auch wenn er dessen historische Schwächen genau kannte und viel zu klug war, das Ende dieser historischen Formation nach 1945 zu bejammern. Aber diese Lebenswelt und Kultur des deutschen Bürgertums um 1900 faszinierte ihn, und beschäftigte ihn in den letzten Jahren seines Lebens zunehmend. Der Blick darauf konnte schärfer werden, wenn man ihn von der Fixierung auf die politischen Obertöne und Konsequenzen auch einmal befreite. Damit griff Nipperdey seine eigene Forderung nach der «anthropologischen» Geschichte auf, die er nicht nur für die Hochkultur des Bürgertums souverän durchspielen konnte, sondern auch – wie zumal im ersten Teil seiner Deutschen Geschichte 1866–1918, dem mittleren der drei Bände – für die elementaren Lebensvollzüge und Lebensanschauungen des Volkes, der damals großen Mehrheit der unteren Schichten in Stadt und Land. In den späten Aufsätzen jedoch widmete sich der Kulturbürger, der Thomas Nipperdey zweifellos war, zuerst den kulturellen Ausdrucksformen der höheren Schichten, des Bürgertums: den bildenden, den «schönen» Künsten, aber auch der Religion, die zumal im deutschen Protestantismus um 1900 Bildungsgut und praktische Lebensanschauung ebenso gut gewesen ist wie Transzendenz.

Darin kann man überhaupt so etwas wie ein heimliches Leitmotiv seines Werkes, je später desto mehr, sehen: die Frage nach der Befindlichkeit des Menschen in der Moderne – einer technischen und soziokulturellen Moderne, die das Individuum herausreißt aus Selbstverständlichkeiten, die das Leben riskanter, komplizierter und widerspruchsvoller macht, aber auch ungeahnte Möglichkeiten des Individualismus freisetzt, die experimentelle Lebensformen, Kultur und Avantgarde ermöglicht. Diese Avantgarde, die am Beginn des 20. Jahrhunderts, nicht zuletzt in Deutschland, in Architektur, Malerei und Musik neue Welten erschloss, stilisierte sich oft als antibürgerlich und wurzelte doch tief in der Bürgerlichkeit; sie wurde vom Bürgertum im Namen von Konvention und Tradition verachtet, manchmal gehasst, und doch geliebt und protegiert und ermöglicht. Wenn man liest, was Thomas Nipperdey darüber zu sagen hat, muss man seine eigene Zerrissenheit im späten 20. Jahrhundert mitdenken: die des keineswegs nostalgisch-konservativen, sondern in vieler Hinsicht radikal modernen Menschen, der mit den Konsequenzen der radikalen Modernität dennoch nicht zu hadern aufhörte – und schon deshalb die vielzitierte «Gerechtigkeit für die Großväter» forderte, weil wir uns an der Schwelle unserer (Post-)Moderne ja auch nicht leichter tun als unsere Vorfahren zwei, drei, vier Generationen früher, die dem «Schock des Neuen» (Robert Hughes) ausgesetzt waren. Man würde Nipperdey also missverstehen, wenn man seine Verteidigung des Historismus als Abkopplung der Vergangenheit, schon gar einer vermeintlich «besseren» Welt von gestern, von der Gegenwart verstünde. Er selber schlägt, für sich und seine Leser, immer wieder diese Brücke: «Wir kennen das Problem der Entfremdung, die Schwierigkeit ... sich in der Welt zu Hause zu fühlen», heißt es etwa in «Probleme der Modernisierung in Deutschland». Deshalb sollten wir über die Zerrissenheit der «Großväter», ihre Konflikte, durchaus auch: ihre Fehler, die daraus rückblickend erfolgten, nicht mit der besserwisserischen Arroganz der Nachgeborenen urteilen.

Damit aber sind wir bei jenem Leitmotiv, dem dieser Band seinen Titel verdankt: Kaum etwas wird mit dem Historiker Thomas Nipperdey so eng assoziiert wie die Forderung nach «Objektivität», der sich Historiker in der Erforschung und Darstellung ihres Gegenstandes unterwerfen müssten. Geht das überhaupt, etwas so zu erkennen, wie es früher war? Gibt es «richtigere» und weniger richtige, weil subjektiv-verzerrte Darstellungen der Revolution von 1848, oder des Scheiterns der Weimarer Republik? Und viele Jüngere, kulturalistisch und postkolonial sozialisiert, würden inzwischen fragen: Privilegiert die vermeintliche Objektivität nicht heimlich eine «herrschende» Sicht auf die Dinge? «Multiperspektivität» heißt dagegen ein aktuelles Schlagwort der Geschichtsdidaktik. Zunächst einmal muss man sich die Debatte der 70er Jahre in Erinnerung rufen: Die Mahnung zur Objektivität stand gegen die überwiegende Betonung des eigenen «Erkenntnisinteresses», auf das man sich mit Marx oder mit Max Weber berufen konnte. Gut, sagte Nipperdey, wir können uns von unserer Gegenwart, unseren Kategorien im Kopf nicht ganz freimachen – aber wir sollten es doch möglichst versuchen, denn die Vergangenheit muss in ihrer eigenen Logik verstanden werden als eine Rekonstruktion des Horizonts, der den Menschen damals zur Verfügung stand. Es geht, mit dem klassischen Historismus gesprochen, zuerst um das «Geworden-Sein» der Welt (zum Beispiel der Welt um 1900), nicht zuerst um die Folgen und Nachwirkungen (zum Beispiel: «1933»), erst recht nicht daran, der Vergangenheit den Maßstab einer vielleicht klüger gewordenen Gegenwart anzulegen. Gewiss interessieren wir uns als Menschen von heute, im Licht heutiger Probleme und Erkenntnisse, für bestimmte Aspekte der Vergangenheit – auch Nipperdey hat ja die Frage nach den Ursachen der nationalsozialistischen Herrschaft umgetrieben. Aber der Wert der Geschichte kann sich doch nicht an ihrer Gegenwartsbedeutung messen, an ihrer «Relevanz», wie man im damaligen Jargon sagte – und Nipperdey zog polemisch gegen die «Relevantiner» zu Felde. Über der deutschen Geschichte vor 1933 hingen dunkle Wolken. Aber ihr Fortgang war nicht determiniert, die Zukunft bleibt prinzipiell immer offen.

Doch bei aller Schärfe, bei aller Polemik: Die eigene Position kleidete Nipperdey nicht zufällig, wie im Titelaufsatz des Bandes, in Frageform. Denn da ist erneut diese Zerrissenheit: Wir müssen objektiv sein wollen, obwohl wir wissen, dass wir das gar nicht erreichen können. Objektivität bleibt eine «regulative Idee», ein Sisyphosziel. Und weil die Ideen des Historismus heute nicht mehr so gegenwärtig sind wie vor einer Generation, muss man zugleich daran erinnern: Eine naturwissenschaftliche Objektivität war damit gerade nicht gemeint: die Möglichkeit, Ergebnisse im Labor reproduzieren zu können, oder gar das Aufspüren von «Gesetzen» der Geschichte. Freilich hätte Nipperdey gesagt: Wenn zwei Historiker ganz unterschiedlicher Weltanschauung, sagen wir ein Marxist und ein strammer Konservativer, dieselben Akten bearbeiten, sollten ihre Ergebnisse nicht allzu weit voneinander entfernt sein. Sie müssten Entscheidungsprozesse rekonstruieren und die Handlungshorizonte der Beteiligten. Und dabei nun heißt Objektivität im Sinne von Nipperdeys Historismus gerade nicht, eine Position, eine Stimme der Vergangenheit zu privilegieren: nicht die des Reichskanzlers, weil er die Macht hatte, aber auch nicht die der SPD, weil sie doch für den Fortschritt sprach. Viele Stimmen, die gehört werden müssen; viele Zwischentöne: das herauszuarbeiten liebte Thomas Nipperdey. Gut und Böse? Nicht die vorrangige Frage für Historiker, denn nicht Schwarz und Weiß bestimmen das Bild, sondern – in einer seiner Lieblingsmetaphern – Grautöne in unendlichen Schattierungen.

So schließt sich der Bogen dieser kleinen Auswahl von Aufsätzen und Essays Thomas Nipperdeys aus zweieinhalb Jahrzehnten. Ganz bewusst sind Stücke aus den früheren Sammelbänden Nipperdeys mit aufgenommen worden: aus «Gesellschaft, Kultur, Theorie» (1975) ebenso wie aus «Nachdenken über die deutsche Geschichte» (1986), weil beide nicht mehr ohne Weiteres greifbar oder jedenfalls einer jüngeren, nachgewachsenen Leserschaft gegenwärtig sind. Etliche Texte jedoch sind erst nach 1986 entstanden und dokumentieren auf diese Weise die Produktivität Nipperdeys in der «kleineren Form» auch in der von schwerer Krankheit überschatteten Phase des Abschlusses der «Deutschen Geschichte im 19. Jahrhundert». Herausgeber und Verlag hoffen, dass dieses Bändchen neugierig macht auf Thomas Nipperdey, dass es zum Wiederlesen anregt und mindestens ebenso zur Neuentdeckung, zur Erkundung der Aktualität eines großen Historikers, eines Klassikers der Moderne.

ZEITTAFEL

27. 10. 1927	geboren in Köln
1946	Abitur, dann Studium der Philosophie und Geschichte in Köln, Göttingen und Cambridge (England)
1953	Promotion zum Dr. phil. in Köln: *Positivität und Christentum in Hegels Jugendschriften*
1954	Staatsexamen
1954–57	Stipendiat der Kommission für Geschichte des Parlamentarismus und der politischen Parteien
1957–63	Forschungsassistent am Max-Planck-Institut für Geschichte in Göttingen
1961	Habilitation in Göttingen; als Buch 1961: *Die Organisation der deutschen Parteien vor 1918 (Droste, Düsseldorf)*
1962	Lehrstuhlvertretung in Gießen
1963	Lehrstuhl für Geschichte an der Technischen Hochschule Karlsruhe
1967	Ordentlicher Professor für Neuere Geschichte am Friedrich-Meinecke-Institut der Freien Universität Berlin
1969	Theodor-Heuss-Plakette der Friedrich-Naumann-Stiftung
1970–71	Fellow am Institute for Advanced Study in Princeton, USA (wieder 1978–79, 1984–85, 1989)
seit 1971	Lehrstuhl für Geschichte an der Ludwig-Maximilians-Universität München
1975–76	Gastprofessor am St Antony's College, Oxford
1976	*Gesellschaft, Kultur, Theorie. Gesammelte Aufsätze zur neueren Geschichte (Vandenhoeck & Ruprecht, Göttingen)*

1983	*Deutsche Geschichte 1800–1866. Bürgerwelt und starker Staat (C. H. Beck, München)*
1984	Historikerpreis der Stadt Münster
1986	*Nachdenken über die deutsche Geschichte. Essays (C. H. Beck, München)*
1988–89	Fellow am Center for Advanced Study in the Behavioral Sciences in Stanford, USA
1989	Bundesverdienstkreuz 1. Klasse
1990	*Deutsche Geschichte 1866–1918, Bd. I: Arbeitswelt und Bürgergeist*
1992	Bayerischer Verdienstorden; Preis des Historischen Kollegs (Deutscher Historikerpreis)
1992	*Deutsche Geschichte 1866–1918, Bd. II: Machtstaat vor der Demokratie*
14. 06. 1992	verstorben in München

DRUCKNACHWEISE

Nr. 1 (Eine bürgerliche Jugend 1927–1945): Vortrag Oktober 1987; Erstveröffentlichung 1988; hier nach: Broschüre des Verlags C. H. Beck aus Anlass des Erscheinens der Sonderausgabe von Thomas Nipperdeys «Deutsche Geschichte 1800–1918», München 1998, S. 3–18.

Nr. 2 (Die anthropologische Dimension der Geschichtswissenschaft): zuerst 1973; hier nach dem Abdruck in: Thomas Nipperdey, Gesellschaft, Kultur, Theorie, Vandenhoeck & Ruprecht, Göttingen 1976, S. 33–58.

Nr. 3 (Kann Geschichte objektiv sein?): zuerst 1979; hier nach dem Abdruck in: Thomas Nipperdey, Nachdenken über die deutsche Geschichte, Verlag C. H. Beck, München 1986, 2. Auflage, S. 218–234.

Nr. 4 (Probleme der Modernisierung in Deutschland): zuerst 1979; wie Nr. 3, S. 44–59.

Nr. 5 (Nationalidee und Nationaldenkmal): zuerst 1968; wie Nr. 2, S. 133–173 u. S. 432–439.

Nr. 6 (Grundprobleme der deutschen Parteigeschichte): zuerst 1967; wie Nr. 2, S. 89–112 u. S. 424 f.

Nr. 7 (Bürgertum und schöne Künste): Jahrbuch 2 der Bayerischen Akademie der Schönen Künste, Verlag C. H. Beck, München 1988, S. 55–66.

Nr. 8 (Religion und Gesellschaft): zuerst in: Historische Zeitschrift, Bd. 246, 1988, S. 591–615; hier nach: Schriften des Historischen Kollegs, Dokumentationen, Heft 5, Oldenbourg Verlag, München 1988, S. 5–29.

Nr. 9 (War die wilhelminische Gesellschaft eine Untertanen-Gesellschaft?): zuerst 1985; wie Nr. 3, S. 172–185.

Nr. 10 (1933 und die Kontinuität der deutschen Geschichte): zuerst 1978; wie Nr. 3, S. 186–205.

Nr. 11 (Einheit und Vielfalt in der neueren Geschichte): Historische Zeitschrift, Bd. 253, 1991, S. 1–20.

PERSONENREGISTER

Aus dem Verlagsprogramm

Hans-Ulrich Wehler bei C. H. Beck

Hans-Ulrich Wehler
Deutsche Gesellschaftsgeschichte

Bd. 1: Vom Feudalismus des Alten Reiches bis zur Defensiven Modernisierung der Reformära 1700–1815
4. Auflage. 2007. XI, 676 Seiten. Leinen

Bd. 2: Von der Reformära bis zur industriellen und politischen Deutschen Doppelrevolution 1815–1845/49
4. Auflage. 2005. XI, 914 Seiten. Leinen

Bd. 3: Von der ‹Deutschen Doppelrevolution› bis zum Beginn des Ersten Weltkrieges 1849–1914
2. Auflage. 2007. XVIII, 1515 Seiten. Leinen

Bd. 4: Vom Beginn des Ersten Weltkrieges bis zur Gründung der beiden deutschen Staaten 1914–1949
3. Auflage. 2008. XXIV, 1173 Seiten. Leinen

Bd. 5: Bundesrepublik und DDR 1949–1990
2008. XVIII, 529 Seiten. Leinen

«Ein meisterhafter Beitrag zur deutschen und internationalen Geschichtsschreibung.»
Eric Hobsbawm, Frankfurter Allgemeine Zeitung

«Ein gigantisches Projekt, das die Arbeitskraft eines einzelnen Forschers zu überfordern schien.»
Volker Ullrich, Die Zeit

«Ein beeindruckendes Zeugnis des Anspruchs und der Produktivität, die Wehler zu einer herausragenden Figur des intellektuellen Deutschlands gemacht haben.»
Hermann Rudolph, Der Tagesspiegel

«Eine Meisterleistung deutscher Geschichtsschreibung.»
Richard J. Evans, Frankfurter Rundschau

Verlag C. H. Beck München